助詞	例文	説明	識別
が	①走るのが好きだ。	主に体言や体言の代用の「の」につく。	主語を表す格助詞
	②走ったが遅刻した。	主に用言や助動詞につく。	接続助詞
	③食べた。が、まだ足りない。	前に句読点がある。単独で接続語になる。	接続詞
に	①穏やかに晴れた。	「〜な」＋体言の形になる。	形容動詞の連用形活用語尾
	②四時に会う約束をした。	場所や相手などを表す体言につく。連用修飾語になる。→時間を表す。	時間を表す格助詞
	③その池に魚がいる。	→場所を表す。	場所を表す格助詞
	④あなたにあげましょう。	→動作の相手を表す。	相手を表す格助詞
	⑤ラーメンを食べに行く。	→動作の目的を表す。	目的を表す格助詞
	⑥ご飯を多めに盛る。	→状態を表す。	状態を表す格助詞
	⑦右に左にめまぐるしく動く。	「とか」「だの」に言いかえられる。	並立の関係であることを示す格助詞
	⑧すぐに出発しよう。	ほかの形に言いかえ	副詞の一部
と	①父と出かける。	主に体言につく。連用修飾語になる。	共同の相手を表す格助詞
	②やがて無人となった。		結果を表す格助詞
	③帰ろうと言った。	前を「　」に入れられ	引用を表す格助詞
	④弟と妹がいる。	「とか」「だの」に言	並立の関係であることを示す格助詞
	⑤歩くと時間がかかるよ。	主に用言や助動詞に	接続助詞
から	①学校から帰る。	主に体言につく。連用修飾語になる。→起点を表す。	起点を表す格助詞
	②バターは牛乳から作る。	→原料・材料を表す。	原料・材料を表す格助詞
	③ミスから負けにつながった。	「ので」に言いかえられない。→原因・理由を表す。	原因・理由を表す格助詞
	④おいしいから好きだ。	主に用言や助動詞につく。「ので」に言いかえられる。	接続助詞
	⑤疲れた。だから、もう寝る。	「だから」という形になっていて、単独で接続語になる。	接続詞「だから」の一部

3　味方がいると、見方が変わる。

どんなに強いライバルが現れても、
信頼できる仲間がいれば、自然と自信がわいてくる。
勉強もきっと同じ。
この本で学んだ時間が増えるほど、
どんなに難しい問題だって、見方が変わってくるはず。
チャート式は、挑戦する君の味方になる。

4　越えた波の数だけ、強くなれる。

昨日解けた問題も、今日は解けないかもしれない。
今日できないことも、明日にはできるようになるかもしれない。
失敗をこわがらずに挑戦して、くり返し考え、くり返し見直してほしい。
たとえゴールまで時間がかかっても、
人一倍考えることが「本当の力」になるから。
越えた波の数だけ、君は強くなれる。

5　一歩ずつでいい。でも、毎日進み続けよう。

がんばりすぎたと思ったら、立ち止まって深呼吸しよう。
わからないと思ったら、進んできた道をふり返ってみよう。
大切なのは、どんな課題にぶつかってもあきらめずに、
コツコツ、少しずつ、前に進むこと。

チャート式はどんなときも
ゴールに向かって走る君の背中を押し続ける

考える力。

それは「明日」に立ち向かう力。

あらゆるものが進化し、世界中で昨日まで予想もしなかったことが起こる今。
たとえ便利なインターネットを使っても、「明日」は検索（けんさく）できない。

チャート式は、君の「考える力」をのばしたい。
どんな明日がきても、この本で身につけた「考えぬく力」で、
身のまわりのどんな問題も君らしく解いて、夢に向かって前進してほしい。

チャート式が大切にする5つの言葉とともに、
いっしょに「新しい冒険（ぼうけん）」をはじめよう。

1　地図を広げて、ゴールを定めよう。

1年後、どんな目標を達成したいだろう？
10年後、どんな大人になっていたいだろう？
ゴールが決まると、たどり着くまでに必要な力や道のりが見えてくるはず。
大きな地図を広げて、チャート式と出発しよう。
これからはじまる冒険（ぼうけん）の先には、たくさんのチャンスが待っている。

2　好奇心（こうきしん）の船に乗ろう。「知りたい」は強い。

君を本当に強くするのは、覚えた公式や単語の数よりも、
「知りたい」「わかりたい」というその姿勢のはず。
最初から、100点を目指さなくていい。
まわりみたいに、上手に解けなくていい。
その前向きな心が、君をどんどん成長させてくれる。

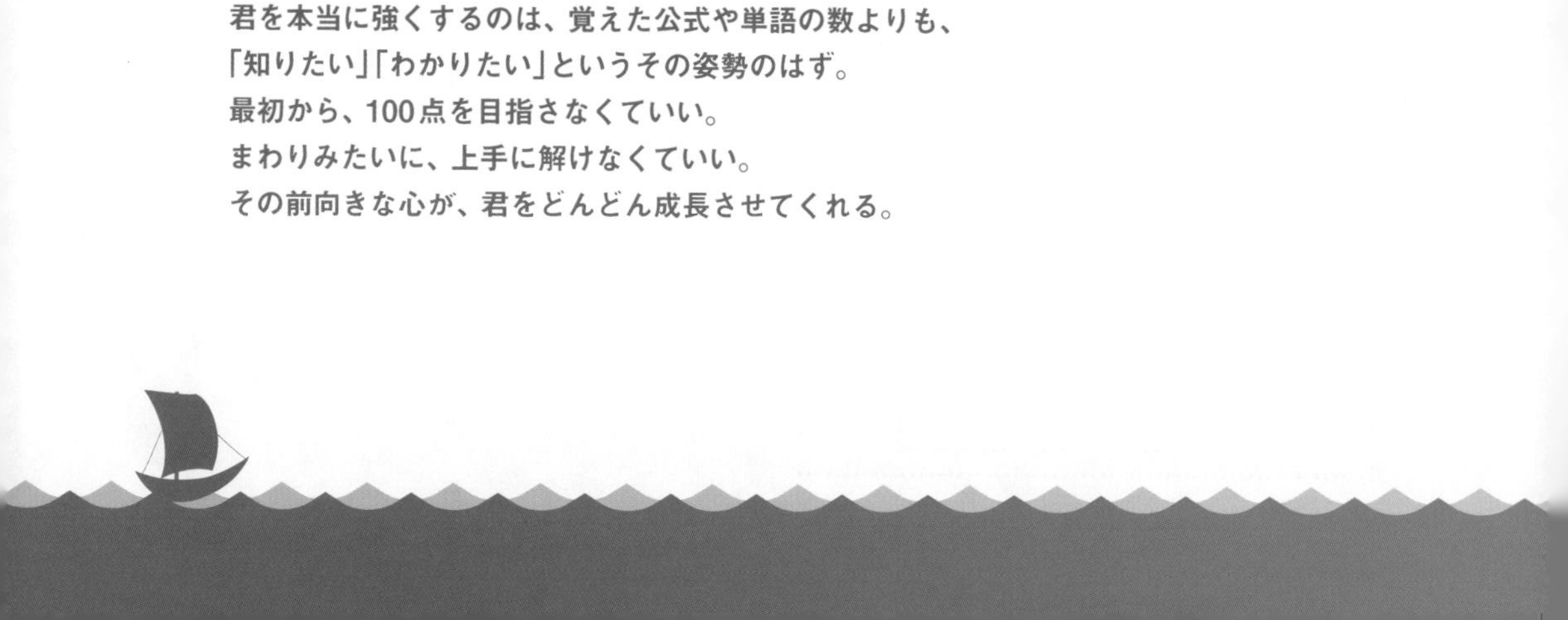

ぼく，数犬チャ太郎。
いっしょに勉強しよう！

本書の特色と使い方

デジタルコンテンツを活用しよう！

●本書では，1「要点のまとめ」などの紙面に掲載されているQRコード*から，一問一答形式のドリルにアクセスできます。

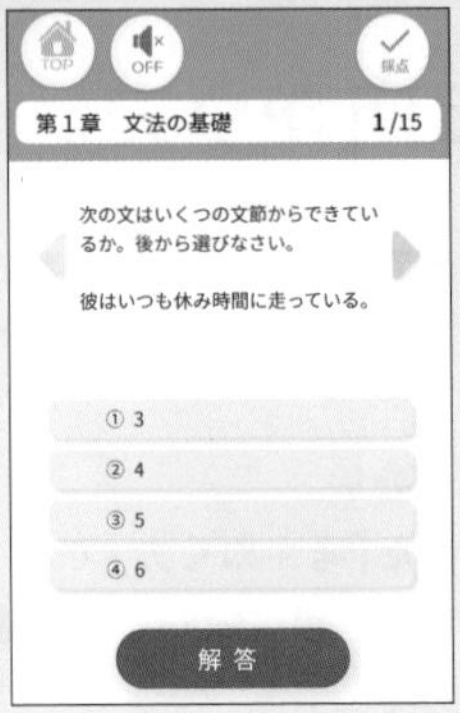

●2の例題の内容を中心に確認できます。

●理解度チェックや，反復学習になります。スキマ時間にチャレンジしてみましょう！

※通信料はお客様のご負担となります。Wi-Fi環境での利用をお勧めします。

PCからは https://cds.chart.co.jp/books/vbbsqfli0w

各章の流れ

1 要点のまとめ

●重要な用語や覚えておきたい要点を簡潔にまとめています。

●授業の予習・復習はもちろん，辞書がわりに活用しましょう。

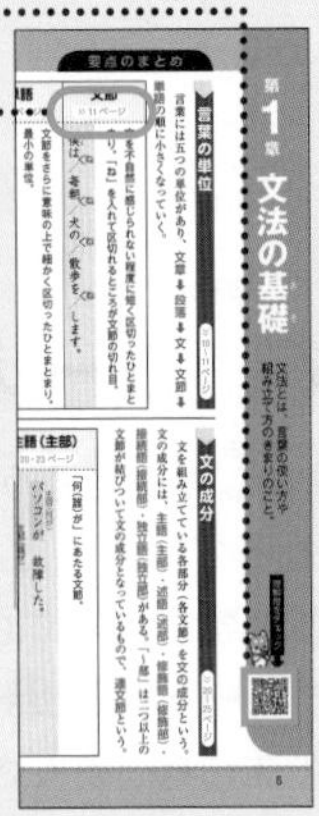

簡単に探せる
くわしく学習する2のページを示しているので，参照したいページがひと目でわかります。

>> 8ページ

ドリルで内容をチェック！

2 解説

●上段では，表などを使ってわかりやすく解説しています。下段では，より深く理解するための補足的な内容を取り上げています。

●第3編〈古典〉では，作品の紹介や有名な文章も取り上げています。

●第4編〈読解〉は，上段が本文，下段が解説と問題です。

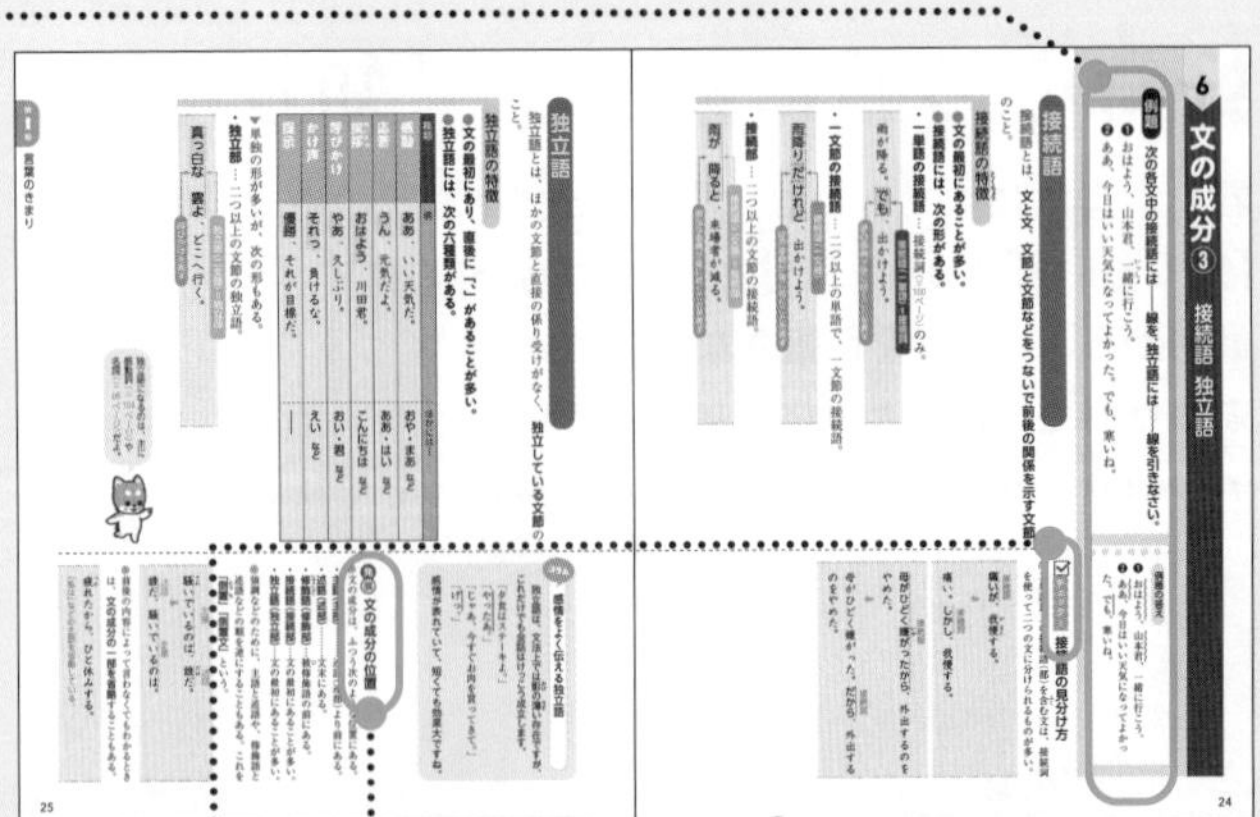

例題 で理解度を確認
まず例題を解いてみて，そのページで学習する内容をどのくらい理解できているか確認しましょう。答えはすぐ下にあります。

くわしく チェック！ 見分け方のテクニックなどを紹介しています。

発展 少し難しいですが，理解を深めるのに役立つ内容を取り上げています。

＊QRコードは（株）デンソーウェーブの登録商標です。

3 練習問題・発展問題

第4編を除く。

- 直前の解説についての問題を出題しています。
- 学習した内容を思い出しながら、問題にチャレンジしましょう。学習の助けになるよう、ヒントも掲載しています。

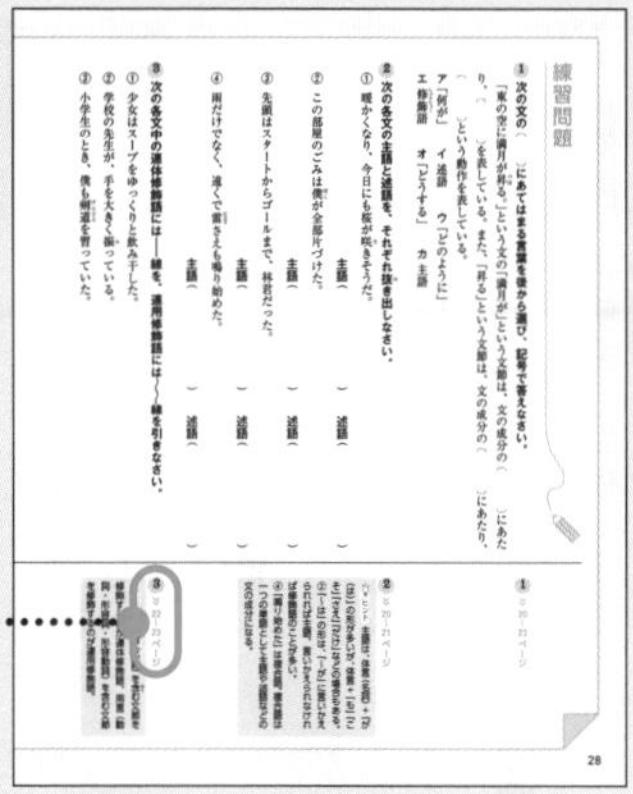

22～23ページ

戻って復習できる

問題ごとに2のページを示しているので、わからなかったときは戻ってしっかり復習しましょう。

4 定期試験対策問題

第3・4編を除く。

- その章で押さえておきたい内容を出題しています。
- 実力を試したいときは、ヒントを見ないで挑戦しましょう。
- 解き終わったら、巻末の解説を読んで復習しましょう。

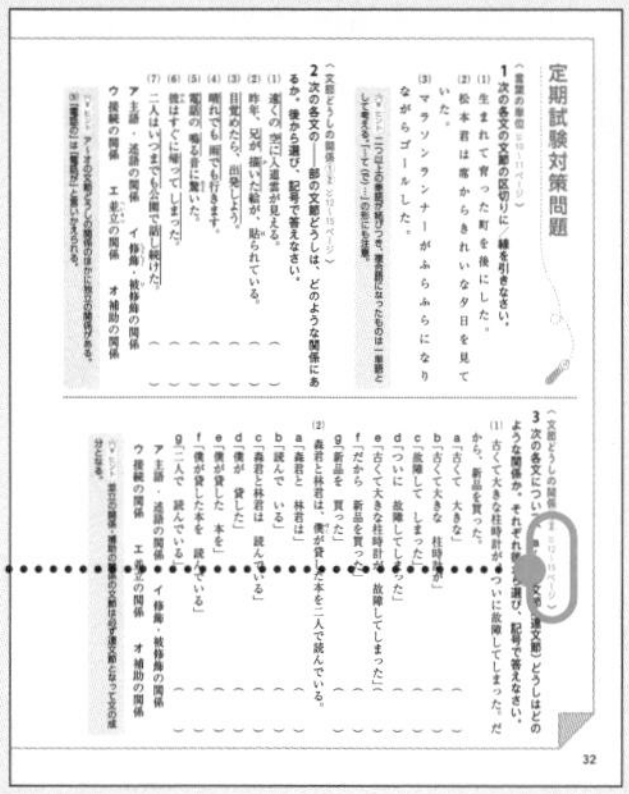

12～15ページ

戻って復習できる

問題ごとに2のページを示しているので、わからなかったときは戻ってしっかり復習しましょう。

入試対策編

入試対策問題

- 実際の入試問題を出題しています。学習の終わりや入試前に挑戦し、実戦力を養いましょう。
- 解き終わったら、巻末の解説を読んで復習しましょう。

解き方のポイントがわかる

ヒントで問題の着目するところ、考え方の道筋などをアドバイスしています。実力を試したいときは見ないで挑戦してみましょう。

第4編〔読解〕・入試対策編で、解答字数に指定がある問題は、句読点や「 」も字数に含めて答えましょう。

 デジタルコンテンツの内容は予告なしに変更することがあります。

チャート式シリーズ

中学国語 もくじ

一問一答コンテンツで理解度をチェック

第1編

言葉のきまり

第1章 文法の基礎

文法とは、言葉の使い方や組み立て方のきまりのこと。

言葉の単位

≫10〜11ページ

言葉には五つの単位があり、**文章⬇段落⬇文⬇文節⬇単語**の順に小さくなっていく。

文節

≫11ページ

文を不自然に感じられない程度に短く区切ったひとまとまり。「ね」を入れて区切れるところが文節の切れ目。

僕は(ね)／毎朝(ね)／犬の(ね)／散歩を(ね)／します。

単語

≫11ページ

文節をさらに意味の上で細かく区切ったひとまとまり。最小の単位。

僕｜は｜毎朝｜犬｜の｜散歩｜を｜し｜ます。

文節どうしの関係

≫12〜15ページ

文節どうしの関係には、**主語・述語の関係、修飾・被修飾の関係、接続の関係、独立の関係、並立の関係、補助の関係**の六種類がある。

主語・述語の関係

≫12ページ

「何(誰)が」にあたる文節と、「どうする」「どんなだ」「何だ」「ある(ない)・いる(いない)」にあたる文節との関係。

四年ごとに **ワールドカップが**〔主語(何が)〕 **行われる。**〔述語(どうする)〕
（主語・述語の関係）

文の成分

≫20〜25ページ

文を組み立てている各部分(各文節)を**文の成分**という。文の成分には、**主語(主部)・述語(述部)・修飾語(修飾部)・接続語(接続部)・独立語(独立部)**がある。「〜部」は二つ以上の文節が結びついて文の成分となっているもので、**連文節**という。

主語(主部)

≫20・23ページ

「何(誰)が」にあたる文節。

パソコンが〔主語(何が)〕 故障した。

あそこに いる 人が、〔主部(誰が)〕 担任の 先生です。

述語(述部)

≫21・23ページ

「どうする」「どんなだ」「何だ」「ある(ない)・いる(いない)」にあたる文節。

父の 作った カレーライスは **おいしい。**〔述語(どんなだ)〕

彼は きっと **来て くれるだろう。**〔述部(どうする)〕

修飾語(修飾部)

≫22・23ページ

「いつ」「どこで」「誰と」「何を」「どのように」「どのような」など、ほかの文節の内容を詳しく説明する文節。

朝日が **ゆっくり**〔修飾語〕 昇る。

これは **外国から 取り寄せた**〔修飾部〕 本です。

理解度をチェック

修飾・被修飾の関係

》13ページ

「いつ」「どこで」「誰と」「何を」「どのように」「どのような」など、ほかの文節の内容を詳（くわ）しく説明する文節と、説明される文節との関係。

ゲームソフトが　新たに（修飾語）　発売された。（被修飾語）
（修飾・被修飾の関係）

接続の関係

》14ページ

文と文、文節と文節などをつないで前後の関係を示す文節と、その後に続く部分との関係。

今日は　雨だ。　けれど、（接続語（前後をつなぐ））　出かけよう。（後に続く部分）
（接続の関係）

独立の関係

》14ページ

ほかの文節と直接の係り受けがなく、独立している文節と、それ以外の部分との関係。

ねえ、（独立語）　あそこの　湖に　行って　みよう。（独立語以外の部分）
（独立の関係）

並立の関係

》15ページ

二つ以上の文節が、対等の役割で並んでいる関係。

彼女（かのじょ）は　強くて　優（やさ）しい　人だ。
（並立の関係）

補助の関係

》15ページ

主な意味を表す文節と、補助的な意味を添（そ）える文節との関係。

父が　新しい　本を　読んで　いる。
（補助の関係）

接続語（接続部）

》23・24ページ

文と文、文節と文節などをつないで前後の関係を示す文節。

日の出が　見たい。　しかし、（接続語）　早起きできない。

我々は　雨が　降らなければ、（接続部）　出発します。

独立語（独立部）

》23・25ページ

ほかの文節と直接の係り受けがなく、独立している文節。

やあ、（独立語）　元気そうだね。

夢にまで　見た　国、（独立部）　そこに　行けるのだ。

文の種類

》26〜27ページ

単文

》26ページ

「主語・述語の関係」が一つだけの文。

山並みが（主語）　どこまでも　続く。（述語）

重文

》26ページ

「主語・述語の関係」が二つ以上あり、それが対等である文。

風は（主語）　心地よく、（述語）　日差しも（主語）　穏（おだ）やかだ。（述語）

複文

》26ページ

「主語・述語の関係」が二つ以上あり、それが対等でない文。

姉は（主語）　僕が（主語）　作った（述語）　料理を（修飾部）　ほめた。（述語）

1 言葉の単位

例題 1 次の文の文節の区切りに／線を引きなさい。

彼(かれ)はいつも休み時間に走っている。

例題 2 次の文の単語の区切りに|線を引きなさい。

彼はいつも休み時間に走っている。

例題の答え

1 彼は／いつも／休み時間に／走って／いる。

2 彼|は|いつも|休み時間|に|走っ|て|いる。

言葉の単位

言葉には、まとまりによって五つの単位がある。

● **文章**…一つのまとまった内容を文字で表したもの。最大の単位。

> 学校の池にはカメがいる。全部で三匹(びき)。
> 種類はミドリガメだ。
> 毎朝、飼育係がえさをやる。
>
> 〈一つの文章〉

● **段落**…文章を内容にしたがって区切ったひとまとまり。段落の変わり目は改行し、最初を一字下げて書く。

> 学校の池にはカメがいる。全部で三匹。
> 種類はミドリガメだ。
>
> 毎朝、飼育係がえさをやる。
>
> 〈二つの段落〉

● **文**…一つのまとまった内容をひと続きで表したもの。最後に句点(。)がつく。

> 学校の池にはカメがいる。 全部で三匹。
>
> 種類はミドリガメだ。
>
> 毎朝、飼育係がえさをやる。
>
> 〈四つの文〉

チェック! 話し言葉の単位

● 話し言葉の最大の単位は、談話という。

チェック! 間違(まちが)えやすい文節・単語の区切り方

●「〜て(で)…」の形は二文節三単語

> 食べてみる。
> ⬇
> 食べて／みる。〈二文節〉
> 食べ|て|みる。〈三単語〉

▼そのほかの例

遊んでいる。 書いてある。 やってみる。
寝(ね)てしまう。 置いておく。 買ってくる。
見てほしい。 去っていく。 来てくれる。

▼「〜みる」「〜いる」など、前の文節に補助的に意味を添(そ)える単語は、それだけで一文節になることができる。

● **文節** … 文を不自然に感じられない程度に短く区切ったひとまとまり。

学校の　池には　カメが　いる。　全部で　三匹。
種類は　ミドリガメだ。
毎朝、　飼育係が　えさを　やる。
（十二個の文節）

● **単語** … 文節をさらに意味の上で細かく区切ったひとまとまり。最小の単位。

学校　の　池　に　は　カメ　が　いる。　全部　で　三匹。
種類　は　ミドリガメ　だ。
毎朝、　飼育係　が　えさ　を　やる。
（二十一個の単語）

区切り方に注意しよう

文節の区切り方

「ね」を入れてみて、区切れるところが文節の切れ目。

自由研究のね　ためにね　役所にね　説明をね　聞きにね　行く。ね

←　×自由研究ね　のね
文の意味が壊れてしまう。

←　×聞きに行くね
もっと細かく区切れる。

単語の区切り方

言葉としての働きをもつ最小の単位で区切る。

自由研究　の　ため　に　役所　に　説明　を　聞き　に　行く。

単語には、十種類があるよ。詳しくは第2章で見ていこう。

● **複合語は一単語**

二つ以上の単語が結びついて一つになったものは**複合語**といい、一つの単語である。

夏＋休み　←　夏休み　〈一単語〉

▼そのほかの例
早起き　新年会　特急列車
走りだす　勉強する　持ち込む

発展 「〇〇ない」の文節の区切り方

● 文節の区切り方で間違えやすいものに、「〇〇ない」の形がある。

・**「〇〇ない」で一単語の場合、その前で区切る。**

胸が／切ない。　「切ない」で一文節一単語。

・**「ない」で一単語の場合、通常は「ない」の前で文節を区切る。**

今日は／寒く／ない。　「ない」で一文節。

・**「ない」を「ぬ」に言いかえられる場合は、文節を区切らない。**

食事はいらない。
←　食事はいらぬ。　「ぬ」に言いかえられる。
←　食事は／いらない。　「いらない」で一文節。

時代劇の言葉のように、「行かぬ」「食べぬ」など、「〇〇ぬ」となるか確かめてみよう。

2 文節どうしの関係①

主語・述語の関係　修飾(しゅうしょく)・被(ひ)修飾の関係

例題　**次の各文の――部と～～部の文節どうしの関係は、ア 主語・述語の関係、イ 修飾・被修飾の関係のどちらか。記号で答えなさい。**

❶ 子どもがいきおいよく走り回る。（　）

❷ ようやく先頭集団に追いついた。（　）

例題の答え　❶ア　❷イ

文は、文節どうしがさまざまな関係で結びつくことで組み立てられる。

私は　青い　海を　眺(なが)めた。

私は　青い　海を　眺めた。（❶ 私は→眺めた　❷ 青い→海を　❸ 海を→眺めた）

この文は、三通りの文節どうしの結びつきによって組み立てられている。

文節は、文の中で**主語・述語・修飾語・接続語・独立語**の五つの働きをし、それぞれの働きによって、文節どうしの関係が決まる。

文節どうしの関係には、**主語・述語の関係**、**修飾・被修飾の関係**、**接続の関係**、**独立の関係**、**並立(へいりつ)の関係**、**補助の関係**の六種類がある。

主語・述語の関係

「何（誰(だれ)）が」にあたる文節と、「どうする」「どんなだ」「何だ」「ある（ない）・いる（いない）」にあたる文節との関係。「何（誰）が」にあたる文節を**主語**（≫20ページ）といい、「どうする」などにあたる文節を**述語**（≫21ページ）という。

主語・述語の関係は、次の四つの型に分けられる。

チェック！　文節の係り受け

●文節どうしが結びつくとき、ほかの文節に働きかける文節を**係る文節**といい、その対象となる文節を**受ける文節**という。

係る文節　私は　先週　山に　行った。　受ける文節

① 「私は」は、「行った」に係る。（「行った」の主語を表す）

② 「先週」は、「行った」に係る。（いつ「行った」かを表す）

③ 「山に」は、「行った」に係る。（どこに「行った」かを表す）

主語・述語の四つの型

●何(誰)が ― どうする

鳥が〔主語(何が)〕 さえずる。〔述語(どうする)〕
（主語・述語の関係）

●何(誰)が ― どんなだ

水が〔主語(何が)〕 冷たい。〔述語(どんなだ)〕
（主語・述語の関係）

●何(誰)が ― 何だ

私が〔主語(誰が)〕 リーダーだ。〔述語(何だ)〕
（主語・述語の関係）

●何(誰)が ― ある(ない)・いる(いない)

犬が〔主語(何が)〕 いる。〔述語(いる)〕
（主語・述語の関係）

主語には、「何(誰)が」の形だけではなく、「何(誰)は」などの形もあるよ。

修飾・被修飾の関係

「いつ」「どこで」「誰と」「何を」「どのように」「どのような」など、ほかの文節の内容を詳(くわ)しく説明する文節と、説明される文節との関係。ほかの文節の内容を詳しく説明する文節を**修飾語**（≫22ページ）といい、説明される文節を**被修飾語**という。

僕(ぼく)は 六時に〔修飾語(いつ)〕 起きて、〔被修飾語〕 ジョギングを〔修飾語(何を)〕 した。〔被修飾語〕
（修飾・被修飾の関係）（修飾・被修飾の関係）

チェック! 被修飾語の見つけ方

●修飾語をほかの文節と一つずつ続けて読み、意味が通る文節が被修飾語。

海上を白いヨットがゆっくり進む。
「海上を」の被修飾語を見つける。
⇩
海上を 白い ×
海上を ヨットが ×
海上を ゆっくり ×
（意味が通らない。）
海上を 進む ○ 意味が通る。

よって、被修飾語は「進む」。

コラム 複雑な係り受けの文

「明日は短縮授業で四時間目までで終わりで、体育は水泳で水着を持ってきてください。」

こんな連絡(れんらく)を早口で言われたら、少しわかりにくそうですね。

「明日は〔主語〕 短縮授業です。〔述語〕
（授業は）〔主語〕 四時間目までで〔修飾語〕 終わりです。〔述語〕
体育は〔主語〕 水泳です。〔述語〕
（全員）〔主語〕 水着を〔修飾語〕 持ってきてください。〔述部〕（≫23ページ）」

このように、主語・述語や、修飾語がどの語に係っているかがわかりやすいよう、文の組み立てを意識しましょう。

3 文節どうしの関係②

接続の関係　独立の関係　並立（へいりつ）の関係　補助の関係

例題　次の各文の——部と、〔　〕に示す関係にある文節に、〜〜〜線を引きなさい。

❶〔接続の関係〕みんな競い合っている。しかし、仲良しだ。
❷〔独立の関係〕こんにちは、お元気ですか。
❸〔並立の関係〕持ってきてほしいのは、本とラジオです。
❹〔補助の関係〕思いきりよく、日ごろの成果を見せてやれ。

例題の答え

❶みんな競い合っている。しかし、仲良しだ。
❷こんにちは、お元気ですか。
❸持ってきてほしいのは、本とラジオです。
❹思いきりよく、日ごろの成果を見せてやれ。

接続の関係

文と文、文節と文節などをつないで前後の関係を示す文節と、その後に続く部分との関係。前後をつなぐ働きをする文節を**接続語**（⇒24ページ）といい、中でも一単語で同じ働きをするものを**接続詞**（⇒100ページ）という。

風が　吹（ふ）いて　寒いから、　窓を　閉めて　ください。
（接続語（前後をつなぐ）：寒いから、／後に続く部分：窓を　閉めて　ください。／接続の関係）

古い　本だ。　しかし、　今　読んでも　おもしろい。
（接続詞（前後をつなぐ・一単語）：しかし、／後に続く部分：今　読んでも　おもしろい。／接続の関係）

独立の関係

ほかの文節と直接の係り受けがなく、独立している文節と、それ以外の部分との関係。独立している文節を**独立語**（⇒25ページ）という。

山川君、　ちょっと　来て　ください。
（独立語（ほかの文節と直接の係り受けがない）：山川君、／独立語以外の部分：ちょっと　来て　ください。／独立の関係）

チェック！　まとまりで働く文節の関係

●並立の関係にある文節どうしと、補助の関係にある文節どうしは、それぞれまとまりで、主語・述語・修飾（しゅうしょく）語などの働きをする。

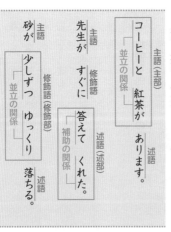

コーヒーと　紅茶が　あります。
（主語（主部）：コーヒーと　紅茶が〔並立の関係〕／述語：あります。）

先生が　すぐに　答えて　くれた。
（主語：先生が／修飾語：すぐに／述語（述部）：答えて　くれた。〔補助の関係〕）

砂が　少しずつ　ゆっくり　落ちる。
（主語：砂が／修飾語（修飾部）：少しずつ　ゆっくり〔並立の関係〕／述語：落ちる。）

▼このように、二つ以上の文節が結びつき、主語・述語・修飾語などと同じ働きをするものを連文節（⇒23ページ）という。連文節は「〜部」と示す。

並立の関係

二つ以上の文節が、対等の役割で並んでいる関係。対等の役割で並んでいる文節は、その内容を互(たが)いに入れかえても、文の意味が変わらない。

親切で **明るい** 店員が 多い。
（対等の役割）並立の関係
↓
明るく **親切な** 店員が 多い。

入れかえても文の意味が変わらない。

補助の関係

主な意味を表す文節と、補助的な意味を添(そ)える文節との関係。

私は 会場に **行って** **みた。**
補助の関係
（「行く」に「試(ため)しにする」という意味を添えている。）

補助的な意味を添える単語は、平仮名(ひらがな)で書くことが多く、次のものなどがある。

食べて **いる**	呼んで **くる**
去って **いく**	置いて **おく**
書いて **ある**	早く **ない**
見て **ほしい**	寝(ね)て **しまう**

■の単語だけで一文節になるんだったね。

チェック！ 補助の関係の見つけ方

● 補助の関係にある二つの文節は切り離(はな)せない。

牛が **鳴いて** **いる。**
↓
鳴いて 牛が **いる。**
「鳴いて」と「いる」は、切り離すと文が不自然になる。
「鳴いて」と「いる」は、補助の関係。

牛が **近くに** **いる。**
↓
近くに 牛が **いる。**
「近くに」と「いる」は、切り離しても文が不自然にならない。
「近くに」と「いる」は、補助の関係ではない。
（修飾・被(ひ)修飾の関係）

補助の関係は、「〜て（で）…」の形が多いよ。

練習問題

1 次の文章の適切な位置に句点（。）をつけなさい。

① 今日の晩ごはんはハンバーグだった僕も作るのを手伝ったみんなで食べた

② 明日の総合学習は修学旅行の下調べをする図書館から借りた本を持っていこう

③ 今日の放課後は保健委員会があります部活動に遅れるのでそのことを部長に伝えてください

2 次の各文の文節の区切りに／線を引きなさい。

① 庭に白い小さな花が咲く。

② 観客が立ち上がって拍手をする。

③ 忘れ物をしたので急いで取りに戻った。

④ きらきらと光る波を眺めていた。

「ね」を入れて、区切れるところが文節の切れ目だね。

3 次の各文の単語の区切りに｜線を引きなさい。

① 陸上部が全国大会に出場する。

② 世界を飛び回る活躍をする。

③ 夜遅くに雨が降ってきた。

④ 春は草木の芽が出る季節だ。

4 次の各文の〰〰部の文節と、主語・述語の関係にある文節を――部から選び、記号で答えなさい。

① ア家に イ友達が ウ自転車で 来た。（　　）

---

1 ≫10〜11ページ

2 ≫10〜11ページ

ヒント ②「○○する」の形は、複合語の場合は一文節、それ以外は二文節に分ける。

例 記入する　（複合語・一文節）
暗く／する　（二文節）
話を／する　（二文節）

④「〜て（で）」＋「いる」などの補助の関係は、次のように分けられる。

例 歩いて＋いく　（二文節）
歩い＋て＋いく　（三単語）

3 ≫10〜11ページ

ヒント ③「きた」は、「くる」＋「た」の二単語でできている。

④「○○だ（です）」は、人や物事の名前＋「だ（です）」の場合は二単語。物事の性質・状態を表す言葉の場合は「○○だ（です）」で一単語となる。

例 出発＋だ　（二単語）
静かだ　（一単語）

4 ≫12〜13ページ

ヒント 〰〰部は、①〜④は述語、⑤・⑥は主語になっている。

② ア山は イ空気が ウとても 爽(さわ)やかだ。（　　）
③ ア隣(となり)の イ部屋から ウ弟の 笑う 声が 聞こえた。（　　）
④ アバス停には イバスを ウ待つ エ人が オ大勢 いた。（　　）
⑤ 小さな 赤い 花が ア一面に イ咲いた。（　　）
⑥ 景色は アいいし、イ空気も ウうまい。（　　）

5 **次の各文の――部の文節と、修飾(しゅうしょく)・被(ひ)修飾の関係にある文節を抜(ぬ)き出しなさい。**

① 私は 晴れ渡(わた)った 青い 空を 見上げた。（　　）
② 僕と 弟は、ひたすら 海へと 走った。（　　）
③ 遠くから 笛の 音が 聞こえた。（　　）

6 **次の各文の――部の文節から、接続の関係にある二文節を選び、記号で答えなさい。**

① ア待ち合わせの イ時間に ウ遅れそうだったので エ走った。（　・　）
② ア外は イ雨が ウ降って エいる。オしかし、カやみそうだ。（　・　）

7 **次の各文の――部の文節から、並立(へいりつ)の関係にある二文節を選び、記号で答えなさい。**

① ア月が イ見えたり ウ隠(かく)れたり エして オいる。（　・　）
② ア帽子(ぼうし)と イタオルを ウ忘れずに エ持って オきて カください。（　・　）
③ ア弟は イ陽気で ウ明るい エ性格で オ人気が カある。（　・　）

8 **次の各文の――部の文節と、補助の関係にある文節に〰〰線を引きなさい。**

① 今週末は、キャンプに行こうと思っている。
② 失敗をおそれず、積極的に挑戦(ちょうせん)してみればよい。

---

③「弟の」は「弟が」と言いかえられる。

5 ≫12～13ページ

6 ≫14～15ページ

7 ≫14～15ページ

ヒント 並立の関係にある二文節は、入れかえても文の意味は変わらない。
例 父と 母が 出かける。
母と 父が 出かける。

8 ≫14～15ページ

解答➡320ページ

発展問題

1 次の文章は、いくつの文からできていますか。数字で答えなさい。

ゴールに向かって一心に走る僕の後方から、軽やかな足音が近づいてきた。抜かれる！そう思った次の瞬間、一筋の風が起こり、気がつくと遥か前に彼の背中があった。「お先に。」という声が聞こえた気がした。（　　）

2 文節の区切り方が正しいものには○を、間違っているものには×を書きなさい。

① 内閣総理大臣を／国会議員の／投票で／選出／する。（　　）
② 怖がらずに／思い切って／試して／みよう。（　　）
③ 明日の／朝の／気温は／今朝ほど／高くないでしょう。（　　）
④ 今日は／定休日と／させていただきます。（　　）
⑤ 毎日／少しずつ／やっていくと／大きな／結果が／得られる。（　　）

3 次の各文の文節の数と、単語の数をそれぞれ数字で答えなさい。

	文節	単語
① 僕はもう行かなければならない。	（　　）	（　　）
② 空はすっきり晴れて風もなく穏やかだ。	（　　）	（　　）
③ 明日は朝から暑くなるようだ。	（　　）	（　　）
④ つらいときこそ声を出し合おう。	（　　）	（　　）

4 次の各文の＝＝部について、主語・述語の関係にあたる文節には――線を、修飾・被修飾の関係にあたる文節には～～線を引きなさい。

① 僕たちは　夏休みに　一緒に　富士登山を　しました。
② 空から　突然、白鳥が　近くに　舞い降りた。
③ 学校から　戻った　少年は、カバンを　おろして　顔を　洗った。

---

1 ≫10～11ページ

ヒント 句点（。）、または、感嘆符（！）や疑問符（？）までが一つの文。文の途中の「　」で示されている部分（会話文や引用文）に句点などがついていても、一文には数えない。

2 ≫10～11ページ

ヒント ③「○○ない」の形の文節の区切り方は、次のように見分ける。
・「○○ない」で一単語の場合は、「○○ない」で一文節となる。
・通常は「ない」の前で文節を区切り、「○○／ない」で二文節となる。
・「ない」を「ぬ」に言いかえられる場合は、「○○ない」で一文節となる。

3 ≫10～11ページ

ヒント ①「なけれ」は、「ない」の形が変化したもの。「ない」は一単語。ただし、「少ない」など単語の一部の場合もある。
②「～て（で）」の形は、「て（で）」だけで一単語。
③・④「ようだ」「こそ」は前の単語について一文節を作る。
④「出し合おう」の「う」は「出し合う」について、「～しよう」という意味を添える単語。

4 ≫12～13ページ

5 **次の各文から、並立（へいりつ）の関係にある二文節を抜き出しなさい。**

① 当選の場合は、電話かメールで連絡（れんらく）がくる。（　・　）

② 父と母に、明日は出かけると言っておく。（　・　）

6 **次の各組の——部が補助的な意味を添える文節であるほうをそれぞれ選び、記号で答えなさい。**

① **ア** 公園にたくさんの子どもがいる。
イ おにごっこをして遊んでいる。（　）

② **ア** 私には医者になるという夢がある。
イ 図書館には多くの専門書が置いてある。（　）

③ **ア** 撮（と）った写真を友達に見てもらう。
イ 姉から着なくなった洋服をもらう。（　）

④ **ア** みんなの意見を聞かせてほしい。
イ 新しいシューズがほしい。（　）

7 **次の各文の——部と＝＝部の文節は、どのような関係にあるか。後から選び、記号で答えなさい。**

① 経済と政治は、互（たが）いに連動している。（　）

② 大型の台風が近づいている。（　）

③ やれやれ、終わった。（　）

④ 料理が出たので、食べた。（　）

⑤ 近所に住む友達と、学校までの道を歩いた。（　）

⑥ 暖かい日が続き、桜のつぼみが一気に開いた。（　）

ア 主語・述語の関係　**イ** 修飾・被修飾の関係　**ウ** 接続の関係
エ 独立の関係　**オ** 並立の関係　**カ** 補助の関係

---

5 ≫14〜15ページ

6 ≫14〜15ページ

ヒント 前の文節と補助の関係にあるほうを選ぶ。

例 私には兄がいる。
（「いる」は、「存在する」という意味を表し、単独で述語になっている。）

例 兄はバイオリンを習っている。
（「習って」と「いる」は補助の関係で、「いる」は、「習う」に「今も続けている」という意味を添えている。）

7 ≫12〜15ページ

解答⬇320ページ

4 文の成分① 主語 述語

例題 **次の各文を／線で文節に分け、主語には——線を、述語には＝＝線を引きなさい。**

❶ 電車がまもなく終点に到着する。
❷ 私は大急ぎで駅前の会場に駆けつけた。

文を組み立てている各部分（各文節）を**文の成分**という。文の成分には、**主語・述語・修飾語・接続語・独立語**の五種類がある。

主語

主語とは、文の中で**「何（誰）が」にあたる文節**のこと。

主語の特徴

● **ふつう、述語より前にある。**
● **体言（名詞）**（→45ページ）**＋「が（は）」の形が多い。**

体言
私が（「誰が」を表す） 行きます。
父は（「誰は」を表す） 会社員です。
公園が（「何が」を表す） ある。

▼「が（は）」だけではなく、「も」「こそ」「さえ」「だけ」などの場合もある。

僕も 行く。
時間こそ 大切だ。
水さえ 飲めない。

▼用言（動詞・形容詞・形容動詞）＋「の」＋「が」（「は」「も」「こそ」「さえ」「だけ」など）の形もある。

用言
歌うのは 気持ちよい。
走るのさえ 楽しい。

例題の答え

❶ 電車が／まもなく／終点に／到着する。
❷ 私は／大急ぎで／駅前の／会場に／駆けつけた。

チェック！ 主語の見つけ方

①**文末に着目して文全体の述語を見つける。**

僕らは 朝が 来るのを 待った。（述語）

②**見つけた述語に対応する主語を見つける。**

僕らは（主語） 朝が 来るのを 待った。（述語）

チェック！ 紛らわしい主語の見分け方

●次の文の主語を、右の「主語の見つけ方」にしたがって見つけよう。

今年は 姉も 選手に 選ばれた。

①**文全体の述語を見つける。**

今年は 姉も 選手に 選ばれた。（述語）

述語

述語とは、文の中で**「どうする」「どんなだ」「何だ」「ある(ない)・いる(いない)」にあたる文節**のこと。

述語の特徴

● **ふつう、文末にある。**

● **用言（動詞・形容詞・形容動詞）**（→42ページ）**のみ、または、用言＋「た」、体言＋「だ(です)」の形が多い。**

▼述語には、次の種類がある。

・**「どうする」（動作を表す）**

赤ちゃんが **泣く**。（「どうする」を表す）　妹が **歌った**。（「どうした」を表す）

・**「どんなだ」（物事の性質・状態を表す）**

風が **激しい**。（「どんなだ」を表す）　星が **きれいだ**。（「どんなだ」を表す）

・**「何だ」（物事の名前を表す）**

これは **りんごだ**。（「何だ」を表す）　兄は **大学生だ**。（「何だ」を表す）

・**「ある(ない)・いる(いない)」（存在を表す）**

ケーキが **ある**。（「ある」を表す）　本が **ない**。（「ない」を表す）

---

②述語に対応する主語を見つける。

今年は　選ばれた。
姉も　選ばれた。
（主語は「今年は」「姉も」のどちら？）

▼どちらが主語か迷ったときには、「〜が」に言いかえてみる。

×今年が　選ばれた。
〇姉が　選ばれた。
（主語は「姉も」。（「今年は」は「選ばれた」に係る修飾語。））

「〜も」「〜こそ」などの形も、「〜が」に言いかえられれば主語だよ。

コラム　主語の省略に注意！

日本語では主語が省略されることも多いよ。例えば、「私に電話してください。」と言った場合、「誰が」電話するのかがはっきりしないね。主語を省略したせいで、誰も電話をかけてこない、なんてことにならないように注意しよう。

5 文の成分② 修飾語（しゅうしょくご） 連文節

例題 **次の文から修飾語をすべて抜き出しなさい。**

夕日が空を真っ赤に照らしている。（　　　　　　　　）

例題の答え
空を　真っ赤に　〈順不同〉

修飾語

修飾語とは、**「いつ」「どこで」「誰（だれ）と」「何を」「どのように」「どのような」など、ほかの文節の内容を詳（くわ）しく説明する文節**のこと。

修飾語の特徴（とくちょう）

● **ふつう、修飾語によって説明される語（被（ひ）修飾語）の前にある。**

大きな（修飾語）→ 声で（被修飾語）　「どのような」を表す
はっきり（修飾語）→ 言う。（被修飾語）　「どのように」を表す

● **修飾語には、二種類がある。**

・**連体修飾語** … 体言（名詞）を含（ふく）む文節を修飾する。

真っ白な → 雲が（体言） 流れていく。
連体修飾語（「雲」を含む文節を修飾）

・**連用修飾語** … 用言（動詞・形容詞・形容動詞）を含む文節を修飾する。

雲が　次々に → わきあがった。（用言）
連用修飾語（「わきあがる」を含む文節を修飾）

「連体」は「体言に連なる」、「連用」は「用言に連なる」という意味だよ。

チェック！ **修飾語と読点の位置**

● 修飾語が係る文節は、読点の位置によって変わる。

父は笑いながら逃げる弟を追いかけた。
「笑いながら」は「逃げる」に係るとも、「追いかけた」に係るとも読める。

↓

① 父は、笑いながら逃げる弟を追いかけた。
「笑いながら」は「逃げる」に係る。

② 父は笑いながら、逃げる弟を追いかけた。
「笑いながら」は「追いかけた」に係る。

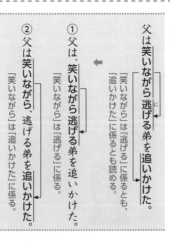

①と②の文の違（ちが）いは、読点（、）の位置だけである。しかし、①では「笑う」のは「弟」であり、②では「笑う」のは「父」になる。このように、文の意味を正確に伝えるためには、読点の位置にも注意して、修飾語がどの言葉を修飾しているのかを明らかにすることが大切だ。

連文節

二つ以上の文節が結びつき、主語・述語・修飾語などと同じ働きをするものを連文節という。並立（へいりつ）の関係・補助の関係（☞15ページ）にある文節は、常に連文節になる。

連文節の種類と働き

● **連文節がどの文の成分として働くかは、最後の一文節の働きによって決まる。**

・**主部…「主語」として働く連文節。**

美しい　花が　咲（さ）いた。
（連文節〈主部〉：美しい　花が ―「修飾・被修飾の関係」／花が：主語）

「花が」が主語なので、全体として主部になる。

・**述部…「述語」として働く連文節。**

弟が　大声で　歌って　いる。
（連文節〈述部〉：歌って　いる ―「補助の関係」／いる：述語）

「いる」が述語なので、全体として述部になる。

・**修飾部…「修飾語」として働く連文節。**

もっと　落ち着いて　やろう。
（連文節〈修飾部〉：もっと　落ち着いて ―「修飾・被修飾の関係」／落ち着いて：修飾語）

「落ち着いて」が修飾語なので、全体として修飾部になる。

・**接続部…「接続語」として働く連文節。**

雪が　溶けたが、まだ　春は　来ない。
（連文節〈接続部〉：雪が　溶けたが ―「主語・述語の関係」／溶けたが：接続語）

「溶けたが」が接続語なので、全体として接続部になる。

・**独立部…「独立語」として働く連文節。**

田中君と　山田君、走ろう。
（連文節〈独立部〉：田中君と　山田君 ―「並立の関係」／山田君：独立語）

「山田君」が独立語なので、全体として独立部になる。

発展　修飾語と文の成分

● 修飾語（修飾部）は文の成分の一つであるが、文全体での「修飾語（修飾部）」になるのは、述語（述部）を修飾する場合だけであり、主に連用修飾語のみである。

兄は　ギターを　弾（ひ）く。
（兄は：主語／ギターを：修飾語／弾く：述語）

「ギターを」は、「弾く」を修飾する連用修飾語。文全体の修飾語になっている。

連体修飾語は、被修飾語とセットで一つの文の成文となり、単独では文全体の修飾語にはならない。

私の　兄は　ギターを　弾く。
（私の　兄は：主部／ギターを：修飾語／弾く：述語）

「私の」は、「兄は」を修飾する連体修飾語。文全体の修飾語ではない。連文節として文全体の主部になっている。

チェック！　連文節から成る文の成分

● 連文節で文の成分として働くときには、それぞれの連文節の中でも文節の関係が成り立っている。

春が　来れば、私の　姉は　遠い　外国へ　行って　しまう。
（接続部：春が　来れば ―「主語・述語の関係」／主部：私の　姉は ―「修飾・被修飾の関係」／修飾部：遠い　外国へ ―「修飾・被修飾の関係」／述部：行って　しまう ―「補助の関係」）

6 文の成分③ 接続語 独立語

例題 次の各文中の接続語には――線を、独立語には〰〰線を引きなさい。

❶ おはよう、山本君、一緒(いっしょ)に行こう。
❷ ああ、今日はいい天気になってよかった。でも、寒いね。

接続語

接続語とは、**文と文、文節と文節などをつないで前後の関係を示す文節**のこと。

接続語の特徴(とくちょう)

●**文の最初にあることが多い。**
●**接続語には、次の形がある。**

・**一単語の接続語**…接続詞（≫100ページ）のみ。

雨が降る。**でも**、出かけよう。
（でも：接続語（一単語）＝接続詞／逆の事柄(ことがら)が後に続くことを表す）

・**一文節の接続語**…二つ以上の単語で、一文節の接続語。

雨降りだけれど、出かけよう。
（雨降りだけれど：接続語（一文節）／逆の事柄が後に続くことを表す）

・**接続部**…二つ以上の文節の接続語。

雨が降ると、来場者が減る。
（雨が降ると：接続語（二文節）＝接続部／順当な事柄が後に続くことを表す）

例題の答え

❶ 〰おはよう〰、〰山本君〰、一緒に行こう。
❷ 〰ああ〰、今日はいい天気になってよかった。__でも__、寒いね。

✔チェック！ 接続語の見分け方

●二単語以上の接続語（部(ぶ)）を含む文は、接続詞を使って二つの文に分けられるものが多い。

痛いが、我慢(がまん)する。（痛いが：接続語）
⇩
痛い。しかし、我慢する。（しかし：接続詞）

母がひどく嫌(いや)がったから、外出するのをやめた。（母がひどく嫌がったから：接続部）
⇩
母がひどく嫌がった。だから、外出するのをやめた。（だから：接続詞）

独立語

独立語とは、ほかの文節と直接の係り受けがなく、**独立している文節**のこと。

独立語の特徴

● **文の最初にあり、直後に「、」があることが多い。**

● **独立語には、次の六種類がある。**

種類	例	ほかには…
感動	ああ、いい天気だ。	おや・まあ など
応答	うん、元気だよ。	ああ・はい など
挨拶	おはよう、川田君。	こんにちは など
呼びかけ	やあ、久しぶり。	おい・君 など
かけ声	それっ、負けるな。	えい など
提示	優勝、それが目標だ。	――

▼単独の形が多いが、次の形もある。

・**独立部**…二つ以上の文節の独立語。

真っ白な 雲よ、どこへ行く。

（真っ白な 雲よ：独立語（二文節）＝独立部／呼びかけを表す）

独立語になるのは、主に感動詞（≫104ページ）や名詞（≫86ページ）だよ。

コラム 感情をよく伝える独立語

独立語は、文法上では影の薄い存在ですが、これだけでも会話はけっこう成立します。

「夕食はステーキよ。」
「やったあ。」
「じゃあ、今すぐお肉を買ってきて。」
「げっ。」

感情が表れていて、短くても効果大ですね。

発展 文の成分の位置

●文の成分は、ふつう次のような位置にある。

・**主語（主部）**……述語（述部）より前にある。
・**述語（述部）**……文末にある。
・**修飾語（修飾部）**…被修飾語の前にある。
・**接続語（接続部）**…文の最初にあることが多い。
・**独立語（独立部）**…文の最初にあることが多い。

●強調などのために、主語と述語や、修飾語と述語などの順を逆にすることもある。これを**「倒置」「倒置文」**という。

騒いでいるのは、誰だ。（主部／述語）
↓
誰だ、騒いでいるのは。（述語／主部）

●前後の内容によって言わなくてもわかるときは、**文の成分の一部を省略**することもある。

疲れたから、ひと休みする。
「私は」などの主語を省略している。

7 文の種類 単文 重文 複文

例題 **次の各文は「単文・重文・複文」のどれか、答えなさい。**

❶ 青い帽子（ぼうし）をかぶった少女が、遠い国から日本に来た。（　　）

❷ 少女が日本に着いたのは、クリスマスの前日であった。（　　）

❸ 弟はサッカーが好きで、兄は野球に夢中になっている。（　　）

文の種類

文は主語・述語の関係（主述関係）を基準とした構造によって、**単文**・**重文**・**複文**の三種類に分けることができる。

文の構造の三種類

●**単文**…主述関係が一つだけの文。

桜が（主語） ちらほら **咲（さ）きだした。**（述語）
［主述関係］

●**重文**…主述関係が二つ以上あり、それが対等である文。

母は（主語） **教師で、**（述語） **父は**（主語） **芸術家だ。**（述語）
［主述関係］［主述関係］

二つの主述関係が対等である。

●**複文**…主述関係が二つ以上あり、それが対等でない文。

母は（主語） **私が**（主語） **選んだ**（述語） **服を** **買った。**（述語）
［主述関係］［主述関係］

二つの主述関係が対等でない。

例題の答え

❶ 単文　❷ 複文　❸ 重文

チェック！ **重文の見分け方**

●重文を作る二つの文は、対等な関係なので、どちらが先でも文全体の意味は変わらない。

「**母は** 教師で」（主述関係）、「**父は** 芸術家だ」（主述関係）。
↓↑
「**父は** 芸術家で」（主述関係）、「**母は** 教師だ」（主述関係）。

入れかえても文全体の意味は変わらない。

複文の「従属節」の働き

複文の中にある「文の中の小さな文（主述関係のあるもの）」を**従属節**という。従属節には、次の五種類がある。

● **主語節**…主述関係が文全体の主語（主部）になっている。

［夏が（主語） 来るのは（述語）］（主語節） すぐだ。（述語）

● **述語節**…主述関係が文全体の述語（述部）になっている。

私は（主語） ［走るのが（主語） 速い（述語）］（述語節）。

● **修飾語節**（しゅうしょく）…主述関係が文の中で修飾語（修飾部）になっている。

私は（主語） ［夏が（主語） 来るのを（述語）］（修飾語節） 待つ。（述語）

● **接続語節**…主述関係が文の中で接続語（接続部）になっている。

［夏が（主語） 来ると（述語）］（接続語節）、私は（主語） うれしい。（述語）

● **独立語節**…主述関係が文の中で独立語（独立部）になっている。

［夏が（主語） 来る（述語）］（独立語節）、それが（主語） 楽しみだ。（述語）

主語・述語が結びついた連文節として、文の成分になっているんだね。

発展 文の種類のもう一つの分け方

● 文は意味・性質によって、次の四種類に分けることもできる。

・**平叙文**（へいじょ）…断定・推定・決意などを表す。

彼（かれ）は隣町（となりまち）から来た転校生だ。（断定）
どうやら雪はやみそうだ。（推定）
明日は七時に起きよう。（決意）

・**疑問文**…疑問・質問・反語などを表す。

優（やさ）しさとは何だろうか。（疑問）
今は何時ですか。（質問）
こんなうれしいことがあろうか。（反語）

・**命令文**…命令・禁止・願望などを表す。

部屋を片づけなさい。（命令）
私語をするな。（禁止）
これを貸してほしい。（願望）

・**感動文**…感動を表す。

ああ、すばらしい作品だ。（感動）

練習問題

1 **次の文の〔　〕にあてはまる言葉を後から選び、記号で答えなさい。**

「東の空に満月が昇(のぼ)る。」という文の「満月が」という文節は、文の成分の〔　〕にあたり、〔　〕を表している。また、「昇る」という文節は、文の成分の〔　〕にあたり、〔　〕という動作を表している。

ア「何が」　**イ** 述語　**ウ**「どのように」
エ 修飾語(しゅうしょくご)　**オ**「どうする」　**カ** 主語

2 **次の各文の主語と述語を、それぞれ抜(ぬ)き出しなさい。**

① 暖かくなり、今日にも桜が咲(さ)きそうだ。　主語（　　）　述語（　　）
② この部屋のごみは僕(ぼく)が全部片づけた。　主語（　　）　述語（　　）
③ 先頭はスタートからゴールまで、林君だった。　主語（　　）　述語（　　）
④ 雨だけでなく、遠くで雷(かみなり)さえも鳴り始めた。　主語（　　）　述語（　　）

3 **次の各文中の連体修飾語には――線を、連用修飾語には〜〜線を引きなさい。**

① 少女はスープをゆっくりと飲み干した。
② 学校の先生が、手を大きく振(ふ)っている。
③ 小学生のとき、僕も剣道(けんどう)を習っていた。

---

1 ≫ 20〜23ページ

2 ≫ 20〜21ページ

ヒント　主語は、体言（名詞）＋「が（は）」の形が多いが、体言＋「も」「こそ」「さえ」「だけ」などの場合もある。②「〜は」の形は、「〜が」に言いかえられれば主語、言いかえられなければ修飾語のことが多い。④「鳴り始めた」は複合語。複合語は一つの単語として主語や述語などの文の成分になる。

3 ≫ 22〜23ページ

ヒント　体言（名詞）を含(ふく)む文節を修飾するのが連体修飾語、用言（動詞・形容詞・形容動詞）を含む文節を修飾するのが連用修飾語。

4 **次の各文の——部は、どのような文の成分になっているか。後から選び、記号で答えなさい。**

① 赤や黄色に点滅するライトが、音もなく近づいてきた。（　　）
② 弟が一生懸命に練習していたのを、私は知っています。（　　）
③ 白い帽子は母が買ってくれました。（　　）
④ 姉は朝からずっと夢中で本を読んでいます。（　　）
⑤ この出来事は、美しい思い出となって心に残るだろう。（　　）

ア 主部　イ 述部　ウ 修飾部

5 **次の各文から、①～③は接続語（接続部）を、④・⑤は独立語を、それぞれ抜き出しなさい。**

① 彼の話は、わかりやすく、また、おもしろい。（　　）
② 君はお茶にするかい。それとも、ジュースにするかい。（　　）
③ 大人になったら、月に行ってみたい。（　　）
④ いや、僕が言ったんじゃないよ。（　　）
⑤ 八月五日、この日は花火大会だ。（　　）

6 **次の文章の〔　〕にあてはまる言葉を答えなさい。**

主語・述語の関係が一つだけの文を〔　①　〕という。主述関係が二つ以上の文には、重文と〔　②　〕がある。「花火が始まるのをみんなが今か今かと待っている。」という文の文全体の主語は「〔　③　〕」、述語（部）は「〔　④　〕」である。このほか「〔　⑤　〕」の二文節内に主述関係があるが、この部分は従属節で、文全体の中で〔　⑥　〕として働いている。

①（　　）　②（　　）　③（　　）
④（　　）　⑤（　　）　⑥（　　）

4 ≫20～23ページ
ヒント ——部はすべて二つ以上の文節が結びついた連文節。③誰が何を買ってくれたのかを考える。④補助の関係になっている。補助の関係は常に連文節になる。

5 ≫24～25ページ
ヒント ①～③接続語は文の最初にあることが多いが、読点で文が続いていることもある。

6 ≫26～27ページ
ヒント ⑥従属節には、文全体の主語（主部）として働く主語節、述語（述部）として働く述語節、修飾語（修飾部）として働く修飾語節、接続語（接続部）として働く接続語節、独立語（独立部）として働く独立語節がある。

解答➡320ページ

発展問題

1 **次の各文から、①は主語・述語を、②・③は主部・述部を、それぞれ抜き出しなさい。**

① 今日は暑くなりそうだと父は言った。

主語（　　　　）　述語（　　　　）

② そのおばあさんは、両手にたくさんの荷物を持って立っていた。

主部（　　　　）　述部（　　　　）

③ 裏山には、珍しいきのこがいっぱい生えている。

主部（　　　　）　述部（　　　　）

2 **次の各文について、主語があるものには（　）に○を書き、主語に――線を、述語に＝＝線を引きなさい。主語がないものには（　）に×を書きなさい。**

①（　）弟は同じ野球チームの選手です。

②（　）素敵な絵ですね、これは。

③（　）小学生さえわかる。

④（　）水を飲みたい。

⑤（　）長い演説がやっと終わった。

⑥（　）図書館ではものは食べるな。

3 **次の各文の――部を修飾している連文節をそれぞれ抜き出しなさい。（③は二箇所）**

① 果てしない空を見上げる。（　　　　）

② 箱の中に、生まれたばかりの子猫がいた。（　　　　）

1 ≫20～23ページ

ヒント ①「今日は～そうだと」の部分は「何を」言ったかを表す修飾部となるため、「今日は」は文全体の主語ではない。

2 ≫20～21ページ

ヒント ②倒置の文になっている。⑥「～は」の形を主語かどうか見分ける。

倒置については、「文の成分の位置」（≫25ページ）を確認してみよう！

3 ≫22～23ページ

ヒント ③「彼は」は、この文の主語。

③ 海に向かって、彼は何も考えずに走った。（　　）

4 例にならって、後の各文の文の成分を連文節で示しなさい。ただし、主部は――線、述部は＝線、修飾部は～～線で示すこと。

例 数々の楽しい思い出が、昨日のことのようによみがえってくる。

① 私の父は、テーブルに置かれた昨日の新聞を読んでいる。

② 何百年もここに立っている杉の木は、さまざまな人間の営みを見てきたのだろう。

③ 青く澄みきった海を、色とりどりの魚が泳いでいた。

④ 毎日の小さな積み重ねが、今日の勝利を生んだのである。

5 次の各文中の接続部には――線を、独立部には～～線を引きなさい。

① チーム一丸となってがんばったから、逆転勝ちできたのだ。

② ほかに誰も来そうにないので、山本さんと林さん、今日の予定は中止にしよう。

③ めざせ世界一、彼らの実力をもってすれば、それも夢ではないはずだ。

④ そこの少年よ、道はいつもまっすぐではないが、しっかりと前を見て進め。

6 次の各文の種類を、それぞれ後から選び、記号で答えなさい。

① 花が咲きだしたから、もう春だ。（　　）

② この古い腕時計が、僕の宝物だ。（　　）

③ 父は改札で、私が電車から降りてくるのを待っている。（　　）

④ 都会はいっそう混雑が激しくなり、山村はますます人口が少なくなる。（　　）

ア 単文　イ 重文　ウ 複文

---

4 ≫22～23ページ
ヒント 一文節ごとではなく、複数の文節のまとまりでとらえ、文中でどのような働きをしているかを考える。

5 ≫22～25ページ
ヒント 連文節で線を引くことに注意。一つの文に接続部と独立部が含まれていることもある。

6 ≫26～27ページ
ヒント ①文全体としての主語が省略されていることに注意する。
③・④二つの主述関係がある。入れかえられるかどうかに着目する。

解答➡320ページ

定期試験対策問題

〈言葉の単位 ≫10〜11ページ〉

1 次の各文の文節の区切りに／線を引きなさい。

(1) 生まれて育った町を後にした。

(2) 松本君は席からきれいな夕日を見ていた。

(3) マラソンランナーがふらふらになりながらゴールした。

ヒント　二つ以上の単語が結びつき、複合語になったものは一単語として考える。「〜て（で）…」の形にも注意。

〈文節どうしの関係①② ≫12〜15ページ〉

2 次の各文の――部の文節どうしは、どのような関係にあるか。後から選び、記号で答えなさい。

(1) 遠くの　空に入道雲が見える。（　　）

(2) 昨年、兄が描いた絵が、貼られている。（　　）

(3) 目覚めたら、出発しよう。（　　）

(4) 晴れでも雨でも行きます。（　　）

(5) 電話の鳴る音に驚いた。（　　）

(6) 彼はすぐに帰ってしまった。（　　）

(7) 二人はいつまでも公園で話し続けた。（　　）

ア 主語・述語の関係　**イ** 修飾・被修飾の関係　**ウ** 接続の関係　**エ** 並立の関係　**オ** 補助の関係

ヒント　ア〜オの文節どうしの関係のほかに独立の関係がある。
(5)「電話の」は「電話が」と言いかえられる。

〈文節どうしの関係①② ≫12〜15ページ〉

3 次の各文について、a〜gの文節（連文節）どうしはどのような関係か。それぞれ後から選び、記号で答えなさい。

(1) 古くて大きな柱時計が、ついに故障してしまった。だから、新品を買った。

a「古くて　大きな」（　　）

b「古くて大きな　柱時計が」（　　）

c「故障して　しまった」（　　）

d「ついに　故障してしまった」（　　）

e「古くて大きな柱時計が　故障してしまった」（　　）

f「だから　新品を買った」（　　）

g「新品を　買った」（　　）

(2) 森君と林君は、僕が貸した本を二人で読んでいる。

a「森君と　林君は」（　　）

b「読んで　いる」（　　）

c「森君と林君は　読んでいる」（　　）

d「僕が　貸した」（　　）

e「僕が貸した　本を」（　　）

f「僕が貸した本を　読んでいる」（　　）

g「二人で　読んでいる」（　　）

ア 主語・述語の関係　**イ** 修飾・被修飾の関係　**ウ** 接続の関係　**エ** 並立の関係　**オ** 補助の関係

ヒント　並立の関係・補助の関係の文節は必ず連文節となって文の成分となる。

〈文の成分① ≫20～21ページ〉

4 **次の各文の主語を抜き出しなさい。**

(1) 姉は大声を出して僕を応援してくれた。
（　　　　）

(2) 大きな音を立てて、急行列車が通り過ぎた。
（　　　　）

(3) 君こそチームのキャプテンとしてふさわしい。
（　　　　）

ヒント 主語を見つけるにはまず、述語を押さえ、それに対応する部分を確認する。「～が」に言いかえられれば主語。

〈文の成分② ≫22～23ページ〉

5 **次の各文の述語（述部）に係る修飾部を抜き出しなさい。**

(1) たくさんの人々が、彼の作品を待ち望んでいる。
（　　　　）

(2) 展望台に続く坂道を彼女は登っていった。
（　　　　）

(3) 小さな犬が大きな犬に向かってほえていた。
（　　　　）

(4) 軽やかに踊る人々を、有名なカメラマンが撮影した。
（　　　　）

ヒント 主部と修飾部を区別する。

〈文の成分③ ≫24～25ページ〉

6 **次の各文から、接続部または独立部を抜き出しなさい。**

(1) 県大会での優勝、それがチームの目標だ。
（　　　　）

(2) 兄は、体調がすぐれないので、学校を休んだ。
（　　　　）

〈文の成分①～③ ≫20～25ページ〉

7 **次の各文の――部の文の成分を後から選び、記号で答えなさい。**

(1) 彼女のお気に入りは、あの赤いバッグだ。（　　）

(2) 図書館に行ったが、その本はなかった。（　　）

(3) そこの君、落とし物だよ。（　　）

(4) すずめが窓から飛び込んできた。（　　）

(5) 大きな虹がかかった、雨上がりの空に。（　　）

ア 主部　イ 述部　ウ 修飾部

エ 接続部　オ 独立部

ヒント (3)主部と間違えやすいので注意する。(5)倒置の文になっている。

〈文の種類 ≫26～27ページ〉

8 **次の各文の文の種類を後から選び、記号で答えなさい。**

(1) 父が僕を呼んだので、慌てて返事をした。（　　）

(2) 夏は高原の別荘で過ごし、冬は南の島へ行く。（　　）

(3) 私の母は本屋で私を待っている。（　　）

ア 単文　イ 重文　ウ 複文

解答➡327ページ

第2章 単語の分類

理解度をチェック

自立語と付属語

≫36〜37ページ

単語は文法上の性質などによって、十種類に分類される。その一つ一つを**品詞**という。

品詞分類表

	単独で文節を作れるか	活用	文節の働き	言い切りの形／文節の働き	品詞
単語	**自立語**（単独で文節を作れる）	活用が**ある**	**述語**になる（**用言**）	**ウ段の音**で終わる	**動詞**
				「**い**」で終わる	**形容詞**
				「**だ**」「**です**」で終わる	**形容動詞**
		活用が**ない**	**主語**になる（**体言**）		**名詞**
			修飾語になる	主に**用言を修飾**する	**副詞**
				必ず**体言を修飾**する	**連体詞**
			接続語になる		**接続詞**
			独立語になる		**感動詞**
	付属語（単独で文節を作れない）	活用が**ある**			**助動詞**
		活用が**ない**			**助詞**

その一語だけで意味がわかる単語で、単独で文節を作れる単語を**自立語**という。一文節に必ず一つだけあり、常に文節の最初にある。

その一語だけでは意味がわからない単語で、単独では文節を作れない単語を**付属語**という。一文節に一つもないことも、二つ以上あることもある。

文節	文節	文節
明日、（自立語）	知らせ（自立語）が（付属語）	届く（自立語）だろ（付属語）う。（付属語）

活用のある自立語

≫42〜43ページ

自立語のうち、活用のあるものは、**動詞**・**形容詞**・**形容動詞**の三つ。単独で述語になるなどの働きがある。

動詞・形容詞・形容動詞は、言い切りの形（終止形）によって見分けられる。

	言い切りの形（終止形）	例
動詞	ウ段の音	出る・書く
形容詞	「い」	赤い・暑い
形容動詞	「だ」「です」	きれいだ・きれいです

活用のある自立語で、単独で述語になれる単語（動詞・形容詞・形容動詞）を**用言**という。

活用のない自立語

≫44〜45ページ

自立語のうち、活用のないものは、**名詞**・**副詞**・**連体詞**・**接続詞**・**感動詞**の五つ。主語になる、修飾語になる、接続語になる、独立語になる、などの働きがある。

	文節の働き	例
名詞	主語になる	空・日本・三月・あなた
副詞	連用修飾語になる	ゆっくり・きらきら
連体詞	連体修飾語になる	この・大きな
接続詞	接続語になる	そして・しかし
感動詞	独立語になる	おや・はい・わあ

名詞のうち、人や物事を指し示す言葉を、**代名詞**という。

活用のない自立語で、主語になれる単語（名詞）を**体言**という。

単語の活用・活用形

≫38〜39ページ

後に続く言葉によって、単語の形が変化することを**活用**という。変化しない部分を**語幹**、変化する部分を**活用語尾**（ごび）という。

話す＋ない ⬅ **「話す」が「話さ」に変化＝活用**
話さない

話	す
語幹 形が変化しない部分	**活用語尾** 形が変化する部分

活用があるかどうかは、後に「タ」「バ」などをつけて判断する。

話す ⬇ 話し**タ**　話せ**バ**
形が変化する。＝活用がある。

単語が活用してできる形を**活用形**という。活用形には、次の六種類がある。

活用形	どんなときの形か	例	主な続き方
未然形	まだそうなっていないとき。	話さ 話そ	**ナイ ウ／ヨウ**
連用形	用言などに続くとき。	話し	**マス タ テ**
終止形	言い切って文を終えるとき。	話す	（。）
連体形	体言などに続くとき。	話す	**トキ**
仮定形	仮定であることを表すとき。	話せ	**バ**
命令形	命令して言い切り、文を終えるとき。	話せ	（。）

単語の活用を表にまとめると次のようになる。

基本形	語幹	未然形	連用形	終止形	連体形	仮定形	命令形
話す	はな	―さ ―そ	―し	―す	―す	―せ	―せ
主な続き方		ナイ ウ／ヨウ	マス タ テ	（。）	トキ	バ	（。）

活用のある付属語・活用のない付属語

≫46〜47ページ

付属語のうち、活用のあるものは、**助動詞**。意味をつけ加えたり、書き手（話し手）の気持ちや判断を表したりする働きがある。

海に／行き（自立語）たい（付属語（助動詞））。
文節　文節
たかっ**タ**
自立語の後について、ともに文節を作る。
活用がある。
（書き手（話し手）の希望を表している。）

付属語のうち、活用のないものは、**助詞**。語句と語句の関係を示すほか、意味をつけ加えたり、書き手（話し手）の気持ちや態度を表したりする働きがある。

海（自立語）に（付属語（助詞））／行きたい。
文節　文節
に**タ**
自立語の後について、ともに文節を作る。
活用がない。
（「海」が「行きたい」を修飾していることを示している。）

助動詞と助詞は、活用があるかどうかで見分けられる。

僕（ぼく）（自立語）も（付属語）／ケーキ（自立語）が（付属語）／食べ（自立語）たい（付属語）。
文節　文節　文節
形が変化しない（活用がない）＝助詞
「たかっ**タ**」「たけれ**バ**」などと形が変化する（活用がある）＝助動詞

1 自立語と付属語

例題 **次の各文中の自立語には——線を、付属語には〰〰線を引きなさい。**

❶ 夜 の 道 は 暗く、風 の 音 が 冷たく 響く。

❷ 声 は はっきり 聞こえる が 姿 は 見え ない。

例題の答え

❶ 夜の 道は 暗く、風の 音が 冷たく 響く。

❷ 声は はっきり 聞こえるが 姿は 見えない。

単語の分類

単語は文法上の性質によって、**自立語**と**付属語**に分けられる。また、**活用がある・ない**でも分けられる。さらに、文節としてどのような働きをするか、どんな言い切りの形になるかによっても分けられる。このように単語を分類したものを**品詞**という。品詞には十種類がある。

品詞分類表

（自立語か、付属語か ／ 活用があるか、ないか ／ 文節としてどのような働きをするか ／ どんな言い切りの形になるか ／ 10の品詞に分けられる）

単語
- **自立語**
  - 活用が**ある**
    - **述語**になる（**用言**）
      - **ウ段の音**で終わる……**動詞**
      - **「い」**で終わる……**形容詞**
      - **「だ」「です」**で終わる……**形容動詞**
  - 活用が**ない**
    - **主語**になる（**体言**）……**名詞**
    - **修飾**語になる
      - 主に**用言を修飾**する……**副詞**
      - 必ず**体言を修飾**する……**連体詞**
    - **接続語**になる……**接続詞**
    - **独立語**になる……**感動詞**
- **付属語**
  - 活用が**ある**……**助動詞**
  - 活用が**ない**……**助詞**

動詞・形容詞・形容動詞：活用のある自立語
名詞・副詞・連体詞・接続詞・感動詞：活用のない自立語
助動詞・助詞：付属語

チェック！ 活用とは

● 活用（≫38ページ）とは、後に続く言葉によって、単語の形が変化すること。

会わない・会います・会う。
会うとき・会えば・会え。

「会う」は形が変化するので活用がある。

チェック！ 自立語の品詞・付属語の品詞

● 自立語

上の表のように、動詞・形容詞・形容動詞・名詞・副詞・連体詞・接続詞・感動詞の八つがある。

活用があるのは、次の三つ。単独で述語になることができる。

- **動詞**…動作・作用・存在を表す。
- **形容詞**…物事の状態や性質を表す。
- **形容動詞**…物事の状態や性質を表す。

自立語

自立語とは、その一語だけで意味がわかる単語。

自立語の性質

● **単独で文節を作ることができる。**

毎朝（自立語）／早く（自立語）／起きる（自立語）。
文節　文節　文節

その一語だけでも文節を作れる。

● **一文節に必ず一つだけあり、常に文節の最初にある。**

学校(自)は(付)／公園(自)の(付)／隣(とな)(自)に(付)／ある(自)。
文節　文節　文節　文節

（自＝自立語、付＝付属語）

付属語

付属語とは、その一語だけでは意味がわからない単語。

付属語の性質

● **単独で文節を作ることができず、自立語の後について、ともに文節を作る。**

春(自)は(付)／桜(自)の(付)／花(自)が(付)／咲(さ)き(自)ます(付)。
文節　文節　文節　文節

その一語だけでは文節を作れず、自立語の後についている。

● **一文節に一つもないこともあるし、二つ以上あることもある。**

まだ(自)／弟(自)は(付)／目覚め(自)ない(付)だろ(付)う(付)。
文節　文節　文節

活用がないのは、次の五つ。

・**名詞**…主語になることができる。
・**副詞**…主に連用修飾語になる。
・**連体詞**…必ず連体修飾語になる。
・**接続詞**…単独で接続語になることができる。
・**感動詞**…単独で独立語になることができる。

● **付属語**

付属語は、**助動詞・助詞**の二つのみ。

チェック！ 自立語と付属語の見分け方

①文を文節に区切る。

うっかり／集合時間を／間違(まち)えた。

②文節の最初にある単語が自立語。同じ文節にある、それ以外の単語が付属語。

うっかり(自)／集合時間(自)を(付)／間違え(自)た(付)。

一つの文節に自立語は一つしかないよ。

▼「集合時間」は、「集合」「時間」という二つの単語を組み合わせてできた複合語。一単語となる。

▼「間違えた」は、「間違える」という自立語（動詞）の形が変化した「間違え」に、「た」という付属語（助動詞）がついた文節。こうした文節は、活用を意識することで、自立語と付属語に分けられるようになる。

2 単語の活用・活用形

例題 次の各語のうち、活用のあるものには○を、活用のないものには×を書きなさい。

（　）学校　（　）しかし　（　）滑らかだ（なめ）
（　）走る　（　）まで　（　）たいした
（　）美しい　（　）おや
（　）そうだ　（　）ゆっくり

活用とは

後に続く言葉によって、単語の形が変化することを**活用**という。

話さない。
話します。
話す。
話すときだ。
話せばわかる。
話せ。

「話す」は、形が変化する＝活用がある。

活用するときに変化しない部分を**語幹**といい、変化する部分を**活用語尾**（ごび）という。語幹と活用語尾の区別のない単語もある。

語幹（変化しない）	活用語尾（変化する）
話	さ
話	し
話	す
話	す
話	せ
話	せ

例題の答え

（×）学校
（○）美しい
（×）しかし
（×）おや
（○）滑らかだ
（○）走る
（○）そうだ
（×）まで
（×）ゆっくり
（×）たいした

チェック！ 活用のある品詞とない品詞

●活用があるのは次の四つの品詞である。
動詞・形容詞・形容動詞・助動詞
●活用がないのは次の六つの品詞である。
名詞・副詞・連体詞・接続詞・感動詞・助詞

チェック！ 活用があるかどうかの見分け方

●活用があるかどうかを確かめるには、後に「タ」「バ」などをつけてみるとよい。形が変化してつながれば、活用があると判断できる。

見る ← 見タ　見れバ　形が変化する。＝活用がある。

細い ← 細かっタ　細ければ　形が変化する。＝活用がある。

必ず ← 必ずタ　必ずバ　形が変化しない。（つながらない）＝活用がない。

活用形

単語が活用してできる形を**活用形**という。次の六種類がある。

活用形の種類

活用形	どんなときの形か	主な続き方
未然形	まだそうなっていないとき。	**「ナイ」「ウ」「ヨウ」などに続く。**
連用形	用言（動詞・形容詞・形容動詞）などに続くとき。	**用言や「マス」「タ」「テ」などに続く。**
終止形	言い切って文を終えるとき。言い切りの形。	（。）
連体形	体言（名詞）などに続くとき。	**「トキ」など体言に続く。**
仮定形	仮定であることを表すとき。	**「バ」に続く。**
命令形	命令して言い切り、文を終えるとき。	（。）

未然形 話さない 話そう
連用形 話します
終止形 話す。
連体形 話すとき
仮定形 話せば
命令形 話せ。

単語の活用を表にまとめると次のようになる。

基本形	語幹	未然形	連用形	終止形	連体形	仮定形	命令形
		活用語尾					
話す	はな	―さ ―そ	―し	―す	―す	―せ	―せ
主な続き方		ナイ ウ／ヨウ	マス タ テ	（。）	トキ	バ	（。）

発展 語幹と活用語尾の区別のない単語

●次の単語は、活用させると未然形・連用形が一つの音になり、語幹と活用語尾の区別がなくなる。

着る → 着ない　着ます
「き」の一音しかないため、語幹と活用語尾に分けられない。

▼ほかにも「似る」「寝（ね）る」「出る」「得る」「来る」「する」などがある。

発展 活用形の後に続く言葉

●活用形の後に続く言葉には、ほかにも次のようなものがある。（上の表では区別がつきやすいようカタカナで示している。）

- **未然形**「れる」「られる」「せる」「させる」
- **連用形**「だ」「で」「たい」「ながら」「たり」
- **終止形**「から」
- **連体形**「ようだ」「のに」「ばかり」「ほど」
- **仮定形**「ば」が省略されているときもある。

好きなら（ば）できる。

- 命令形「よ」

全力で走れよ。

上の表の「主な続き方」も含（ふく）め、ここで挙げているのは主に動詞の活用形の後に続く言葉だよ。ほかにも品詞によってそれぞれ後に続く言葉があるんだ。

練習問題

1 **次の各文の〔　　〕にあてはまる言葉を答えなさい。**

① 自立語で活用のある品詞は、〔　　〕〔　　〕〔　　〕の三つである。

② 自立語で活用のない品詞のうち、主語になるのは〔　　〕、修飾語になるのは〔　　〕、接続語になるのは〔　　〕、独立語になるのは〔　　〕である。

③ 付属語で活用のある品詞は〔　　〕、活用のない品詞は〔　　〕である。

2 **次の中から、自立語の性質を表しているものをすべて選び、記号で答えなさい。**

ア 一文節の中に一つだけある。　**イ** その語だけで文節を作れる。

ウ 一文節の中に一つもない場合がある。　**エ** 常に文節の最初にある。

オ その語だけでは文節を作れない。

（　　）

3 **次の各文から、自立語と付属語を抜き出しなさい。**

① 空気　は　冷たく、爽やかだ。

自立語（　　）　**付属語**（　　）

② 大きな　朝顔　が　みごとに　開い　た。

自立語（　　）　**付属語**（　　）

4 **次の各文の〔　　〕にあてはまる言葉を後から選び、記号で答えなさい。**

① 活用とは、後に続く言葉によって〔　　〕の形が変化することをいう。

② 活用するときに変化しない部分を〔　　〕、変化する部分を〔　　〕という。

③ 活用形には、まだそうなっていないときの形である〔　　〕や、主に動詞・形容詞・形容動詞に続くときの〔　　〕、主に名詞に続くときの〔　　〕などがある。

---

1 ≫36〜37ページ

ヒント　単語は文法上の性質によって、自立語と付属語に分けられる。それぞれ活用があるかどうかや働きなどによって、さらに分けることができる。

2 ≫36〜37ページ

3 ≫36〜37ページ

ヒント　自立語はその一語だけで意味がわかる単語。付属語はその一語だけでは意味がわからない単語。

4 ≫38〜39ページ

5 次の活用形に続く言葉を後から選び、記号で答えなさい。

① 未然形（　　）　② 連用形（　　）
③ 連体形（　　）　④ 仮定形（　　）

ア ば　イ ない・う・よう　ウ とき　エ ます・た・て

ア 活用語尾(ごび)　イ 単語　ウ 語幹
エ 連用形　オ 連体形　カ 未然形

6 次の文の――部の自立語から、活用のあるものをすべて選び、記号で答えなさい。

ア初めて イ登った ウ高山の エ美しくも オ神秘的な カ風景に キ言葉を ク失った。

（　　）

発展問題

1 次の文の各文節から、後の①～③にあてはまるものを選び、記号で答えなさい。

ア大雨で イ道が ウ崩(くず)れたと エ聞き、オここまでで カ引き返す キことに クなった。

① 自立語だけで、付属語がついていない文節。（　　）
② 自立語に付属語が一つだけついている文節。（　　）
③ 自立語に付属語が二つ以上ついている文節。（　　）

2 次の文章を／で文節に分けなさい。また、各単語から、後の①・②にあてはまるものを選び、記号で答えなさい。

アとても イ静かな ウ夜 エだ。オ朝 カから キの ク激しい ケ雨 コも サようやく シあがり、ス鏡 セの ソような タ満月 チが ツ雲 テの ト間 ナから ニ大きな ヌ顔 ネを ノ出し ハて ヒいる。

① 自立語で活用のあるもの（　　）
② 自立語で活用のないもの（　　）

---

5 ≫38～39ページ
ヒント どの言葉が続くかは品詞によっても異なる。ア～エは主に動詞の活用形に続く言葉。

6 ≫36～39ページ
ヒント 活用があるかどうかは、後に「タ」「バ」などをつけて形が変化するかによって確かめる。

1 ≫36～37ページ
ヒント 文節を言葉としての最小の単位である単語に分けて考える。自立語の活用語尾がどこまでかは、後に「ナイ」「タ」などをつけてみて判断する。

2 ≫36～39ページ
ヒント 自立語を見分けるには、まず、文節に区切ること。「出している」は補助の関係（≫15ページ）で二文節。次に、文節の最初にある単語に着目すること。それぞれ活用があるかどうかも確かめる。補助の関係となっている「いる」「くる」「みる」なども、活用のある自立語。

解答⬇321ページ

3 活用のある自立語

例題 **次の文中の活用する自立語に——線を引き、さらに動詞・形容詞・形容動詞に分け、言い切りの形に直して答えなさい。**

静かに 始まり、やがて 激しく 高まり、美しく 感動的な フィナーレへ。

動詞（　　　　）
形容詞（　　　　）
形容動詞（　　　　）

活用のある自立語

自立語のうち、活用のあるものは、**動詞・形容詞・形容動詞**の三つである。

活用のある自立語の種類と働き

品詞名	働き	例
動詞	動作・作用・存在を表す。	話す・書く・見る・建てる・ある
形容詞	物事の状態や性質を表す。	青い・新しい・美しい・明るい
形容動詞	物事の状態や性質を表す。	好きだ・変だ・穏(おだ)やかです

●**単独で述語になるほか、修飾(しゅうしょく)語になるなど、さまざまな働きをする。**

犬が（主語） **鳴く**。（述語・動詞）　空が（主語） **明るい**。（述語・形容詞）　私は（主語） **晴れやかな**（修飾語・形容動詞） 気持ちだ。（述語）

▼活用のある自立語で、単独で述語になることができる単語（動詞・形容詞・形容動詞）を**用言**という。

例題の答え

静かに 始まり、やがて 激しく 高まり、美しく 感動的な フィナーレへ。
動詞…始まる　高まる〈順不同〉
形容詞…激しい　美しい〈順不同〉
形容動詞…静かだ　感動的だ〈順不同〉

チェック! **動詞の活用の種類**

●動詞の活用のしかたには、次の五種類がある。
- **五段活用**
- **上一段(かみいちだん)活用**
- **下一段(しもいちだん)活用**
- **カ行変格活用**
- **サ行変格活用**

▼上の活用表の「笑う」は五段活用。 （≫58ページ）

チェック! **形容詞・形容動詞の活用の種類**

●形容詞の活用のしかたは、一種類のみ。 （≫72ページ）

●形容動詞の活用のしかたには、**「〜だ」**の活用と**「〜です」**の活用の二種類がある。 （≫78ページ）

活用のしかた

●動詞

基本形	語幹	未然形	連用形	終止形	連体形	仮定形	命令形
笑う	わら	―わ ―お	―い ―っ	―う	―う	―え	―え
主な続き方		ナイ ウ／ヨウ	マス タ テ	（。）	トキ	バ	（。）

●形容詞・形容動詞

（形容詞・形容動詞には、命令形はない。）

基本形	語幹	未然形	連用形	終止形	連体形	仮定形	命令形
白い	しろ	―かろ	―かっ ―く ―う	―い	―い	―けれ	○
きれいだ	きれい	―だろ	―だっ ―で ―に	―だ	―な	―なら	○
主な続き方		ウ	タ ナイ ナル	（。）	トキ	バ	

見分け方に注意しよう

動詞・形容詞・形容動詞の見分け方

●言い切りの形（終止形）が**ウ段の音**で終われば動詞。

花が 開いた。 ➡ 開**く**（ku） 動詞

●言い切りの形（終止形）が**「い」**で終われば形容詞。

今日は 楽しかった。 ➡ 楽し**い** 形容詞

●言い切りの形（終止形）が**「だ」「です」**で終われば形容動詞。

夜景が きれいだろう。 ➡ きれい**だ**
目にも 鮮やか（あざ）でした。 ➡ 鮮やか**です** 形容動詞

チェック！ 動詞・形容詞・形容動詞のもう一つの見分け方

●体言をつけて見分けることもできる。体言に続く形が**ウ段の音**ならば動詞、**「〜い」**ならば形容詞、**「〜な」**ならば形容動詞。

彼（かれ）は がんばった。 ⬅ がんばる 少年（体言） 「ru」とウ段の音なので、動詞。

彼は 優（やさ）しかった。 ⬅ 優しい 少年 「〜い」なので、形容詞。

彼女（かのじょ）は 温厚で ある。 ⬅ 温厚な 少女 「〜な」なので、形容動詞。

彼女は 正直です。 ⬅ 正直な 少女 「〜な」なので、形容動詞。

発展 動詞・形容詞の連用形

●動詞・形容詞の連用形は、後に続く言葉によって、音が変化することがある。

・動詞（≫59ページ）

書き＋た ➡ 書いた
立ち＋た ➡ 立った
飛び＋た ➡ 飛んだ

・形容詞（≫73ページ）

うれしく＋ございます ➡ うれしゅうございます。

活用のない自立語

例題 **次の文章の――部の品詞名を後から選び、記号で答えなさい。**

❶山の空気は❷とても爽(さわ)やかだ。❸だから、気持ちがよい。❹さあ、今日も❺大きな荷物を背負い、がんばって歩こう。

ア 名詞　**イ** 副詞　**ウ** 連体詞　**エ** 接続詞　**オ** 感動詞

❶(　　)　❷(　　)　❸(　　)　❹(　　)　❺(　　)

例題の答え
❶ア　❷イ　❸エ　❹オ　❺ウ

活用のない自立語

自立語のうち、活用のないものは、**名詞・副詞・連体詞・接続詞・感動詞**の五つである。

活用のない自立語の種類と働き

品詞名	働き	例
名詞	人や物事の名前を表したり、人や物事を指し示したりする。	芸術・夢・北海道・一つ～とき・あなた・それ
副詞	動作や物事の様子・状態・程度を表したり、書き手(話し手)の気持ちなどを表したりする。	ゆっくり・ひらひらもっと・なぜ
連体詞	体言(名詞)を修飾(しゅうしょく)する。	その・小さな・あらゆる我(わ)が・たいした
接続詞	文と文、文節と文節などをつないで前後の関係を示す。	だから・だが・またあるいは・つまり・では
感動詞	感動・応答・挨拶(あいさつ)・呼びかけ・かけ声などを表す。	おや・はい・さようならねえ・よいしょ

▼名詞のうち、「あなた」「それ」など、人や物事を指し示す言葉を、**代名詞**という。

チェック! 活用のない自立語の品詞の見分け方

●働きによって見分けることができる。

・主語になる→名詞

初雪が　降る。

「が」をともなない主語になっているので、名詞。

・単独で連用修飾語になる→副詞

ゆっくり　話す。（用言(動詞)）

連用修飾語になっているので、副詞。

・単独で連体修飾語になる→連体詞

おかしな　形の　クッキー。（体言(名詞)）

連体修飾語になっているので、連体詞。

・単独で接続語になる→接続詞

行きたい。でも、行けない。

接続語になっているので、接続詞。

●**名詞**…「が」「は」「も」などをともなって**主語**になるほか、修飾語などさまざまな文の成分になる。

> 名詞
> **鳥が**（主語） 飛ぶ。（述語）
> 私は（主語） 名詞 **図書館へ**（修飾語） 行く。（述語）

▼活用のない自立語で、主語になることができる単語（名詞）を**体言**という。

●**副詞**…主に**連用修飾語**として、用言（動詞・形容詞・形容動詞）を含む文節を修飾する。

> 新校舎は 副詞 **とても** 用言 立派だ。
> 連用修飾語（「立派だ」を修飾）

●**連体詞**…必ず**連体修飾語**として体言（名詞）を含む文節を修飾する。

> 連体詞 **あの** 体言 映画は おもしろい。
> 連体修飾語（「映画」を含む文節を修飾）

●**接続詞**…単独で**接続語**になる。

> 今日は雨だ。接続詞 **だから、**（接続語） 遠足は中止だ。

●**感動詞**…単独で**独立語**になる。

> 感動詞 **ああ、**（独立語） やっと課題が終わった。

「連用」「連体」は、
「用言に連なる」、
「体言に連なる」と
いう意味だったね。

・**単独で独立語になる → 感動詞**

> **さようなら、** また 明日。
> 独立語になっているので、感動詞。

発展 形の同じ言葉・形の似ている言葉

●形の同じ言葉や形の似ている言葉で、品詞の異なるものがあるので注意。見分け方はそれぞれ後のページで学習する。

・形の同じ言葉には、次のものなどがある。

「ある」…**動詞・連体詞** （≫94ページ）

「また」…**副詞・接続詞** （≫101ページ）

・形の似ている言葉には、次のものなどがある。

{「小さい」「大きい」「おかしい」…**形容詞** / 「小さな」「大きな」「おかしな」…**連体詞**} （≫95ページ）

{「いろいろだ」…**形容動詞** / 「いろんな」…**連体詞**} （≫95ページ）

{「これ」「それ」「あれ」「どれ」…**代名詞** / 「この」「その」「あの」「どの」…**連体詞**} （≫95ページ）

形が似ていても
働きが違うんだね。

5 活用のある付属語・活用のない付属語

例題 **次の各文の――部のうち、助動詞にはアを、助詞にはイを答えなさい。**

❶ この 辺り に（　）しか（　）い ない（　） 珍しい ちょう です（　）。

❷ いろいろな こと を（　） 知り たい（　） と（　） 思う の（　） は（　） 当然だ。

例題の答え

❶ この 辺り に（イ）しか（イ）い ない（ア） 珍しい ちょう です（ア）。

❷ いろいろな こと を（イ） 知り たい（ア） と（イ） 思う の（イ） は（イ） 当然だ。

活用のある付属語は**助動詞**、活用のない付属語は**助詞**のみである。どちらも単独で文節を作ることができず、自立語の後について、ともに文節を作る。一文節に一つもないこともあるし、二つ以上あることもある。

明日、	私 は	行か ない。
自立語	自立語 助詞	自立語 助動詞
文節	文節	文節

一文節に助動詞も助詞もない

自立語の後について文節を作っている

活用のある付属語　助動詞

助動詞の性質と働き

- **意味をつけ加えたり、書き手（話し手）の気持ちや判断を表したりする。**
- **活用がある。**

私 は 行か ない。　否定（打ち消し）の判断を表す

なかっタ　活用がある

後に「タ」や「バ」などをつけると、形が変化する。

発展 助動詞の活用の種類

● 助動詞は活用のしかたによって、次の五種類に分類できる。

- **動詞型**
- **形容詞型**
- **形容動詞型**
- **特殊型**
- **無変化型**

（➡115ページ）

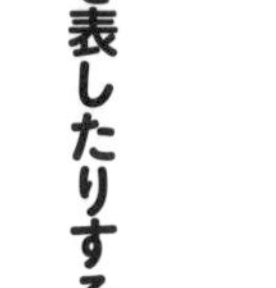

活用のない付属語　助詞

助詞の性質と働き

●語句と語句の関係を示すほか、意味をつけ加えたり、書き手（話し手）の気持ちや態度を表したりする。

●活用がない。

私は（主語）　行かない。（述語）
（「は」：主語であることを示す）

は → はタ　活用がない
後に「タ」や「バ」などをつけても、形が変化しない。（つながらない）

見分け方に注意しよう

助動詞と助詞の見分け方

①文を文節に区切る。

明日は／晴れるらしいよ。

②文節を自立語と付属語に分ける。

明日(自)は(付)／晴れ(自)る(付)らしい(付)よ(付)。
文節の最初にあるのは自立語。
(自＝自立語、付＝付属語)

③付属語の後に「タ」「バ」などをつけて、活用があるか（形が変化するか）確かめる。活用があるものが助動詞、活用がないものが助詞。

明日は	晴れるらしい	よ。
はタ	らしかっタ	よタ
はバ	らしけれバ	よバ
活用がない。＝助詞	活用がある。＝助動詞	活用がない。＝助詞

チェック！ 付属語の役割

●付属語には、次の大切な役割がある。

・単語と単語の関係を明らかにして、文の組み立てを決める。

「私」「友達」「ほめる」という自立語だけでは、「誰が誰をほめる」のかわからない。そこで、付属語をつけると、次の二通りの文ができる。

私が（主語）／友達を／ほめる。（述語）
「私が」が主語で、ほめられているのは友達。

私を／友達が（主語）／ほめる。（述語）
「友達が」が主語で、ほめられているのは「私」。

このように、付属語の使い方によって文の組み立てが決まり、「誰が誰を」などが明らかになる。

・文にいろいろな意味をつけ加える。

私は友達をほめた。
「ほめる」ことをしたという過去の行動を表す。

私は友達をほめたい。
「ほめる」ことをしたいという希望を表す。

私は友達をほめまい。
「ほめる」ことをしないつもりだという否定意志を表す。

このように、付属語を使い分けることによって、文の意味を確定することができる。

練習問題

1 次の各文の——部を終止形に直したものを（　）に、語幹を（　）に平仮名で答えなさい。

① 大きなひまわりが開いた。　終止形（　　）　語幹（　　）

② 楽しいときは、大声で笑う。　終止形（　　）　語幹（　　）

③ 正直な気持ちを打ち明ける。　終止形（　　）　語幹（　　）

2 次の活用表の空欄を平仮名で埋めなさい。

基本形	語幹	未然形	連用形	終止形	連体形	仮定形	命令形
書く	（　）	（　）（ナイ） （　）（ウ）	（　）（マス） （　）（タ）	（　）（。）	（　）（トキ）	（　）（バ）	（　）（。）
早い	（　）	（　）（ウ）	（　）（タ） （　）（ナイ） う	（　）（。）	（　）（トキ）	（　）（バ）	○
豊かだ	（　）	（　）（ウ）	（　）（タ） （　）（ナイ） （　）（ナル）	（　）（。）	（　）（トキ）	（　）（バ）	○

3 次の各文の——部の品詞名を、ア 動詞、イ 形容詞、ウ 形容動詞から選び、（　）に記号で答えなさい。また、活用形を（　）に答えなさい。

品詞名　活用形

① 温かい飲み物を勧(すす)める。　（　）（　）

② 森の空気を全身に浴びた。　（　）（　）

③ 部屋をきれいに片づける。　（　）（　）

1 ≫42〜43ページ

ヒント ①は動詞、②は形容詞、③は形容動詞。

2 ≫42〜43ページ

ヒント 未然形〜命令形は、それぞれ活用語尾(ごび)を（　）の言葉に続くように活用させる。動詞・形容詞は終止形と連体形が同じ形になる。

3 ≫42〜43ページ

ヒント 品詞名は言い切りの形（終止形）で見分ける。

動詞…言い切りの形がウ段の音で終わる。例 読み→読む

形容詞…言い切りの形が「い」で終わる。例 青く→青い

形容動詞…言い切りの形が「だ」「です」で終わる。例 暖かな→暖かだ

④ 危ない、止まれ。（　）（　）

⑤ 暑ければ、窓を開けなさい。（　）（　）

⑥ 明日の午後三時に会おう。（　）（　）

⑦ 時計がないと困る。（　）（　）

4 **次の——部の品詞名を後から選び、記号で答えなさい。**

① 雨がしとしとと降り続く。（　）（　）

② これは新しい発見です。（　）（　）

③ この辺りはとても静かだ。（　）（　）

④ 我(わ)が国の歴史を勉強する。（　）（　）

⑤ 美しい星を観察する。（　）（　）

⑥ もっと海で遊んでいたい。（　）（　）

⑦ いいえ、私は知りません。（　）（　）

⑧ 出席、または欠席と書いてください。（　）（　）

ア 名詞　**イ** 動詞　**ウ** 形容詞　**エ** 形容動詞

オ 副詞　**カ** 連体詞　**キ** 接続詞　**ク** 感動詞

5 **次の各文の——部のうち、助動詞にはアを、助詞にはイを答えなさい。**

① 彼女(かのじょ)は看護師です。（　）（　）

② いつもは、この道を通ります。（　）（　）

③ 明日の発表会が、期待される。（　）（　）

④ 発表会は、明日、行われるはずだ。（　）（　）

⑤ 今にも笑いだしそうな顔をしている。（　）（　）

⑥ 読みたい本を見つけたよ。（　）（　）

---

⑦「ない」は、「存在がない」という意味の言葉で、言い切りの形は「い」。「と」の前で文の意味が切れている。

4 ≫42〜45ページ

5 ≫46〜47ページ

ヒント　付属語にも活用があるものと、活用がないものがある。後に「タ」「バ」などをつけて、形が変化すれば活用がある助動詞。変化しなければ活用がない助詞。

解答⇒321ページ

発展問題

1 次の各文を／線で文節に分け、動詞には――線を、形容詞には～～線を、形容動詞には＝＝線を引きなさい。

① 昨日借りた本はかなりおもしろかった。

② 彼の素直な明るい性格はいつもみんなに好かれた。

③ 遠い昔から伝わる大切な教えを聞いた。

2 次の各文の――部の活用形を答えなさい。

① 外は寒かろう。（　　）

② まもなく終わるようだ。（　　）

③ 疲れるから、行かない。（　　）

④ 暗くなる前に早く帰れよ。（　　）

⑤ 便利なら、いい。（　　）

3 次の各文の――部の品詞名を答えなさい。

① この荷物はたいへん重たい。（　　）

② たいした才能の持ち主だ。（　　）

4 次の文章の――部の品詞名を後から選び、記号で答えなさい。また、活用のあるものには○を、活用のないものには×を書きなさい。

大昔の人々にとって、夜空に①輝く星や月を見る②ことは、③きっと④大きな喜びだったはずだ。満天の星空は、さぞ⑤美しく、⑥みごとだったろう。

---

1 ≫42～43ページ

ヒント 活用語尾がどこまでかにも注意する。
②「好かれた」は「好く」＋「れる」＋「た」の三単語に分かれる。
③「教え」は動詞の連用形が名詞になったもの。

2 ≫42～43ページ

ヒント 動詞と形容詞は、終止形と連体形が同じ形なので注意する。
②後に続く「ようだ」は、名詞（体言）「よう」に「だ」がついてできた助動詞であることから考える。
③「から」に続いていることに着目する。「疲れる」で文の意味が切れている。
⑤後に続く「ば」が省略されている。

3 ≫44～45ページ

ヒント 活用のない自立語で、修飾語になっている。体言（名詞）を含む文節を修飾しているか、用言（動詞・形容詞・形容動詞）を含む文節を修飾しているかで見分ける。
①「たいへん（大変）」には、名詞・形容動詞・副詞がある。名詞は活用がなく、物事の名前を表す。形容動詞は活用があり、「大変な」「大変だ」などと使う。副詞は活用がなく、平仮名で書くことが多い。

ア 動詞　イ 形容詞　ウ 形容動詞
エ 名詞　オ 副詞　カ 連体詞

①（　・　）②（　・　）③（　・　）
④（　・　）⑤（　・　）⑥（　・　）

5 **次の各文を／で文節に分け、助動詞には——線を、助詞には〜〜線を引きなさい。**

① 月曜日の放課後はサッカーの練習です。
② 品詞の中で自立語は八種類だ。
③ 彼も結果を早く知りたいようだ。

6 **次の①・②の問いに答えなさい。**

① **次の文章中の自立語には——線を、付属語には〜〜線を引きなさい。**

ああ、なんて 美しく 繊細（せんさい）な 模様 だ。この 織物 は、ここ だけ で 作ら れる 貴重な もの らしい。しかも、職人 が とても 少ない そうだ。

② **①で選んだ自立語と付属語を次の品詞に分類し、それぞれ順に抜き出しなさい。ただし、活用のある自立語は、終止形に直して答えなさい。**

動詞（　　）　形容詞（　　）
形容動詞（　　）　名詞（　　）
副詞（　　）　連体詞（　　）
接続詞（　　）　感動詞（　　）
助動詞（　　）　助詞（　　）

---

4 ≫ 42～45ページ

ヒント ④「大きな」は「大きい」とは別の品詞で活用がない。

5 ≫ 46～47ページ

6 ≫ 42～47ページ

ヒント ②活用のある自立語は、動詞・形容詞・形容動詞。
「ここ」「そこ」「これ」「あれ」などは、活用のない自立語で、「が」「は」「も」などをともない主語になる。「この」「その」「あの」などは、活用のない自立語で、「が」「は」「も」などをともなっても主語にならない。似ているけれど、別の品詞なので注意しよう。

解答➡321ページ

定期試験対策問題

〈自立語と付属語 ≫36〜37ページ〉

1 次の各文中の自立語に――線を引きなさい。自立語はそれぞれ（　）内に示した数だけあります。

(1) 鉄橋を渡る列車の音がかなたから響いてくる。（7）

(2) 爽やかな風が吹いて、秋が訪れた。（5）

(3) 休み時間には、友達とおしゃべりをする。（4）

(4) 他人の気持ちを想像しようとする気持ちがなければ、優しい人間にはなれない。（9）

ヒント　自立語は一文節に一つで、常に文節の最初にある。活用のある自立語は、活用語尾がどこまでかにも注意する。

〈自立語と付属語 ≫36〜37ページ〉

2 次の各文の――部の品詞名を後から選び、記号で答えなさい。

(1) 「[a]おい、[b]そこの君。」[c]と知らない[d]人に[e]急に[f]呼びか[g]けられた。

a（　）　b（　）　c（　）　d（　）

e（　）　f（　）　g（　）

(2) [a]あの人は[b]とても[c]たくましく、[d]しかも、優しい。

a（　）　b（　）　c（　）　d（　）

ア 動詞　イ 形容詞　ウ 形容動詞　エ 名詞

オ 副詞　カ 連体詞　キ 接続詞　ク 感動詞

ケ 助動詞　コ 助詞

ヒント　自立語か付属語か、活用があるかどうかなどで判断する。品詞分類表（≫36ページ）を確認しよう。

〈単語の活用・活用形 ≫38〜39ページ〉

3 次の各文の――部から、活用のある単語をすべて選び、記号で答えなさい。

(1) [ア]いくら [イ]考えても [ウ]良い 考えが [エ]浮かば [オ]ない ときは [カ]少し [キ]休め。（　）

(2) [ア]つぶらな 瞳を した 三歳[イ]ぐらいの [ウ]小さな 男の子が [エ]じっと 子犬を [オ]見つめて [カ]いた。（　）

(3) [ア]きれいに 整理された 机の 上[イ]に、[ウ]かわいらしい 女の子の 写真が [エ]ちょこんと 置いて [オ]ある。（　）

ヒント　後に「タ」「バ」などをつけて形が変化するか確かめる。

〈活用のある自立語・活用のない自立語 ≫42〜45ページ〉

4 次の文章について後の問いに答えなさい。

昨日 は 早起き を して、この 春 新しく できた テーマパーク まで 家族 で 出かけ た。とても はなやかな パレード や 不思議な 乗り物 が あり、父 も 驚い て いた。

(1) 活用のない自立語に――線を引きなさい。

(2) 活用のある自立語を順に抜き出し、終止形に直して答えなさい。活用のある自立語は解答欄の数だけあります。

（　）（　）（　）

（　）（　）（　）

（　）（　）（　）

〈活用のある自立語 ≫42～43ページ〉

5 **次の文には動詞が四つあります。また、その活用形を答えなさい。順にそのまま抜き出しなさい。**

ピアノを弾くのは難しいが、せめて、素敵な声で歌うことさえできれば、どんなに気持ちがいいだろうと思う。

動詞（　　）活用形〔　　〕

動詞（　　）活用形〔　　〕

動詞（　　）活用形〔　　〕

動詞（　　）活用形〔　　〕

ヒント 動詞の活用形は、終止形と連体形が同じ形になるので、どちらの活用形なのかは後に続く言葉によって判断する。

〈活用のある自立語 ≫42～43ページ〉

6 **次の文について、後の問いに答えなさい。**

ジョバンニは、口笛を吹いているようなさびしい口付きで、檜のまっ黒にならんだ町の坂を下りて来たのでした。

（宮沢賢治「銀河鉄道の夜」より）

(1) 形容詞を一つ抜き出しなさい。また、その活用形を答えなさい。

形容詞（　　）活用形〔　　〕

(2) 形容動詞を一つ抜き出しなさい。また、その活用形を答えなさい。

形容動詞（　　）活用形〔　　〕

ヒント 形容動詞は終止形が「～だ」「です」となる。ほかの活用形も覚えて文中でも見分けられるようにしよう。

〈活用のある自立語 ≫42～43ページ〉

7 **次の各文の――部の品詞名を、動詞・形容詞・形容動詞から選んで（　）に答え、その活用形を〔　〕に答えなさい。**

(1) ア黄色い木の葉が風に イ吹かれて ウきれいに空に エ舞い上がる。

ア（　　）〔　　〕　イ（　　）〔　　〕

ウ（　　）〔　　〕　エ（　　）〔　　〕

(2) ア暖かだろうと イ寒かろうと関係が ウなく、いつも彼は帽子を エかぶる。

ア（　　）〔　　〕　イ（　　）〔　　〕

ウ（　　）〔　　〕　エ（　　）〔　　〕

〈活用のある付属語・活用のない付属語 ≫46～47ページ〉

8 **次の各文中の助動詞には――線を、助詞には～～線を引きなさい。助動詞、助詞はそれぞれ（　）内に示した数だけあります。**

(1) 今年こそ、決勝まで行きたいと思います。　**助動詞（2）・助詞（3）**

(2) 外は　とても　寒いのに、薄着で　風邪を　引きそうだ。　**助動詞（1）・助詞（4）**

(3) 君に　そう　言われると　身が　引き締まる　思いだ。　**助動詞（2）・助詞（3）**

ヒント 助動詞も助詞も付属語。助動詞は活用があり、助詞は活用がない。

解答➡327ページ

要点のまとめ

動詞 ≫56〜65ページ

●動詞の性質と働き ≫56ページ

・動詞は**活用のある自立語**で、**用言**の一つ。
・**言い切りの形**（**終止形**）が**ウ段の音**で終わる。
・**動作・作用・存在**を表す。
・単独で述語になるほか、さまざまな働きをする。

●動詞の活用 ≫56ページ

動詞の活用のしかたは五種類。
・主な活用…**五段活用・上一段活用・下一段活用**
・特殊な活用…**カ行変格活用**（**カ変**）・**サ行変格活用**（**サ変**）

五段活用 ≫58ページ

活用語尾が五十音図の特定の行の**ア〜オの五つの段**にわたって変化する。

基本形	語幹	未然形	連用形	終止形	連体形	仮定形	命令形
行く	い	カ行ア段 —か カ行オ段 —こ	カ行イ段 —き —っ	カ行ウ段 —く	カ行ウ段 —く	カ行エ段 —け	カ行エ段 —け

「カ・キ・ク・ケ・コ」とカ行の五つの段にわたって変化する
↓
カ行五段活用

「行きて」が「行って」に変化したもの
音便……イ音便「聞いて」／促音便「知って」／撥音便「読んで」
全部で三種類

上一段活用 ≫60ページ

活用語尾に五十音図の特定の行の**イ段**の音が入り、その音を中心に変化する。

動詞の活用の種類の見分け方

動詞の後に「**ナイ**」をつけて、その直前が
ア段の音→**五段活用**　例 歌う→歌わナイ
イ段の音→**上一段活用**　例 降りる→降りナイ
エ段の音→**下一段活用**　例 捨てる→捨てナイ
「来る」→**カ行変格活用**
「する」「〇〇する」→**サ行変格活用**

●自動詞と他動詞 ≫64ページ

動詞は働きによって自動詞と他動詞に分けられる。

自動詞	「〜を」という目的語を必要としない。	私は進む。
他動詞	「〜を」という目的語を必要とする。	私は計画を進める。

●いろいろな動詞 ≫65ページ

特定の意味や働き、成り立ちの動詞がある。

可能動詞	「〜できる」という可能の意味を含む。下一段活用。	読める・話せる
形式動詞	前の文節を補助する。	見ている やってみる
複合動詞	二つ以上の単語が結びついて一語の動詞になったもの。	走り去る・運動する 近寄る
派生語の動詞	動詞やほかの品詞に接頭語・接尾語などがついて一語の動詞になったもの。	大人びる・痛がる うちとける

理解度をチェック

基本形	語幹	未然形	連用形	終止形	連体形	仮定形	命令形
起きる	お	カ行イ段 ―き	カ行イ段 ―き	カ行イ段＋る ―きる	カ行イ段＋る ―きる	カ行イ段＋れ ―きれ	カ行イ段＋ろ ―きろ カ行イ段＋よ ―きよ

カ行イ段の音（き）＋「る・れ・ろ・よ」で変化する → **カ行上一段活用**

下一段活用

（≫61ページ）

活用語尾に五十音図の特定の行の**エ段**の音が入り、その音を中心に変化する。

基本形	語幹	未然形	連用形	終止形	連体形	仮定形	命令形
負ける	ま	カ行エ段 ―け	カ行エ段 ―け	カ行エ段＋る ―ける	カ行エ段＋る ―ける	カ行エ段＋れ ―けれ	カ行エ段＋ろ ―けろ カ行エ段＋よ ―けよ

カ行エ段の音（け）＋「る・れ・ろ・よ」で変化する → **カ行下一段活用**

カ行変格活用

（≫62ページ）

「来る」は**カ行の音**が入り特殊な活用をする。カ変の動詞は「**来る**」のみである。

基本形	語幹	未然形	連用形	終止形	連体形	仮定形	命令形
来る	○ 語幹がない	こ	き	くる	くる	くれ	こい

サ行変格活用

（≫63ページ）

「する」は**サ行の音**が入り特殊な活用をする。サ変の動詞は「**する**」「**○○する**」のみである。

基本形	語幹	未然形	連用形	終止形	連体形	仮定形	命令形
する	○ 「する」だけの場合は、語幹がない	し せ さ	し	する	する	すれ	しろ せよ

形容詞

（≫70～73ページ）

●形容詞の性質と働き

（≫70ページ）

- 形容詞は**活用のある自立語**で、**用言**の一つ。
- **言い切りの形**（**終止形**）が「**い**」で終わる。
- 物事の**状態**や**性質**を表す。
- 単独で述語や修飾語（しゅうしょく）になる。

●形容詞の活用

（≫72ページ）

形容詞の活用のしかたは一種類。命令形がない。

基本形	語幹	未然形	連用形	終止形	連体形	仮定形	命令形
美しい	うつくし	―かろ	―かっ ―く ―う	―い	―い	―けれ	○

形容動詞

（≫76～79ページ）

●形容動詞の性質と働き

（≫76ページ）

- 形容動詞は**活用のある自立語**で、**用言**の一つ。
- **言い切りの形**（**終止形**）が「**だ**」「**です**」で終わる。
- 物事の**状態**や**性質**を表す。
- 単独で述語や修飾語になる。

●形容動詞の活用

（≫78ページ）

形容動詞の活用のしかたは「～だ」の活用と「～です」の活用の二種類。命令形がない。「～です」の活用は仮定形もない。

基本形	語幹	未然形	連用形	終止形	連体形	仮定形	命令形
静かだ	しずか	―だろ	―だっ ―で ―に	―だ	―な	―なら	○
静かです	しずか	―でしょ	―でし	―です	―(です)	○	○

1 動詞① 動詞の性質と働き

例題 次の各文から、動詞を（ ）の数だけ順に抜き出し、終止形に直して答えなさい。

❶ かなたまで雪をかぶった山々が見えた。 （　　）（　　）
❷ 屋上に昼寝をするために来る人がいます。 （　　）（　　）（　　）
❸ 考えたが、教わった方法では答えは出ない。 （　　）（　　）（　　）

例題の答え
❶ かぶる・見える
❷ する・来る・いる
❸ 考える・教わる・出る

動詞

動詞は**活用のある自立語**で、**用言**（≫42ページ）の一つ。**動作・作用・存在**を表し、終止形が**ウ段の音**で終わる。

動詞の性質と働き

● **自立語で活用があり、言い切りの形（終止形）がウ段の音で終わる。**

廊下は**走ら**ない。（自立語で活用がある）　駅へ**走る**。（ウ段の音（ru）で終わる）

● **動作・作用・存在を表す働きをする。**

大声で**話す**。（動作（どうする）を表す）　風が**弱まる**。（作用（どうなる）を表す）　湖が**ある**。（存在（ある・いる）を表す）

● **単独で述語になる。**（付属語をともなうこともある。）

波が（主語）　**寄せる**。（述語）　朝日が（主語）　**昇っ**た。（述語）（た：付属語（助動詞））

チェック！ ウ段の音

● 五十音図の縦の列を「行」、横の列を「段」という。「ウ段の音」とは、「う」をはじめとする「う・く・す…」などの横の列のことを表す。ローマ字にすると最後に「u」がつく。

	ア段	イ段	ウ段	エ段	オ段
ア行	あ	い	う(u)	え	お
カ行	か	き	く(ku)	け	こ
サ行	さ	し	す(su)	せ	そ
…	…	…	…	…	…

▼述語になる以外にも、さまざまな働きをする。

・**主語**になる。（付属語をともなう。）

歩くのも難しい。
（歩く＝主語、の＝付属語（助詞）、難しい＝述語）

・**修飾語**になる。（単独で、または付属語をともなうこともある。）

読む本を決める。
（読む＝修飾語、本を＝被修飾語）

歌いたい曲を選ぶ。
（歌い＝修飾語、たい＝付属語（助動詞）、曲を＝被修飾語）

・**接続語**になる。（付属語をともなう。）

すぐに**起きれ**ば、間に合う。
（起きれ＝接続語、ば＝付属語（助詞））

・**独立語**になる。（単独で、または付属語をともなうこともある。）

走る、これが私の使命だ。
（走る＝独立語）

あきらめない、それが大切だ。
（あきらめ＝独立語、ない＝付属語（助動詞））

動詞の見分け方

① **文を文節に区切り、自立語と付属語に分ける。**

美しい（自）／風景（自）が（付）／広がる（自）。
（自＝自立語、付＝付属語）

② **自立語の後に「タ」「バ」などをつけて、活用があるか確かめる。**

美しかっタ（活用がある）　風景タ（活用がない）　広がっタ（活用がある）

③ **活用があり、言い切りの形（終止形）がウ段の音で終わるものが動詞。動作・作用・存在を表し、述語などになる。**

美しい（「い」で終わる（形容詞））　広がる（ウ段の音で終わる（動詞））

↓

風景が（主語）　広がる。（述語）
作用を表し、述語になっている

チェック！ 動詞の活用の種類

●動詞の活用のしかたには、五種類がある。

五段活用	書く・読む・泳ぐ・指す　など
上一段活用	起きる・生きる・煮る　など
下一段活用	受ける・教える・出る　など
カ行変格活用	来る　のみ
サ行変格活用	する・〇〇する　のみ

●次の三つは、「ナイ」をつけて、直前の音で判断する。

・五段活用→「ア段の音＋ナイ」
雨が降る。　↓　降らナイ

・上一段活用→「イ段の音＋ナイ」
早く起きる。　↓　起きナイ

・下一段活用→「エ段の音＋ナイ」
方向を決める。　↓　決めナイ

●次の二つは、「ナイ」をつけずに、覚えて判断する。

・カ行変格活用→「来る」のみ。
・サ行変格活用→「する」「〇〇する」のみ。

次のページから、動詞の活用の種類について、詳しく見ていくよ。

動詞② 動詞の活用（五段活用）

例題 次の中から、五段活用の動詞では**ない**ものを選び、記号を○で囲みなさい。

ア 行く　イ 来る　ウ 話す　エ 起きる　オ 達する

例題の答え イ　エ　オ〈順不同〉

五段活用

五段活用は、活用語尾が五十音図の特定の行の**ア・イ・ウ・エ・オの五つの段**にわたって変化する。

五段活用の特徴

●**活用語尾がア・イ・ウ・エ・オの五つの段で変化する。**

基本形	語幹	未然形	連用形	終止形	連体形	仮定形	命令形
打つ	う	―た ―と	―ち ―っ	―つ	―つ	―て	―て
読む	よ	―ま ―も	―み ―ん	―む	―む	―め	―め
主な続き方		ナイ ウ	マス タ テ	（。）	トキ	バ	（。）

（未然形〜命令形：活用語尾）

「打つ」は「タ・チ・ツ・テ・ト」と**タ行の五つの段**で変化する。（タ行五段活用）

「読む」は「マ・ミ・ム・メ・モ」と**マ行の五つの段**で変化する。（マ行五段活用）

▼五段活用の未然形には二つの形がある。

打た｜ナイ　「ナイ」に続くときはア段

打と｜ウ　「ウ」に続くときはオ段

昔は「打たう」と表記していたが、仮名遣いが変わって、「打とう」と表記するようになった。

チェック！ 五段活用の動詞の例

会う*・買う*・咲く・歩く・泳ぐ・急ぐ・返す・消す・出す・立つ・死ぬ・遊ぶ・飛ぶ・飲む・編む・登る・乗る　など

＊「会う」「買う」は、ワ行五段活用。

チェック！ 活用形

●単語が活用してできる形を活用形といい、**未然形・連用形・終止形・連体形・仮定形・命令形**の六種類がある。（≫39ページ）動詞の活用の種類を見分けるときの、後に「ナイ」をつけたときの形は未然形である。

五段活用動詞の連用形に「タ（ダ）」「テ（デ）」「タリ（ダリ）」などが続くとき、音が変化することがある。これを**音便**（おんびん）という。次の三種類がある。

動詞の音便

●**イ音便**…「**い**」の音に変わる。

「書く」の連用形
書き＋た→書**い**た　書き＋て→書**い**て　書き＋たり→書**い**たり

●**促音便**（そく）…「**っ**」（つまる音）に変わる。

「立つ」の連用形
立ち＋た→立**っ**た　立ち＋て→立**っ**て　立ち＋たり→立**っ**たり

●**撥音便**（はつ）…「**ん**」（はねる音）に変わる。

「飛ぶ」の連用形
飛び＋だ→飛**ん**だ　飛び＋で→飛**ん**で　飛び＋だり→飛**ん**だり

動詞の活用の種類の見分け方を覚えよう

五段活用の動詞の見分け方

動詞の後に「**ナイ**」をつけてみる。その直前が**ア段**の音なら**五段活用**。

話す→**話さナイ**
「さ」はア段の音なので、五段活用。

チェック！ **「ある」も五段活用の動詞**

●「ある」に「ナイ」をつけると「あらナイ」となり、不自然。「ある」には代わりに「ヌ」をつけて判断する。

あらヌうわさが立った。
「ヌ」の前がア段の音なので、「ある」も五段活用の動詞であることがわかる。

チェック！

●音便があるのは、次の動詞である。
・**イ音便**…カ行五段活用・ガ行五段活用
・**促音便**…タ行五段活用・ラ行五段活用・ワ行五段活用
・**撥音便**…ナ行五段活用・バ行五段活用・マ行五段活用

3 動詞③ 動詞の活用（上一段活用・下一段活用）

例題 **次の中から、上一段活用、下一段活用の動詞であるものをすべて選び、記号で答えなさい。**

ア 知る　**イ** 走る　**ウ** 述べる　**エ** 借りる　**オ** 暮れる　**カ** 着る

上一段活用（　　）　下一段活用（　　）

上一段活用

上一段活用は、活用語尾に五十音図の特定の行の**イ段**の音が入り、その音を中心に変化する。

上一段活用の特徴

● **活用語尾にイ段の音が入る。**

基本形	語幹	未然形	連用形	終止形	連体形	仮定形	命令形
		活用語尾					
生きる	い	—き	—き	—きる	—きる	—きれ	—きろ —きよ
主な続き方		ナイ ヨウ	マス タ テ	（。）	トキ	バ	（。）

カ行イ段の音（き）＋「る・れ・ろ・よ」で変化する。（カ行上一段活用）

● **語幹と活用語尾の区別がないものがある。**

「見る」「射る」「着る」「煮る」など、終止形が二音のものは、未然形と連用形では一音になり、語幹と活用語尾の区別がない。

基本形	語幹	未然形	連用形	終止形	連体形	仮定形	命令形
見る	○	み	み	みる	みる	みれ	みろ みよ

例題の答え

上一段活用…エ　カ〈順不同〉

下一段活用…ウ　オ〈順不同〉

チェック! **上一段活用の動詞の例**

用いる・起きる・過ぎる・生じる・信じる・落ちる・伸びる・試みる　など

チェック! **下一段活用の動詞の例**

植える・飢える・見える・受ける・助ける・寄せる・求める・決める　など

発展 **「上」と「下」とは**

●「上一段活用」「下一段活用」の「上」「下」とはそれぞれ何だろう。五十音図で考えてみよう。

	ア段	イ段	ウ段	エ段	オ段
ア行	あ	い	う	え	お
カ行	か	き	く	け	こ
サ行	さ	し	す	せ	そ
…	…	…	…	…	…

真ん中のウ段を中心にして、「上の一段」であるイ段の音が入るため「上一段活用」、「下の一段」であるエ段の音が入るため「下一段活用」と名づけられている。

下一段活用

下一段活用は、活用語尾に五十音図の特定の行の**エ段**の音が入り、その音を中心に変化する。

下一段活用の特徴

●**活用語尾にエ段の音が入る。**

基本形	語幹	未然形	連用形	終止形	連体形	仮定形	命令形
建てる	た	─て	─て	─てる	─てる	─てれ	─てろ ─てよ
主な続き方		ナイ ヨウ	マス タ テ	(。)	トキ	バ	(。)

タ行エ段の音(て)+「る・れ・ろ・よ」で変化する。(タ行下一段活用)

●**語幹と活用語尾の区別がないものがある。**

「寝(ね)る」「経る」「得る」「出る」など、終止形が二音のものは、未然形と連用形では一音になり、語幹と活用語尾の区別がない。

基本形	語幹	未然形	連用形	終止形	連体形	仮定形	命令形
寝る	○	ね	ね	ねる	ねる	ねれ	ねろ ねよ

動詞の活用の種類の見分け方を覚えよう

上一段活用・下一段活用の動詞の見分け方

動詞の後に「**ナイ**」をつけてみる。その直前が**イ段**の音なら**上一段活用**、**エ段**の音なら**下一段活用**。

閉じる ➡ **閉じナイ** 「じ」はイ段の音なので、上一段活用。
食べる ➡ **食べナイ** 「べ」はエ段の音なので、下一段活用。

チェック! 上一段活用と下一段活用の命令形

●上一段活用と下一段活用の命令形には、「〜ろ」と「〜よ」の二つの形がある。

・上一段活用

	語幹	命令形
信じる	しん	─じろ ─じよ

・下一段活用

	語幹	命令形
支える	ささ	─えろ ─えよ

発展 上一段活用の動詞と間違(まちが)えやすい動詞

●「する」や「○○する」の形の動詞は、後に「ナイ」をつけたとき、「しナイ」「○○しナイ」と直前がイ段の音になるが、上一段活用ではなく、サ行変格活用(➡63ページ)である。

発展 下一段活用の動詞と間違えやすい動詞

●「〜できる」という意味をもつ可能動詞(➡65ページ)は下一段活用である。

次の「話せ」は、「話すことができる」という可能の意味を含(ふく)む可能動詞で、下一段活用。

話せたらうれしい。 ➡ 話せナイ

一方、次の「話せ」は、可能の意味を含まない五段活用動詞。「話せナイ」と考えて下一段活用としないよう注意しよう。

話せばわかる。 ➡ ×話せナイ ○話さナイ

例題 **次の文の（　）にあてはまる言葉を答えなさい。**

動詞の活用のしかたは五種類で、五段活用のほかに、活用語尾にイ段の音が入る（　　）一段活用と、エ段の音が入る（　　）一段活用、「来る」の（　　）活用、「する」などの（　　）活用がある。

例題の答え
上・下・カ行変格・サ行変格

チェック！ **「〇〇ずる」の形**

● 「信ずる」「生ずる」「命ずる」などは、「〇〇ずる」と濁るが、これらもサ行変格活用。

「ずる」と濁っても、「サ行」ではないよ。

五段活用・上一段活用・下一段活用のどれにも入らない活用のしかたを、**変格活用**という。**カ行変格活用**、**サ行変格活用**がある。

カ行変格活用

カ行変格活用の特徴

● **活用語尾にカ行の音だけが入る。略して「カ変」ともいう。**

基本形	語幹	未然形	連用形	終止形	連体形	仮定形	命令形
来る	〇	こ	き	くる	くる	くれ	こい
主な続き方		ナイ ヨウ	マス タ テ	（。）	トキ	バ	（。）

（未然形〜命令形：活用語尾）

▼カ行変格活用の動詞は**「来る」のみ。**

▼「来る」には、語幹と活用語尾の区別がない。

カ変は「来る」だけ。覚えやすいね。

サ行変格活用

サ行変格活用の特徴

●**活用語尾にサ行の音だけが入る。略して「サ変」ともいう。**

基本形	語幹	未然形	連用形	終止形	連体形	仮定形	命令形
する	○	し せ さ	し	する	する	すれ	しろ せよ
主な続き方		ナイ ヨウ ヌ・ズ レル・セル	マス タ テ	（。）	トキ	バ	（。）

▼「する」には、語幹と活用語尾の区別がない。

●「する」は、名詞などについて**「○○する」の形の複合動詞**（▷65ページ）を作る。これもサ行変格活用で、「○○」の部分が語幹となる。

基本形	語幹	未然形	連用形	終止形	連体形	仮定形	命令形
勉強する	べんきょう	―し ―せ ―さ	―し	―する	―する	―すれ	―しろ ―せよ

▼サ行変格活用の動詞は**「する」「○○する」のみ**。

▼サ行変格活用の未然形には三つの形、命令形には二つの形がある。

動詞の活用の種類の見分け方を覚えよう

カ行変格活用・サ行変格活用の動詞の見分け方

カ行変格活用の動詞は「来る」のみ、サ行変格活用の動詞は「する」と「○○する」のみと覚える。

発展 サ行変格活用の動詞と間違(まちが)えやすい動詞

●五段活用動詞

愛す　五段活用
愛する　サ行変格活用

●上一段活用動詞

命じる・信じる　上一段活用
命ずる・信ずる　サ行変格活用

「する」「○○する（ずる）」はサ行変格活用であることから見分けよう。

チェック！ サ行変格活用の複合動詞の例

●和語＋する

和語　びっくりする・わくわくする
がっかりする・うわさする

●漢語＋する

漢語　達する・生ずる・熱する
成功する・旅行する・合格する

●外来語＋する

外来語　ダッシュする・トライする
ゴールする・ヒットする

5 動詞⑤ 自動詞と他動詞 いろいろな動詞

例題 1 次の各文の――部は、ア 自動詞、イ 他動詞のどちらか。記号で答えなさい。

❶ 学校に集まる。（　　）　❷ 学校に集める。（　　）

❸ 会合を重ねる。（　　）　❹ 会合が重なる。（　　）

例題 2 例にならって、次の動詞に対応する可能動詞を答えなさい。

例 帰る（帰れる）

❶ 泳ぐ（　　）　❷ 読む（　　）

例題の答え

1 ❶ア　❷イ　❸イ　❹ア

2 ❶泳げる　❷読める

自動詞と他動詞

動詞は働きによって、**自動詞**・**他動詞**に分けられる。

●**自動詞**…主語の動作や作用を表す動詞で、「〜を」という目的語を必要としない。

●**他動詞**…ほかのものに働きかける動作や作用を表す動詞で、「〜を」という目的語を必要とする。

自動詞　父が**起きる**。　他動詞　父を**起こす**。　「父を」＝目的語

水が**流れる**。　水を**流す**。　「水を」＝目的語

▼前に「〜を」を補えれば他動詞、補えなければ自動詞。

▼「〜を」の形になっていても、自動詞の場合がある。

自動詞　鳥が空を**飛ぶ**。

「空を」は場所を表す修飾語で、動作や作用の対象を表す修飾語ではない。

「目的語」とは、動作・作用の対象を表す修飾語のことだよ。

チェック!　自動詞と他動詞

●自動詞と他動詞は、対になっていることが多い。

・語幹（―部）が共通するもの

自動詞	他動詞
後に続く	後に続ける
列が乱れる	列を乱す

・語幹の一部が共通するもの

自動詞	他動詞
湯が沸く	湯を沸かす
人が集まる	人を集める

・形が同じもの

自動詞	他動詞
人が笑う	人を笑う

発展　可能の意味を表すとき

●五段活用の動詞は、可能動詞を作る形と、可能の意味の助動詞「れる」「られる」（≫120ページ）をつける形のどちらも使われる場合がある。

いろいろな動詞

動詞には、特定の意味や働きをもつ**可能動詞**や**形式動詞**、いくつかの単語が結びついてできた**複合動詞**や**派生語の動詞**などがある。

●**可能動詞** …「〜できる」という可能の意味を含む動詞。五段活用動詞を基にしているため、**必ず対応する五段活用の動詞がある。**

可能動詞
英語が**話せる**。
「話すことができる」という意味

五段活用動詞
英語を**話す**。

▼可能動詞は、すべて**下一段活用**で、命令形がない。

基本形	語幹	未然形	連用形	終止形	連体形	仮定形	命令形
話せる	はな	—せ	—せ	—せる	—せる	—せれ	○

●**形式動詞（補助動詞）** … 動詞としての本来の意味が薄れて、**前の文節を補助する動詞**。前の文節と補助の関係（→15ページ）となり、連文節を作る。

パンダが（主語） 笹を（修飾語） 食べて **いる**。（述部）
「補助の関係」 形式動詞
「存在する」という本来の意味が薄れ、前の文節を補助している。

●**複合動詞** … 二つ以上の単語が結びついて一語の動詞になったもの。

立ち（動詞） **止まる**（動詞）　**安心**（名詞） **する**（動詞）　**青**（形容詞の語幹） **ざめる**（動詞）

●**派生語の動詞** … 動詞やほかの品詞に＊接頭語・接尾語などがついて一語の動詞になったもの。

差し（接頭語）**迫る**　**はなや** **ぐ**（接尾語）　**涙** **ぐむ**（接尾語）　**大人** **ぶる**（接尾語）

＊接頭語はほかの語の前に、接尾語はほかの語の後について、その語とともに一つの単語を作るもの。意味をつけ加えたり、語調を整えたりする。

行く（五段活用）
○すぐに行ける。　可能動詞。
↑
○すぐに行かれる。　助動詞「れる」をつけた形。

●ほかの活用の動詞は、助動詞をつける形のみ。

着る（上一段活用）
×長く着れる。　可能動詞はない。
↑
○長く着られる。　助動詞「られる」をつけた形。

食べる（下一段活用）
×まだ食べれる。　可能動詞はない。
↑
○まだ食べられる。　助動詞「られる」をつけた形。

チェック！ いろいろな動詞の見分け方

●**可能動詞**
・「〜できる」という可能の意味を表す。
・下一段活用。
・対応する五段活用の動詞がある。

妹は一輪車に乗れる。

「乗ることができる」という可能の意味を表す。「乗れナイ」となるので、下一段活用。「乗る」という五段活用の動詞がある。よって、「乗れる」は可能動詞。

●**形式動詞（補助動詞）**
・本来の意味が薄い。
・直前が「て（で）」となることが多い。
・平仮名で書くことが多い。

机の上に置く。

「置く」という本来の意味があるので、「置く」はふつうの動詞。


保存しておく。

「置く」という本来の意味が薄く、直前が「て」となっているので、「おく」は形式動詞。

練習問題

1 次の文から動詞を順に五つ抜き出し、終止形でないものは終止形に直して答えなさい。

今回のキャンプは、一人で参加するため不安だったが、勇気を出して来てよかった。明日は、晴れればあの山の登頂を試みる予定だ。

（　　）（　　）（　　）（　　）（　　）

2 五段活用の特徴について、次の各文の〔　〕にあてはまる言葉を後から選び、記号で答えなさい。

① 五段活用は、特定の行の〔　〕つの段で活用する。

② 五段活用は、〔　〕形が二つあり、それぞれ「ナイ」「ウ」などに続く。

③ 五段活用は、〔　〕形に「タ」「テ」「タリ」などが続くとき、音便がある。

④ 音便のうち、「い」の音に変わるものをイ音便、「っ」（つまる音）に変わるものを〔　〕、「ん」（はねる音）に変わるものを〔　〕という。

ア 三　イ 五　ウ 六　エ 未然　オ 連用

カ 連体　キ 仮定　ク 命令　ケ 撥音便　コ 促音便

3 上一段活用と下一段活用の特徴について、次の各文の〔　〕にあてはまる言葉を答えなさい。

① 活用語尾に、上一段活用は〔　〕段の音、下一段活用は〔　〕段の音が入る。

② 上一段活用と下一段活用には〔　〕形が二つある。

③ 上一段活用と下一段活用では、〔　〕と〔　〕の区別がないものがある。

4 次の動詞を上一段活用と下一段活用に分けなさい。

訪ねる　出る　落ちる　見せる　見る　過ぎる　いる　広める

上一段活用（　　）

---

1 ≫56～57ページ

ヒント 動詞は活用のある自立語で、言い切りの形（終止形）がウ段の音で終わる。

2 ≫58～59ページ

ヒント ②「ナイ」に続くときはア段、「ウ」に続くときはオ段に変化する。

3 ≫60～61ページ

ヒント ③上一段活用動詞は「射る」「着る」「煮る」など、下一段活用動詞は「寝る」「得る」「経る」などが、この区別がない。

4 ≫60～61ページ

下一段活用（　　　　）

5 **次の活用表の空欄を平仮名で埋めなさい。**

基本形	語幹	未然形	連用形	終止形	連体形	仮定形	命令形
持つ	（　）	（　）（ナイ） （　）（ウ）	（　）（マス） （　）（タ）	（　）（。）	（　）（トキ）	（　）（バ）	（　）（。）
閉じる	（　）	（　）（ナイ）	（　）（マス）	（　）（。）	（　）（トキ）	（　）（バ）	（　）（。） （　）（。）
付ける	（　）	（　）（ナイ）	（　）（マス）	（　）（。）	（　）（トキ）	（　）（バ）	（　）（。） （　）（。）

6 **次の各文の――部の活用形を後から選び、記号で答えなさい。**

① 新しい先生が来た。（　）
② 彼が来る時間だ。（　）
③ 明日は早く来よう。（　）
④ 弟に邪魔された。（　）
⑤ 好きにすればいい。（　）
⑥ 平和を愛する。（　）

ア 未然形　イ 連用形　ウ 終止形　エ 連体形　オ 仮定形　カ 命令形

7 **次の各文の――部は、ア 自動詞、イ 他動詞のどちらか。記号で答えなさい。**

① 枝が折れる。（　）　② 枝を折る。（　）
③ 友人を笑う。（　）　④ 友人が笑う。（　）

8 **次の各文中の可能動詞には――線を、形式動詞（補助動詞）には～～線を引きなさい。**

① いつ会えるかと聞いてみたが、はっきりした答えを聞けなかったのでがっかりしている。
② 「整理しておくように。」と言われているが、上手にしまえず、物をなくしてしまう。

---

5 ≫58～61ページ

6 ≫62～63ページ

ヒント ①～③はカ行変格活用の動詞「来る」の活用形。④～⑥はサ行変格活用の動詞「する」「○○する」の活用形。それぞれ活用のしかたを覚えておこう。

7 ≫64～65ページ

ヒント 自動詞は、「～を」という目的語を必要としない。他動詞は、「～を」という目的語を必要とする。

8 ≫64～65ページ

ヒント 可能動詞は、「～できる」という可能の意味を含む動詞。形式動詞（補助動詞）は、動詞としての本来の意味が薄れて、前の文節を補助する動詞。直前が「て（で）」となることが多い。

解答➡322ページ

発展問題

1 **次の各文の――部の動詞の活用の種類を後から選び、記号で答えなさい。また、その活用形を答えなさい。**

活用の種類　活用形

① 今出発すれば、まだ間に合う。（　）〔　〕
② しばらく、夢を見ていない。（　）〔　〕
③ 花を植える道具を買ってきた。（　）〔　〕
④ まだ、兄は帰って来ない。（　）〔　〕
⑤ 手紙を書くたびに思い出す。（　）〔　〕

ア 五段活用　イ 上一段活用　ウ 下一段活用　エ カ行変格活用　オ サ行変格活用

2 **次の各文の――部が五段活用の動詞であるほうを選び、記号で答えなさい。**

① ア この距離なら子どもでも歩ける。
　 イ この距離なら子どもでも歩く。（　）
② ア 計算を間違えないように注意する。
　 イ 計算を間違わないように注意する。（　）

3 **次の中から、音便がある動詞を選び、後の三種類に分類して、「て（で）」とともに音便の形で答えなさい。**

泳ぐ　読む　飛ぶ　鳴く　打つ　出る　見る　書く　経る　行く

① イ音便になるもの（　）
② 促音便になるもの（　）

1 ≫56～63ページ

ヒント　動詞の活用の種類を見分けるには、動詞の後に「ナイ」をつける。「ナイ」の直前がア段の音なら五段活用、イ段の音なら上一段活用、エ段の音なら下一段活用。カ行変格活用、サ行変格活用は該当する動詞が少ないので覚えておく。活用形は未然形・連用形・終止形・連体形・仮定形・命令形の六つ。活用語尾や後に続く言葉によって判断する。

2 ≫58～61ページ

ヒント　①可能動詞との見分けに注意。可能動詞は下一段活用になる。

3 ≫58～59ページ

ヒント　音便があるのは五段活用の動詞。「て（で）」などに続くとき、連用形が「い」の音に変わるものがイ音便、「っ」（つまる音）に変わるものが促音便、「ん」（はねる音）に変わるものが撥音便。

③ 撥音便になるもの（　　）

4 **例にならって、次の動詞を六つの活用形に活用させなさい。命令形は二つ答えなさい。**

例 煮る　未然形（に）　連用形（に）　終止形（にる）　連体形（にる）　仮定形（にれ）　命令形（にろ）（によ）

① 着る　未然形（　）　連用形（　）　終止形（　）　連体形（　）　仮定形（　）　命令形（　）（　）

② 得る　未然形（　）　連用形（　）　終止形（　）　連体形（　）　仮定形（　）　命令形（　）（　）

5 **次の各文の（　）にあてはまる言葉を、「来る」を活用させて平仮名で答えなさい。**

① 台風の（　　）季節だ。

②「集合時間までには必ず（　　）よ。」と注意された。

③ 早く（　　）ばいいのに。

6 **次の文中のサ行変格活用の動詞に——線を引きなさい。**

信用されるには、何事も実行することが大切だ。言うばかりで何もしないと失望される。

7 **次の各文の——部は、ア 自動詞、イ 他動詞のどちらか。（　）に記号で答えなさい。また、対応する自動詞あるいは他動詞を（　）に答えなさい。**

① 演奏を続ける。（　）（　　）

② 考えがまとまる。（　）（　　）

4 ≫60〜61ページ

ヒント　上一段活用と下一段活用の動詞のうち、語幹と活用語尾の区別がないものの活用のしかたを確かめよう。

5 ≫62〜63ページ

6 ≫62〜63ページ

ヒント　サ行変格活用の動詞には、名詞などに「する」がついた複合動詞もある。

7 ≫64〜65ページ

ヒント　対応する動詞は、語幹が共通する、または一部共通する動詞を探す。

解答➡322ページ

6 形容詞① 形容詞の性質と働き

例題 **1** **形容詞の言い切りの形を次から選び、記号を○で囲みなさい。**

ア ウ段の音　**イ**「い」　**ウ**「だ」「です」

例題 **2** **次の文中の形容詞にすべて――線を引きなさい。**

長い間の夢だった計画が、困難な道のりを経て実現し、うれしい。

例題の答え

1 **イ**

2 長い間の夢だった計画が、困難な道のりを経て実現し、うれしい。

形容詞

形容詞は活用のある自立語で、**用言**（≫42ページ）の一つ。物事の**状態や性質**を表し、終止形が「**い**」で終わる。

形容詞の性質と働き

●**自立語で活用があり、言い切りの形（終止形）が「い」で終わる。**

外は**寒かっ**た。　外は**寒い**。

（自立語で活用がある）（「い」で終わる）

●**物事の状態や性質を表す働きをする。**

明るい顔で話す。（「顔」の状態を表す）

弟は**おとなしい**。（「弟」の性質を表す）

●**単独で述語や修飾語（しゅうしょく）になる。**（付属語をともなうこともある。）

サッカーは（主語）　**おもしろい**（述語）。

紅葉が（主語）　**美しかっ**（述語）た（付属語（助動詞））。

明日は　**早く**（修飾語）　起きる（被（ひ）修飾語）。

楽し（修飾語）そうに（付属語（助動詞））　話す（被修飾語）。

✓チェック！ いろいろな形容詞

●**複合形容詞**（二つ以上の単語が結びついて一語の形容詞になったもの）

・名詞＋形容詞

力（名詞）強い（形容詞）　名高い

・動詞＋形容詞

歩き（動詞）づらい（形容詞）　見苦しい

・形容詞の語幹＋形容詞

細（語幹）長い（形容詞）　暑苦しい

●**派生語の形容詞**（形容詞やほかの品詞に接頭語・接尾語（せつびご）などがついて一語の形容詞になったもの）

・接頭語＋形容詞

か（接頭語）細い（形容詞）　そら恐（おそ）ろしい

・形容詞の語幹＋接尾語

古（語幹）めかしい（接尾語）　重たい

・名詞＋接尾語

女（名詞）らしい（接尾語）　四角い

形式形容詞（補助形容詞）

形容詞としての本来の意味が薄（うす）れて、**前の文節を補助する形容詞**。前の文節と補助の関係（≫15ページ）となり、連文節を作る。

これは（主語） おいしく ない。（述部）
［補助の関係］ **形式形容詞**

「無い」という本来の意味が薄れ、前の文節を補助している。

形容詞「ない」は、単独で述語になるけれど、形式形容詞「ない」は単独では述語にならないよ。下の「チェック」の見分け方も確認（かくにん）しよう。

形容詞の見分け方

① 文を文節に区切り、自立語と付属語に分ける。

私（自）は（付）／親切な（自）／対応（自）が（付）／すごく（自）／うれしかっ（自）た（付）。（自＝自立語、付＝付属語）

② 自立語の後に「タ」「バ」などをつけて、活用があるか確かめる。

- 私タ　活用がない
- 親切だっタ　活用がある
- 対応タ　活用がない
- すごかっタ　活用がある
- うれしかっタ　活用がある

③ 活用があり、言い切りの形（終止形）が「い」で終わるものが形容詞。状態や性質を表し、述語や修飾語などになる。

「だ」で終わる（形容動詞）　親切だ
「い」で終わる（形容詞）　すごい　うれしい
↓
私は（主語） すごく（修飾語） うれしい（述語）。
状態（感情）を表し、修飾語や述語になっている

・動詞＋接尾語
望ましい（動詞＋接尾語）　輝（かがや）かしい

・副詞＋接尾語
わざとらしい（副詞＋接尾語）

チェック！ 形容詞は、述語や修飾語以外にも、主語・接続語などにもなる

●**主語**（付属語をともなう。）

楽しいのは（助詞・助詞／主語） プールだ。

●**接続語**（付属語をともなう。）

寒いけれど、（助詞／接続語） 出かけよう。

チェック！ 形容詞「ない」の見分け方

●**形式形容詞**…「ない」の前に「は」を補える。

お金は欲（ほ）しくない。
← ○欲しくはない
「は」を補えるので、形式形容詞。「欲しい」に否定の意味を添（そ）えている。

●**形容詞**…「ない」の前に「は」を補えない。単独で述語になる。

お金は一円もない。
← ×一円もはない
○お金が（主語） ない（述語）。
「は」を補えず、単独で述語になるので、形容詞。「無い」という意味を表す。

▼「もったいない」など、形容詞の一部の場合もある。

7 形容詞② 形容詞の活用

例題 次の各文の——部の形容詞の活用形を答えなさい。

❶ かわいい小鳥だ。（　　　）
❷ それでよかろう。（　　　）
❸ 楽しかった。（　　　）
❹ 悔（くや）しければ、がんばれ。（　　　）

例題の答え
❶ 連体形　❷ 未然形　❸ 連用形
❹ 仮定形

形容詞の活用

形容詞の活用のしかたは**一種類だけ**で、活用形には**命令形がない**。

形容詞の活用と特徴（とくちょう）

●**活用のしかたは一種類だけである。「〜しい」の形の形容詞は、「し」までが語幹になる。**

基本形	語幹	未然形	連用形	終止形	連体形	仮定形	命令形
遠い	とお	—かろ	—かっ —く —う	—い	—い	—けれ	○
楽しい	たのし	—かろ	—かっ —く —う	—い	—い	—けれ	○
主な続き方		ウ	タ テ ナイ ナル	（。）	トキ	バ	

▼命令形がない。

主な続き方にも注目。「ナイ」に続くのは、動詞では未然形だったね。

チェック！ 形容詞の命令表現

●形容詞の活用には命令形がないので、命令の意味を表すときは、連用形に動詞の命令形をつけて表す。

正しく しろ。
（形容詞「正しい」の連用形　動詞「する」の命令形）

ほかに次のような形もある。

正しくあれ　正しくせよ

▼連用形には三つの形がある。

・**「―かっ」の形**…「た」「たり」などに続く。

昨日はとても**暑かっ**た。
暑かったり、**寒かっ**たりの天候だ。

・**「―く」の形**…「て」「ない」「なる」や動詞などに続く。読点に続くこともある。

今日は**暑く**てつらい。
今日はあまり**暑く**ないね。
明日は**暑く**なるだろう。
明日は**暑く**、湿度（しつど）も高そうだ。

活用語の連用形＋読点で文を一度切ってから、後に続ける方法を、**連用中止法**という。

・**「―う」の形**…「ございます」「存じます」に続く。**ウ音便**になる。語幹の一部が変わることもある。

暑く ➡ お**暑う**ございます。（連用形の「く」が「う」に変わる）
うれしく ➡ **うれしゅう**ございます。（連用形の「く」が「う」に変わる）（語幹「うれし」が「うれしゅ」に変わる）

連用形の主な続き方は、右のページの表では「タ」「テ」「ナイ」「ナル」だけど、ほかの言葉に続くこともあるんだね。

チェック！ 形容詞の語幹の用法

●形容詞の語幹には、いろいろな働きがある。

・語幹だけで言い切りになる。

おお、こわ。　うう、寒。

・語幹だけ、または重なって副詞になる。

はや完成した。　近々来る。

・語幹＋接尾語（せつびご）で、名詞になる。

高さ（接尾語）　重み　長め　眠（ねむ）け

・語幹＋名詞で、名詞になる。

近道（名詞）　安値　黒字　浅瀬（あさせ）

・語幹＋動詞で、動詞になる。

近づく（動詞）　遠のく　長びく

・語幹＋助動詞（そうだ）で、推（お）し量ったことを表す。

高そうだ（助動詞）　強そうだ

練習問題

1 次の各文中の形容詞に——線を引き、終止形に直して答えなさい。

① 空には雲が多かった。（　　）

② 部屋を暖かく保つ。（　　）

2 次の形容詞の成り立ちを後から選び、記号で答えなさい。

① 見にくい（　　）

② 歯がゆい（　　）

③ 重苦しい（　　）

④ 勇ましい（　　）

ア 動詞＋接尾語　イ 動詞＋形容詞　ウ 名詞＋形容詞　エ 形容詞の語幹＋形容詞

3 次の各文の形容詞を含む——部は、どの文の成分になっているか。後から選び、記号で答えなさい。

① この問題がいちばん難しい。（　　）

② 質問にわざと難しく答える。（　　）

③ 難しいから、一人では解けない。（　　）

④ 難しいのは最後の問題だ。（　　）

ア 主語　イ 述語　ウ 修飾語　エ 接続語

4 次の各文の（　　）に、下の形容詞を正しく活用させて書き入れなさい。

① 昨日の富士山は、とくに（　　）た。（美しい）

② 自分の意見が（　　）ば、ひるむことはない。（正しい）

---

1 ≫70〜71ページ

ヒント 形容詞は活用のある自立語で、言い切りの形（終止形）が「い」で終わる。

2 ≫70〜71ページ

3 ≫70〜71ページ

ヒント 文全体での文の成分を考える。

4 ≫72〜73ページ

ヒント ①は「た」に続く連用形にする。②は「ば」に続く仮定形にする。

5 次の活用表の空欄を平仮名で埋めなさい。

基本形	語幹	未然形	連用形	終止形	連体形	仮定形	命令形
白い	（　）	（　）(ウ)	（　）(タ) （　）(テ・ナイ・ナル) （　）(ゴザイマス)	（　）(。)	（　）(トキ)	（　）(バ)	○

発展問題

1 次の各文の――部の「ない」の説明を後から選び、記号で答えなさい。

① 反対している人は少なくない。（　）
② みっともないことはするな。（　）
③ ゆっくりする暇がない。（　）

ア 形容詞　イ 形容詞の一部　ウ 形式形容詞（補助形容詞）

2 次の文章の――部の形容詞の活用形と、終止形を答えなさい。

このつぼみは、寒さが①厳しければ②厳しいほど、③美しく咲くことができると信じているかのように④たくましい。⑤長かった冬を耐え、春を迎えるその日は、さぞ⑥うれしかろう。

①（　・　）　②（　・　）
③（　・　）　④（　・　）
⑤（　・　）　⑥（　・　）

3 次の文を、連用中止法を使って、一文にまとめなさい。

空はどこまでも青い。風はゆるやかに流れる。

（　　　　　）

---

5 ≫72～73ページ

1 ≫70～71ページ
ヒント 「ない」の前に「は」を補えれば形式形容詞（補助形容詞）。

2 ≫72～73ページ
ヒント 形容詞の連用形は三つあることに注意する。

3 ≫72～73ページ
ヒント 「連用中止法」とは、連用形＋読点で文を一度切ってから後に続ける方法。

解答➡322ページ

8 形容動詞① 形容動詞の性質と働き

例題 1 形容動詞の言い切りの形を次から選び、記号を○で囲みなさい。

ア ウ段の音　イ「い」　ウ「だ」「です」

例題 2 次の文中の形容動詞にすべて――線を引きなさい。

美しく貴重な品を見て、真剣（しんけん）に製作した作者の心を尊く思った。

形容動詞

形容動詞は**活用のある自立語**で、**用言**（→42ページ）の一つ。物事の**状態や性質**を表し、終止形が「だ」「です」で終わる。

形容動詞の性質と働き

● **自立語で活用があり、言い切りの形（終止形）が「だ」「です」で終わる。**

穏（おだ）やかな風だ。　風は穏やかだ。

（自立語で活用がある／「だ」で終わる）

● **物事の状態や性質を表す働きをする。**

桜がきれいだ。（「桜」の状態を表す）　柔（やわ）らかな葉だ。（「葉」の性質を表す）

● **単独で述語や修飾（しゅうしょく）語になる。**（付属語をともなうこともある。）

森君は、（主語）朗（ほが）らかだ。（述語）　旅は（主語）快適だっ（述語）た。（付属語（助動詞））

小川が静かに（修飾語）流れる。（被（ひ）修飾語）　兄は愉快（ゆかい）（修飾語）そうに（付属語（助動詞））笑った。（被修飾語）

チェック！ いろいろな形容動詞

● **派生語の形容動詞**（形容動詞やほかの品詞に接頭語・接尾（せつび）語などがついて一語の形容動詞になったもの）

・接頭語＋形容動詞

ご（接頭語）｜立派だ（形容動詞）　お｜元気だ

・接頭語＋形容動詞の語幹＋接尾語＋「だ」

お（接頭語）｜気の毒（語幹）｜さま（接尾語）｜だ

・形容詞の語幹＋接尾語＋「だ」

はかな（形容詞）｜げ（接尾語）｜だ

・名詞＋接尾語＋「だ」

科学（名詞）｜的（接尾語）｜だ

・動詞＋接尾語＋「だ」

忘れ（動詞）｜がち（接尾語）｜だ

例題の答え

1 ウ

2 美しく貴重な品を見て、真剣に製作した作者の心を尊く思った。

形容動詞の見分け方

① 文を文節に区切り、自立語と付属語に分ける。

今日（自）は（付）／天気（自）も（付）／よく（自）て（付）／暖かだ（自）。
（自＝自立語、付＝付属語）

② 自立語の後に「タ」「バ」などをつけて、活用があるか確かめる。

今日タ（活用がない）　天気タ（活用がない）　よかっタ（活用がある）　暖かだっタ（活用がある）

③ 活用があり、言い切りの形（終止形）が「だ」「です」で終わるものが形容動詞。状態や性質を表し、述語や修飾語などになる。

「い」で終わる（形容詞） よい　「だ」で終わる（形容動詞） 暖かだ

➡ 今日は（主語） 暖かだ。（述語）　状態を表し、述語になっている

▼連体形が「～な」＋体言になるのも形容動詞を見分けるポイント。

暖かだ ➡ ○暖かな日（体言）　形容動詞「暖かだ」

天気だ ➡ ×天気な日　名詞「天気」＋助動詞「だ」

「～だ」などの形は、形容動詞の場合もあれば、名詞（≫86ページ）＋助動詞「だ」（≫128ページ）などの場合もあるんだ。下の「チェック」の見分け方も確認（かくにん）しよう。

成り立ちにも注目しよう

形容動詞の成り立ち

形容動詞は基本、和語・漢語・外来語に「だ」がついてできている。

たおやかだ（和語）　親切だ（漢語）　ヘルシーだ（外来語）

チェック！ 形容動詞は、述語や修飾語以外にも、主語・接続語などにもなる

●主語（付属語をともなう。）

静かなのが（主語／の：助詞、が：助詞） いい。

●接続語（付属語をともなう。）

便利だけれど（接続語／けれど：助詞）、重い。

チェック！ 名詞＋助動詞との見分け方

●形容動詞

・「～な」＋体言の形になる。

静かだ ➡ ○静かな音楽（体言）

勇敢（ゆうかん）だ ➡ ○勇敢な少年

・直前に「とても」を補える。

私は幸せだ。 ⬅ ○私はとても幸せだ。

●名詞（＋助詞「の」）＋助動詞「だ」

・「～な」＋体言の形にならない。

本だ ➡ ×本なもの（体言）　名詞「本」＋助動詞「だ」。

私のだ ➡ ×私のなもの　名詞「私」＋助詞「の」＋助動詞「だ」。

・直前に「とても」を補えない。

それが私の幸せだ。 ⬅ ×それが私のとても幸せだ。　名詞「幸せ」＋助動詞「だ」。

9 形容動詞② 形容動詞の活用

例題 次の各文の——部の形容動詞の活用形を答えなさい。

❶ 慎重(しんちょう)に行動する。（　　　）
❷ 彼(かれ)は朗(ほが)らかな性格だ。（　　　）
❸ 危険ならばやめよう。（　　　）
❹ まあ大丈夫(だいじょうぶ)だろう。（　　　）

形容動詞の活用

形容動詞の活用のしかたは**二種類**で、活用形には**命令形がない**。

形容動詞の活用と特徴(とくちょう)

● **活用のしかたは、「～だ」の活用と「～です」の活用の二種類。**

基本形	語幹	未然形	連用形	終止形	連体形	仮定形	命令形
新鮮だ	しんせん	—だろ	—だっ —で —に	—だ	—な	—なら	○
主な続き方		ウ	タ ナイ ナル	（。）	トキ	バ	／
新鮮です	しんせん	—でしょ	—でし	—です	—（です）	○	○
主な続き方		ウ	タ	（。）	ノデ	／	／

▼「～だ」の活用には命令形がない。
▼「～です」の活用には仮定形と命令形がない。

形容詞と同じく、「ナイ」に続くのは連用形だよ。

例題の答え
❶ 連用形　❷ 連体形　❸ 仮定形
❹ 未然形

チェック！ 形容動詞の命令表現

● 形容動詞の活用には命令形がないので、命令の意味を表すときは、連用形に動詞の命令形をつけて表す。（形容詞と同じ。）

静かに しろ。
形容動詞「静かだ」の連用形　動詞「する」の命令形

チェック！ 形容動詞の語幹の用法

● 形容動詞の語幹には、いろいろな働きがある。

・語幹だけで述語になる。

君、大丈夫？　うん、僕(ぼく)は平気。

・語幹＋接尾語(せつび)「さ」で、名詞になる。

正確 さ（接尾語）　爽(さわ)やか さ

・語幹＋助動詞（そうだ）で、推(お)し量ったことを表す。

残念 そうだ（助動詞）　安全 そうだ

▼「〜だ」の活用は活用形の終止形と連体形が異なる。

彼(かれ)は**正直だ**。（形容動詞「正直だ」の終止形）　彼は**正直な**人だ。（連体形）

▼「〜です」の活用は終止形と連体形とが同じ。連体形は助詞「のに」「ので」だけに続く。

彼(かれ)は**正直です**。（形容動詞「正直です」の終止形）　彼は**正直です**ので、信頼(しんらい)できます。（連体形）

▼「〜だ」の活用の連用形には三つの形がある。

・**「ーだっ」の形**…「た」「たり」などに続く。

優勝できるとは**意外だっ**た。
問題は**簡単だっ**たり、**複雑だっ**たりする。

・**「ーで」の形**…「ない」などに続く。読点に続き、連用中止法（≫73ページ）になることもある。

この情報は**確実で**ない。
勝利は**確実で**、疑いようがない。

・**「ーに」の形**…「なる」や動詞などに続く。

世の中が**豊かに**なる。
静かに過ごす。

▼仮定形は、後に続く言葉から「バ」を省くことができる。

新鮮ならば買おう。 ⬇ **新鮮なら**買おう。

発展 形容動詞「同じだ」の活用

●「私も同じ。」というときの「同じ」は形容動詞で、語幹の用法。形容動詞「同じだ」は、「とき」などの体言に続く場合も、連体形の「同じな」ではなく、語幹「同じ」となる。

×**同じな**ときを過ごす。
○**同じ**ときを過ごす。

この「同じ」を連体詞とする説もある。

▼助詞「のに」「ので」などに続く場合は、連体形の「同じな」の形となる。

同じなのに
同じなので

練習問題

1 次の中から、形容動詞であるものをすべて選び、——線を引きなさい。

ない　止める　正直です　苦しい　見る　静かだ　信じる

2 次の各文の形容動詞を含む——部は、どの文の成分になっているか。後から選び、記号で答えなさい。

① この学校の生徒は、健康だ。（　　）

② 健康なのが何よりだ。（　　）

③ 今年も健康に過ごせた。（　　）

④ 健康なので、ありがたい。（　　）

ア 主語　イ 述語　ウ 修飾語　エ 接続語

3 次の——部の形容動詞の活用形を答えなさい。

① 静かに暮れてゆく。（　　）

② 元気ならばうれしい。（　　）

③ 穏やかな性格だ。（　　）

④ これなら簡単だろう。（　　）

4 次の活用表の空欄を平仮名で埋めなさい。

基本形	語幹	未然形	連用形	終止形	連体形	仮定形	命令形
快適だ	かいてき	〔　〕(ウ)	〔　〕(タ) 〔　〕(ナイ) 〔　〕(ナル)	〔　〕(。)	〔　〕(トキ)	〔　〕(バ)	○
快適です	かいてき	〔　〕(ウ)	〔　〕(タ)	〔　〕(。)	〔　〕(ノデ)	○	○

1 ≫76〜77ページ

ヒント 形容動詞は活用のある自立語で、言い切りの形（終止形）が「だ」「です」で終わる。

2 ≫76〜77ページ

ヒント 文全体での文の成分を考える。

3 ≫78〜79ページ

ヒント 形容動詞には、命令形はない。

4 ≫78〜79ページ

発展問題

1 次の各文の――部が形容動詞であるものをすべて選び、記号で答えなさい。

ア　君はじつに素直(すなお)だ。
イ　あの作品は私のだ。
ウ　いたずらをしたのは誰(だれ)だ。
エ　この坂は緩(ゆる)やかだ。
オ　僕(ぼく)はいつだって元気だ。

（　　　　）

2 次の各文中の形容動詞に――線を引きなさい。また、その活用形を答えなさい。

① 嫌(いや)ならば、食べなくていいよ。（　　）
② みんな勇敢(ゆうかん)に挑戦(ちょうせん)した。（　　）
③ 具体的な提案をしてほしい。（　　）
④ 彼(かれ)は正直だろう。（　　）
⑤ 優(やさ)しげな態度で接する。（　　）

3 次の各文の――部が形容動詞なら○を、そうでないなら×を書きなさい。

① ここの料理はおいしいとよく紹介(しょうかい)されている。（　　）
② 彼女(かのじょ)はいつも朗(ほが)らかで、よく笑う。（　　）
③ もっと早く起きればよかった。（　　）
④ 試験の結果が心配だろう。（　　）
⑤ この椅子(いす)はしっかりしていて丈夫(じょうぶ)だ。（　　）

1 ≫76～77ページ
ヒント　「～な」＋体言の形になり、直前に「とても」を補えれば形容動詞。

2 ≫76～79ページ
ヒント　活用語尾(ごび)と後に続く言葉の区別に注意する。⑤形容詞の語幹＋接尾語「げ」＋「だ」から成る形容動詞。

3 ≫76～77ページ
ヒント　活用があるかどうか、言い切りの形（終止形）が「だ」「です」で終わるかどうかを確かめる。

解答➡322ページ

定期試験対策問題

〈動詞① ≫56～57ページ〉

1 次の各文から、動詞を順にそのまま抜き出しなさい。

(1) 少し休め。一休みをしてからがんばろう。
（　　　　　　　　）

(2) 南の山を越えて、風が吹いてくれれば、この町にも春が訪れる。
（　　　　　　　　）

ヒント　動詞は自立語なので、文節の最初にある。形式動詞（補助動詞）も抜き出すことに注意する。

〈動詞②～④ ≫58～63ページ〉

2 次の各文の——部の動詞の活用の種類を後から選び、記号で答えなさい。

(1) 朝から犬と散歩をした。（　）
(2) 小さな苗から育てた桜に、花が咲いた。（　）
(3) 今まで見たことがないほどの夕焼けだ。（　）
(4) 複雑で長い小説を読むのが好きです。（　）
(5) 明日、連絡してから、また来ます。（　）

ア 五段活用　イ 上一段活用
ウ 下一段活用　エ カ行変格活用
オ サ行変格活用

ヒント　五段活用・上一段活用・下一段活用の動詞は、動詞の後に「ナイ」をつけて、「ナイ」の直前の音によって見分ける。

〈動詞② ≫58～59ページ〉

3 次の各文の——部の動詞の活用形を後から選び、記号で答えなさい。

(1) 祖父に手紙を書いて送ると、娘が言った。（　）
(2) 遅くなったので、慌てて帰ろうとした。（　）
(3) もっと早く行けばよかった。（　）
(4) この本を読んだ感想を、聞かせてください。（　）
(5) 自分のことは自分で言えと言われた。（　）
(6) 机の上にある書類の整理を、お願いします。（　）

ア 未然形　イ 連用形　ウ 終止形
エ 連体形　オ 仮定形　カ 命令形

〈動詞②③ ≫58～61ページ〉

4 次の各文の——部と、活用の種類と活用形が同じ動詞を含む文をそれぞれ後から選び、記号で答えなさい。

(1) 部屋の中は月の光で満ちている。（　）
ア シャワーを浴びた。　イ 負けたことがない。
ウ 家が建ちました。　エ 枝が伸びない。

(2) もう、門を閉める時刻です。（　）
ア 恥じる必要はない。　イ ただ、祈るだけです。
ウ 列車が動き始める。　エ 捨てるものはない。

(3) 明日は早く起きよう。（　）
ア 新しい雑誌が出た。　イ テレビは見ない。
ウ 駅まで歩きます。　エ 枝が伸びた。

ヒント　上一段活用・下一段活用の動詞は、未然形と連用形、終止形と連体形がそれぞれ同じ形なので、後に続く言葉で判断する。

〈動詞④ ≫62～63ページ〉

5 次の各文の〔　〕に、(1)～(3)は「来る」を、(4)～(6)は「する」を活用させて入れ、その活用形を後から選び、（　）に記号で答えなさい。ただし、「来る」の活用は平仮名で答えること。

(1) まだ誰も〔　〕ない。（　）
(2) 明日、もう一度〔　〕ます。（　）
(3) 早く〔　〕ばよかったのに。（　）
(4) そこまで〔　〕なくてもいいよ。（　）
(5) なにも〔　〕ずに一日を過ごす。（　）
(6) 君の〔　〕ことは予想がつかない。（　）

ア 未然形　イ 連用形　ウ 終止形
エ 連体形　オ 仮定形　カ 命令形

〈動詞⑤ ≫64～65ページ〉

6 次の各語を自動詞・他動詞に分け、記号で答えなさい。

ア 決まる　イ 決める　ウ 出す　エ 出る
オ 乾く　カ 乾かす　キ 検査する　ク 合流する

(1) 自動詞（　）　(2) 他動詞（　）

〈動詞⑤ ≫64～65ページ〉

7 次の各語を後の説明にしたがって分け、記号で答えなさい。

ア 読める　イ 倒れる　ウ 取れる　エ 取られる
オ 登れる　カ 止まれる　キ 逃げる　ク 行かれる

(1) 可能動詞（　）
(2) 動詞＋助動詞（　）
(3) 可能動詞ではない下一段活用の動詞（　）

〈形容詞①②・形容動詞①② ≫70～73・76～79ページ〉

8 次の各文から、形容詞・形容動詞を順にそのまま抜き出しなさい。また、例にならってその活用形を答えなさい。

例 豊かだ―終止形

(1) 家に帰ると、子どもは暖かい部屋の中で寝息をたてていた。私は穏やかな気持ちになり、静かに部屋から出た。

形容詞（　）
形容動詞（　）

(2) どんなに寒かろうとも、早く起きて、河原までのジョギングを欠かさない。だからいつも元気なのだ。

形容詞（　）
形容動詞（　）

〈形容動詞①② ≫76～79ページ〉

9 次の各組の――部が形容動詞であるものを選び、記号で答えなさい。

(1) ア 高価な贈り物。　イ 大きな建物。　ウ 寒そうな様子。　エ 医者なのにかぜをひく。
(2) ア ついに成功した。　イ きれいに咲いた。　ウ どこに行くのか。　エ うれしそうに話す。
(3) ア 健康を損なう。　イ 最も大切なのは健康だ。　ウ 健康になる。　エ 健康が第一だ。

(1)（　）　(2)（　）　(3)（　）

ヒント 活用があるかや、「～な」＋体言になるか、直前に「とても」を補えるかなどで判断する。

解答➡328ページ

第4章 活用のない自立語

理解度をチェック

名詞

86～89ページ

●名詞の性質と働き

86ページ

・名詞は**活用のない自立語**で、**体言**ともいう。
・**人や物事の名前**を表したり、人や物事を指し示したりする。
・「が」「は」「も」などをともなって**主語になる**ほか、さまざまな働きをする。

空き地に（修飾語）　家が（主語）　建った。（述語）　あなたも（主語）　中学生だ。（述語）

（空き地…修飾語になる／家・あなた…主語になる／中学生…述語になる）

●名詞の種類

88ページ

種類	働き	例
普通名詞	一般的な物事の名前を表す。	川・学校・人
固有名詞	人名や地名など、ほかと区別するための名前を表す。	太郎・日本 富士山
数詞	数量や時間、順序などを表す。	二十個・三日 十番目
形式名詞	本来の意味が薄れ、ほかの語について形式的・補助的に使われる。	見ること したとき
代名詞	人や物事を指し示す。	私・あなた 彼・これ・そこ

連体詞

94～95ページ

●連体詞の性質と働き

94ページ

・連体詞は**活用のない自立語**。
・単独で**連体修飾語**として体言（名詞）を含む文節を修飾する。

いろんな　人が（名詞）　いた。　あの　家です。（名詞）

（・活用がない　・体言を含む文節を修飾する）

●連体詞の種類

95ページ

「―の」	この・その・あの・どの
「―る」	ある・来る・去る・いわゆる
「―た(だ)」	たいした・とんだ
「―な」	大きな・小さな・おかしな・いろんな
「―が」	我が

接続詞

100～103ページ

●接続詞の性質と働き

100ページ

・接続詞は**活用のない自立語**。
・単独で**接続語**になり、文と文、文節と文節などをつないで前後の関係を示す。

小さく、（文節）　しかも、　軽い。（文節）
（文節と文節をつないでいる／つけ加えることを表す）

春が来た。（文）　が、　外は寒い。（文）
（文と文をつないでいる／逆の事柄が後に続くことを表す）

副詞

（≫90〜93ページ）

●副詞の性質と働き

（≫90ページ）

・副詞は**活用のない自立語**。
・動作や物事の**様子・状態・程度**を表したり、**書き手（話し手）の気持ち**などを表したりする。
・単独で主に**連用修飾語**として用言（動詞・形容詞・形容動詞）を含む（ふく）文節を修飾する。用言以外を含む文節を修飾することもある。

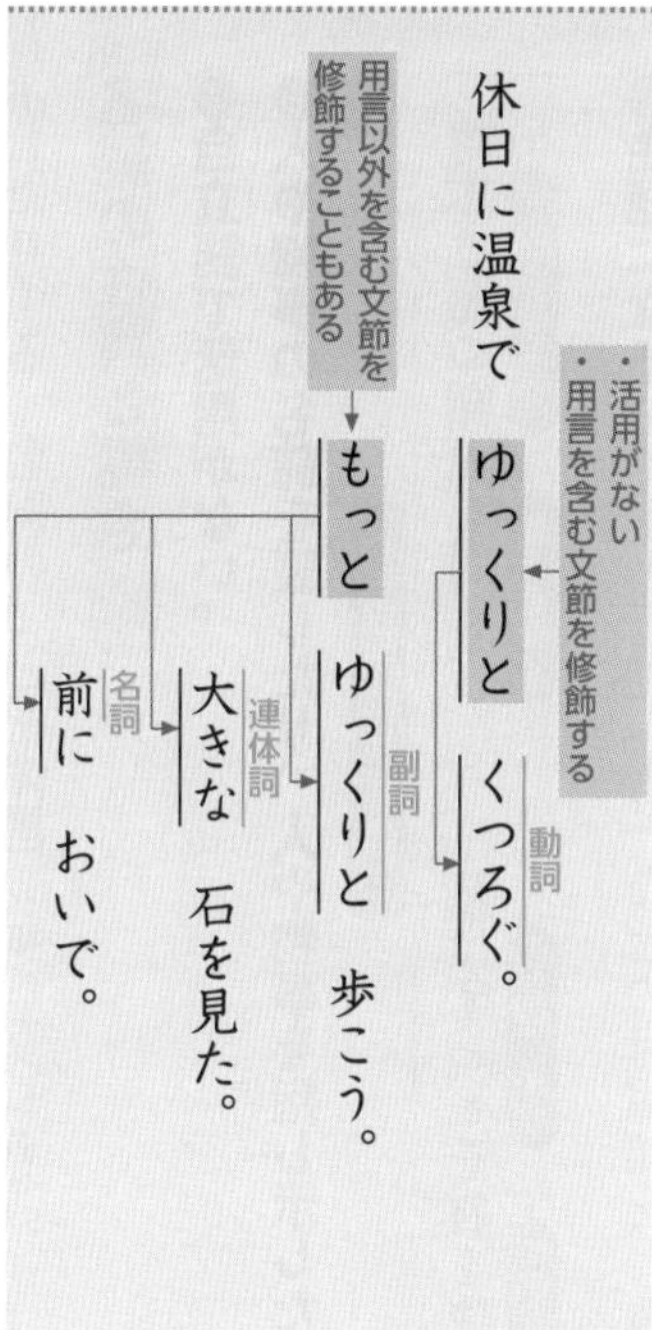

●副詞の種類

（≫92ページ）

状態の副詞	「どのような」様子・状態かを表す。擬声語（ぎせいご）（擬音語）・擬態語も含まれる。	すっきり・そっと ピヨピヨ・ひらひら
程度の副詞	「どのくらい」の程度かを表す。	とても・もっと やや
陳述（ちんじゅつ）の副詞	決まった言い方と呼応し、「呼応の副詞」ともいう。	決して（→ない） まるで（→ようだ）

●接続詞の種類

（≫102ページ）

順接	順当な事柄が後に続く。	だから・それで すると・そこで
逆接	逆の事柄が後に続く。	しかし・けれども だが・ところが
並立（へいりつ）・累加（るいか）	前後を対等に並べる。後につけ加える。	それに・そして それから・しかも
対比・選択（せんたく）	前後を比べる・選ぶ。	それとも・または あるいは・もしくは
説明・補足	説明や補足が後に続く。	なぜなら・つまり ただし・すなわち
転換（てんかん）	別の話題に変える。	さて・ところで では・ときに

感動詞

（≫104〜105ページ）

●感動詞の性質と働き

（≫104ページ）

・感動詞は**活用のない自立語**。
・**感動・応答・挨拶（あいさつ）・呼びかけ・かけ声**などを表す。
・単独で**独立語**になる。

●感動詞の種類

（≫105ページ）

感動	ああ・まあ・おや・おお
応答	はい・いいえ・ええ・うん
挨拶	こんにちは・さようなら・おはよう
呼びかけ	もしもし・おい・ねえ・あの
かけ声	よいしょ・それっ・えい・わっしょい

例題 **次の各文の〔　〕にあてはまる言葉を選び、記号を○で囲みなさい。**

名詞は〔**ア** 自立語　**イ** 付属語〕で、活用が〔**ア** ある　**イ** ない〕。

「が」などをともなって〔**ア** 主語　**イ** 述語　**ウ** 修飾語〕になる。

例題の答え　ア・イ・ア

名詞

名詞は**活用のない自立語**で、人や物事の名前を表したり、人や物事を指し示したりする。名詞のことを**体言**（≫45ページ）ともいう。

名詞の性質と働き

●**自立語で活用がない。**

●**人や物事の名前を表したり、人や物事を指し示したりする。**

青木さんの**発表**を聞く。（青木さん：人の名前を表す／発表：物事を表す）

私はずっと**それ**を使っている。（私：人を指し示す／それ：物事を指し示す）

（自立語で活用がない）

●**主語になる。**（「が」「は」「も」などの付属語をともなう。）

馬が走る。（馬：主語／が：付属語（助詞）／走る：述語）

僕（ぼく）は中学生だ。（僕：主語／は：付属語（助詞）／中学生だ：述語）

▼主語になる以外にも、さまざまな働きをする。

・**述語**になる。（「だ」「です」などの付属語をともなう。）

夕食は**カレー**だ。（夕食は：主語／カレー：述語／だ：付属語（助動詞））

彼女（かのじょ）は**姉**です。（彼女は：主語／姉：述語／です：付属語（助動詞））

チェック！ 形容動詞の語幹との見分け方

●名詞と間違（まちが）えやすいものに、形容動詞の語幹がある。

・**名詞**…「が」「は」「も」などをともない、主語になる。

それは常識だ。

⬇

○**常識**が ある。（常識が：主語／ある：述語）

「が」をともない主語になるので、名詞。

・**形容動詞の語幹**…「が」「は」「も」などをともなっても主語にならない。後に続く「だ」「で」などの部分とあわせて一語となる。

それは**大切**だ。

⬇

×**大切**が ある。（大切が：主語／ある：述語）

「が」をともなっても主語にならないので、形容動詞「大切だ」の語幹。

▼「元気」などには、名詞の場合と、形容動詞の語幹の場合の両方がある。

元気があっていい。　名詞「元気」。

とても**元気**だ。
元気な人だ。　形容動詞「元気だ」の語幹。

・**修飾語**になる。（「の」をともなって連体修飾語になるほか、「を」「へ」「に」「から」「まで」などをともなって連用修飾語になる。）

日本の文化。（付属語（助詞）：の／連体修飾語：日本の → 被修飾語：文化）
公園まで出かける。（付属語（助詞）：まで／連用修飾語：公園まで → 被修飾語：出かける）

・**接続語**になる。（付属語をともなう。）

冬でも、暖かい。（付属語（助詞）：でも／接続語：冬でも）
夏なのに、涼しい。（付属語（助動詞）：な／（助詞）：のに／接続語：夏なのに）

・**独立語**になる。（単独で、または付属語をともなうこともある。）

夢、それは秘密だ。（独立語：夢）
少年よ、考えろ。（付属語（助詞）：よ／独立語：少年よ）

名詞の見分け方

① 自立語と付属語に分け、自立語に活用があるか確かめる。

（自＝自立語、付＝付属語）

あの／**森**の／**奥**に／**湖**が／**ある**。
（自／自 付／自 付／自 付／自）

あの・森・奥・湖：活用がない
あっタ：活用がある（動詞）

② 活用がなく、「が」をつけて主語になるものが名詞。人や物事の名前を表したり、人や物事を指し示したりする。

× **あのが**ある。 主語にならない（連体詞）

森がある。 **奥が**深い。 **湖が**広がる。
（主語・述語）主語になっていて、物事の名前を表している（名詞）

チェック！ サ行変格活用の複合動詞の語幹との見分け方

●サ行変格活用の「○○する」の形の複合動詞（≫63ページ）の語幹も、名詞と間違えやすいので注意しよう。

・**名詞**…「する」の前に「を」「に」「と」などの付属語がある。

注意をしなさい。 名詞「注意」。

・**サ変の複合動詞の語幹**…「する」の前に「を」「に」「と」などの付属語がない。

注意しなさい。 サ変の複合動詞「注意する」の語幹。

「○○する」の形の複合動詞は、名詞などに「する」がついて、一語の動詞になったものだったね。

例題 1 次の文の〔　〕にあてはまる言葉を答えなさい。

名詞には、〔　　〕・〔　　〕・〔　　〕・数詞・〔　　〕の五種類がある。

例題 2 次の文章の〔　〕にあてはまる言葉を答えなさい。

名詞の一つである代名詞には、人を指し示す〔　　〕代名詞と、物事・場所・方角を指し示す〔　　〕代名詞の二種類がある。「僕」「誰」などは〔　　〕代名詞、「これ」「どこ」などは〔　　〕代名詞である。

例題の答え

1 普通名詞・固有名詞・形式名詞・代名詞〈順不同〉

2 人称・指示・人称・指示

名詞の種類

名詞には次の五種類がある。

	働き	例
普通名詞	一般的な物事の名前を表す。	犬・花・病院・思い出
固有名詞	人名や地名など、ほかと区別するための名前を表す。	福沢諭吉・カナダ 横浜港・『坊っちゃん』
数詞	数量や時間、順序などを表す。	八十回・六年・一位
形式名詞	本来の意味が薄れ、ほかの語について形式的・補助的に使われる。	話す<u>こと</u>・行く<u>とき</u> 見た<u>とおり</u>
代名詞	人や物事を指し示す。	私・あなた・彼 これ・そこ・こちら

チェック! 形式名詞の見分け方

●形式名詞には、必ず連体修飾語がついており、それを除くと文の意味が通じなくなる。

思う（連体修飾語） とおり にやれ。 ⬇ ×とおりにやれ。

「とおり」は形式名詞。

▼形式名詞は、平仮名で書かれることが多い。

発展 いろいろな普通名詞

●**派生語の名詞**（名詞やほかの品詞に接頭語・接尾語などがついて一語の名詞になったもの）

・接頭語＋名詞

お（接頭語）茶（名詞）　ご飯　大豊作

・名詞＋接尾語

仲間（名詞）たち（接尾語）　あいつら

代名詞の種類

代名詞は次の二種類に分けられる。

●人称代名詞（にんしょう）…人を指し示す。

・**自称**…自分を指す。
・**対称**…相手を指す。
・**他称**…自分や相手以外の人を指す。
・**不定称**…誰だかわからない人を指す。

自称	対称	他称			不定称
		近称	中称	遠称	
私 僕	あなた 君	このかた こいつ	そのかた そいつ	あのかた あいつ 彼女（かのじょ） 彼	どのかた どいつ どなた 誰

「近称」は自分に近いもの、「中称」は相手に近いもの、「遠称」は自分からも相手からも遠いものを指すよ。

●指示代名詞…物事・場所・方角を指し示す。

近称・中称・遠称と、何かわからないものを指す不定称がある。

	近称（こ）	中称（そ）	遠称（あ）	不定称（ど）
物事	これ	それ	あれ	どれ
場所	ここ	そこ	あそこ	どこ
方角	こちら こっち	そちら そっち	あちら あっち	どちら どっち

▼物事・場所・方角を指し示す言葉を、「こそあど言葉」という。

ほかの品詞の「こそあど言葉」に注意しよう

「こそあど言葉」は、副詞・連体詞・形容動詞にもある。

品詞	近称	中称	遠称	不定称
副詞	こう	そう	ああ	どう
連体詞	この	その	あの	どの
形容動詞	こんなだ	そんなだ	あんなだ	どんなだ

・動詞＋接尾語

（動詞｜接尾語）やり｜方　切れ｜目

・形容詞の語幹＋接尾語

（語幹｜接尾語）暑｜さ　厚｜み　新し｜さ

・形容動詞の語幹＋接尾語

（語幹｜接尾語）静か｜さ　大切｜さ　新鮮（しんせん）｜み

●転成名詞（動詞・形容詞の連用形から名詞になったもの）

・動詞の連用形が名詞になったもの。

考える➡考え　よい考えだ。
上る➡上り　上りの電車に乗る。

・形容詞の連用形が名詞になったもの。

遠い➡遠く　遠くの山を見る。

●複合名詞（二つ以上の単語が結びついて一語の名詞になったもの）

・名詞＋名詞

（名詞｜名詞）村｜人　花｜火　夕｜日　人｜々

・動詞＋名詞

（動詞｜名詞）読み｜物　立ち｜話　別れ｜道　買い｜物

・形容詞の語幹＋名詞

（形容詞｜名詞）高｜値　早｜足　浅（あさ）｜瀬（せ）　近｜道

・名詞＋動詞の連用形（からの転成名詞）

（名詞｜動詞）山｜登り　川｜下り　手（て）｜触り（ざわ）　子｜育て

3 副詞① 副詞の性質と働き

例題 **次の各文中の副詞に——線を引きなさい。**

❶ 自分の意見をきちんと話すことが大切だ。
❷ 私のふるさとは、ずっと北の地方です。
❸ まるで小鳥が歌うような声だった。

副詞

副詞は**活用のない自立語**で、動作や物事の**様子・状態・程度**を表したり、**書き手（話し手）の気持ち**などを表したりする。

副詞の性質と働き

● **自立語で活用がない。**

● **動作や物事の様子・状態・程度を表したり、書き手（話し手）の気持ちなどを表したりする。**

もっと ゆっくり 話したら、たぶん 伝わるだろう。
（自立語で活用がない／もっと：程度を表す／ゆっくり：状態を表す／たぶん：書き手（話し手）の気持ちなどを表す）

● **単独で連用修飾語（しゅうしょく）として用言（動詞・形容詞・形容動詞）を含む（ふく）文節を修飾する。**

君は とても おもしろい。
（とても：連用修飾語（「おもしろい」を修飾）／おもしろい：形容詞）

雪が どんどん 降る。
（どんどん：連用修飾語（「降る」を修飾）／降る：動詞）

▼用言以外にも、ほかの副詞や連体詞を修飾することもある。

かなり はっきり 見える。
（はっきり：副詞）

かなり 小さな 音だ。
（小さな：連体詞）

例題の答え

❶ 自分の意見を<u>きちんと</u>話すことが大切だ。
❷ 私のふるさとは、<u>ずっと</u>北の地方です。
❸ <u>まるで</u>小鳥が歌うような声だった。

チェック！ **擬声（ぎせい）語（擬音語）・擬態語**

●「ワンワン」などの擬声語や、「そよそよ」などの擬態語も副詞。

・**擬声語（擬音語）**…生き物の声や物事の音をまねて表す言葉。カタカナで書くことが多い。

犬が**ワンワン**ほえる。
（擬声語（犬の鳴き声をまねる））

鐘（かね）を**カンカン**鳴らす。
（擬音語（鐘の鳴る音をまねる））

・**擬態語**…物事の様子をそれらしく表現する言葉。平仮名（ひらがな）で書くことが多い。

風が**そよそよ**吹（ふ）いている。
（擬態語（風が吹く様子に似せる））

●**単独で、または助詞「の」をともない、連体修飾語として体言（名詞）を含む文節を修飾する。**

ずっと 前から（名詞） 好きだった。
連体修飾語（「前」を含む文節を修飾）

よほど の（助詞） ことが（名詞） あったのか。
連体修飾語（「こと」を含む文節を修飾）

▼助動詞「だ」「です」「らしい」をともない、述語になることもある。

ゴールは（主語） **すぐ**だ。（述語・助動詞）

▼副詞には「と・に・ん・く・り」で終わるものが多い。

—と	きっと・やっと・ふと・もっと
—に	ついに・いっせいに・さすがに
—ん	たぶん・どんどん・たいへん
—く	しばらく・ようやく・さっそく
—り	はっきり・すっかり・かなり

「ゆっくり」に「と」がついた「ゆっくりと」なども、一語と考えるよ。

副詞の見分け方

① 自立語と付属語に分け、自立語に活用があるか確かめる。

明日(自) は(付)／きっと(自)／自然に(自)／楽しく(自)／笑える(自) だろ(付) う(付)。（自＝自立語、付＝付属語）

- 明日：活用がない
- きっと：活用がない
- 自然に：活用がある（形容動詞） 自然だっタ
- 楽しく：活用がある（形容詞） 楽しかっタ
- 笑える：活用がある（動詞） 笑えタ

② 活用がなく、主に連用修飾語になるものが副詞。
様子・状態・程度を表したり、書き手（話し手）の気持ちなどを表したりする。

主語になっている（名詞）
明日は（主語） 笑えるだろう。（述語）

連用修飾語になっていて、書き手（話し手）の気持ちを表している（副詞）
きっと 笑えるだろう。
連用修飾語（動詞「笑える」を含む文節を修飾）

チェック！ 連体修飾語になる副詞

●助詞「の」をともなって連体修飾語になることは、「状態の副詞」「程度の副詞」「陳述（ちんじゅつ）の副詞」（≫92ページ）のどの副詞にもある。

・「状態の副詞」＋「の」
状態の副詞 **しばらく** の 間、休みます。
連体修飾語（「間」を修飾）

・「程度の副詞」＋「の」
程度の副詞 **かなり** の 開きが できた。
連体修飾語（「開き」を含む文節を修飾）

・「陳述の副詞」＋「の」
陳述の副詞 **まさか** の エラーで 負けた。
連体修飾語（「エラー」を含む文節を修飾）

チェック！ 形容詞・形容動詞との見分け方

●副詞…ほかの形に言いかえられない。

ゆっくり走る。
ほかの形に言いかえられないので、副詞「ゆっくり」。

●形容詞…「〜い」と言いかえられる。

速く走る。 ⬇ ○速い
「速い」と言いかえられるので、形容詞「速い」。

●形容動詞…「〜だ」「〜な」のどちらにも言いかえられる。

急に走る。 ⬇ ○急だ ⬇ ○急な
「急だ」「急な」と言いかえられるので、形容動詞「急だ」。

4 副詞② 副詞の種類

例題 **次の各文の——部の副詞の種類を後から選び、記号で答えなさい。**

❶ わざわざ遠回りする。（　　）
❷ きっと来るだろう。（　　）
❸ だいぶ厳しい。（　　）

ア 状態の副詞　**イ** 程度の副詞　**ウ** 陳述（ちんじゅつ）の副詞

例題の答え
❶ア　❷ウ　❸イ

チェック！「程度の副詞」の働き

● 「程度の副詞」は、物事の状態や性質の程度を表す働きから、用言の中では形容詞・形容動詞を修飾することが多い。

副詞の種類

副詞は働きによって次の三種類に分類できる。

● **状態の副詞**… 動作・作用が **「どのような」様子・状態か**を表す。
用言の中で主に動詞を修飾（しゅうしょく）する。
擬声（ぎせい）語（擬音語）や**擬態語**も状態の副詞。

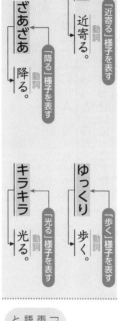

そっと 近寄る。（動詞）——「近寄る」様子を表す
ゆっくり 歩く。（動詞）——「歩く」様子を表す
雨が **ざあざあ** 降る。（動詞）——「降る」様子を表す
キラキラ 光る。（動詞）——「光る」様子を表す

「ざあざあ」は、雨の音を表す擬音語で、「ザーザー」とも書くよ。

▼「状態の副詞」には、「ときどき」「しばらく」「さっそく」「いつも」「たまに」など、時間や頻度（ひんど）を表すものも含（ふく）まれる。

● **程度の副詞** … 物事の状態や性質が **「どのくらい」の程度か** を表す。用言のほかに、名詞・副詞・連体詞なども修飾する。

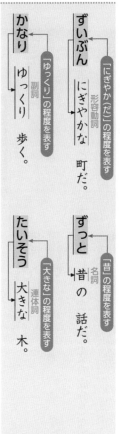

> **ずいぶん** にぎやかな 町だ。（「にぎやか（だ）」の程度を表す／形容動詞）
>
> **ずっと** 昔の 話だ。（「昔」の程度を表す／名詞）
>
> **かなり** ゆっくり 歩く。（「ゆっくり」の程度を表す／副詞）
>
> **たいそう** 大きな 木。（「大きな」の程度を表す／連体詞）

▼「状態の副詞」「程度の副詞」には、「ゆっくりと」などと、「と」がつくものがある。

● **陳述の副詞** … **書き手（話し手）の気持ち** などを表す。**決まった言い方と呼応** し、**「呼応の副詞」** ともいう。

- **否定（打ち消し）**……**決して**あきらめ**ない**。
- **推量**……**たぶん**晴れる**だろう**。
- **疑問・反語**……**どうして**食べないの**か**。
- **仮定**……**もし**、晴れ**たら**、行こう。
- **希望**……**ぜひ**行かせて**ください**。
- **比喩（ひゆ）（たとえ）**……**まるで**人形の**ようだ**。

ほかにも、動作や状態を指し示す **「指示の副詞」** もある。（「状態の副詞」に含める（ふく）とする考え方もある。）語の最初に「こ・そ・あ・ど」がそれぞれつく。

> **こう**言われた。　**そう**思う。
>
> **ああ**した態度。　**どう**なったのだろうか。

チェック! 陳述の副詞

● 主な陳述の副詞と、それぞれの決まった言い方には、上のほかに次のものなどがある。

- 否定（打ち消し）
  - **めったに**口をきか**ない**。
  - **少しも**知ら**ない**。
  - **必ずしも**そうでは**ない**。
- 推量
  - **おそらく**わかってくれる**だろう**。
  - **さぞ**大変だった**のでしょう**。
- 否定の推量
  - **よもや**雨にはなる**まい**。
  - **まさか**そんなことにはなら**ないだろう**。
- 疑問・反語
  - **なぜ**こんなことになった**の**。（疑問）
  - **どうして**止められよう**か**。（反語）
- 仮定
  - **たとえ**晴れて**も**、外出はしない。
  - **万一**失敗し**たら**、どうしよう。
- 希望
  - **どうぞ**お召し（め）上がり**ください**。
  - **どうか**願いをかなえて**ほしい**。
- 比喩（たとえ）
  - **さも**大変だったか**のように**言う。
  - **あたかも**雷（かみなり）の**ような**音だ。

5 連体詞

連体詞の性質と働き・種類

例題 **1 次の文の〔　〕にあてはまる言葉を選び、記号を○で囲みなさい。**

連体詞は〔**ア** 自立語　**イ** 付属語〕で活用が〔**ア** ある　**イ** ない〕。必ず〔**ア** 体言　**イ** 用言〕を修飾（しゅうしょく）する。

例題 **2 次の各文の――部が連体詞であるものを二つ選び、記号で答えなさい。**

ア 爽（さわ）やかな風。　**イ** 去る十五日。
ウ 我（わ）がチーム。　**エ** 大きい船。

（　　　）

連体詞

連体詞は**活用のない自立語**で、「体言に連なる言葉」という名のとおり、**体言（名詞）を修飾**する。

連体詞の性質と働き

●**自立語で活用がない。**

●**単独で連体修飾語として体言（名詞）を含（ふく）む文節を修飾する。**

自立語で活用がない

大きな 木だ。（名詞）
連体修飾語（「木」を含む文節を修飾）

あの 人よ。（名詞）
連体修飾語（「人」を含む文節を修飾）

▼被（ひ）修飾語となる文節とともに、連文節としてさまざまな文の成分となる。

大きな 木が（主部）　ある。（述部）

私は（主部）　**あの** 人に（修飾部）　会う。（述部）

例題の答え
1 ア・イ・ア
2 イ・ウ〈順不同〉

チェック！ ほかの品詞との見分け方

●**動詞「ある」との見分け方**

「ある」は連体詞・動詞のどちらにもある。

・**連体詞**…活用がない。

ある日のこと。 → ×**あっタ**日のこと。
活用がなく、「あっタ」に言いかえられないので、連体詞。

・**動詞**…活用がある。（「が」「に」などにつくことが多い。）

家が**ある**。 → ○家が**あっタ**。
活用があり、「あっタ」に言いかえられるので、動詞。

・**形式動詞**…活用があり、直前が「て（で）」となっている。

本に書いて**ある**。 → ○本に書いて**あっタ**。
活用があり、「あっタ」に言いかえられる。また、直前が「て」となっているので、形式動詞。

連体詞の種類

連体詞は形によって次の五種類に分類できる。

「―の」	この・その・あの・どの
「―る」	ある・来(きた)る・去る・いわゆる
「―た(だ)」	たいした・とんだ
「―な」	大きな・小さな・おかしな・いろんな
「―が」	我(わ)が

連体詞の見分け方

① 自立語と付属語に分け、自立語に活用があるか確かめる。（自＝自立語、付＝付属語）

いろんな（自）／貴重な（自）／作品（自）が（付）／ある（自）。

いろんな―活用がない　貴重だっタ―活用がある（形容動詞）　作品―活用がない　あっタ―活用がある（動詞）

② 活用がなく、単独で連体修飾語になるものが連体詞。

いろんな（単独で連体修飾語になっている（連体詞））作品が（連体修飾語（「作品」を含む文節を修飾））　作品が（主語になっている（名詞））（主語）　ある。（述語）

連体詞は、形の似ているほかの品詞があるので、下の「チェック」の見分け方も確認(かくにん)しよう。

●**動詞・形容詞・形容動詞との見分け方**

動詞・形容詞・形容動詞の連体形は、連体詞と形の似ているものも多い。

・**連体詞** … 活用がない。

おかしな話だ。　「おかしだ」「おかしに」とはならず、活用がないので、連体詞。

・**動詞・形容詞・形容動詞** … 活用がある。

おかしい話だ。　「おかしく」「おかしかっ」と変化し、終止形が「い」で終わるので、形容詞。

●**代名詞との見分け方**

・**連体詞** … 「が」「は」「も」などをともなっても主語にならない。

その本が好きだ。
⬇
×そのは 本だ。（主語）（述語）　「は」をともなっても主語にならないので、連体詞。

・**代名詞** … 「が」「は」「も」などをともない主語になる。

それをください。
⬇
○それは 本だ。（主語）（述語）　「は」をともない主語になるので、代名詞。

●**副詞との見分け方**

副詞は主に用言、連体詞は体言を修飾する。副詞は体言も修飾することがあるので、さらに用言も修飾できるかどうかを調べる。

ほんの 一つ（体言） ⬇ ×ほんの 少ない（用言）　連体詞

ずっと 昔（体言） ⬇ ○ずっと 古い（用言）　副詞

練習問題

1 **次の各文中の名詞に——線を引きなさい。**

① いつも元気な田中君が、なぜか元気がありません。

② 僕の家から、国立競技場までは、歩いて二十分かかります。

③ 新しい考えがひらめき、慌ててこのノートに記録したことがあります。

2 **次の各文の——部の名詞の種類を後から選び、記号で答えなさい。**

① 高橋さんの家に行く。（　　）

② この本は千円で買った。（　　）

③ あなたの言うとおりだ。（　　）

④ 僕は楽しかったよ。（　　）

ア 普通名詞　イ 固有名詞　ウ 数詞

エ 形式名詞　オ 人称代名詞　カ 指示代名詞

3 **次の各文中の副詞に——線を引きなさい。**

① 電車はたぶん動いているだろう。

② 朝日がさんさんと輝いている。

③ しばらくここにいてください。

④ これで事実がはっきりわかった。

4 **次の各文の——部の副詞の種類を後から選び、記号で答えなさい。**

① この散らかりようはかなりひどい。（　　）

② へびを見かけて、たちまち逃げだした。（　　）

③ これを見たらさぞうれしいだろうなあ。（　　）

ア 状態の副詞　イ 程度の副詞　ウ 陳述の副詞

---

1 ≫86～89ページ

ヒント　名詞は活用のない自立語で、人や物事の名前を表したり、人や物事を指し示したりする。「が」「は」「も」などの付属語をともなって主語になるほか、さまざまな働きをする。①「元気」は、名詞の場合と形容動詞の語幹の場合がある。

2 ≫88～89ページ

ヒント　「形式名詞」は、本来の意味が薄れ、ほかの語について使われる。「人称代名詞」と「指示代名詞」は、代名詞の種類。

3 ≫90～93ページ

ヒント　副詞は活用のない自立語で、主に用言を含む文節を修飾し、動作や物事の様子・状態・程度を表したり、書き手（話し手）の気持ちなどを表したりする。擬声語（擬音語）や擬態語も副詞。「ゆっくりと」などと、「と」がつくものがある。

4 ≫92～93ページ

ヒント　「状態の副詞」は、「どのような」様子・状態かを表す。「程度の副詞」は、「どのくらい」の程度かを表す。「陳述の副詞」は、決まった言い方と呼応する。

5 次の各文の〔　〕にあてはまる副詞を後から選び、記号で答えなさい。

① 〔　〕失敗しても、何度でも挑戦する。
② 〔　〕途中であきらめてしまったのかね。
③ 〔　〕参加させてください。
④ 私は〔　〕あきらめません。

ア どうして　イ ぜひ　ウ 決して　エ たとえ　オ さも

6 次の各文中の連体詞に――線を引きなさい。連体詞はそれぞれ二つあります。

① ある企業の寄付によって、我が町にも図書館ができた。
② とんだ失敗をしでかしたが、たいした影響はなかった。
③ いかなる困難にも屈せずに、この作品を完成させた。

7 次の各文中の副詞には――線を、連体詞には～～線を引きなさい。また、それぞれが修飾している文節を答えなさい。

① 人々は互いに明るい顔で祝いあった。　〔　〕
② 今日はあの広場で野球をしよう。　〔　〕
③ それは爽やかな秋のある日のことであった。　〔　〕
④ 父は私に「もっと早く寝なさい。」と言った。　〔　〕
⑤ とてもきれいな朝焼けが広がっている。　〔　〕
⑥ それが本当なら、おかしなことだ。　〔　〕

5 ≫ 92～93ページ

6 ≫ 94～95ページ

ヒント 連体詞は活用のない自立語で、体言（名詞）を含む文節を修飾する。

7 ≫ 90～95ページ

解答 ⬇ 323ページ

発展問題

1 次の文中の複合名詞に――線を引き、例にならってどんな語の組み合わせかを答えなさい。

例 近づいてよく見ると、それは飲み物の空き缶だった。

（ 飲む ＋ 物 ）（ 空く ＋ 缶 ）

・落ち葉の道を歩いてゆくと、やがて朝霧はすっかり晴れた。

（　　＋　　）（　　＋　　）

2 次の各文中の代名詞に――線を引きなさい。また、何を指し示しているかを後から選び、記号で答えなさい。

① 最後まであきらめないこと、それが大切だ。（　　）

② 切符売り場はあちらです。（　　）

③ その本は、誰から借りたのですか。（　　）

④ アンケート用紙は、ここに入れてください。（　　）

ア 人　イ 物事　ウ 場所　エ 方角

3 次の各文中の副詞に――線を引きなさい。また、その副詞が修飾している文節を答えなさい。

① 大きな雲が、ゆっくり動く。（　　）

② 窓が風でガタガタと音をたてた。（　　）

③ もっとこちらへ来てください。（　　）

4 次の各文の――部の副詞の種類を後から選び、（　）に記号で答えなさい。また、修飾している文節を〔　〕に答えなさい。

① 前に会った時よりもやや成長したようだ。（　　）〔　　〕

---

1 ≫88〜89ページ

ヒント 複合名詞は、二つ以上の単語が結びついたもの。活用のある単語は終止形に直す。

2 ≫88〜89ページ

ヒント 代名詞は名詞の種類の一つで、人を指し示すものと、物事・場所・方角を指し示すものとがある。「こそあど言葉」には、代名詞以外の品詞もあるので注意する。

3 ≫90〜91ページ

ヒント 副詞は主に用言を修飾するが、体言を修飾することもある。

4 ≫92〜93ページ

ヒント 修飾している文節は一文節で答える。

② 川にそっと笹船を流しました。（　）（　）

③ どうして食事をしないのだろうか。（　）（　）

ア 状態の副詞　イ 程度の副詞　ウ 陳述の副詞

5 次の各文の――部に注意して、□の中に平仮名を一字ずつ入れ、意味の通る文にしなさい。

① 私にはそんなこと、とうていでき□□。

② もし修正が必要になっ□□、連絡してください。

③ どうぞお座り□□□□ませ。

④ ここから見える夜景は、まるで宝石の□□□。

6 次の各組の――部が連体詞であるほうを選び、記号で答えなさい。

① ア 大きい箱に入れる。　イ 大きな箱が必要だ。（　）

② ア いろんな本を読む。　イ いろいろな本を読もう。（　）

③ ア すべての国が反対した。　イ あらゆる国が反対する。（　）

7 次の各文の――部の品詞名を後から選び、記号で答えなさい。

① これこそ僕の欲しかった物なんだ。（　）

② お父さんが子どものころは、どんなだったの。（　）

③ この方法ですることにしよう。（　）

④ あのときは、みんなそう思いました。（　）

⑤ あなたはどの考えに賛成ですか。（　）

⑥ そこの角を曲がってください。（　）

ア 名詞　イ 副詞　ウ 連体詞　エ 形容動詞

---

5 ≫ 92～93ページ

ヒント ①は否定（打ち消し）、②は仮定、③は希望、④は比喩（たとえ）を表す。

6 ≫ 94～95ページ

ヒント ①・②連体詞には、形容詞・形容動詞の連体形と似た形のものがある。活用がなければ連体詞。③アは、「すべて」＋「の」で、連体修飾語になっている。

7 ≫ 86～95ページ

ヒント 「こそあど言葉」には、名詞（代名詞）、副詞、連体詞、形容動詞がある。代名詞と連体詞の見分け方は、主語になれば代名詞、ならなければ連体詞である。

解答➡323ページ

6 接続詞① 接続詞の性質と働き

例題 次の各組の――部が接続詞であるほうを選び、記号を○で囲みなさい。

❶ **ア** 父はスポーツが得意で、また、芸術を深く愛している。
イ 父は試合が終わると、またランニングを始めた。

❷ **ア** 友達の家に行った。けれども、留守だった。
イ 友達の家に行ったけれども、留守だった。

接続詞

接続詞は**活用のない自立語**で、単独で接続語になり、**文と文、文節と文節などをつないで前後の関係を示す**。

接続詞の性質と働き

●**自立語で活用がない。**
●**単独で接続語になる。**

クッキーやケーキ、**さらに**、アイスクリームもある。
（さらに：接続語／自立語で活用がない）
がんばった。**だから**、納得（なっとく）している。
（だから：接続語）

●**文と文、文節と文節などをつないで前後の関係を示す。**
・文節と文節をつなぐ。

おもしろく、**そして**、わかりやすい。
（おもしろく：文節／わかりやすい：文節／前後を対等に並べることを表す）

例題の答え
❶ ア　❷ ア

チェック！ 接続語と接続詞の違い（ちがい）

●**接続語**…文の成分の一つ。一単語一文節の場合も、複数の単語・文節の場合もある。二文節以上で接続語の働きをする連文節を接続部という。（>>24ページ）
●**接続詞**…品詞の一つ。単独で接続語になる。

晴天だ。**でも**、家にいる。
（でも：接続詞／接続語（一単語一文節））
晴天だけれど、家にいる。
（接続語（三単語一文節））
晴天に なると、外出する。
（接続部（四単語二文節））

・連文節と連文節をつなぐ。

辛(から)いもの、**つまり**、刺激(しげき)の強いものは避(さ)ける。
（連文節／説明が後に続くことを表す／連文節）

・文と文をつなぐ。

雨が降った。**しかし**、寒くはなかった。
（文／逆の事柄(ことがら)が後に続くことを表す／文）

段落と段落をつなぐこともあるよ。

接続詞の見分け方

① 自立語と付属語に分け、自立語に活用があるか確かめる。

走っ(自)た(付)から(付)／暑い(自)。／だから(自)、／汗(あせ)(自)が(付)／出る(自)。
（自＝自立語、付＝付属語）

走れバ 活用がある（動詞）
暑かっタ 活用がある（形容詞）
だから、汗 活用がない
出タ 活用がある（動詞）

② 活用がなく、接続語になるものが接続詞。
文と文、文節と文節などをつないで前後の関係を示す。

汗が（主語）出る。（述語）
主語になっている（名詞）

暑い。**だから**、汗が出る。
（接続語）
接続語になっている（接続詞）
「暑い」と「汗が出る」が順当に続くことを表している

「だから」と似ている「から」は、付属語で接続助詞（▷146ページ）。下の「チェック」も確認(かくにん)しよう。

チェック！ 接続助詞との見分け方

●**接続詞**…前に句読点があり、文が切れている。単独で接続語になる。

雨だ。（句点）**だが**、（接続語）出かける。 接続詞
風はない。（句点）**が**、（接続語）寒い。 接続詞

●**接続助詞**…自立語の後について、接続語（部）を作る。

雨（自立語）だが、（接続語）出かける。 接続助詞
風は（自立語）ない（自立語）が、（接続部）寒い。 接続助詞

チェック！ 副詞との見分け方

●**接続詞**…文中で位置を変えることができない。

自然は優(やさ)しく、また、厳しい。
⬅ 位置を変えられないので、接続詞。
×自然はまた、優しく、厳しい。

●**副詞**…文中で位置を変えることができる。

彼女(かのじょ)はまた旅に出た。
⬅ 位置を変えても意味が同じなので、副詞。
○また彼女は旅に出た。

7 接続詞② 接続詞の種類

例題 次の各文の――部の接続詞の種類を後から選び、記号で答えなさい。

❶ ご飯にするか、あるいはパンにするか。（　　）
❷ ご飯が好きです。ただし、炊き込みご飯は苦手です。（　　）
❸ ご飯を食べた。そのうえ、パンも食べた。（　　）
❹ ご飯が食べたい。けれども、パンも食べたい。（　　）
❺ ご飯をたくさん食べた。よって、おなかがいっぱいだ。（　　）
❻ ご飯を食べ終わった。では、出かけるとするか。（　　）

ア 順接　イ 逆接　ウ 並立・累加
エ 対比・選択　オ 説明・補足　カ 転換

例題の答え
❶エ　❷オ　❸ウ　❹イ
❺ア　❻カ

接続詞の種類

接続詞は働きによって次の六種類に分類できる。

● **順接**…前の事柄が原因・理由となり、そこから当然予想される順当な事柄が後に続くことを表す。

（原因・理由）疲れた。**だから**、早く休む。（当然予想される順当な事柄）

「疲れた」から当然予想される順当な事柄が後に続くことを表す。

● **逆接**…前の事柄から予想されることと逆の事柄が後に続くことを表す。

疲れた。**しかし**、休めない。（予想されることと逆の事柄）

「疲れた」から予想されることと逆の事柄が後に続くことを表す。

発展 接続語の種類

● いくつかの単語が結びついてできた接続語で、接続詞と似た働きをするものがある。接続詞と同じように六種類に分けられる。

順接	そういうわけで・その結果
逆接	その逆に・そうはいっても
並立・累加	それとともに・これに並んで このほかには
対比・選択	どちらかといえば・それよりも そうでなければ
説明・補足	なぜかというと・要約すれば
転換	次に・最後に

チェック！ 接続詞が決める文の意味

● 二つの文をつなぐとき、同じ文でも接続詞によって、意味が変わってくることがある。

●**並立（並列）・累加（添加）**…前の事柄に後の事柄を対等に並べたり、つけ加えたりすることを表す。

> **疲れた。それに、空腹だ。**
> 「疲れた」に「空腹だ」をつけ加えることを表す。

●**対比・選択**…前の事柄と後の事柄を比べたり、どちらかを選んだりすることを表す。

> **眠（ねむ）りますか。それとも、食事にしますか。**
> 「眠る」ことと「食事にする」ことを比べて、どちらかを選ぶことを表す。

●**説明・補足**…前の事柄の説明や補足が後に続くことを表す。

> **疲れた。なぜなら、よく働いたからだ。**（原因・理由の説明）
> 「疲れた」原因・理由の説明が後に続くことを表す。

●**転換**…前の事柄とは別の話題に変えることを表す。

> **疲れた。さて、食事にしよう。**（別の話題）
> 「疲れた」こととは別の話題に変えることを表す。

各種類にあてはまる接続詞には、次のものなどがある。

順接	それで・すると・そこで・したがって・ゆえに
逆接	けれども・だが・ところが・でも・とはいえ
並立（並列）・累加（添加）	そして・それから・しかも・また・さらに・なお
対比・選択	または・あるいは・もしくは
説明・補足	つまり・ただし・すなわち・もっとも
転換	ところで・では・ときに

> がんばった。**だから**、八十点だった。
> 順当な結果で満足している。
> がんばった。**しかし**、八十点だった。
> 逆の結果で不満である。

チェック！ 接続詞を使って文を分ける

●接続詞を使って、文節どうしの関係を変えずに一つの文を二つの文に分けることができる。

・順接
寒いから、コートを着る。
↓
寒い。だから、コートを着る。

・逆接
寒いが、コートは着ない。
↓
寒い。しかし、コートは着ない。

・並立・累加
寒いし、風も強い。
↓
寒い。しかも、風も強い。

・対比・選択
暑いか、寒いか。
↓
暑いか。それとも、寒いか。

・説明・補足
寒いのは、コートを着ないからだ。
↓
寒い。なぜなら、コートを着ないからだ。

8 感動詞

感動詞の性質と働き・種類

例題 次の各文の――部の感動詞の種類を後から選び、記号で答えなさい。

❶ いいえ、私の物ではありません。（　　）
❷ おはよう、ずいぶん早く来たね。（　　）
❸ おや、君か。珍(めずら)しいな。（　　）
❹ 投げるぞ。それっ。（　　）
❺ ねえ、これどうしよう。（　　）

ア 感動　**イ** 応答　**ウ** 挨拶(あいさつ)　**エ** 呼びかけ　**オ** かけ声

例題の答え
❶イ　❷ウ　❸ア　❹オ
❺エ

感動詞

感動詞は**活用のない自立語**で、**感動・応答・挨拶・呼びかけ・かけ声**などを表す。

感動詞の性質と働き

●**自立語で活用がない。**

●**感動・応答・挨拶・呼びかけ・かけ声などを表す。**

ああ、ついに努力は報(むく)われた。
（ああ：自立語で活用がない／感動を表す）

●**単独で独立語になる。**

おはよう、今日はいい天気だね。
（おはよう：独立語）

●**単独で一文になることがある。**

「明日、また来なさい。」「はい。」

▼感動詞は、文の最初にあることが多い。

発展 感動詞の意味は使われる場面で決まる

●感動詞は、その意味によって五つに分けて説明されるが、それぞれの感動詞がどれか一つの意味を表すわけではない。前後の言葉や使われている場面なども考えて、どの意味かを判断する。

さあ、行こう。（呼びかけ）
さあ、困った。（感動）

ああ、そうだよ。（応答）
ああ、いいなあ。（感動）

やあ、お待たせ。（呼びかけ）
やあ、おみごと。（感動）

チェック! ほかの品詞との見分け方

●単独で独立語になっていて、上の「感動詞の種類」のいずれかにあてはまれば感動詞。

感動詞の種類

感動詞は働きによって次の五種類に分類できる。

	働き	例
感動	感動や驚きなどの感情を表す。	まあ・おや・おお・ああ あれ・おやおや
応答	返事や答えを表す。	はい・いいえ・ええ・うん いや・おう・そう
挨拶	日常の挨拶を表す。	こんにちは・さようなら おはよう・やあ・どうも
呼びかけ	呼びかけや誘いかけを表す。	もしもし・おい・ねえ あの・やあ・さあ・これ
かけ声	かけ声や気勢を表す。	よいしょ・それっ えい・わっしょい・ほい

感動詞の見分け方

① 自立語と付属語に分け、自立語に活用があるか確かめる。

あれ(自) は(付)／土星(自) だ(付)。／ああ(自)、／なんて(自)／美しい(自)。　（自＝自立語、付＝付属語）

あれ・土星・ああ・なんて：活用がない
美しい → 美しかっタ：活用がある（形容詞）

② 活用がなく、独立語になるものが感動詞。感動・応答・挨拶・呼びかけ・かけ声などを表す。

あれは　主語になっている（名詞）　主語
土星だ。　「だ」をともない、述語になっている（名詞）　述語
ああ、　独立語になっていて、感動を表している（感動詞）　独立語
なんて　連用修飾語になっている（副詞）　連用修飾語（「美しい」を修飾）
美しい。

・名詞

こんにちは、いいお天気ですね。　独立語（挨拶を表す）　感動詞
こんにちは、科学の発達により…　主語（「現代は」の意味を表す）　名詞「こんにち」＋助詞「は」
四月十日、決勝戦が行われる。　独立語（日にちを表す）　名詞

・連体詞

この、生意気なことを言うな。　独立語（怒りの感情を表す）　感動詞
この方が司会者です。　連体修飾語（「方」を含む文節を修飾する）　連体詞

・副詞

まあ、いい香り。　独立語（驚きの感情を表す）　感動詞
まあ、いいだろう。　連用修飾語（「いい」を含む文節を修飾する）　副詞

・接続詞

さて、困ったな。　独立語（迷いの感情を表す）　感動詞
さて、次のニュースです。　接続語（転換を表す）　接続詞

・代名詞

あれ、ここにあったのに。　独立語（驚きの感情を表す）　感動詞
あれ、私の絵だよ。　主語（遠くのものを指す）　代名詞

練習問題

1 **次の各文中の接続詞に――線を引きなさい。**

① 私の家の犬は賢くて、しかも、人なつっこい。

② 小鳥のさえずり、さらに、風にそよぐ草花の香りを、何年ぶりかで味わった。

2 **次の――部の接続詞の種類を後から選び、記号で答えなさい。**

① すばらしい演奏が終わった。すると、聴衆から盛大な拍手がわき起こった。（　）

② 水族館に行こうか。それとも、動物園にしようか。（　）

③ ここまではわかったね。では、次の文章に進もう。（　）

④ 風邪を引いた。でも、休めない。（　）

⑤ その人はすぐれた才能をもち、そのうえ、環境にも恵まれていた。（　）

⑥ 君は優秀だ。ただし、完璧ではない。（　）

ア 順接　イ 逆接　ウ 並立・累加　エ 対比・選択　オ 説明・補足　カ 転換

3 **次の各組の――部が接続詞であるほうを選び、記号で答えなさい。**

① ア 彼は我を通すところがある、が、悪い人間ではない。
　 イ 彼は我を通すところがあるが、悪い人間ではない。（　）

② ア この坂は急だから、登るのがたいへんだ。
　 イ この坂は急だ。だから、登るのがたいへんだ。（　）

③ ア 空腹になった。そこで、私は弁当を食べた。
　 イ 公園のベンチに座った。そこで私は弁当を食べた。（　）

4 **次の各組の――部が感動詞であるほうを選び、記号で答えなさい。**

① ア さて、今日の議題に移ります。　イ さて、どうしようか。（　）

② ア まあ、素敵な花束ですね。　イ まあ、悪くないね。（　）

---

1 ≫100〜101ページ
ヒント 接続詞は活用のない自立語で、文節と文節、文と文などをつないで前後の関係を示す。①②とも前の事柄に後の事柄をつけ加えている。

2 ≫102〜103ページ
ヒント ①前の事柄から当然予想される順当な事柄が後に続いている。②前の事柄と後の事柄のどちらかを選ぼうとしている。③前の事柄とは別の話題に変えている。④前の事柄から予想されることと逆の事柄が後に続いている。⑤前の事柄に後の事柄をつけ加えている。⑥前の事柄の補足が後に続いている。

3 ≫100〜103ページ
ヒント ①・②接続詞と接続助詞の見分け方に注意する。前に句読点があり、文が切れていれば接続詞。③「そこで」には、接続詞のほかに代名詞＋助詞「で」もある。

4 ≫104〜105ページ
ヒント 感動詞は活用がない自立語で、感動・応答・挨拶・呼びかけ・かけ声などを表す。②「まあ」には、感動詞のほかに副詞もある。

発展問題

1 次の各文の（　）にあてはまる接続詞を後から選び、記号で答えなさい。また、その接続詞でつながれている前後の部分に——線を引きなさい。

① 山菜採りに行った。（　　）、まだ時期が早かった。
② 当時は武士、（　　）、侍がこの地を治めていました。

ア しかも　イ しかし　ウ ところで　エ つまり

2 次の各文の（　）にあてはまる接続詞をア～カから選び、記号で答えなさい。また、その接続詞の種類をa～fから選び、（　）に記号で答えなさい。

① サインペン、（　　）、ボールペンで記入してください。（　　）
② 雨が降りだした。（　　）、風が強く吹いてきた。（　　）
③ いい天気ですね。（　　）、仕事はうまくいっていますか。（　　）
④ よくわからなかった。（　　）、もう一度説明してもらった。（　　）
⑤ その場の人々は喜んだ。（　　）、彼が一命を取りとめたからだ。（　　）
⑥ 前評判は良くなかった。（　　）、結果は大成功だった。（　　）

ア なぜなら　イ それで　ウ それから　エ または　オ けれども　カ ときに

a 順接　b 逆接　c 並立・累加　d 対比・選択　e 説明・補足　f 転換

3 次の各文中の感動詞に——線を引き、その種類を後から選んで記号で答えなさい。

① ああ、そうだったの。何も知らなかった。（　　）
② おい、ちょっと待ちたまえ。（　　）
③ 「君はどちらがいいと思いますか。」「さあ。」（　　）
④ おはよう、元気ですか。（　　）
⑤ よいしょ、重いなあ、これ。（　　）

ア 感動　イ 応答　ウ 挨拶　エ 呼びかけ　オ かけ声

---

1 ≫100～103ページ
ヒント ①前後の反する内容の文と文をつないでいる。②前の「武士」を言いかえた言葉を後に続けている。

2 ≫100～103ページ
ヒント ③前の内容と後の内容では、話題が変わっている。⑤「から」という理由を表す表現に着目。前の内容の理由を説明している。

3 ≫104～105ページ
ヒント 感動詞は文の最初にあることが多い。

解答➡323ページ

定期試験対策問題

〈名詞① ≫86〜87ページ〉

1 次の各文中の名詞に――線を引きなさい。

(1) 先生の話を聞きながら、校庭の様子ばかりが気になっていた。

(2) 今日、黒木さんと話したことが頭から離れず、夜中の二時まで眠れなかった。

(3) 一時間ほど歩いただろうか。緑のトンネルを抜けると、森の奥に人気のない湖が広がった。

ヒント 自立語で活用がなく、「が」をつけて主語になる。

〈名詞② ≫88〜89ページ〉

2 次の各文中の転成名詞には――線を、複合名詞には〜〜線を引きなさい。

(1) おいしい食べ物を前に、疲れが吹き飛んだ。

(2) ふるさとの思い出は、どこまでも続く青空です。

ヒント 転成名詞は、動詞・形容詞の連用形から名詞になったもの。複合名詞は、二つ以上の単語が結びついて一語の名詞になったもの。

〈副詞① ≫90〜91ページ〉

3 次の各文中の副詞にすべて――線を引きなさい。

(1) かなりの量の雨が急に降ったが、すっかり乾いた。

(2) まるで真夏のような日差しがぎらぎらと照りつけ、黒く日焼けした肌から、いっせいに汗がふき出した。

ヒント 自立語で活用がなく、主に用言を修飾する。「の」をともなって体言を修飾することもある。

〈副詞② ≫92〜93ページ〉

4 次の各文の――部の副詞の種類を後から選び、記号で答えなさい。

(1) ぜひ、僕も一緒にやらせてください。 (　　)

(2) ゴールまであと少しだ。 (　　)

(3) 昨夜からことこと煮込んだシチューです。 (　　)

(4) その件については、僕もそう思います。 (　　)

(5) 昔のことをときどき思い出します。 (　　)

(6) これは、きわめて重要な問題です。 (　　)

ア 状態の副詞　イ 程度の副詞

ウ 陳述の副詞　エ 指示の副詞

ヒント 状態の副詞は「どのような」様子・状態かを表す。程度の副詞は「どのくらい」の程度かを表す。

〈副詞② ≫92〜93ページ〉

5 次の各文の〔　〕にあてはまる言葉を後から選び、記号で答えなさい。

(1) 〔　〕機械のように正確な動きだ。

(2) 〔　〕私の願いをきいてください。

(3) 〔　〕急に中国語を勉強しだしたのですか。

(4) 〔　〕明日、雨が降ったら試合は中止です。

(5) 〔　〕、先生も心配しているでしょう。

(6) 〔　〕見られない貴重な映像だ。

ア もし　イ さぞ　ウ あたかも

エ どうか　オ なぜ　カ めったに

ヒント 陳述（呼応）の副詞は、決まった言い方と呼応する。

〈副詞①②・連体詞 ≫90～95ページ〉

6 次の各文の――部が修飾している文節に〰〰線を引きなさい。また、――部の品詞名を後から選び、記号で答えなさい。

(1) 家の外で怪しい物音がした。（　　）
(2) もうそろそろ閉店の時間になります。（　　）
(3) この件については十分な検討をした。（　　）
(4) たいした問題にならないと思っていた。（　　）
(5) あまり問題にならないと思っていた。（　　）
(6) この服はやや大きめで似合わない。（　　）

ア 形容詞　イ 形容動詞
ウ 副詞　エ 連体詞

ヒント 副詞・連体詞は活用がない。連体詞は体言のみを修飾する。副詞は体言を修飾することもあるが、用言も修飾できる点が連体詞と異なる。

〈接続詞① ≫100～101ページ〉

7 次の各文の――部が接続詞であるほうを選び、記号で答えなさい。

(1) ア 今日から彼女は、また旅に出た。
　イ ギターも弾くし、また、ドラムもたたく。
(2) ア 納得できなかった。そこで、調べてみた。
　イ 展覧会に行った。そこで友人に会った。
(3) ア 全部食べようと思ったが、できなかった。
　イ 全部食べようと思った。が、できなかった。

(1)（　　）(2)（　　）(3)（　　）

ヒント (1)接続詞は前後の内容をつなぐ働きをしているので、文中で位置を変えることができない。

〈接続詞①② ≫100～103ページ〉

8 次の各文章・各文の〔　〕にあてはまる接続詞をア～カから選び、記号で答えなさい。また、その接続詞の種類をa～fから選び、（　）に記号で答えなさい。

(1) 彼は作曲ができ、〔　　〕、作詞も手がける。（　　）
(2) 厳しい練習を重ねている。〔　　〕、次回は必ず優勝する。（　　）
(3) 中国に行こうか。〔　　〕、韓国に行こうか。（　　）
(4) 体育が好きです。〔　　〕、楽しいからです。（　　）
(5) 毎日暑いですね。〔　　〕、今日は暇ですか。（　　）
(6) 手紙を出した。〔　　〕、返事は来なかった。（　　）

ア ところで　イ それとも　ウ けれども
エ だから　オ なぜなら　カ しかも
a 順接　b 逆接　c 並立・累加
d 対比・選択　e 説明・補足　f 転換

〈感動詞 ≫104～105ページ〉

9 次の各文の――部の感動詞の種類を後から選び、記号で答えなさい。

(1) やあ、元気かい。（　　）
(2) うわっ、驚いた。（　　）
(3) こんにちは。ご機嫌いかがですか。（　　）
(4) はい、お呼びになりましたか。（　　）
(5) それっ、ゴールまで競争だ。（　　）

ア 感動　イ 応答　ウ 挨拶
エ 呼びかけ　オ かけ声

解答➡328ページ

第5章 助動詞

助動詞

●助動詞の性質と働き
≫114ページ

・助動詞は活用のある付属語。
・単独で文節を作ることができず、自立語の後について、ともに文節を作る。
・一文節に一つもないこともあるし、二つ以上あることもある。

パーティー	が	開か	れる	ようだ	が、	行け	ない。
自立語	助詞	自立語	助動詞	助動詞	助詞	自立語	助動詞
文節		文節				文節	

一文節に助動詞が一つもない
一文節に助動詞が二つ以上ある
自立語について文節を作っている

活用がある→れれバ　ようならバ　なけれバ
活用があるかどうかは、後に「タ」「バ」などをつけて判断する。形が変化すれば、活用がある。

・意味をつけ加えたり、書き手（話し手）の気持ちや判断を表したりする。

パーティーが開か**れる****ようだ**が、行け**ない**。

- れる←受け身…ほかから動作・作用を受ける意味
- ようだ←推定…不確かなことを何かの根拠（こんきょ）で推し量（はか）る意味
- ない←否定（打ち消し）の判断

●助動詞の活用
≫115ページ

活用のしかたによって、次の五種類に分類できる。

●助動詞の意味
≫116ページ

助動詞	意味	例
れる・られる ≫120ページ	受け身 可能 自発 尊敬	毎朝六時に起こさ**れる**。 すぐに出**られる**。 昔が思い出さ**れる**。 先生が手本を示さ**れる**。
せる・させる ≫121ページ	使役（しえき）	本を読ま**せる**。 片づけ**させる**。
ない・ぬ（ん） ≫122ページ	否定（打ち消し）	ここにはい**ない**。 知ら**ぬ**が仏。
まい ≫123ページ	否定推量 否定意志	彼（かれ）はそんなことはし**まい**。 私は約束を破る**まい**。
う・よう ≫124ページ	推量 意志 勧誘（かんゆう）	次回は大丈夫（だいじょうぶ）だろ**う**。 必ずそうし**よう**。 みんなで行こ**う**。
たい・たがる ≫125ページ	希望	外国に行き**たい**。 外国に行き**たがる**。
だ ≫128ページ	断定	行く時間**だ**。
です ≫128ページ	丁寧（ていねい）な断定	行く時間**です**。
ます ≫129ページ	丁寧	明日、うかがい**ます**。
た ≫130ページ	過去 完了（かんりょう） 存続 確認（かくにん）（想起）	昨夜は宿題をし**た**。 これで終わっ**た**。 筋の通っ**た**考えだ。 試合は明日だっ**た**ね。

理解度をチェック

動詞型	れる・られる・せる・させる・たがる
形容詞型	ない・たい・らしい
形容動詞型	だ・*そうだ(そうです)・ようだ(ようです)
特殊(とくしゅ)型	ぬ(ん)・です・ます・た・*そうだ(そうです)
無変化型	まい・う・よう

*「そうだ(そうです)」は、意味によって活用のしかたが異なる。

●助動詞の接続 (≫114ページ)

接続のしかたによって、次のように分類できる。

- **未然形に接続**…れる・られる・せる・させる
  ない・ぬ(ん)・*まい・う・よう
- **連用形に接続**…たい・たがる・ます・た
  そうだ(そうです)〈推定・様態〉
- **終止形に接続**…*まい・だ・です・らしい
  そうだ(そうです)〈伝聞〉
- **連体形に接続**…ようだ(ようです)
- **語幹に接続**……らしい・そうだ(そうです)〈推定・様態〉
- **体言に接続**……だ・です・らしい
- **助詞に接続**……だ・です・らしい・ようだ(ようです)
- **連体詞に接続**…ようだ(ようです)

*「まい」は、動詞の活用の種類によって、違(ちが)う活用形に接続する。

動詞の活用の種類によって、接続する助動詞を使い分ける。

- **れる**……五段活用・サ行変格活用動詞の未然形。
- **られる**…上一段(かみいちだん)・下一段(しもいちだん)・カ行変格活用動詞の未然形。
- **せる**……五段活用・サ行変格活用動詞の未然形。
- **させる**…上一段・下一段・カ行変格活用動詞の未然形。
- **う**………五段活用動詞の未然形。
- **よう**……五段活用以外の動詞の未然形。

らしい ≫131ページ	推定	もう来るらしい。
そうだ(そうです) ≫132ページ	伝聞	明日、来るそうだ。
	推定・様態	そろそろ終わりそうだ。
ようだ(ようです) ≫133ページ	推定	もう着いたようだ。
	比喩(ひゆ)(たとえ)	まるで春のようだ。
	例示	モデルのように歩く。

▼「たい」は自分の希望を表し、「たがる」は他人の希望を表す。

主な意味の見分け方

助動詞	見分け方	
れる・られる	「〜ことをされる」に言いかえられる。	➡受け身
	「〜ことができる」に言いかえられる。	➡可能
	文に「自然に」を補える。	➡自発
	「お〜になる」などに言いかえられる。	➡尊敬
う・よう	文に「たぶん」を補える。	➡推量
	文に「ねえ」などを補える。	➡勧誘
	文に「たぶん」「ねえ」を補えない。	➡意志
た	動作・状態がすでに終わった。	➡過去
	動作・状態がちょうど終わった。 文に「ついに」を補える。	➡完了
	動作・状態がまだ続いている。 「〜ている」に言いかえられる。	➡存続
ようだ(ようです)	文に「どうやら」を補える。	➡推定
	文に「まるで」を補える。	➡比喩(たとえ)
	文に「例えば」を補える。	➡例示

助動詞一覧表

114〜117・120〜125・128〜133ページ

語	意味	未然形	連用形	終止形	連体形	仮定形	命令形	活用の種類	接続	文例
れる	受け身 可能 自発 尊敬	れ	れ	れる	れる	れれ	れろ れよ	下一段型（可能・自発・尊敬の意味では、命令形はない）	五段・サ変動詞の未然形に	もう、行か**れ**ますか。「行く」の未然形
られる		られ	られ	られる	られる	られれ	られろ られよ		五段・サ変以外の動詞と一部の助動詞の未然形に	明日、来**られ**ますか。「来る」の未然形
せる	使役（しえき）	せ	せ	せる	せる	せれ	せろ せよ	下一段型	五段・サ変動詞の未然形に	明日、行か**せ**ます。「行く」の未然形
させる		させ	させ	させる	させる	させれ	させろ させよ		五段・サ変以外の動詞の未然形に	今度、来**させ**よう。「来る」の未然形
ない	否定（打ち消し）	なかろ	なかっ なく	ない	ない	なけれ	○	形容詞型	動詞・一部の助動詞の未然形に	一度も行か**ない**。「行く」の未然形
ぬ（ん）		○	ず	ぬ（ん）	ぬ（ん）	ね	○	特殊（とくしゅ）型		二度と行か**ぬ**。「行く」の未然形
まい	否定推量 否定意志	○	○	まい	（まい）	○	○	無変化型	五段動詞・一部の助動詞の終止形に 五段以外の動詞・一部の助動詞の未然形に	絶対に行く**まい**。「行く」の終止形 明日は晴れ**まい**。「晴れる」の未然形
う	推量 意志 勧誘（かんゆう）	○	○	う	（う）	○	○	無変化型	五段動詞・形容詞・形容動詞・一部の助動詞の未然形に	一緒（いっしょ）に行こ**う**。「行く」の未然形
よう		○	○	よう	（よう）	○	○		五段以外の動詞・一部の助動詞の未然形に	今度は彼（かれ）も連れて来**よう**。「来る」の未然形

語	意味	未然形	連用形	終止形	連体形	仮定形	命令形	活用の種類	接続	文例
たい	希望	たかろ	たかっ たく	たい	たい	たけれ	○	形容詞型	動詞・一部の助動詞の連用形に	映画を見に行きたい。（「行く」の連用形）
たがる	希望	たがら たがろ	たがり たがっ	たがる	たがる	たがれ	○	五段型	動詞・一部の助動詞の連用形に	外に行きたがる。（「行く」の連用形）
だ	断定	だろ	だっ で	だ	（な）	なら	○	形容動詞型	体言・一部の助詞に 動詞・形容詞・一部の助動詞の終止形に	あなたはそこへ行くのだ。（助詞）
です	丁寧な断定	でしょ	でし	です	（です）	○	○	特殊型	体言・一部の助詞に 動詞・形容詞・一部の助動詞の終止形に	そこは暖かいところです。（体言）
ます	丁寧	ませ ましょ	まし	ます	ます	ますれ	（ませ） （まし）	特殊型	動詞・一部の助動詞の連用形に	もう、行きますか。（「行く」の連用形）
た	過去 完了 存続 確認（想起）	たろ	○	た	た	たら	○	特殊型	用言・一部の助動詞の連用形に	そこへはもう、行った。（「行く」の連用形）
らしい	推定	○	らしかっ らしく	らしい	らしい	（らしけれ）	○	形容詞型	体言・一部の助詞に 動詞・形容詞・一部の助動詞の終止形に 形容動詞の語幹に	もう、終点らしい。（体言） 一緒に行くらしい。（「行く」の終止形） もう大丈夫らしい。（「大丈夫だ」の語幹）
そうだ（そうです）	伝聞	○	そうで	そうだ	○	○	○	特殊型	用言・一部の助動詞の終止形に	これから来るそうだ。（「来る」の終止形）
そうだ（そうです）	推定・様態	そうだろ	そうだっ そうで そうに	そうだ	そうな	そうなら	○	形容動詞型	動詞・一部の助動詞の連用形に 形容詞・形容動詞の語幹に	そろそろ来そうだ。（「来る」の連用形） もう大丈夫そうだ。（「大丈夫だ」の語幹）
ようだ（ようです）	推定 比喩（たとえ） 例示	ようだろ	ようだっ ようで ように	ようだ	ような	ようなら	○	形容動詞型	用言・一部の助動詞の連体形に 一部の連体詞・助詞に	もう来るようだ。（「来る」の連体形） 楽園のようだ。（助詞）

1 助動詞① 助動詞の性質と働き

例題 次の各文の――部が助動詞であるものをすべて選び、記号で答えなさい。

❶ 早起き<u>を</u>(ア)し<u>たい</u>(イ)<u>と</u>(ウ)思っ<u>た</u>(エ)<u>のに</u>(オ)、起き<u>られ</u>(カ)<u>ない</u>(キ)。
（　　　　）

❷ <u>まだ</u>(ア)、母の<u>ように</u>(イ)うまく<u>は</u>(ウ)料理<u>が</u>(エ)作れ<u>ませ</u>(オ)<u>ん</u>(カ)。
（　　　　）

助動詞

助動詞は**活用のある付属語**で、**自立語の後について、ともに文節を作る**。**意味をつけ加えたり、書き手（話し手）の気持ちや判断を表したり**する。

助動詞の性質と働き

- **単独で文節を作ることができず、自立語の後について、ともに文節を作る。**
- **一文節に一つもないこともあるし、二つ以上あることもある。**
- **活用がある。**

理由（自立語）を（助詞）　文節　←一文節に助動詞が一つもない
言わ（自立語）せ られ た。　文節　←一文節に助動詞が二つ以上ある
自立語について文節を作っている

活用がある
→せれバ
→られれバ
→たらバ

後に「タ」や「バ」などをつけて、形が変化すれば活用があるんだったね。

例題の答え
❶ イ　エ　カ　キ〈順不同〉
❷ イ　オ　カ〈順不同〉

チェック！ 助動詞の接続

助動詞は、活用のある語（用言・助動詞）につく場合、それぞれの助動詞によって、接続する活用形が異なる。次のように分類できる。

・**未然形に接続**
れる・られる・せる・させる
ない・ぬ（ん）・*まい・う・よう

教科書を読ま（動詞の未然形）**せる**（使役の助動詞「せる」）。

・**連用形に接続**
たい・たがる・ます・た
そうだ（そうです）〈推定・様態〉

図書館に行き（動詞の連用形）**たい**（希望の助動詞「たい」）。

・**終止形に接続**
*まい・だ・です・らしい・そうだ（そうです）〈伝聞〉

みんなも行く（動詞の終止形）**らしい**（推定の助動詞「らしい」）。

*「まい」は、前の語によって違う活用形に接続する。

●**意味をつけ加えたり、書き手（話し手）の気持ちや判断を表したりする。**

理由を言わ**せ** **られ** **た**。
（せ：使役（しえき）の意味を表す（ほかに動作・作用をさせる））
（られ：受け身の意味を表す（ほかから動作・作用を受ける））
（た：過去の意味を表す）

行き**たい**けれど、行け**ない**。
（たい：希望の気持ちを表す）
（ない：否定（打ち消し）の判断を表す）

助動詞の見分け方

① 自立語と付属語に分け、付属語に活用があるか確かめる。活用があるのが助動詞。

先生(自)も(付)／すぐ(自)／行か(自)れる(付)らしい(付)。
（自＝自立語、付＝付属語）

もタ　「活用がない（助詞）」
れタ　らしかっタ　「活用がある（助動詞）」

② 意味をつけ加えたり、気持ちや判断を表したりする。

行か**れる** **らしい**。
（れる：尊敬の意味を表す）
（らしい：推定の判断を表す）

活用のしかたにも注目しよう

助動詞の活用

活用のしかたによって、次の五種類に分類できる。

動詞型……れる・られる・せる・させる・たがる
形容詞型……ない・たい・らしい
形容動詞型…だ・*そうだ（そうです）・ようだ（ようです）
特殊（とくしゅ）型………ぬ（ん）・です・ます・た・*そうだ（そうです）
無変化型……まい・う・よう

＊「そうだ（そうです）」は、意味によって活用のしかたが異なる。

・**連体形に接続**
ようだ（ようです）

強い風が吹（ふ）く **ようだ**。
（吹く：動詞の連体形）（ようだ：推定の助動詞「ようだ」）

・**語幹（形容詞・形容動詞）に接続**
*らしい・そうだ（そうです）〈推定・様態〉

夜になると静か **らしい**。
（静か：形容動詞の語幹）（らしい：推定の助動詞「らしい」）

＊「らしい」は、形容動詞のみの語幹に接続する。

「まい」は、前の動詞の活用の種類によって、どの活用形に接続するか変わるよ。

これ以上雨は降る **まい**。
（降る：五段活用動詞の終止形）（まい：否定推量の助動詞「まい」）
しばらく雪は消え **まい**。
（消え：下一段活用動詞の未然形）

●助動詞は、体言、助詞、連体詞などにもつく。

・**体言に接続**
だ・です・らしい

明日は休日 **です**。
（休日：体言）（です：丁寧（ていねい）な断定の助動詞「です」）

・**助詞に接続**
だ・です・らしい・ようだ（ようです）
・**連体詞に接続**
ようだ（ようです）

助動詞の意味

例題 次の各文の――部の助動詞の意味を後から選び、記号で答えなさい。

❶ ついに認めたようだ。（　　）　❷ 友達に先を越される。（　　）
❸ 彼がリーダーだ。（　　）　❹ あと少しで着きます。（　　）
❺ これ以上は待てない。（　　）　❻ 弟に取りに行かせる。（　　）

ア 断定　イ 否定　ウ 使役　エ 推定　オ 受け身　カ 丁寧

助動詞の意味

助動詞は、それぞれ次の意味をつけ加えたり、表したりする。

主な助動詞と意味

助動詞	意味	例
れる られる	受け身 可能 自発 尊敬	秘密を知**られる**。 みんな食べ**られる**。 故郷が思い出さ**れる**。 先生が来**られる**。
せる させる	使役	応援に行か**せる**。 原因を調べ**させる**。
ない ぬ（ん）	否定（打ち消し）	一人もい**ない**。 知ら**ぬ**存ぜ**ぬ**。
まい	否定推量 否定意志	まさか負け**まい**。 二度と言う**まい**。

例題の答え
❶ エ　❷ オ
❸ ア　❹ カ
❺ イ　❻ ウ

チェック！ **助動詞の意味を表す言葉**

●助動詞の意味を表す言葉には、特殊なものや紛らわしいものがある。次のような表現に注意しよう。

・**自発**
動作が自然に起こるということを表す。

将来のことが思いやられる。（自然と）

・**使役**
ほかに動作・作用をさせることを表す。

妹を先に帰らせる。
（妹に先に「帰る」ことをさせる）

・**推定**
不確かなことを何かの根拠で推し量ることを表す。「推量」より根拠が確かな場合に使う。

もうできあがっているらしい。（推定）
もうできあがっているだろう。（推量）

助動詞	意味	例文
う よう	推量 意志 勧誘(かんゆう)	もう着くだろう。 私がしよう。 一緒(いっしょ)に練習しよう。
たい たがる	希望	映画が見たい。 映画を見たがる。
だ	断定	もう帰る時間だ。
です	丁寧な断定	もう帰る時間です。
ます	丁寧	私が行きます。
た	過去 完了(かんりょう) 存続 確認(かくにん)(想起)	昨日、友達と出かけた。 やっとできた。 破れたシャツ。 代表者は君だったね。
らしい	推定	すでに知っているらしい。
そうだ (そうです)	伝聞 推定・様態	雨が降るそうだ。 雨が降りそうだ。
ようだ (ようです)	推定 比喩(ひゆ)(たとえ) 例示	誰か来たようだ。 まるでプロのようだ。 このようにする。

助動詞は種類が多いよ。例文を見て、意味を確認しながら覚えよう！

・**様態**

そのような様子が見られることを表す。

君はいつも幸せそうだ。

▼「そうだ(そうです)」の意味の「推定」は、「様態」と同じとする考えもある。

・**比喩**

ほかのものにたとえることを表す。例を挙げて説明することを表す「例示」と間違(まちが)えやすいので注意。

まるで花のような香りだ。 (比喩)
彼(かれ)のような人気者になりたい。 (例示)

チェック！ 助動詞の意味による分類

●助動詞は、活用・接続・意味によって分類できる。意味による分類では、似た意味を表す助動詞を、次のようにまとめることができる。

・**否定**…ない・ぬ(ん)・まい
・**推量**…まい・う・よう
・**意志**…まい・う・よう
・**断定**…だ・です
・**推定**…らしい・そうだ(そうです)
　ようだ(ようです)

練習問題

1 次の各文の（　）にあてはまる言葉を後から選び、記号で答えなさい。

① 助動詞は、（　　）のある（　　）語である。

② 助動詞は、（　　）語の後について、ともに文節を作り、（　　）をつけ加えたり、書き手（話し手）の気持ちや（　　）を表したりする。

ア 自立　イ 付属　ウ 活用　エ 活用語尾　オ 意味　カ 判断

2 次の各文の――部が助動詞であれば〇を、それ以外の品詞であれば×を書きなさい。

①（　）あそこが山頂です。
②（　）私がいたします。
③（　）明日は雨になるようだ。
④（　）無理に行かせるな。
⑤（　）歩いて来られる。
⑥（　）今から出発します。
⑦（　）私は彼を支持する。

3 次の各文の――部から、助動詞をそのまま抜き出しなさい。助動詞は、二つ以上あることもあります。

① 明日は真夏日になるらしい。（　　）
② 高校に入ったら英会話を習いたい。（　　）
③ 宿題が終わらない。（　　）
④ 作品が完成したそうだ。（　　）
⑤ いろいろと考えさせられる問題だ。（　　）

1 ≫114～115ページ

2 ≫114～115ページ

3 ≫114～115ページ

ヒント　文節の初めにあるのは自立語。助動詞は一文節に一つもないこともあるし、二つ以上あることもある。

4 **次の各文の（　）にあてはまる言葉を答えなさい。**

① 助動詞「れる」「られる」には、四つの意味がある。「誰(だれ)かに見られる」などの（　　）、「何でも食べられる」などの（　　）、「なつかしく思い出される」などの（　　）、「来賓(らいひん)の方が祝辞を述べられる」などの（　　）である。

② 助動詞「う」「よう」には、推量・（　　）・（　　）の三つの意味がある。

③ 助動詞「た」には、（　　）・（　　）・（　　）・確認(かくにん)（想起）の四つの意味がある。

発展問題

1 **次の文章の――部が助動詞であるものをすべて選び、記号で答えなさい。**

ゆうべの台風の(ア)なごりであろ(イ)うか、空は曇(くも)って(ウ)いる。庭のコスモスは激しい風の害を受け(エ)たけれども、今はほとんど起き直っ(オ)て空に向いている。小さ(カ)なモンキチョウが(キ)ひらひらと飛んでいた(ク)ように思う(ケ)が、いつのまにか去った(コ)らしく、もう見え(サ)ない。

（　　　　　　）

2 **次の各文の――部の助動詞の意味を後から選び、記号で答えなさい。**

① 私と一緒(いっしょ)に帰ろう。（　　）
② まだ寝(ね)られる。（　　）
③ 滝(たき)のような雨だ。（　　）
④ 毎日犬を散歩させる。（　　）
⑤ 次は君の番だ。（　　）

ア 使役(しえき)　イ 希望　ウ 断定　エ 比喩(ひゆ)（たとえ）
オ 尊敬　カ 過去　キ 可能　ク 勧誘(かんゆう)

---

4 ≫116〜117ページ

1 ≫114〜115ページ

ヒント **イ**は動詞「ある」の未然形に接続している。**ウ**は「曇って／いる」と文節に区切れる。助動詞は単独で文節を作れない。**オ**は活用がなく、単純な接続を表す。

2 ≫116〜117ページ

解答➡324ページ

3 助動詞③ 「れる」「られる」・「せる」「させる」

例題 次の各語を、❶～❸は受け身の助動詞、❹～❻は使役（しえき）の助動詞をつけて書き直しなさい。

❶ 見る（　　）　❷ 捨てる（　　）　❸ 怒（おこ）る（　　）

❹ 来る（　　）　❺ 覚える（　　）　❻ 泳ぐ（　　）

例題の答え

❶ 見られる　❷ 捨てられる

❸ 怒られる　❹ 来させる

❺ 覚えさせる　❻ 泳がせる

「れる」「られる」

● **意味**

・**受け身**…ほかから動作・作用を受ける意味を表す。「**～ことをされる**」に言いかえられる。

ヒットを打た**れる**。　先生にほめ**られる**。

・**可能**…動作が可能だという意味を表す。「**～ことができる**」に言いかえられる。

全員が集ま**れる**。　オーロラが見**られる**。

・**自発**…動作が自然に起こるという意味を表す。文に「**自然に**」を補える。

昔が思い出さ**れる**。　生存が案じ**られる**。

・**尊敬**…動作する人を敬う意味を表す。「**お～になる**」などに言いかえられる。

先生が読ま**れる**。　講師が述べ**られる**。

● **接続**　**動詞の未然形**に接続する。「られる」は、助動詞「せる」「させる」の未然形にも接続する。

チェック! **「れる」と「られる」の見分け方**

● 動詞に接続している場合、「れる」「られる」のどちらが接続しているかわかりにくいことがある。動詞の活用の種類によって見分けることができる。

切られる ← 切る＋れる

「切る」は五段活用動詞なので、「れる」が接続。

食べられる ← 食べる＋られる

「食べる」は下一段活用動詞なので、「られる」が接続。

「せる」と「させる」の見分け方も同じだよ。

発展 **助動詞「れる」と動詞の一部との見分け方**

● **助動詞「れる」**…「～ない」の形にできる。

行か**れる** ← ○行かない

「～ない」の形にできるので、動詞「行く」＋助動詞「れる」。

・「れる」…五段活用・サ行変格活用動詞の**未然形**に接続。

・「られる」…上一段活用・下一段活用・カ行変格活用動詞と助動詞「せる」「させる」の**未然形**に接続。

●**活用** ラ行下一段活用の動詞と同じ活用をする。

先に言わ**れる**。（五段動詞の未然形）　この服はまだ着**られる**。（上一段動詞の未然形）　係をすぐに行かせ**られる**。（助動詞「せる」の未然形）

基本形	未然形	連用形	終止形	連体形	仮定形	命令形
れる	れ	れ	れる	れる	れれ	れろ れよ
られる	られ	られ	られる	られる	られれ	られろ られよ

可能・自発・尊敬の意味では、命令形はない。

「せる」「させる」

●**意味** **使役**…ほかに動作・作用をさせる意味を表す。

友達に本を読ま**せる**。　弟におかゆを食べ**させる**。

●**接続** **動詞の未然形**に接続する。

・「せる」…**五段活用・サ行変格活用動詞**の**未然形**に接続。

・「させる」…**上一段活用・下一段活用・カ行変格活用動詞**の**未然形**に接続。

結果を報告さ**せる**。（サ変動詞の未然形）　原因を調べ**させる**。（下一段動詞の未然形）

●**活用** サ行下一段活用の動詞と同じ活用をする。

基本形	未然形	連用形	終止形	連体形	仮定形	命令形
せる	せ	せ	せる	せる	せれ	せろ せよ
させる	させ	させ	させる	させる	させれ	させろ させよ

●**動詞の一部**…「〜ない」の形にできない。

走れる ← ×走ない

「〜ない」の形にできないので、「走れる」で一語の動詞。可能動詞（≫65ページ）になっている。

発展 助動詞「せる」と動詞の一部との見分け方

●助動詞「せる」は上一段活用動詞には接続しない。「せる」の前が上一段活用動詞なら、「せる」は動詞の一部。

見せる　「見る」は上一段活用動詞で「せる」には接続しないので、「見せる」で一語の動詞。

話させる　「話す」は五段活用動詞で「せる」に接続するので、動詞「話す」＋助動詞「せる」。

「話す」は「せる」に接続するときには未然形になる。「話せる」の場合は、一語の可能動詞。

コラム **「ら抜き言葉」「さ入れ言葉」**

「食べれる」「書かさせる」

これらの言い方は、少しおかしいことに気づきましたか？

「食べれる」などは「ら抜き言葉」といわれ、正しくは「食べられる」と「ら」が必要です。

一方、「書かさせる」などは「さ入れ言葉」といわれます。正しくは「書かせる」で、「さ」は不要です。

話し言葉では使うこともありますが、どちらも文法上は間違いなので、気をつけましょう。

例題 1 次の各文の――部の「ない」は、ア 助動詞、イ 形容詞のどちらか。記号で答えなさい。

❶ 高く**ない**。（　　）　❷ 食べたく**ない**。（　　）
❸ 見せ**ない**。（　　）　❹ 帰ってこ**ない**。（　　）

例題 2 次の各文の――部の助動詞「まい」の意味は、ア 否定推量、イ 否定意志のどちらか。記号で答えなさい。

❶ 雨は降る**まい**。（　　）　❷ 思い出を消す**まい**。（　　）

例題の答え
1 ❶イ　❷イ　❸ア　❹ア
2 ❶ア　❷イ

「ない」「ぬ（ん）」

●**意味**　否定（打ち消し）の意味を表す。「ない」は「ぬ」に言いかえられる。

その話は知ら**ない**。　　ここには誰(だれ)もおら**ぬ（ん）**。

●**接続**　動詞と一部の助動詞の未然形に接続する。

私は行か**ない**。（動詞「行く」の未然形）　　無理はさせ**ん**。（助動詞「せる」の未然形）

●**活用**　「ない」は形容詞と似た活用、「ぬ（ん）」は特殊(とくしゅ)な活用をする。

基本形	未然形	連用形	終止形	連体形	仮定形	命令形
ない	なかろ	なかっ なく	ない	ない	なけれ	○
ぬ（ん）	○	ず	ぬ（ん）	ぬ（ん）	ね	○

▼「ぬ（ん）」の連用形「ず」は、読点や助詞「に」「と」「とも」などに続く。

雨も降ら**ず**、寒くもなかった。　　何も言わ**ず**に去る。

発展 助動詞「ない」「ぬ（ん）」の接続

●「ない」「ぬ（ん）」が接続する助動詞は、「れる」「られる」「せる」「させる」「たがる」。

▼「ぬ（ん）」は、「ます」にも接続する。

チェック！　**「ない」の見分け方**

●**助動詞「ない」**…「ぬ」に言いかえられる。

泣か**ない**。 ⇐ ○泣か**ぬ**。　「ぬ」に言いかえられるので、助動詞「ない」。

●**形式形容詞**（≫71ページ）…「ぬ」に言いかえられず、「ない」の前に「は」を補える。

暗く**ない**。 ⇐ ×暗く**ぬ**。 ○暗くは**ない**。　「ぬ」に言いかえられず、「は」を補えるので、形式形容詞。

「まい」

●**意味**

・**否定推量**…「～ないだろう」という意味を表す。

台風は上陸し**まい**。　歩く人はい**まい**。

・**否定意志**…「～ないつもりだ」という意味を表す。

私はあきらめ**まい**。　誰にも言う**まい**。

●**接続**　**動詞と一部の助動詞の未然形・終止形**

・**五段活用動詞**と助動詞「たがる」「ます」の**終止形**に接続する。

・**五段活用以外の動詞**と助動詞「れる」「られる」「せる」「させる」の**未然形**に接続。

私は行く**まい**。（五段動詞の終止形）　そう簡単にはいきます**まい**。（助動詞「ます」の終止形）

君には負け**まい**。（下一段動詞の未然形）　先には行かせ**まい**。（助動詞「せる」の未然形）

「まい」は、前の動詞の活用の種類によって、接続する活用形が違うので注意しよう。

●**活用**　無変化型で、変化しない。

基本形	未然形	連用形	終止形	連体形	仮定形	命令形
まい	○	○	まい	（まい）	○	○

連体形は一部の体言だけに続く。

▼連体形は、「こと」「もの」など一部の体言だけに続く。

誰もし**まい**ことをしようものなら、注目される。

●**形容詞**（≫71ページ）…「ぬ」に言いかえられず、「ない」の前に「は」を補えない。単独で述語になる。

色の**ない**絵。

×色のぬ絵。

×色のは**ない**絵。

○色が（主語）ない。（述語）

「ぬ」に言いかえられず、「は」を補えない。また、単独で述語になるので、形容詞。

▼「みっともない」など、形容詞の一部の場合もある。「ない」を除くと単語にならない。

発展　助動詞「ない」の「否定」以外の意味での使われ方

●助動詞「ない」は、依頼や勧誘の意味でも使われる。

その本を取ってくれ**ない**か。（依頼）

今度、旅行し**ない**？（勧誘）

疑問の形で相手に投げかけることで、このような意味を表すもので、「ない」にこれらの意味が含まれるわけではない。

発展　助動詞「まい」の接続

●「まい」は、五段活用以外の動詞や助動詞「れる」「られる」「せる」「させる」には未然形に接続するが、終止形に接続することもある。

君には負ける**まい**。（下一段動詞の終止形）

先には行かせる**まい**。（助動詞「せる」の終止形）

5 助動詞⑤「う」「よう」・「たい」「たがる」

例題 1 次の各文の――部の助動詞の意味を後から選び、記号で答えなさい。

❶ 成功するだろう。（　）　❷ 私が話を聞こう。（　）

❸ 一緒に食べよう。（　）　❹ 節約しようと思う。（　）

ア 推量　イ 意志　ウ 勧誘

例題 2 次の各文の（　）にあてはまる言葉を、助動詞「たい」「たがる」から選び、答えなさい。

❶ 彼はすぐ自慢し（　）。

❷ 僕は弟をほめ（　）。

例題の答え

1 ❶ア　❷イ　❸ウ　❹イ

2 ❶たがる　❷たい

「う」「よう」

●意味

・**推量**…不確かなことを推し量る意味を表す。文に「**たぶん**」を補える。

誰も来ないだろう。　功績は認められよう。

・**意志**…話し手（書き手）の意志・決意を表す。

私は最後まで走ろう。　一人で絶対完成させよう。

・**勧誘**…相手を誘う意味を表す。文に「**ねえ**」などの誘いの言葉を補える。

一緒に行こう。　協力して成功させよう。

●接続　**動詞と一部の助動詞の未然形**に接続する。「う」は形容詞・形容動詞の未然形にも接続する。

チェック! 助動詞「う」「よう」の意味の見分け方

●文に「**たぶん**」を補えれば**推量**、「**ねえ**」などの誘いの言葉を補えれば**勧誘**、いずれも補えなければ**意志**。

明日は雨だろう。
→ ○たぶん明日は雨だろう。（推量）

全員でやってみよう。
→ ○ねえ、全員でやってみよう。（勧誘）

僕もやってみよう。
→ ×たぶん僕もやってみよう。
×ねえ、僕もやってみよう。（意志）

「う」…**五段活用動詞**・形容詞・形容動詞と一部の助動詞の**未然形**に接続。
「よう」…**五段活用以外の動詞**と一部の助動詞の**未然形**に接続。

本を読も**う**。（五段動詞の未然形）
コートを着**よう**。（上一段動詞の未然形）
外は寒かろ**う**。（形容詞「寒い」の未然形）
君に食べさせ**よう**。（助動詞「させる」の未然形）
さあ、行きましょ**う**。（助動詞「ます」の未然形）

「寒かろう」の「う」は、推量の意味。形容詞につく「う」は推量の意味になるよ。

● **活用** 無変化型で、変化しない。

基本形	未然形	連用形	終止形	連体形	仮定形	命令形
う	○	○	う	（う）	○	○
よう	○	○	よう	（よう）	○	○

連体形は一部の体言だけに続く。（「まい」と同じ）

「たい」「たがる」

● **意味** **希望**（**「たい」は自分の希望**、**「たがる」は他人の希望**）の意味を表す。

私は主役になり**たい**。（自分の希望）
彼（かれ）は主役になり**たがる**。（他人の希望）

● **接続** **動詞と一部の助動詞の連用形**に接続する。

真実を知り**たい**。（動詞「知る」の連用形）
「好き」だと言わせ**たがる**。（助動詞「せる」の連用形）

● **活用** 「たい」は形容詞、「たがる」は五段活用動詞と似た活用をする。

基本形	未然形	連用形	終止形	連体形	仮定形	命令形
たい	たかろ	たかっ たく	たい	たい	たけれ	○
たがる	たがら たがろ	たがり たがっ	たがる	たがる	たがれ	○

発展 助動詞「う」「よう」の接続

●「う」が接続する助動詞は、「ない」「たい」「だ」「です」「ます」「た」「そうだ（そうです）」「ようだ（ようです）」。

●「よう」が接続する助動詞は、「れる」「られる」「せる」「させる」。

発展 助動詞「たい」「たがる」の接続

●「たい」「たがる」が接続する助動詞は、「れる」「られる」「せる」「させる」。

発展 助動詞「たい」「たがる」と動詞・形容詞の一部との見分け方

● **助動詞**「たい」「たがる」…「〜ます」の形にできる。

飲みたい ← ○飲みます　「〜ます」の形にできるので、助動詞「たい」。
眠（ねむ）りたがる ← ○眠ります　「〜ます」の形にできるので、助動詞「たがる」。

● **動詞・形容詞の一部**…「〜ます」の形にできない。

重たい ← ×重ます　「〜ます」の形にできないので、形容詞「重たい」の一部。
眠たがる ← ×眠ます　「〜ます」の形にできないので、動詞「眠たがる」の一部。

「がる」は形容詞・形容動詞の語幹について動詞を作る接尾語（せつびご）だよ。

練習問題

1 **次の各文の（　）にあてはまる言葉を、①〜③は「れる」「られる」、④・⑤は「せる」「させる」から選び、答えなさい。**

① 先生に廊下で呼び止め（　　）。

② 去年の夏休みのことが思い出さ（　　）。

③ まだ着（　　）服なので、捨てるのはもったいない。

④ 疲れたので、体を休ま（　　）。

⑤ 弟に忘れ物を持って来（　　）。

2 **次の各文の――部の説明として適当なものを後から選び、記号で答えなさい。**

① 失敗するなんて情けない。（　　）

② 何も言うことがない。（　　）

③ 私はあきらめない。（　　）

④ 途中でやめるのはよくない。（　　）

ア 形容詞「ない」　イ 形式形容詞「ない」　ウ 形容詞の一部　エ 助動詞「ない」

3 **次の文の（　）に助動詞「ぬ（ん）」を活用させて答えなさい。**

無駄なことはせ（　　）、時間を惜しま（　　）ばなりません。

4 **次の文章の――部から、ほかと意味が異なるものを選び、記号で答えなさい。**

夕方まで雨は降るまい（ア）。今日は遅く帰るまい（イ）と決めているので、傘は持って行くまい（ウ）。（　　）

---

1 》120〜121ページ

ヒント 接続する動詞の活用の種類によって判断しよう。
「れる」「せる」は、五段活用・サ行変格活用動詞に接続する。
「られる」「させる」は、上一段活用・下一段活用・カ行変格活用動詞に接続する。

2 》122〜123ページ

ヒント 「ない」を「ぬ」に言いかえられれば助動詞。
「ない」の前に「は」を補えれば形式形容詞。
単独で述語になれば形容詞。
「ない」を除くと単語にならなければ形容詞の一部。

3 》122〜123ページ

4 》122〜123ページ

ヒント 「まい」には、否定推量と否定意志の意味がある。

5 次の各文の――部と同じ意味のものをそれぞれ後から選び、記号で答えなさい。

① さぞ悲しかろう。（　　）
ア みんなで遊びに行こう。
イ 眺めがきっとよかろう。
ウ しっかり見ておこう。

② 遅くなったから寝ようよ。（　　）
ア お花畑のようですね。
イ 一緒に食べようと声をかけた。
ウ 気をつけようと思った。

6 次の各文の（　）に助動詞「たい」または「たがる」を活用させて答えなさい。

① 僕は花火をし（　　）たし、弟も花火をし（　　）ていた。

② 花火をし（　　）ば、早く宿題を済ませなさいと言われた。

発展問題

1 次の各文中の「れる」「られる」「せる」「させる」に――線を引き、その意味を答えなさい。

① この魚は骨まで食べられます。（　　）

② 母が風邪を引いていないか、案じられます。（　　）

③ 外で遊ばせれば、元気になるよ。（　　）

④ 校長先生も出席される大事な会議だ。（　　）

⑤ 髪を短く切られてしまい、落ち着かない。（　　）

---

5 ≫124～125ページ
ヒント 「う」「よう」には、推量・意志・勧誘の意味がある。文に「たぶん」を補えれば推量、「ねえ」などの誘いの言葉を補えれば勧誘、いずれも補えなければ意志。
「よう」には、推定・比喩（たとえ）・例示の助動詞「ようだ」（≫133ページ）の一部の場合もある。「ようだ」「ような」などの形になるかどうかで見分ける。

6 ≫124～125ページ
ヒント 「たい」は自分の希望、「たがる」は他人の希望を表す。

1 ≫120～121ページ
ヒント 「れる」「られる」のどちらであるかは、「れる」は五段活用・サ行変格活用動詞に、「られる」は上一段活用・下一段活用・カ行変格活用動詞に接続することから判断する。

「れる」「られる」には、受け身・可能・自発・尊敬の意味がある。「～ことをされる」に言いかえられれば受け身、「～ことができる」に言いかえられれば可能、文に「自然に」を補えれば自発、「お～になる」などに言いかえられれば尊敬。尊敬の場合、サ行変格活用動詞に接続するときは「～なさる」に言いかえられる。

「せる」「させる」は、使役の意味を表す。

解答➡324ページ

助動詞⑥ 「だ」「です」・「ます」

例題 次の各文の――部が断定の意味を表す助動詞であるものを選び、記号を○で囲みなさい。

ア あれは渡り鳥だ。
イ 昨日、小説を読んだ。
ウ この調査は正確だ。
エ あの人はとても親切だ。

「だ」「です」

●**意味** 「だ」は断定、「です」は丁寧な断定の意味を表す。

これは動物が通った跡だ。　断定
これは動物が通った跡です。　丁寧な断定

●**接続** 主に体言に接続するほか、動詞・形容詞と一部の助動詞の終止形に接続する。助詞「の」「から」「だけ」「ばかり」「ほど」などにも接続する。

これは私が描いた絵だ。（体言）
兄は高校生です。（体言）
きっと驚くだろう。（動詞「驚く」の終止形）
桜が美しいでしょう。（形容詞「美しい」の終止形）
君は知らないだろう。（助動詞「ない」の終止形）
大賞に選ばれるでしょう。（助動詞「れる」の終止形）
休んだのは風邪を引いたからだ。（助詞「から」）
あなたは知らないのでしょう。（助詞「の」）

例題の答え ア

発展 助動詞「だ」「です」の接続

●「だ」「です」が接続する助動詞は、「れる」「られる」「せる」「させる」「ない」「ぬ（ん）」「たい」「たがる」「ます」「た」。
▼「です」は、「らしい」にも接続する。

チェック！ 「だ」の見分け方

●**断定の助動詞「だ」の終止形**…「〜な」＋体言の形にならず、直前に「とても」を補えない。主に体言につく。

私の本だ。（体言）
⬅
×本なもの
×私のとても本だ。

体言につき、「〜な」＋体言にならず、「とても」を補えないので、断定の助動詞「だ」の終止形。

●**形容動詞の終止形活用語尾**…「〜な」＋体言の形になり、直前に「とても」を補える。

朝は静かだ。
⬅
○静かな朝
○朝はとても静かだ。

「〜な」＋体言になり、「とても」を補えるので、形容動詞「静かだ」の終止形活用語尾。

●**活用** 「だ」は形容動詞と似た活用、「です」は特殊(とくしゅ)な活用をする。

基本形	未然形	連用形	終止形	連体形	仮定形	命令形
だ	だろ	だっ で	だ	(な)	なら	○
です	でしょ	でし	です	(です)	○	○

連体形は一部の助詞だけに続く。

▼「だ」の連用形「で」は、読点や「ある」「ない」などに続く。

僕(ぼく)は二組**で**、彼(かれ)は三組だ。

僕は二組**で**ある。

▼「だ」の連体形「な」は、助詞「の」「のに」「ので」だけに続く。「です」の連体形「です」は、助詞「のに」「ので」だけに続く。

春**な**のに寒い。

休日**です**のでお休みします。

「ます」

●**意味** **丁寧**の意味を表す。

私は毎日、日記をつけてい**ます**。

●**接続** **動詞と一部の助動詞の連用形**に接続する。

すぐに行き**ます**。(動詞「行く」の連用形)

すぐに行かせ**ます**。(助動詞「せる」の連用形)

●**活用** 特殊な活用をする。

基本形	未然形	連用形	終止形	連体形	仮定形	命令形
ます	ませ ましょ	まし	ます	ます	ますれ	(ませ) (まし)

命令形の「ませ」や「まし」は、「いらっしゃいませ」など、尊敬の意味を表す動詞だけに続くよ。

●**伝聞・推定・様態の助動詞「そうだ」**(≫132ページ)、**推定・比喩(ひゆ)(たとえ)・例示の助動詞「ようだ」**(≫133ページ)**の終止形の一部**

晴れるそうだ。 伝聞の助動詞「そうだ」の終止形の一部。

晴れるようだ。 推定の助動詞「ようだ」の終止形の一部。

●**過去の助動詞「た」**(≫130ページ)**の濁音化(だくおんか)**…動詞の音便形につく。

鳥が飛ん**だ**。(動詞「飛び」の撥音便(はつおんびん)) 過去の助動詞「た」の濁音化。

▼断定の助動詞「だ」は、動詞の連用形には接続しないため、音便形にはつかない。

チェック! 「で」の見分け方

●**断定の助動詞「だ」の連用形**

●**形容動詞の連用形活用語尾**

●**助動詞「そうだ」「ようだ」の連用形の一部**

▼「～で」の形には、助詞の場合もある。(≫147ページ)

「～だ」の形だけでなく、「～で」の形にもさまざまな言葉があるよ。「～だ」の形と同じように見分けられるよ。

発展 助動詞「ます」の接続

●助動詞「ます」が接続する助動詞は、「**れる**」「**られる**」「**せる**」「**させる**」「**たがる**」。

7 助動詞⑦ 「た」・「らしい」

例題 **1** 次の各文の――部の助動詞「た」の意味を後から選び、記号で答えなさい。

❶ 青みがかった色。（　）
❷ 今、起きたところだ。（　）
❸ 前に見た映画だ。（　）
❹ 日直は誰（だれ）でしたか。（　）

ア 過去　**イ** 完了（かんりょう）　**ウ** 存続　**エ** 確認（かくにん）（想起）

例題 **2** 次の各文の――部が推定の助動詞「らしい」であるものを選び、記号を○で囲みなさい。

ア 中学生らしい服装。
イ それがとても誇（ほこ）らしい。
ウ 作者は中学生らしい。
エ 自分らしい出来だと思う。

例題の答え
1 ❶ウ ❷イ ❸ア ❹エ
2 ウ

「た」

●意味

・**過去**…「すでに終わった」という意味を表す。

昨日は早く寝（ね）**た**。

・**完了**…「ちょうど終わった」という意味を表す。文に「**ついに**」を補える。

今、作文を書き上げ**た**。 ⬇今、ついに作文を書き上げた。

・**存続**…「まだ続いている」という意味を表す。「**〜ている**」に言いかえられる。

古び**た**時計が置いてある。 ⬇古びている時計が置いてある。

・**確認**（**想起**）…事実を確かめたり、思い出したりする意味を表す。

担当は君だっ**た**かな。

チェック！ 助動詞「た」の濁音化（だくおんか）

●五段活用動詞の連用形に助動詞「た」が接続するとき、動詞の音便（☞59ページ）が起こることがある。これにともない、「た」が「だ」と濁（にご）る場合がある。

五段動詞の連用形				イ音便
騒（さわ）ぎ	＋	た	⬇	騒いだ
五段動詞の連用形				**撥音便（はつおんびん）**
飛び	＋	た	⬇	飛んだ

発展 助動詞「た」の接続

●「た」が接続する助動詞は、「**れる**」「**られる**」「**せる**」「**させる**」「**ない**」「**たい**」「**たがる**」「**だ**」「**です**」「**ます**」「**らしい**」「**そうだ**（**そうです**）」〈**推定・様態**〉「**ようだ**（**ようです**）」と多い。

●**接続** **動詞・形容詞・形容動詞と一部の助動詞の連用形**に接続する。

今朝は早く起き**た**。（動詞「起きる」の連用形）

昨日は楽しかっ**た**。（形容詞「楽しい」の連用形）

湖は静かだっ**た**。（形容動詞「静かだ」の連用形）

途中で道を聞かれ**た**。（助動詞「れる」の連用形）

●**活用** 特殊（とくしゅ）な活用をする。

基本形	未然形	連用形	終止形	連体形	仮定形	命令形
た	たろ	○	た	た	たら	○

「らしい」

●**意味** **推定** 不確かなことを何かの根拠（こんきょ）で推し量（お）る意味を表す。文に「**どうやら〜（である）**」を補える。

友達が遊びに来る**らしい**。

↓ どうやら友達が遊びに来るらしい。

●**接続** **体言、動詞・形容詞・形容動詞と一部の助動詞の終止形、形容動詞の語幹**に接続する。助詞「の」「から」「まで」「ばかり」などにも接続する。

学校は休み**らしい**。（体言）

明日は学校へ行く**らしい**。（動詞「行く」の終止形）

明日の朝は早い**らしい**。（形容詞「早い」の終止形）

早朝の公園は静か**らしい**。（形容動詞「静かだ」の語幹）

公園には行かない**らしい**。（助動詞「ない」の終止形）

休みは今日まで**らしい**。（助詞「まで」）

●**活用** 形容詞と似た活用をする。

基本形	未然形	連用形	終止形	連体形	仮定形	命令形
らしい	○	らしかっ らしく	らしい	らしい	（らしけれ）	○

仮定形は「（の）ようなら」を代わりに用いることが多い。

発展 助動詞「らしい」の接続

●「らしい」が接続する助動詞は、「れる」「られる」「せる」「させる」「ない」「ぬ（ん）」「たい」「たがる」「た」。

チェック！ 助動詞「らしい」と形容詞の一部との見分け方

●**助動詞「らしい」**… 文に「どうやら〜（である）」を補える。

本当らしい。

← ○どうやら本当であるらしい。

「どうやら〜（である）」を補えるので、助動詞「らしい」。

●**形容詞の一部**… 文に「どうやら〜（である）」を補えない。

すばらしい話だ。

← ×どうやらすばであるらしい話だ。

「どうやら〜（である）」を補えないので、形容詞の一部。「すばらしい」で一語の形容詞。

●**形容詞の一部（接尾語（せつび））**… 文に「どうやら〜（である）」を補えず、「いかにも」を補える。

子どもらしい発想だ。

← ×どうやら子どもであるらしい発想だ。
○いかにも子どもらしい発想だ。

「子どもらしい」などの「らしい」は「〜にふさわしい」という意味の形容詞を作る接尾語。「子どもらしい」で一語の形容詞。

8 助動詞⑧ 「そうだ（そうです）」・「ようだ（ようです）」

例題 次の各文の――部から、ほかと意味が異なるものを選び、記号を○で囲みなさい。

ア 台風が上陸したようだ。
イ 山の天気は急に変わるそうだ。
ウ 大問題に発展しそうだ。
エ 苦心しておられるようだ。

「そうだ（そうです）」

●意味

・**伝聞**…他人から伝え聞く意味を表す。

明日は晴れる**そうだ**。

・**推定・様態**…「**推定**」は、不確かなことを何か の根拠（こんきょ）で推し量（お）る意味、「**様態**」は、そのような様子が見られる意味を表す。

明日は晴れ**そうだ**。

●接続

・**伝聞**…動詞・形容詞・形容動詞と一部の助動詞の**終止形**に接続する。

・**推定・様態**…動詞と一部の助動詞の**連用形**、形容詞・形容動詞の**語幹**に接続する。

例文	意味	例文	意味
雨が降る **そうだ**。（動詞「降る」の終止形）	伝聞	雨が降り **そうだ**。（動詞「降る」の連用形）	推定・様態
館内は広い **そうだ**。（形容詞「広い」の終止形）	伝聞	館内は広 **そうだ**。（形容詞「広い」の語幹）	推定・様態
先生は元気だ **そうだ**。（形容動詞「元気だ」の終止形）	伝聞	先生は元気 **そうだ**。（形容動詞「元気だ」の語幹）	推定・様態
笑われる **そうだ**。（助動詞「れる」の終止形）	伝聞	笑われ **そうだ**。（助動詞「れる」の連用形）	推定・様態

例題の答え イ

発展 助動詞「そうだ（そうです）」の接続

●「そうだ（そうです）」〈伝聞〉が接続する助動詞は、「**れる**」「**られる**」「**せる**」「**させる**」「**ない**」「**ぬ（ん）**」「**たい**」「**たがる**」「**だ**」「**た**」。

●「そうだ（そうです）」〈推定・様態〉が接続する助動詞は、「**れる**」「**られる**」「**せる**」「**させる**」「**たがる**」。

▼「そうだ（そうです）」〈推定・様態〉は、**助動詞「ない」「たい」の「な」「た」の部分**にも接続する。

平日は混まな **そうだ**。（助動詞「ない」の「な」の部分）

発展 助動詞「ようだ（ようです）」の接続

●「ようだ（ようです）」が接続する助動詞は、「**れる**」「**られる**」「**せる**」「**させる**」「**ない**」「**ぬ（ん）**」「**たい**」「**たがる**」「**た**」。

チェック！ 助動詞「ようだ（ようです）」の意味の見分け方

●文に「どうやら」を補えれば**推定**、「まるで」を補えれば**比喩**（たとえ）、「例えば」を補えれば**例示**。

●**活用** 伝聞は特殊な活用、推定・様態は形容動詞と同じ活用をする。

意味	基本形	未然形	連用形	終止形	連体形	仮定形	命令形
伝聞	そうだ	○	そうで	そうだ	○	○	○
推定・様態	そうだ	そうだろ	そうだっ そうで そうに	そうだ	そうな	そうなら	○

「ようだ（ようです）」

●**意味**

・**推定**…不確かなことを何かの根拠で推し量る意味を表す。文に「**どうやら**」を補える。

雨はやんだ**ようだ**。 ➡ どうやら雨はやんだようだ。

・**比喩（たとえ）**…ほかのものにたとえる意味を表す。文に「**まるで**」を補える。

春の**ように**暖かい。 ➡ まるで春のように暖かい。

・**例示**…例を挙げて説明する意味を表す。文に「**例えば**」を補える。

彼の**ような**厳しい人。 ➡ 例えば彼のような厳しい人。

●**接続** **動詞・形容詞・形容動詞と一部の助動詞の連体形**、連体詞「この」「その」「あの」「どの」に接続する。助詞「の」にも接続する。

予備はある**ようだ**。（動詞「ある」の連体形）　外は暖かい**ようだ**。（形容詞「暖かい」の連体形）　もう安全な**ようだ**。（形容動詞「安全だ」の連体形）

どうやらその**ようだ**。（連体詞「その」）　すぐ出られる**ようだ**。（助動詞「られる」の連体形）　夢の**ようだ**。（助詞「の」）

●**活用** 形容動詞と同じ活用をする。

基本形	未然形	連用形	終止形	連体形	仮定形	命令形
ようだ	ようだろ	ようだっ ようで ように	ようだ	ような	ようなら	○

日が暮れた**ようだ**。
⬅ どうやら日が暮れたようだ。（推定）

雪の**ように**白い。
⬅ まるで雪のように白い。（比喩）

赤道直下の**ような**地域。
⬅ 例えば赤道直下のような地域。（例示）

コラム

「さ入れ言葉」はここにも？

試合の残り時間はきっともう少ない。そう考えたキャプテンは、声をかけた。

「みんな、残り時間は少なさそうだ。いや、少なそうだ。いやいや、少な…」

みんなは、きょとんとしてしまった。大事なときに、言葉遣いに迷ってしまったキャプテン。さて、「少ない」に推定の意味の「そうだ」をつけるとき、どのように言うのが正しいのでしょう。

推定の「そうだ」は、形容詞の語幹に接続するため、「少な」＋「そうだ」で「少なそうだ」が正解です。助動詞「ない」「たい」に接続するときも、「～なそうだ」「～たそうだ」と「さ」は入れないのが原則です。ただし、「さ」を入れた形も一般化し、認められつつあります。

一方、形容詞の「ない」「よい」に接続するときだけは、「さ」を入れて「なさそうだ」「よさそうだ」とします。ややこしいですね。

練習問題

1 **次の各文の――部の助動詞の意味を後から選び、記号で答えなさい。**

① それは私の作品だ。（　　）
② 私が知っています。（　　）
③ 私がそう考えたのです。（　　）

ア 丁寧(ていねい)　**イ** 断定　**ウ** 丁寧な断定

2 **次の各文の――部の助動詞の意味を後から選び、記号で答えなさい。**

① 今日は金曜日だったか。（　　）
② 朝ご飯をたくさん食べた。（　　）
③ 今、よい考えが浮(う)かんだよ。（　　）
④ 高くて澄(す)んだ歌声だ。（　　）

ア 過去　**イ** 完了(かんりょう)　**ウ** 存続　**エ** 確認(かくにん)（想起）

3 **次の各文の――部の説明として適当なものを後から選び、記号で答えなさい。**

① めずらしいことだ。（　　）
② 学生らしい意見だ。（　　）
③ けが人がいるらしい。（　　）

ア 推定の助動詞　**イ** 形容詞の一部　**ウ** 形容詞の一部（接尾語(せつび ご)）

4 **次の各文の（　）に助動詞「そうだ」を活用させて答えなさい。**

① 海が荒(あ)れ（　　）た。
② 海が荒れ（　　）ば欠航します。
③ 海が荒れ（　　）う。
④ 海が荒れ（　　）天気。

---

1 ≫128～129ページ

2 ≫130～131ページ

ヒント 「た」には、過去・完了・存続・確認（想起）の四つの意味がある。動作・状態がすでに終わった場合は過去、ちょうど終わった場合は完了、まだ続いている場合は存続。

③や④は、「た」が濁音化(だくおんか)したもの。断定の助動詞「だ」ではないよ。

3 ≫130～131ページ

ヒント 文に「どうやら～（である）」を補えれば推定の助動詞。「いかにも」を補えれば、「～にふさわしい」という意味の形容詞を作る接尾語。

4 ≫132～133ページ

ヒント この「そうだ」は、推定・様態の意味。

5 次の各文の――部の助動詞の意味を後から選び、記号で答えなさい。

① 海のように広い心をもっている。（　）
② やはり行くようだ。（　）
③ 松や杉のような木。（　）
④ あの人のようになりたい。（　）
⑤ 彼は泣いているようだ。（　）

ア 推定　**イ** 比喩（たとえ）　**ウ** 例示

発展問題

1 次の各文の――部の説明として適当なものを後から選び、記号で答えなさい。

① それは昨日終わったそうだ。（　）
② 空気が澄んで、爽やかだ。（　）
③ 昨日読んだのはこの本だ。（　）
④ 大声で叫んだ。（　）

ア 断定の助動詞「だ」の終止形
イ 過去の助動詞「た」の濁音化
ウ 形容動詞の終止形活用語尾
エ 伝聞の助動詞「そうだ」の終止形の一部

2 次の各文の――部の助動詞の意味と活用形を答えなさい。

	意味	活用形
① 楽しい中学校生活でした。	（　）	（　）
② いつだったらいいですか。	（　）	（　）
③ もうすぐ駅に着くだろう。	（　）	（　）
④ 暖かそうなコートですね。	（　）	（　）

---

5 ≫132～133ページ
ヒント 文に「どうやら」を補えれば推定、「まるで」を補えれば比喩（たとえ）、「例えば」を補えれば例示。比喩と例示の違いをしっかりとらえよう。

1 ≫128～133ページ
ヒント 「～な」＋体言の形になり、直前に「とても」を補えれば形容動詞の終止形活用語尾。動詞の音便形についていれば過去の助動詞「た」の濁音化したもの。「そうだ」の形になっていれば助動詞「そうだ」の終止形の一部。いずれもあてはまらず、主に体言についていれば断定の助動詞「だ」の終止形。

2 ≫128～133ページ
ヒント ①――部の後に続いているのは助動詞「た」。これがどの活用形に接続するかを考える。②「いつだったか」などと活用させることができる。③助動詞「だ」は形容動詞と似た活用をする。④「そうだ」には、伝聞と、推定・様態の意味がある。

解答➡324ページ

定期試験対策問題

1 〈助動詞① ≫114〜115ページ〉

次の各文中の助動詞に――線を引きなさい。

(1) 絵に描いたような月が、夜空にはりついていました。

(2) 休むまいと思ったけれど、風邪で起きられない。

ヒント　助動詞は付属語で活用があるという特徴がある。助動詞にはどのようなものがあるか覚えておくこと。

2 〈助動詞① ≫114〜115ページ〉

次の各文の――部の単語の活用形を答えなさい。

(1) 見たことを話してください。（　　）

(2) 詳しく調べようと思っている。（　　）

(3) 彼女は今、忙しいようだ。（　　）

(4) 問題になるはずがあるまい。（　　）

ヒント　それぞれ下に続いている助動詞がどの活用形に接続するかを覚えておくと、活用形を見分ける決め手となる。

3 〈助動詞②⑤〜⑧ ≫116〜117、124〜125、128〜133ページ〉

次の各文の――部の助動詞の意味を後から選び、記号で答えなさい。

(1) 昨日読んだ本はこれです。（　　）

(2) 彼のように速くは走れない。（　　）

(3) 本当に美しい景色だ。（　　）

(4) 新鮮な野菜が食べたい。（　　）

(5) 明日、おうかがいします。（　　）

ア 希望　イ 過去　ウ 例示　エ 丁寧　オ 断定

4 〈助動詞③ ≫120〜121ページ〉

次の各文の――部の説明として適当なものを後から選び、記号で答えなさい。

(1) 去年の夏休みの旅行が思い出される。（　　）

(2) 校長先生が朝礼で話された。（　　）

(3) この車は古くて売れない。（　　）

(4) 自分でやりなさいと母に言われた。（　　）

(5) この服は小さくなってもう着られない。（　　）

ア 助動詞（可能）　イ 助動詞（受け身）　ウ 助動詞（尊敬）　エ 助動詞（自発）　オ 動詞の一部

ヒント　「〜ない」の形にできれば助動詞。(5)「着る」は上一段活用動詞なので、「られる」が接続する。

5 〈助動詞③④ ≫120〜123ページ〉

次の各文の――部と文法的に同じ性質のものをそれぞれ後から選び、記号で答えなさい。

(1) 用紙に名前を書かせる。（　　）

ア 君に任せる。　イ 新名称を考えさせる。　ウ 見せるものがある。　エ 本を読ませる。

(2) 決して忘れない。（　　）

ア 恥じることはない。　イ 遊んではいられない。　ウ まだ寒くない。　エ 服装がだらしない。

(3) 悪口は言うまいと心に誓う。（　　）

ア 雨は降るまい。　イ 私は決して話すまい。　ウ 彼は来られまい。　エ じっとしてはいられまい。

〈助動詞⑤ ≫124～125ページ〉

6 次の各文の――部の助動詞の意味を後から選び、記号で答えなさい。

(1) 道を間違えたのだろうか。（　　）
(2) 一緒に行こう。（　　）
(3) 今日こそは打ち明けようと思う。（　　）

ア 勧誘　イ 推量　ウ 意志

〈助動詞⑥ ≫128～129ページ〉

7 次の各文の――部と文法的に同じ性質のものをそれぞれ後から選び、記号で答えなさい。

(1) ここが新しくできた図書館だ。（　　）
ア ツバメが飛んだ。　イ 今にも泣きそうだ。
ウ 鮮やかな緑色だ。　エ 一人では無理だ。

(2) 母は雑誌の編集者である。（　　）
ア 彼は私の弟です。　イ 彼一人の意見ではない。
ウ ここが重要である。　エ 終わったようである。

ヒント (1)(2)とも断定の助動詞。「～な」＋体言の形にならない。また、主に体言につき、動詞の音便形にはつかない。

〈助動詞⑦ ≫130～131ページ〉

8 次の各文の――部の意味を後から選び、記号で答えなさい。

(1) その映画は、昨日見に行った。（　　）
(2) コンピュータが故障したままだ。（　　）
(3) 長編小説を読み終えたところだ。（　　）
(4) 委員会は三時からだったよね。（　　）

ア 過去　イ 完了　ウ 存続　エ 確認（想起）

〈助動詞⑦⑧ ≫130～133ページ〉

9 次の各文の――部と文法的に同じ性質のものをそれぞれ後から選び、記号で答えなさい。

(1) 今年の夏は暑くなるらしい。（　　）
ア めずらしい花だ。　イ 中学生らしい服装だ。
ウ すぐに山頂らしい。　エ あたらしい服を買う。

(2) 彼女はもうすぐ来るそうだ。（　　）
ア 渋滞になりそうだ。　イ 僕もそうだと思う。
ウ とても健康そうだ。　エ 決勝に進んだそうだ。

ヒント (1)文に「どうやら～（である）」を補えれば助動詞。(2)意味・接続によって見分ける。

〈助動詞⑧ ≫132～133ページ〉

10 次の各文の――部「ようだ」の意味を後から選び、記号で答えなさい。

(1) 彼の笑顔は太陽のようにまぶしい。（　　）
(2) 実験は無事成功したようだ。（　　）
(3) 桃のような果物が好きだ。（　　）

ア 推定　イ 比喩（たとえ）　ウ 例示

〈助動詞③④⑥～⑧ ≫120～123、128～133ページ〉

11 次の各文に（ ）内の意味を表す助動詞を順にすべて入れて書き直しなさい。

(1) 彼と会う。（丁寧　否定　丁寧な断定　過去）
（　　　　）

(2) 全部集める。（可能　推定・様態　過去）
（　　　　）

解答➡329ページ

要点のまとめ

助詞 ≫140ページ

●助詞の性質と働き ≫140ページ

・**助詞は活用のない付属語。**

・単独で文節を作ることができず、**自立語の後について、ともに文節を作る。**

・**一文節に一つもない**こともあるし、**二つ以上ある**こともある。

宿題が（自立語・助詞）｜少しずつしか（自立語・助詞・助詞）｜進まない。（自立語・助動詞）｜困ったぞ。（自立語・助動詞・助詞）

文節　文節　文節　文節

自立語について文節を作っている　一文節に助詞が二つ以上ある　一文節に助詞が一つもない

活用がない：がタ　ずつタ　しかタ　ぞタ

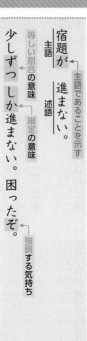

・**語句と語句の関係を示す**ほか、**意味をつけ加えたり、書き手（話し手）の気持ちや態度を表したり**する。

宿題が（主語）　進まない。（述語）　主語であることを示す

少しずつしか進まない。困ったぞ。

等しい割合の意味　限定の意味　強調する気持ち

●助詞の接続 ≫140ページ

助詞はさまざまな語に接続する。

●助詞の種類 ≫142ページ

助詞は、**格助詞・接続助詞・副助詞・終助詞**の四種類。

●接続助詞 ≫146ページ

近ければ、行く。（近けれ：形容詞　活用のある語につく）（ば：仮定の順接）

遠かったけれど、行った。（た：助動詞）（けれど：確定の逆接）

接続語（部）を作り、前後の語句をつないで関係を示す

接続助詞は働きによって、次の四種類に分類できる。

働き		接続助詞
仮定の順接	**仮定の事柄**に対し、当然予想される**順当な事柄**が後に続くことを表す。	ば　と
仮定の逆接	**仮定の事柄**に対し、予想されることと**逆の事柄**が後に続くことを表す。	と　ても（でも）　とも　ところで　が
確定の順接	**事実や確実な事柄**に対し、当然予想される**順当な事柄**が後に続くことを表す。	ば　と　ので　から　て（で）
確定の逆接	**事実や確実な事柄**に対し、予想されることと**逆の事柄**が後に続くことを表す。	ても（でも）　けれど（けれども）　ものの　が　のに　て（で）　ながら　つつ

▼ほかにも、**単純な接続**を表したり、**並立の関係・補助の関係**であることを示したりする働きなどもある。

●副助詞 ≫150ページ

兄は、歌が上手なだけでなく、作曲までできる。

兄（名詞）　上手な（形容動詞）　作曲（名詞）　さまざまな語句につく

は：主題の提示　だけ：限定　まで：添加　意味をつけ加える

理解度をチェック

	働き	主な接続
格助詞	文節の働きを示したり、文節どうしの関係を示したりする。	体言
接続助詞	前後の語句をつないで関係を示す。	活用のある語（用言・助動詞）
副助詞	意味をつけ加える。	さまざまな語句
終助詞	書き手（話し手）の気持ちや態度を表す。	文末

▼格助詞・接続助詞・副助詞の中に、並立の関係を示す働きをするものがある。このような働きをする助詞をまとめて**並立助詞**ということもある。「と」「や」「か」などがある。

犬と　猫を　飼う。　　海や　山に　行く。

並立の関係

●格助詞

≫144ページ

主に体言につく

体言

友達が　僕の　本と　ノートを　見つけた。

文節の関係（並立）を示す

主語　連体修飾語　連用修飾語　述語

文節の働きを示す

格助詞は働きによって、次の五種類に分類できる。

働き	格助詞	例
主語を示す	が　の	春が来た。
連体修飾語を示す	の	旅行の写真。
連用修飾語を示す	が　を　へ　に　と　より　から　で	新聞を読む。
並立の関係を示す	の　に　と　や	男子と女子。
体言の代用を示す	の	歌うのが好きだ。

似た意味を表す副助詞をまとめて次のように分類できる。

意味	副助詞	例
強調	は　も　こそ　など	今度こそ勝つ。
並立	も　なり　やら　か　とか	暑くも寒くもない。
添加	も　さえ　まで	友達も連れてきた。
おおよその程度	も　ばかり　ほど　くらい（ぐらい）	三日ほどかかる。
ほかを類推させる	すら　さえ　でも　まで	名前すら知らない。
限定	さえ　まで　しか　だけ　きり（ぎり）　ばかり	食べてばかりいる。
例示	でも　など　なり	馬や羊などがいる。
不確実	やら　か　とか	何やら音がする。

●終助詞

≫154ページ

主に文末につく

文末

君のギターの腕前はすごいな。一緒に演奏しようよ。

感動　　勧誘

書き手（話し手）の気持ちや態度を表す

似た意味を表す終助詞をまとめて次のように分類できる。

意味	終助詞	例
疑問・質問	か　かしら　の　さ	駅はどこですか。
勧誘	か　や　よ	遊びに行こうよ。
感動	か　かしら　ね（ねえ）　な（なあ）　わ　や　よ	夕日が美しいなあ。
断定	の　さ	簡単なことさ。
命令	の　よ　な	危ないから入るな。
念押し	ね（ねえ）　な（なあ）　よ	資料を見ておいてね。
呼びかけ	や　よ	仲間よ、集まれ。
強調	ぞ　とも　のに	雨が降ってきたぞ。

例題 次の各文の――部が助詞であるものをすべて選び、記号で答えなさい。

❶ 眠(ねむ)い(ア) けれど(イ)、あと(ウ)一時間 だけ(エ)勉強し よう(オ)。（　　）

❷ あの(ア)とき ほど(イ)うれしかっ た(ウ)こと は(エ) ない(オ) よ(カ)。（　　）

例題の答え
❶ イ エ〈順不同〉
❷ イ エ カ〈順不同〉

助詞

助詞は活用のない付属語で、**自立語の後について、ともに文節を作る。語句と語句の関係を示す**ほか、**意味をつけ加えたり、書き手（話し手）の気持ちや態度を表したり**する。

助詞の性質と働き

● **単独で文節を作ることができず、自立語の後について、ともに文節を作る。**

● **一文節に一つもないこともあるし、二つ以上あることもある。**

● **活用がない。**

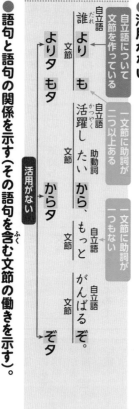

自立語			自立語	助動詞		自立語	自立語	
誰(だれ)	**より**	**も**	活躍(かつやく)し	たい	**から**、	もっと	がんばる	**ぞ**。
文節			文節			文節	文節	

自立語について文節を作っている（誰より）／一文節に助詞が二つ以上ある（よりも）／一文節に助詞が一つもない（もっと）

よりタ　もタ　からタ　ぞタ（活用がない）

● **語句と語句の関係を示す（その語句を含(ふく)む文節の働きを示す）。**

・**主語**であることを示す。

私が（主語）　やります。（述語）

「私」が「やります」の主語であることを示す。

チェック! **助詞の接続**

●助詞は、さまざまな語に接続する。

兄（名詞） **は** おもしろい（形容詞） **し** 親切な（形容動詞） **ので** 人気だ。
戦っ（動詞） **て** 負け た（助動詞） **から**、あきらめる の（助詞） **か**。

発展 **一字の助詞と二字の助詞**

●助詞には、一字の助詞か二字の助詞か間違(まちが)えやすいものがある。

一字の助詞	二字の助詞
の　で	ので
の　に	のに
て（で）　も	ても　でも

それぞれの助詞の形と働きを覚えて見分けよう。

・**連体修飾語**であることを示す。

山登り**の**　道具。（連体修飾語）

「山登り」が「道具」を修飾していることを示す。

・**連用修飾語**であることを示す。

パリ**へ**　行く。（連用修飾語）

「パリ」が「行く」を修飾していることを示す。

・**接続語（部）**を作り、前後の関係を示す。

疲れた**ので**、休む。（接続語）

「疲れた」と「休む」が順当に続くことを示す。

・後の語句と**並立の関係**であることを示す。

英語**と**　数学。（並立の関係）

風が強い**し**、雨も降りそうだ。（並立の関係）

・後の語句と**補助の関係**であることを示す。

みんなが笑っ**て**　いる。（補助の関係）

●**意味をつけ加えたり、書き手（話し手）の気持ちや態度を表したりする。**

本日**のみ**受け付けます。（限定の意味を表す）

これは何**か**。（疑問の気持ちを表す）

助詞の見分け方

① **自立語と付属語に分け、付属語に活用があるか確かめる。活用がないのが助詞。**

雨(自)が(付)／少し(自)だけ(付)／降っ(自)た(付)。

（自＝自立語、付＝付属語）

がタ　**だけ**タ（活用がない（助詞））

たらバ（活用がある（助動詞））

② **語句と語句の関係を示すほか、意味をつけ加えたり、気持ちや態度を表したりする。**

雨**が**（主語）　少し**だけ**（連用修飾語）　降った。（述語）

（限定の意味を表す）

発展 助詞の働き

●助詞の種類（≫142ページ）によって働きが異なる。

・主語であることを示す。
・連体修飾語であることを示す。
・連用修飾語であることを示す。
・並立の関係であることを示す。
―― **格助詞**

・接続語（部）を作り、前後の関係を示す。
・並立の関係であることを示す。
・補助の関係であることを示す。
―― **接続助詞**

・意味をつけ加える。
―― **副助詞**

・書き手（話し手）の気持ちや態度を表す。
―― **終助詞**

▼格助詞には、体言（名詞）の代わりをする働きもある。副助詞には、並立の関係であることを示す働きもある。

コラム 「は」と「も」で大きな違い

「君**は**大切だ。」
「君**も**大切だ。」

「は」と「も」は、どちらも助詞ですが、働きや意味が異なります。「は」は「ほかとの区別」を表し、「君」だけが大切な人だと伝えています。一方、「も」は「ほかを暗示する」ことを表し、「君」以外にも大切な人がいることをほのめかしています。たった一字でも、大きく違いますね。

助詞が変わると、文の意味が全く違うものになるんだね。

例題 **次の文章の――部の助詞の種類を後から選び、記号で答えなさい。**

速く走れるようになりたい❶ので、毎日一時間❷ぐらい、近くの公園❸で走っているんだ。君も走らない❹か。

ア 格助詞　**イ** 接続助詞　**ウ** 副助詞　**エ** 終助詞

❶（　　）　❷（　　）　❸（　　）　❹（　　）

例題の答え

❶イ　❷ウ　❸ア　❹エ

助詞の種類

助詞には、**格助詞・接続助詞・副助詞・終助詞**の四種類がある。

助詞の種類

●**格助詞**…主に**体言**につき、その語句を含む**文節の働きを示したり、文節どうしの関係を示したり**する。

父**が**（体言・主語）　昔**の**（修飾語）　本**を**（修飾語）　くれた。（述語）　父**と**僕の（並立の関係）　趣味は　同じだ。

●**接続助詞**…主に**活用のある語（用言・助動詞）**について接続語（部）を作り、**前後の語句をつないで関係を示す**。

よく寝た（助動詞）**から**、頭がすっきりしている。（接続部）順当な事柄が後に続くことを表す

●**副助詞**…さまざまな語句につき、**意味をつけ加える**。

夏**こそ**（強調の意味を表す）　実力をつけるチャンスだ。

チェック! **助詞の種類**

●それぞれの種類にあてはまる助詞には、次のものなどがある。

格助詞	が・の・を・へ・に・と・より・から・で・や
接続助詞	ば・と・ても（でも）・とも・ところで・けれど（けれども）・ものの・が・のに・ので・から・て（で）・ながら・つつ・し・たり（だり）
副助詞	は・も・こそ・すら・さえ・でも・まで・しか・だけ・きり（ぎり）・ばかり・ほど・くらい（ぐらい）・など・なり・やら・か・とか・ずつ
終助詞	か・かしら・の・さ・ね（ねえ）・な（なあ）・わ・や・よ・な・ぞ・とも・のに

「が」「と」「から」「でも」「か」など、同じ形で別の種類の助詞もあるよ。

●**終助詞**…主に**文末**につき、**書き手（話し手）の気持ちや態度を表す。**

すごい景色だ**な**。（文末／感動の気持ちを表す）

▼**並立助詞**…格助詞・接続助詞・副助詞の中には、並立の関係を示す働きをするものがある。このような働きをする助詞をまとめて**並立助詞**ということもある。

言った**の**言わない**の**ともめる。（並立の関係）

並立助詞には、次のものなどがある。

格助詞　**の・に・と・や**
接続助詞　**ば・て（で）・し・たり（だり）**
副助詞　**も・なり・やら・か・とか**

助詞の種類を間違（まち）えやすいものに注意しよう

副助詞「は」「も」

「は」「も」を含む文節は主語になるので、主語であることを示す**格助詞**と間違えやすいが、主語以外にもなり、意味をつけ加える働きがあるので、**副助詞**である。

父**は**（主語）教師です。（主題の提示の意味を表す（「父」について取り上げて説明する））
兄**も**（主語）教師です。（ほかを暗示する意味を表す（「兄」以外にも教師の人がいる））

傷は深く**は**（修飾語）ない。（強調の意味を表す）
僕は牛乳**も**（修飾語）買おう。（添加（てんか）の意味を表す（何かに加え「牛乳」も買う））

チェック！ 助詞の種類の見分け方

●助詞の種類を見分けるとき、その助詞が何に接続しているかも手がかりになる。

・**体言につく。**…格助詞か副助詞が多い。

あれは、父（体言）**の**自動車だ。	格助詞
八時（体言）**に**学校（体言）**へ**行く。	格助詞
学校（体言）**まで**歩く。	副助詞
五分（体言）**くらい**で着く。	副助詞

・**用言や助動詞などにつく。**…**接続助詞**か**副助詞**が多い。

四月になる（動詞）**と**、弟は一年生だ。	接続助詞
急い（動詞（「急ぎ」のイ音便））**で**学校に行きなさい。	接続助詞
見れば見る（動詞）**ほど**美しい。	副助詞
何と言った（助動詞）**か**、わからない。	副助詞

例題 次の各文の――部が格助詞であるものを選び、後の働きに分類して記号で答えなさい。

❶ 兄さん（ア）と姉さん（イ）が、居間（ウ）のテレビ（エ）でドラマ（オ）を見（カ）ている。

❷ 今日（キ）は早起きし（ク）て、朝（ケ）から家（コ）の片づけ（サ）をした。

主語を示す（　）（　）　連体修飾語(しゅうしょくご)を示す（　）（　）

連用修飾語を示す（　）（　）　並立(へいりつ)の関係を示す（　）（　）

例題の答え

主語を示す…イ

連体修飾語を示す…ウ　コ〈順不同〉

連用修飾語を示す…エ　オ　ケ　サ〈順不同〉

並立の関係を示す…ア

格助詞

格助詞の性質と働き

● **主に体言につき、その語句を含む(ふく)文節の働きを示したり、文節どうしの関係を示したりする。**

先生**が**（体言・主語）　教室**の**（修飾語）　窓**を**（修飾語）　開けた。（述語）　雨**と**　風は（並立の関係）　やんでいた。

格助詞の分類

格助詞は働きによって次の五種類に分類できる。

● **主語**であることを示す。複文（⊳26ページ）の中での**部分の主語**も示す。

母**が**（主語）　「桜**の**（部分の主語）　きれいな（部分の述語）　季節ね。」と（修飾部）　言った。（述語）

● **連体修飾語**であることを示す。前後に体言がある。

友達（体言）**の**　家に（体言）　集まる。

連体修飾語（「家」を含む(ふく)文節を修飾）

「家」の所属を表す。

発展 格助詞の「格」

格助詞の「格」とは、「資格」のことを表す。その文節が、ほかの文節に対してどのような「資格」をもつのか、つまり、どのような働きをするのかを表している。主語の働きをするものを「**主格**」、連体修飾語の働きをするものを「**連体修飾格**（連体格）」、連用修飾語の働きをするものを「**連用修飾格**（連用格）」という。

発展 格助詞の接続

● 体言以外にも、用言や助動詞の連体形、ほかの助詞などにも接続する。

色を塗る(ぬ)（動詞「塗る」の連体形）**より**　鉛筆(えんぴつ)だけ（助詞）**が**よい。

チェック! 格助詞「の」の主な働きの見分け方

● 部分の主語…「が」に言いかえられる。

これは私**の**書いた本だ。

⇩

これは私**が**書いた本だ。（部分の主語）

●**連用修飾語**であることを示す。

参考書を　使う。
連用修飾語（「使う」を修飾）
「使う」対象を表す。

●**並立の関係**であることを示す。「**とか**」「**だの**」に言いかえられる。

父の趣味は、旅行と山登りです。
並立の関係
⇒ 父の趣味は、旅行とか山登りです。

●**体言の代用（準体言助詞）**を示す。「**（の）もの**」「**（の）こと**」に言いかえられる。

小さいのは、私のです。
体言（名詞）の代わりをしている
⇒ 小さいものは、私のものです。

●**体言の代用**…「（の）もの」「（の）こと」に言いかえられる。

それは私のです。 ⇔ それは私のものです。
体言の代用

チェック！　「に」の見分け方

●「に」には、**格助詞**のほかにも、**形容動詞の連用形活用語尾**や、**副詞の一部**がある。格助詞は、体言についていて、活用がないことがポイントだ。

格助詞には次のものがある。

	働き	例
が	主語	大統領が来日した。
	連用修飾語	ピザが食べたい。（対象）
の	連体修飾語	学校の備品。（所属） ふるさとの暮らし。（場所） 五月の半ば。（時） 雨模様のお天気。（状態）
	並立の関係	行くの行かないのとごねる。
	部分の主語	草花の芽吹く春が来た。
	体言の代用	新しいのが欲しい。
を	連用修飾語	お茶を飲んだ。（対象） 山を越えていく。（場所） 中学校を卒業する。（起点） 右の方を見る。（方向）
へ	連用修飾語	北へ向かう。（方向） 図書館へ行く。（帰着点） 父へ手紙を書く。（対象）

	働き	例
に	連用修飾語	八時に起きる。（時間） 広場に集まる。（場所） 目的地に着く。（帰着点） 弟に持たせる。（相手） 会いに行く。（目的） あまりのつらさに泣く。（原因・理由） 母に比べ多い。（比較の基準） 縦に並ぶ。（状態） 失敗に終わる。（結果）
	並立の関係	勉強に運動にがんばる。
と	連用修飾語	妹と遊ぶ。（共同の相手） 高校生となった。（結果） 友達と出会う。（対象） 他人と異なる。（比較） 美しいと思った。（引用）
	並立の関係	国語と英語が得意だ。

	働き	例
より	連用修飾語	肉より魚が好き。（比較） 空港より出発する。（起点） 走るよりほかない。（限定）
から	連用修飾語	会社から帰る。（起点） 廃材から作る。（原料・材料） 風邪から肺炎になる。（原因・理由）
で	連用修飾語	校庭で練習する。（場所） 五時で閉店する。（時限） 飛行機で行く。（手段・材料） けがで休む。（原因・理由）
や	並立の関係	食料や水を用意する。

「とのよりのへやからをにがで」（殿寄りの部屋から鬼が出）と覚えるといいよ。

4 助詞④ 接続助詞の性質と働き

例題 次の各文の――部の接続助詞の働きを後から選び、記号で答えなさい。

❶ 妹に行かせたものの、心配になった。（　　）
❷ 私がほめると、弟はにっこりと笑った。（　　）
❸ 行きたくなくても、行ってください。（　　）
❹ 行きたくなければ、行かなくてもかまいません。（　　）

ア 仮定の順接　**イ** 仮定の逆接　**ウ** 確定の順接　**エ** 確定の逆接

例題の答え
❶エ　❷ウ　❸イ　❹ア

接続助詞

接続助詞の性質と働き

● **主に活用のある語（用言・助動詞）につく。**
● **接続語（部）を作り、前後の語句をつないで関係を示す。**

練習した**ので**、大丈夫（だいじょうぶ）だろう。（「た」＝助動詞／「練習したので」＝接続語：順接（順当な事柄（ことがら）が後に続く））

自信は十分ある**のに**、不安だ。（「ある」＝動詞／「自信は十分あるのに」＝接続部：逆接（逆の事柄が後に続く））

接続助詞の分類

接続助詞は働きによって次の四種類に分類できる。

● **仮定の順接**…**ば・と**
仮定の事柄に対し、当然予想される**順当な事柄**が後に続くことを表す。

雨が降れ**ば**、試合は中止だ。（「雨が降れば」＝仮定／「試合は中止だ」＝当然予想される順当な事柄）

チェック！ 格助詞との見分け方

● 「と」「が」の見分け方
・格助詞…主に体言や体言の代用の「の」につく。
雪が解けて川**と**なる。（「川」＝体言）　格助詞
片づけるの**が**苦手だ。（「の」＝体言の代用の「の」）　格助詞
・接続助詞…主に用言や助動詞につく。
春になる**と**、雪が解ける。（「なる」＝動詞）　接続助詞
静かだ**が**、落ち着かない。（「静かだ」＝形容動詞）　接続助詞

● 「から」の見分け方
・格助詞…「ので」に言いかえられない。
家**から**歩いて来た。　格助詞
⬅ ×家**ので**歩いて来た。
・接続助詞…「ので」に言いかえられる。
危ない**から**、やめる。　接続助詞
⬅ ○危ない**ので**、やめる。

●仮定の逆接…と・ても（でも）・とも・ところで・が

仮定の事柄に対し、予想されることと**逆の事柄**が後に続くことを表す。

雨が降っ**ても**、試合は行う。
（仮定／予想されることと逆の事柄）

●確定の順接…ば・と・ので・から・て（で）

事実や確実な事柄に対し、当然予想される**順当な事柄**が後に続くことを表す。

寒い**から**、上着を着た。
（事実／当然予想される順当な事柄）

●確定の逆接…ても（でも）・けれど（けれども）・ものの・が・のに・て（で）・ながら・つつ

事実や確実な事柄に対し、予想されることと**逆の事柄**が後に続くことを表す。

寒い**けれど**、上着は着ない。
（事実／予想されることと逆の事柄）

接続助詞は、順接と逆接だけでなく、仮定と確定でも分かれるんだね。

●単純な接続…と・けれど（けれども）・が・て（で）

前の事柄が後の事柄の前置きなどであることを表す。

また、次の働きなどもある。

今度の集まりだ**が**、彼（かれ）も来られることになった。
（前置き）

●並立（へいりつ）の関係であることを示す。…**ば・て（で）・し・たり（だり）**

姉は明るい**し**、元気だ。
（並立の関係）

●補助の関係であることを示す。…**て（で）**

大きな声で呼ん**で**みる。
（補助の関係）

▼「から」には接続詞「だから」の一部の場合もある。

チェック！ 「で」の見分け方

●格助詞…場所や手段などを表す体言につき、連用修飾語（しゅうしょくご）になっている。

公園**で**遊ぶ。
（体言／格助詞／連用修飾語（「遊ぶ」を修飾））

●接続助詞「て」の濁音（だくおん）化…動詞の音便形につく。

魚が泳い**で**いる。
（動詞「泳ぎ」のイ音便／接続助詞「て」の濁音化。）

●形容動詞の連用形活用語尾（ごび）…「〜な」＋体言の形になり、直前に「とても」を補える。

健康**で**よい。
⬆
○健康**な**人
○とても健康**で**よい。

「〜な」＋体言の形になり、直前に「とても」を補えるので、形容動詞「健康だ」の連用形活用語尾。

●断定の助動詞「だ」の連用形…「〜な」＋体言の形にならず、直前に「とても」を補えない。主に体言につく。

本物**で**ある。
（体言）
⬆
×本物**な**もの
×とても本物**で**ある。

「〜な」＋体言の形にならず、直前に「とても」を補えないので、断定の助動詞「だ」の連用形。

▼ほかにも、**助動詞「そうだ」「ようだ」の連用形の一部**の場合もある。

5 助詞⑤ 主な接続助詞

例題 次の各文の〔　〕にあてはまる接続助詞を後から選び、答えなさい。

❶ 兄がついている〔　　〕、心配ない。
❷ 兄がついていれ〔　　〕、心配ない。
❸ 兄がついてい〔　　〕、心配だ。

ば　　ても　　ので

例題の答え
❶ ので　❷ ば　❸ ても

接続助詞には次のものなどがある。

	働き	例	接続
ば	仮定の順接	台風が来れ**ば**、中止になるだろう。	活用語の仮定形
	確定の順接	秋になれ**ば**、虫の音が聞こえる。	
	並立の関係	兄は、読書もすれ**ば**、運動もします。 必ず「…ば、〜も」という形になる。	
と	仮定の順接	台風が来る**と**、休校になる。	活用語の終止形
	確定の順接	大声で呼ぶ**と**、返事があった。	
	仮定の逆接	何と言われよう**と**、やり遂げる。	
	単純な接続（前置きなど）	実を言う**と**、心配だった。	
ても（でも）	仮定の逆接	たとえリードされ**ても**、逆転する。	活用語の連用形
	確定の逆接	いくら呼ん**でも**、返事がない。	
とも	仮定の逆接	非難されよう**とも**、信念を貫く。	活用語の終止形と連用形
ところで	仮定の逆接	頼んだ**ところで**、聞いてはくれまい。	助動詞「た」の連体形

チェック! 動詞の音便と接続助詞

● 動詞のイ音便・撥音便に接続すると、次の接続助詞は濁音になる。

・「ても」→「でも」
「こぎ」のイ音便　こい**でも**進まない。　「呼び」の撥音便　呼ん**でも**来ない。

・「て」→「で」
「急ぎ」のイ音便　急い**で**帰る。　「かみ」の撥音便　よくかん**で**食べる。

・「たり」→「だり」
「泳ぎ」のイ音便　泳い**だり**する。　「飛び」の撥音便　飛ん**だり**する。

発展 一般条件を示す接続助詞

● 「確定の順接」の中で、ある事柄が確定すると、常に決まった結果になることを示す場合がある。これを「一般条件」という。

（事実）春になれ**ば**、（定まった結果）雪が解ける。

接続助詞	意味	例	接続
けれど（けれども）	確定の逆接 単純な接続（前置きなど） 対比・対立	呼ばれた**けれども**、聞こえなかった。 言っておく**けれど**、僕（ぼく）は反対だ。 君は速い**けれども**、僕も負けないよ。	活用語の終止形
ものの	確定の逆接	行った**ものの**、間に合わなかった。	活用語の連体形
が	仮定の逆接 確定の逆接 単純な接続（前置きなど） 対比・対立	誰（だれ）に笑われよう**が**、気にしない。 厚着をした**が**、まだ寒い。 ごぶさたしました**が**、お元気ですか。 度胸もある**が**、慎重（しんちょう）さもある。	活用語の終止形
のに	確定の逆接	覚えている**のに**、忘れたふりをする。	活用語の連体形
ので	確定の順接（原因・理由）	早く出発した**ので**、もう着いた。	活用語の連体形
から	確定の順接（原因・理由）	晴れた**から**、外に出よう。	活用語の終止形
て（で）	確定の順接（原因・理由） 確定の逆接 単純な接続 並立の関係 補助の関係	うるさく**て**、集中できない。 わかってい**て**、実行しない。 直接会っ**て**、確かめる。 頭がよく**て**、スポーツも得意だ。 大きなひまわりが咲（さ）い**て**いる。	動詞・形容詞・助動詞の連用形
ながら	確定の逆接 動作の並行	知ってい**ながら**、何もしない。 考え**ながら**、話を進める。	動詞・形容詞・助動詞の連用形と終止形、体言や形容動詞の語幹
つつ	確定の逆接 動作の並行	見まいと思い**つつ**、見てしまう。 ピアノを弾（ひ）き**つつ**、歌を歌う。	動詞・助動詞の連用形
し	並立の関係	肉も食べる**し**、魚も食べる。	活用語の終止形
たり（だり）	並立の関係 例示	海で泳い**だり**、山に登っ**たり**する。 音楽を聴（き）い**たり**して過ごす。	活用語の連用形

発展 接続助詞の接続

●「とも」

動詞と動詞型活用・無変化型活用の助動詞には終止形に、形容詞と形容詞型活用・特殊（とくしゅ）型活用の助動詞（「ぬ（ん）」）には連用形に接続する。

無変化型活用の助動詞「よう」の終止形
反対しよう**とも**、あきらめない。
形容詞「苦しい」の連用形
苦しく**とも**、あきらめない。

●「ながら」

動詞と動詞型活用の助動詞には連用形に、形容詞と形容詞型活用の助動詞には終止形に接続する。体言や形容動詞の語幹にも接続する。

動詞「歩く」の連用形
歩き**ながら**、説明する。
形容詞の終止形
つたない**ながら**、心に響（ひび）く演奏だ。
体言
小学生**ながら**みごとな腕前（うでまえ）だ。

▼体言に接続する「ながら」のうち、「昔ながらの味」など「～のまま」という意味を表すものは、接尾語（せつび）とする考えもある。

チェック！ そのほかの接続助詞や、接続助詞と似た働きをする語の例

負けたくせに、認めない。…確定の逆接
調べたところ、安全だった。…確定の順接
風邪（かぜ）のために、休む。…確定の順接
いくら言ったってだめだ。…仮定の逆接
走ったとしても、遅刻（ちこく）だ。…仮定の逆接

6 助詞⑥ 副助詞の性質と働き

例題 **次の各文から、副助詞を二つずつ抜き出しなさい。**

❶ 図書館は工事のため、一か月ほど休館するそうだ。（　　）（　　）

❷ 休みの日くらい、昼まで寝ていたい。（　　）（　　）

❸ 困難な道のりでも少しずつ前に進もう。（　　）（　　）

副助詞

●さまざまな語句につく。

テレビ（名詞）**でも**見よう。

母が来る（動詞）**まで**待っている。

ほんの少し（副詞）**だけ**食べる。

それに（助詞）**は**理由がある。

これ（代名詞）**だけ**でいいですか。

早い（形容詞）**だけ**ではだめだ。

どこに行った（助動詞）**か**わからない。

▼副助詞が複数続くこともある。

失敗**さえ** **も**よい思い出だ。

三人**まで** **しか**入れない。

●意味をつけ加える。

ラーメン**も**食べた。（ほかを暗示する意味を表す（ラーメンのほかにも食べた））

海**まで**行こう。（動作・作用の終点の意味を表す）

例題の答え

❶ は　ほど〈順不同〉

❷ くらい　まで〈順不同〉

❸ でも　ずつ〈順不同〉

発展 副助詞の働き

●副助詞を含む文節は、**主語**や**連用修飾語**になることが多い。

うどんは（主語）　私の　好物だ。

私は　そばも　好きだ。（連用修飾語（「好きだ」を修飾））

発展 副助詞の接続

●活用のある語（用言・助動詞）に接続する場合、副助詞によって異なる活用形に接続する。

・**連用形に接続**…は・も・こそ・すら・さえ・でも

・**連体形に接続**…まで・だけ・きり（ぎり）・ばかり・ほど・くらい（ぐらい）

・**終止形に接続**…など・なり・やら・か・とか

▼「しか」は、動詞・助動詞には連体形、形容詞・形容動詞には連用形に接続する。

▼「ずつ」は、活用のある語には接続しない。

副助詞の分類

▼似た意味を表す副助詞をまとめて次のように分類できる。

意味	副助詞	例
強調	は も こそ など	今度**こそ**負けない。
並立(へいりつ)	も なり やら か とか	手**も**足**も**出ない。
添加(てんか)	も さえ まで	雪**さえ**降りだした。
おおよその程度	も ばかり ほど くらい(ぐらい)	一時間**ほど**かかる。
ほかを類推させる	すら さえ でも まで	基本**すら**できていない。
限定	さえ まで しか だけ きり(ぎり) ばかり	話して**ばかり**いる。
例示	でも など なり	紙**など**にメモする。
不確実	やら か とか	何**やら**変だ。

副助詞の「副」は「添(そ)える」という意味。一つの副助詞にいろいろな意味があり、同じ意味をもつ副助詞もあるんだ。

副助詞「は」と格助詞「が」の違(ちが)いに注意しよう

副助詞「は」の意味

副助詞「は」には、「ほかとの区別」「主題の提示」などの意味がある。格助詞「が」の、主語であることを示す働きと似ているので注意しよう。

あれ**は**新種の昆虫(こんちゅう)です。 ← ほかとの区別の意味を表す(「あれ」をほかの昆虫と区別する)
あれ**が**新種の昆虫です。 ← 主語であることを示す

明日**は**始業式だ。 ← 主題の提示の意味を表す(「明日」について取り上げて説明する)
明日**が**始業式だ。 ← 主語であることを示す

チェック! 「でも」の見分け方

●**副助詞「でも」**… 主に体言につく。「も」を除くと意味が通じない。

それは誰(だれ)(体言)**でも**知っている。
↓
×それは誰**で**知っている。
体言につき、「も」を除くと意味が通じないので、副助詞。

●**接続助詞「ても」の濁音化(だくおんか)**… 動詞の音便形につく。

いくら遊ん(動詞「遊び」の撥音便(はつおんびん))**でも**飽(あ)きない。
接続助詞「ても」の濁音化。

●**格助詞「で」＋副助詞「も」**… 場所や手段などを表す体言につく。「も」を除いても意味が通じる。

家(場所を表す体言)**でも**できる。
↓
○家**で**できる。
場所を表す体言につき、「も」を除いても意味が通じるので、格助詞「で」＋副助詞「も」。

●**形容動詞の連用形活用語尾(ごび)＋副助詞「も」**… 「も」を除いても意味が通じる。「〜で」の部分が「〜な」＋体言の形になる。

和(なご)やか**でも**ない。
↓
○和やか**で**ない。
○和やか**な**空気
「も」を除いても意味が通じ、「〜な」＋体言の形になるので、形容動詞「和やかだ」の連用形活用語尾＋副助詞「も」。

●**断定の助動詞「だ」の連用形＋副助詞「も」**… 「も」を除いても意味が通じる。「〜で」の部分が「〜な」＋体言の形にならない。

父は画家**でも**ある。
↓
○父は画家**で**ある。
×画家**な**人
「も」を除いても意味が通じ、「〜な」＋体言の形にならないので、断定の助動詞「だ」の連用形＋副助詞「も」。

▼「でも」には接続詞の場合もある。

7 助詞⑦ 主な副助詞

例題 次の各文の――部の副助詞の意味を後から選び、記号で答えなさい。

❶ 残った人は一人もいなかった。（　）
❷ あれだけのことをしたのだから、立派なものだ。（　）
❸ ほめられているのは、君だよ。（　）
❹ この車は五人しか乗れません。（　）

ア 程度　イ 限定　ウ 強調　エ 添加（てんか）　オ 主題の提示

例題の答え
❶ウ　❷ア　❸オ　❹イ

副助詞には次のものなどがある。

	意味	例
は	ほかとの区別	果物は好物だ。「果物」をほかのものと区別している。
	主題の提示	失敗は貴重な経験だ。
	反復	食べては眠（ねむ）る。
	強調	悲しくはない。
も	強調	何回も呼ぶ。
	並立（へいりつ）	大人も子どもも大はしゃぎだ。
	添加	コートも着る。文に「そのうえ」を補える。
	おおよその程度	三日もあればいいだろう。
	ほかを暗示する	歌も得意です。ほかにも得意なものがあることを表す。
こそ	強調	今度こそ勝ちたい。
すら	ほかを類推させる	休憩（きゅうけい）すら取れない。「さえ」に言いかえられる。
さえ	添加	雷（かみなり）さえ鳴りだした。文に「そのうえ」を補える。
	限定	水さえあれば、枯（か）れない。「だけ」に言いかえられる。
	ほかを類推させる	小学生にさえわかる。「でも」に言いかえられる。
でも	ほかを類推させる	僕（ぼく）でもできる。「だって」に言いかえられる。
	例示	お茶でも飲もうか。「など」「くらい」に言いかえられる。

チェック！ 副助詞の意味「類推」とは

●極端（きょくたん）な一例を挙げて、それ以外のことを推測させること。「まして～は…」という意味が隠（かく）されている。

当人すら気づかなかった。
（当人でも気づかなかったのだから、まして他の人は気づかなくて当然だ。）

チェック！ 副助詞の意味の見分け方

●見分けにくい場合は、同じような意味を表すほかの副助詞に言いかえてみるとよい。

見るだけで買わない。
↓
見るばかりで買わない。（限定）

それだけ食べたらもういいだろう。
↓
それほど食べたらもういいだろう。（程度）

副助詞	意味	例文
まで	程度・限定 添加 動作・作用の終点 ほかを類推させる	全力を出すまでです。「だけ」に言いかえられる。 雨まで降りだした。文に「そのうえ」を補える。 地平線まで続く。 子どもにまで知られる。
しか	限定	本当のことしか言わない。後に否定の意味の言葉がくる。
だけ	限定 程度	君だけに教えよう。 あれだけ注意したのに。「ほど」に言いかえられる。
きり（ぎり）	限定	一度会ったきりです。
ばかり	限定 完了して間もない おおよその程度	遊んでいるばかりではいけない。 終わったばかりだ。 一時間ばかり休む。
ほど	おおよその程度 比較の基準 程度の比例	ひと月ほど旅行する。 昨日ほど寒くない。 読めば読むほどおもしろい。
くらい（ぐらい）	おおよその程度 おおよその限度	二時間くらい欲しい。 返事ぐらいしなさい。
など	例示 強調	米や麦などが主食です。 不正などしていません。後に否定の意味の言葉がくる。
なり	直後の動作 例示 並立	帰るなり風呂に入った。 コートなり着てください。 お菓子なり果物なり選んでください。
やら	不確実 並立	誰やら来るらしい。 野球やらテニスやら楽しんだ。
か	不確実 並立	どこかにしまったのだが。 良いか悪いかわからない。
とか	不確実 並立	彼も来るとか聞きました。 赤とか青とかの色を塗った。
ずつ	等しい割合	一人三つずつ配ってください。

▼「おおよその程度」を表す副助詞のうち、「ばかり」「ほど」「くらい（ぐらい）」は、互いに言いかえられる。

二十分ばかりかかります。
二十分ほどかかります。
二十分くらいかかります。

チェック！ 副助詞「さえ」の意味の見分け方

●添加…文に「そのうえ」を補える。

風が吹き、雨さえ降ってきた。 ⬅ 風が吹き、そのうえ雨さえ降ってきた。

●限定…「だけ」に言いかえられる。

水さえあればいい。 ⬅ 水だけあればいい。 「ば」などの仮定を表す言葉があることが多い。

●ほかを類推させる…「でも」に言いかえられる。

子どもにさえ読める。 ⬅ 子どもにでも読める。 後に否定の意味の言葉がくるときなど言いかえられないこともある。

チェック！ そのほかの副助詞や、副助詞と似た働きをする語の例

勉強するどころではない。…程度
歩くことなんかしたくない。…強調
これなんかどうだろう。…例示
僕にだってわかる。…ほかを類推させる
犬だの猫だのを飼いたがる。…並立
遅くとも、明日には仕上げる。…程度・限度

例題 次の会話の——部が終助詞であるものをすべて選び、記号で答えなさい。

「道に(ア)木の(イ)実が(ウ)たくさん落ちていた(エ)わ(オ)。」
「秋だからね(カ)。実りの(キ)秋さ(ク)。」

（　　　　　）

例題の答え　オ　カ　ク〈順不同〉

終助詞

終助詞の性質と働き

●主に文末につく。

なぜ来なかったのか。（文末）　あの花が欲しいな。

▼文末以外につくこともある。この場合も文節の中では最後につく。

春よ、／来い。（文節）　今ね、／庭のね、／木がね、／…。（文節）

●書き手（話し手）の気持ちや態度を表す。

おもしろい本だね。←感動の気持ちを表す　一緒に遊ぼうよ。←勧誘する態度を表す

終助詞には次のものなどがある。似た意味を表すものをまとめて分類することもできる（→139ページ）。

	意味	例
か	疑問・質問	今、何時ですか。
	反語	どうして忘れようか。（「決して忘れない」という意味。）
	勧誘・依頼	行きましょうか。
	感動	やはり本当でしたか。
	問い詰め	できないのですか。

発展 終助詞の接続

●活用のある語（用言・助動詞）には、終止形に接続するものが多い。

芝生に入るな。（動詞「入る」の終止形）
会えてうれしいな。（形容詞「うれしい」の終止形）

チェック！ 終助詞の意味「反語」とは

●自分の主張を強く言うために、主張と反対の内容を疑問の形で表現すること。

彼が負けることがあろうか。（疑問の形）（負けるはずがない。）

チェック！ ほかの助詞との見分け方

●「か」の見分け方
・副助詞…文中にある。
・終助詞…文末にある。

賛成か反対か、決を採ります。（文中にある）　副助詞
どちらが欲しいのか。（文末にある）　終助詞

終助詞	意味	例
かしら	軽い疑問 軽い願望 感動	これは何**かしら**。 見てもらえない**かしら**。 何てきれいなの**かしら**。
の	質問 軽い断定 軽い命令	これ、どうする**の**。 ここは静かな**の**。 そんなに言わない**の**。
さ	軽い断定 軽い質問	何を言われても平気**さ**。 どこにいたの**さ**。
ね（ねえ）	感動 念押（お）し 問いかけ 語調を整える	すごい星だ**ねえ**。 明日、必ず来て**ね**。 やあ、元気か**ね**。 実は**ね**、こんなことがあったんだ。
な（なあ）	感動 願望 念押し	みごとな作品だ**なあ**。 ここに行きたい**な**。 文句はない**な**。
わ	感動 軽い主張	あら、きれいだ**わ**。 父に相談してみる**わ**。
や	呼びかけ 感動 勧誘	シロ**や**、おいで。 これはすごい**や**。 早く行こう**や**。
よ	念押し 勧誘 命令 呼びかけ 感動	提出期限は明日だ**よ**。 早く行こう**よ**。 早く取れ**よ**。 雲**よ**、どこへ行くのか。 何と美しいこと**よ**。
な	禁止 命令	決して無理はする**な**。 もっと声を出し**な**。 禁止を表す「な」は終止形につく。 命令を表す「な」は連用形につく。
ぞ	強調	さて、行く**ぞ**。
とも	強調・確信	必ず勝てる**とも**。
のに	強調	喜んでほしかった**のに**。

● **「とも」の見分け方**

・**格助詞「と」＋副助詞「も」**…「も」を除いても意味が通じる。

みんなとも優勝を誓（ちか）った。　格助詞「と」＋副助詞「も」
↓
○みんなと優勝を誓った。

・**接続助詞「とも」**…仮定の逆接を表す。

失敗しよう**とも**あきらめない。（仮定／予想と逆の事柄（ことがら））　接続助詞

・**終助詞「とも」**…文末にあり、強調・確信を表す。

もちろん、行く**とも**。（文末）　強調・確信　終助詞

● **「のに」の見分け方**

・**格助詞「の」＋格助詞「に」**…「（の）ものに」に言いかえられる。

これは、僕のにするよ。
↓
これは、僕のものにするよ。　格助詞「の」＋格助詞「に」

・**接続助詞「のに」**…「けれど」に言いかえられる。

疲（つか）れたのに、眠（ねむ）れない。
↓
疲れたけれど、眠れない。　接続助詞

・**終助詞「のに」**…文末にある。

優勝するはずだった**のに**。（文末）　終助詞

チェック！ そのほかの終助詞の例

ここでよく遊んだっ**け**。…回想
喜んでくれるといいのだ**が**。…含（ふく）み
どうなっているの**やら**。…疑問

練習問題

1 **次の文の――部が助詞であるものを順に四つ選び、（　）に記号で答えなさい。また、それぞれの種類を後から選び、〔　〕に記号で答えなさい。**

・今日[a]も天気[b]が[c]いい[d]から、出かけ[e]たら[f]きっと楽しい[g]よ。

（　）〔　〕（　）〔　〕（　）〔　〕（　）〔　〕

ア 格助詞　イ 接続助詞　ウ 副助詞　エ 終助詞

2 **次の各文の――部の格助詞の働きを後から選び、記号で答えなさい。**

① 友達の描（か）いた絵が展覧会で入賞した。（　）
② やるのやらないのと押（お）し問答をする。（　）
③ 明日の朝九時に新装開店します。（　）
④ 音楽を聴（き）くのが好きです。（　）

ア 連体修飾語（しゅうしょくご）　イ 並立（へいりつ）の関係　ウ 部分の主語　エ 体言の代用

3 **次の各文の――部の接続助詞の働きを後から選び、記号で答えなさい。**

① 理由を聞いたものの、納得（なっとく）できない。（　）
② 少し直すと、いい作品になるに違いない。（　）
③ うまくいかなくても、気にすることはない。（　）
④ 風が強いので、窓を閉めてくれませんか。（　）

ア 仮定の順接　イ 仮定の逆接　ウ 確定の順接　エ 確定の逆接

4 **次の各組の――部が接続助詞であるほうを選び、記号で答えなさい。**

① ア 有名な芸術家となる。
　イ 何を言われようと、大丈夫（だいじょうぶ）だ。（　）

② ア 今から行ったところで、もう閉店だろう。
　イ ところで、君はこれからどうするの。（　）

---

1 ≫140～143ページ
ヒント 助詞は付属語で活用がない。格助詞は主に体言につき、接続助詞は主に用言や助動詞につく。副助詞はいずれにもつき、格助詞と間違（まちが）えやすいものがあるので注意。終助詞は文末につくことが多い。

2 ≫144～145ページ
ヒント 格助詞「の」の働きを見分ける。前後に体言がある場合は連体修飾語、「とか」「だの」に言いかえられれば並立の関係、「が」に言いかえられれば部分の主語、「（の）もの」「（の）こと」に言いかえられれば体言の代用を示す。

3 ≫146～149ページ
ヒント 接続助詞の前の内容が「仮定の事柄（ことがら）」か「事実や確実な事柄」か、それに対して後の内容が「順接」か「逆接」かで判断する。

4 ≫146～149ページ
ヒント ①「と」には、格助詞や接続助詞などがある。格助詞は主に体言につき、接続助詞は主に用言や助動詞につくことから見分ける。
②「ところで」には、次の場合がある。単独で接続語になれば接続詞。「とし

5 **次の各文の――部の副助詞の意味を後から選び、記号で答えなさい。**

① 少し読んでは考えている。（　　）
② 決してあきらめはしない。（　　）
③ この動物園には、アフリカ象はいます。（　　）
④ 成功は、失敗のうえに築かれる。（　　）

ア ほかとの区別　イ 主題の提示　ウ 反復　エ 強調

6 **次の文の――部の副助詞と同じ意味のものを後から選び、記号で答えなさい。**

・勉強さえできればよいというものでもない。（　　）

ア 部品さえあれば、修理できる。
イ 小学生にさえ解ける問題だ。
ウ 暗くなり、風さえ出てきた。

7 **次の各文の（　）にあてはまる終助詞を後から選び、答えなさい。**

① この約束は決して忘れる（　　）。
② もちろん、いいです（　　）。
③ 一緒にどうです（　　）。

か　さ　な　とも

発展問題

1 **次の各組の――部が助詞であるほうを選び、記号で答えなさい。**

① ア 図書館では静かにする。
　イ もうすぐ家に帰る。（　　）
② ア いつも爽やかでありたい。
　イ 忘れ物を急いで取りに戻った。（　　）

ても」に言いかえられれば接続助詞、言いかえられなければ名詞「ところ」＋格助詞「で」。

5 ≫150～153ページ
ヒント ③ほかのいない動物のことが念頭に置かれている。

6 ≫150～153ページ
ヒント 副助詞「さえ」の意味は三つ。添加…文に「そのうえ」を補える。限定…「だけ」に言いかえられる。ほかを類推させる…「でも」に言いかえられる。

7 ≫154～155ページ
ヒント ①は「禁止」、②は「強調・確信」、③は「勧誘」を表す。

1 ≫144～149ページ
ヒント ①「に」には次のものなどがある。「～な」＋体言の形になれば形容動詞の連用形活用語尾。場所や相手などを表す体言につき、連用修飾語になっていれば格助詞。
②「で」には次のものなどがある。場所や手段などを表す体言につき、連用修飾語になっていれば格助詞。動詞の音便形についていれば接続助詞。「～な」＋体言の形になれば形容動詞の連用形活用語尾。主に体言につき、「～な」＋体言の形にならなければ断定の助動詞「だ」の連用形。

解答➡324ページ

定期試験対策問題

1 次の各文中の助詞に――線を引きなさい。
〈助詞① 》140～141ページ〉

(1) これが私たちだけで作り上げた作品ですよ。
(2) 地図を見ながら運転したが、思ったより早く着いた。

2 次の各文の――部の助詞の種類を後から選び、記号で答えなさい。
〈助詞② 》142～143ページ〉

(1) 君^{a}が貸し^{b}てほしい^{c}と言った本を持ってきた^{d}よ。
a（　）b（　）c（　）d（　）
(2) いつ^{a}まで寝ていれ^{b}ばこの風邪（かぜ）^{c}は治るだろう^{d}か。
a（　）b（　）c（　）d（　）
(3) 嫌（いや）がっ^{a}ても、君^{b}ほど部長^{c}に適任な人^{d}はいない。
a（　）b（　）c（　）d（　）

ア 格助詞　イ 接続助詞　ウ 副助詞　エ 終助詞

ヒント 格助詞と副助詞を見分けるのは難しいこともあるので、代表的な格助詞は覚えてしまおう。

3 次の各文の――部の格助詞の働きを後から選び、記号で答えなさい。
〈助詞③ 》144～145ページ〉

(1) みかんとリンゴ、どちらにしますか。（　）
(2) 明日、また来ると言いました。（　）
(3) 友達とキャッチボールをしました。（　）

ア 共同の相手を表す　イ 結果を表す　ウ 対象を表す
エ 比較（ひかく）を表す　オ 引用を表す　カ 並立（へいりつ）の関係を示す

4 次の各文の――部の接続助詞の働きを後から選び、記号で答えなさい。
〈助詞④⑤ 》146～149ページ〉

(1) 新聞を読めば、わかると思います。（　）
(2) 慌（あわ）てたところで、おそらく変わらない。（　）
(3) 飛んだり跳（は）ねたりして喜ぶ。（　）
(4) わかっているのに、やってしまった。（　）
(5) 疲（つか）れたから、ひと休みしましょう。（　）
(6) 姉は髪（かみ）の毛を一つに結んでいる。（　）

ア 仮定の順接　イ 仮定の逆接
ウ 確定の順接　エ 確定の逆接
オ 並立の関係を示す　カ 補助の関係を示す

ヒント 接続助詞の前後の内容から、確定なのか、仮定なのか、順接なのか、逆接なのかを判断する。

5 次の各組の――部が接続助詞であるものを選び、記号で答えなさい。
〈助詞④⑤ 》146～149ページ〉

(1) ア 学校から家まで歩いて二十分かかる。
イ 重いから、気をつけて運んでください。
（　）
(2) ア 今は晴れているが、夜から雨のようだ。
イ 宿題が出ている。が、やる気になれない。
ウ どんなときでも冷静なのが、彼（かれ）の長所だ。
（　）
(3) ア この新しいので作業してください。
イ 新しいので、つやがいい。
（　）

〈助詞⑥⑦ ≫150〜153ページ〉

6 次の各文の――部の副助詞の意味を後から選び、記号で答えなさい。

(1) あれだけ練習したから、大丈夫さ。（　　）
(2) この花は高い山にしか咲きません。（　　）
(3) 今日こそ打ち明けようと思う。（　　）
(4) 人物や風景などを主に描いています。（　　）

ア 限定　イ 強調　ウ 程度　エ 例示

〈助詞⑥⑦ ≫150〜153ページ〉

7 次の文の――部の副助詞と同じ意味のものを後から選び、記号で答えなさい。

・子どもにまで笑われた。（　　）

ア 親にまで間違えられた。　イ 雨に加え雷まで鳴りだした。
ウ 一人でやるまでだよ。　エ 駅まで二十分ほどかかる。

〈助詞⑧ ≫154〜155ページ〉

8 次の各文の――部の終助詞の意味を後から選び、記号で答えなさい。

(1) なんとおっしゃいましたか。（　　）
(2) 危険なところには行くな。（　　）
(3) お祭りの出し物を決めましょうよ。（　　）
(4) どうして君を忘れられようか。（　　）
(5) 早く夏休みが来ないかなあ。（　　）

ア 反語　イ 疑問・質問　ウ 勧誘
エ 願望　オ 禁止

〈助詞①〜⑧ ≫140〜155ページ〉

9 次の各文の――部と文法的に同じ性質のものをそれぞれ後から選び、記号で答えなさい。

(1) 手紙を読んで返事を書きました。（　　）
ア 泳いで渡る。　イ 自転車で行く。
ウ 母は長女である。　エ おおらかで優しい人。

(2) ここでは騒いでも大丈夫だ。（　　）
ア 彼は教師でもある。　イ 爽やかでもない。
ウ いつでも行かれる。　エ 転んでも立ち上がる。

(3) 兄は生徒会長になった。（　　）
ア 寒さはしだいに和らぐだろう。
イ 大きな声が自然に出た。
ウ 彼のように熱心な人はいない。
エ 雪は明け方には雨に変わった。

(4) 知っているのに知らないふりをする。（　　）
ア 明日までにできるはずだったのに。
イ 僕のもいいけれど、君のにはかなわない。
ウ こんなに急いでいるのに追いつけない。
エ あちらの青いのにかえてください。

(5) 何年たとうとも、きっと覚えているよ。（　　）
ア どんなにつらくとも、決してあきらめない。
イ 一時は手遅れになるかとも、考えていた。
ウ もうすぐみんなともお別れだね。
エ 大丈夫だよ。わかっているとも。

ヒント (1)(2)動詞の音便形についていることに着目する。「でも」は「で」＋「も」の場合もある。

解答➡330ページ

話し言葉と書き言葉

≫162～163ページ

日常生活で使う言葉には、**話し言葉**（音声言語）と**書き言葉**（文字言語）がある。両者の特色を生かせば、豊かな言語生活を送れる。

話し言葉（音声言語）	書き言葉（文字言語）
≫162ページ	≫163ページ
・話し手と聞き手が同じ状況にいることが多く、状況の説明などを省略しても意味が通じやすい。 ・イントネーションや強弱がつけられる。 ・話し言葉特有の文末表現がある。	・漢字で表記することで同音異義語の区別がつけられる。 ・熟語が多用される。 ・文章を読み返し、推敲することができる。

敬語

≫164～171ページ

相手（聞き手・読み手）や、話題の中の人物に敬意を表す言葉を**敬語**という。敬語には敬意を表すための細かな配慮があり、適切に敬意を表すためには敬語を正しく使うことが必要である。

敬語は相手との関係や立場によって使い分けよう。

謙譲語

≫168ページ

①謙譲の意味の特別な動詞を用いる。

言う・話す → **申す・申し上げる**

②「お（ご）～する（いたす）」の形を用いる。

伝える。→ **お伝えする。**

連絡する。→ **ご連絡いたす。**

③接頭語・接尾語をつける。

当社 → **弊社**

私（男性） → **小生**

私・私たち → **私ども**

謙譲語は、謙譲語Ⅰ・Ⅱと分けることがある。

謙譲語Ⅰ…相手に対して行う、自分や身内の動作をへりくだって述べ、その動作の受け手を敬う。

例 先生に本を**差し上げる**。

謙譲語Ⅱ…自分や身内の動作を丁重に述べ、聞き手（読み手）を敬う。

※丁重語とされることもある。

例 会議室を使用**いたし**ます。

敬語の種類

≫ 164 ページ

尊敬語
相手や話題の中の人の動作・状態などを高める表現。動作主を敬う。

謙譲語
自分や身内の動作などをへりくだって（低めて）表現することで、動作の受け手を敬う。

丁寧語
丁寧な言葉遣いによって聞き手（読み手）を敬う。

尊敬語

≫ 166 ページ

① 尊敬の意味の特別な動詞を用いる。

言う・話す ➡ おっしゃる

② 「お（ご）～になる（なさる）」の形を用いる。

閉める。➡ お閉めになる。
結婚する。➡ ご結婚なさる。

③ 尊敬の助動詞「れる」「られる」を用いる。

先生が話す。➡ 先生が話される。

④ 接頭語・接尾語をつける。

ご夫妻　お手紙　田中様　弟さん

対で覚える尊敬語と謙譲語

≫ 169 ページ

尊敬語	ふつうの言い方	謙譲語
おっしゃる	言う 話す	申す 申し上げる
なさる あそばす	する	いたす
いらっしゃる おいでになる	行く 来る	参る 伺う
召し上がる	食べる 飲む	いただく
ご覧になる	見る	拝見する

丁寧語

≫ 170 ページ

① 助動詞「です」「ます」を用いる。

これだ。➡ これです。
行く。➡ 行きます。

② 「ございます」「～ております」を用いる。

ここにある。➡ ここにございます。
ごぶさたしている。➡ ごぶさたしております。

③ 接頭語「お」「ご」をつける。（美化語）

美化語は、相手への敬意を表すのではなく、物事を美しく表現する言葉である。

お水　お昼　ご飯　ご馳走

1 話し言葉と書き言葉

例題 **次の文の〔　〕にあてはまる言葉を答えなさい。**

物事を音声で伝えるときの言葉を〔　　〕言葉（音声言語）といい、〔　　〕で伝えるときの言葉を〔　　〕言葉（文字言語）という。

例題の答え
話し・文字・書き

話し言葉

話し言葉は、「**聞く**」「**話す**」ときに用いる、音声による言葉である。

話し言葉の特徴（とくちょう）

話し言葉では、話し手と聞き手が同じ状況（じょうきょう）にいることが多く、それが内容の理解を助ける。

● **省略した表現やくだけた表現でも伝わる。**

これ、貸してちょうだい。
└話し手と聞き手が同じ場所にいるので、何を指しているのか、誰（だれ）が誰に向かって言っているのかが、言葉で説明しなくてもわかる。

● **イントネーションや言い方の強弱などで意思が伝わる。**

昼ご飯食べた。　↑ 文末をしり上がりに言えば、疑問文であることが伝わる。
駅で、先生とお会いした。　↑ どこで会ったのかを伝えたければ、「駅で」を強く言う。
※**イントネーション…話し言葉の、声の上がり下がり。**

● **話し言葉特有の文末表現などが用いられる。**

――ちゃった。／――って、／――さ、

チェック！ **話し言葉の同音異義語の区別**

● 「**市立**」と「**私立**」を区別するために、「**私立**」を「**わたくしりつ**」と言うなど、話し言葉では同音異義語をわかりやすくするために言いかえることがある。

発展 **日本語の文字について**

● **漢字仮名（かな）交じり文**

日本語の文字には、**漢字・平仮名（ひらがな）・カタカナ**があり、必要に応じて**ローマ字**が用いられる。この、漢字と仮名で書き表す文を、**漢字仮名交じり文**という。

はははいしゃにいった。
⬅
母は歯医者に行った。

● **表意文字と表音文字**

表意文字…一字だけで意味も表す。日本語の文字では漢字。
表音文字…一字では音だけを表す。日本語の文字では平仮名・カタカナ・ローマ字。

書き言葉

書き言葉は、「**読む**」「**書く**」ときに用いる、文字による言葉である。

書き言葉の特徴

書き言葉では、読み手が書かれた言葉だけを頼(たよ)りに内容を理解できるよう、書き手は表現を工夫(くふう)することが大切である。

● **同音異義語の区別がつけられる。**

かがくが好きだ。＜ 科学が好きだ。／化学が好きだ。

漢字で表記することで「科学」か「化学」かがはっきりわかる。

● **熟語が多用される。**

話し言葉	書き言葉
前をよく見ていなくて……	前方（熟語）、不注意（熟語）により……

● **文章を読み返し、推敲(すいこう)して書き直すことができる。**

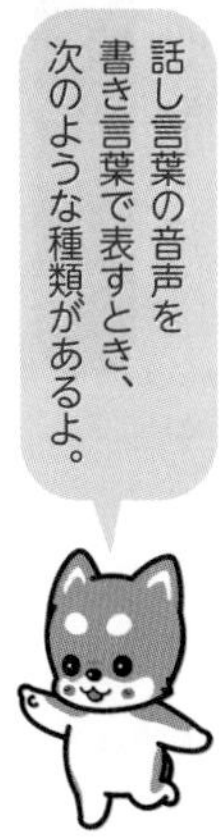

話し言葉の音声を
書き言葉で表すとき、
次のような種類があるよ。

日本語の音声の表記の種類

清音(せいおん)	濁(にご)らない音。	あ・か
濁音(だくおん)	濁る音。	が・ぎ
半濁音	「パ行」の音。	ぱ・ぴ
長音	のばす音。	ろうそく
拗音(ようおん)	「ゃゅょ」を添(そ)える。	きゃ・しゅ
促音(そくおん)	つまる音。「っ」で表す。	言った
撥音(はつおん)	はねる音。「ん」で表す。	読んだ

● **平仮名とカタカナ**

平仮名は主に漢字の**草書体**から、カタカナは漢字の**一部**から生まれた、日本独自の文字である。

コラム

方言と共通語

「こわい」という言葉を、あなたはどんなときに使いますか。おそろしいものを見たとき、不安を感じるときなどに使う人が多いでしょうが、北海道の人は「疲(つか)れた」という意味で使うこともあります。

このように、特定の地域に限って通用する言葉を**方言**といい、全国で通用する言葉を**共通語**といいます。

共通語…主に東京の言葉をもとに作られた。改まった場や違(ちが)う地域の人と話すときに使う。

方言……それぞれの地域によって違っていて、家族や友人など、親しい間柄(あいだがら)で使うことが多い。

ちなみに、東京にも方言はあります。

おしまい ➡ **化粧(けしょう)**
おっこちる ➡ **落ちる**

などです。

東京の人に限らず、方言と気づかずに使っていて、他の地域の人と話すときにいまいち通じない……なんて言葉もあるかもしれませんね。

敬語① 敬語の種類

例題 **次の各文の――部は、後のどの表現を含むか、記号で答えなさい。**

❶ 美しい景色を見ることができました。（　　）
❷ 夏休みに先生のお宅に伺った。（　　）
❸ 先生は「ありがとう」とおっしゃった。（　　）

ア 尊敬表現　**イ** 謙譲表現　**ウ** 丁寧表現

敬語

敬語とは、話し手（書き手）が、相手（聞き手・読み手）や話題の中の人物に対して**敬意を表す言葉**である。

敬語の種類とそれぞれの使い方を覚えよう。

敬語の種類

敬語表現には、**尊敬語**・**謙譲語**・**丁寧語**の三つがあり、これらを区別して使う。

● **尊敬語**…**話し手（書き手）が、相手や話題の中の人の動作・状態などを高めて言う表現。**その動作をする人（動作主）を敬う。

先生が、教室に**いらっしゃる**。
→「来る」という先生の動作に対する敬意を表す。

動作主（先生）
↑敬意
話し手（書き手）

● **謙譲語**…**話し手（書き手）が自分や身内の動作などをへりくだって（低めて）言う表現。**動作の受け手を敬う。

例題の答え
❶ ウ　❷ イ　❸ ア

チェック！ **動作主の省略**

● 日本語では、主語を省略した文も多い。動作主が省略された文章で敬語が使われている場合、文脈や会話の流れから、敬語の種類を判断する。逆に、敬語の種類から動作主を判断することもできる。

明日、伺います。
→「行く」の謙譲語
動作主は、話し手（書き手）を含むその身内だとわかる。

チェック！ **五種類の敬語**

● 敬語は次の五種類に分けられることがある。

・**尊敬語**
・**謙譲語Ⅰ**（>>168ページ）
・**謙譲語Ⅱ**（>>168ページ）
・**丁寧語**（>>170ページ）
・**美化語**（>>171ページ）

私は先生の家に**伺う**。

→「行く」という自分の行為をへりくだることで先生に対する敬意を表す。

動作の受け手（先生）
↑ 敬意
話し手（書き手）（私） → へりくだる → 動作主（私）

●丁寧語…話し手や書き手が丁寧な言葉遣いをすることで、聞き手（読み手）を敬う。

これが見本**です**。

→丁寧な言い方をすることで相手に対する敬意を表す。

話し手（書き手） → 敬意 → 聞き手（読み手）

敬語の種類の見分け方に注意しよう

●尊敬語…動作主は、自分や自分の身内以外。

お客様が、料理を**召し上がる**。

「お客様」は自分や自分の身内以外なので尊敬語を使う。

●謙譲語…動作主は、自分や自分の身内。

母がお客様に**申し上げた**。

「母」は自分の身内なので謙譲語を使う。

●丁寧語…「です」「ます」「ございます」、接頭語「お」「ご」＋名詞など。

・今日は買い物に行き**ます**。

聞き手（読み手）に対する敬意。

・**お**花・**お**米・**ご**飯

接頭語「お」「ご」＋名詞。

▼接頭語「お」「ご」＋名詞で敬意を表す表現は、尊敬語や謙譲語にもなる。

・**お話**を伺います。

「話す」のは相手 ⇒ 「お話」は尊敬語。

・**お見舞い**に伺います。

「見舞う」のは自分 ⇒ 「お見舞い」は謙譲語。

発展 重ねて使われる敬語

●敬語には三種類あるが、実際にはこれらを組み合わせて使うことが多い。

林様は、もう出発**なさい** **まし**た。

尊敬語 → 動作主（林様）への敬意
丁寧語 → 聞き手への敬意

市長のお話を**伺い** **まし**た。

謙譲語 ← 自分の動作をへりくだることで動作の受け手（市長）を敬う。
丁寧語 ← 聞き手への敬意

尊敬語＋丁寧語、謙譲語＋丁寧語はよく重ねて使われるが、尊敬語＋尊敬語や、謙譲語＋謙譲語は一般的には使わない。

×林様は、もう**お帰りにな** **られ**ました。（尊敬語 尊敬語）

⇐ ○林様は、もう**お帰りになり**ました。
○林様は、もう帰**られ**ました。

×本を**お** **差し上げ** **する**。（謙譲語 謙譲語）

⇐ ○本を**差し上げる**。

※「差し上げる」は、「与える」の謙譲語。

尊敬語＋尊敬語や、謙譲語＋謙譲語のように、同じ種類の敬語を二重に使ったものを「二重敬語」という。一般的には二重敬語は使わないが、広く使われて、定着しているものもある。

お見えになる
⇒「お～になる」「見える」がともに尊敬語。

お伺いする
⇒「お～する」「伺う」がともに謙譲語。

3 敬語② 尊敬語

例題 **次の各文の――部を後の指示にしたがって尊敬語に直しなさい。**

❶ 先生はまもなくここに来る。
　尊敬の意味の特別な動詞を用いる……（　　）

❷ お客様は、もう帰ったらしい。
　「れる」「られる」を用いる……（　　）

尊敬語

尊敬語は、**動作をする人（動作主）への敬意**を表す。**尊敬の意味の特別な動詞**を用いる表現、**尊敬の助動詞「れる」「られる」**を用いる表現など、いくつかの表現がある。

尊敬語は動作主への敬意を表す

①**尊敬語はいつ使うか**…尊敬語は、相手や話題の中の人の動作や状態などを高めて言うことで、動作主を敬うときに使う。

②**尊敬語のいろいろ**

●**尊敬の意味の特別な動詞。**

・言う・話す ➡ **おっしゃる** 例 校長先生がおっしゃる。
・行く・来る ➡ **いらっしゃる・おいでになる** 例 お客様がいらっしゃる。
・いる ➡ **いらっしゃる・おいでになる** 例 先生は職員室にいらっしゃる。
・くれる ➡ **くださる** 例 先生が本をくださる。
・食べる・飲む ➡ **召(め)し上がる** 例 みなさんで召し上がってください。

例題の答え
❶ いらっしゃる（おいでになる）
❷ 帰られた

チェック！ 人を表す敬語の使い方

●自分を表す場合

ふつうのとき―わたし
あらたまったとき―わたくし

●相手を表す場合

自分と対等・目下のとき―あなた
目上のとき―・「先生」「部長」などの役職名
　　　　　　・「～さん」などの敬称をつけた個人名

チェック！ 身内に尊敬語を使う場合

●**第三者がいないとき**は、身内でも目上の人に対して尊敬語を使う。

×部長から、話してよ。
○部長から、**お話しください。**

● **「お(ご)〜になる」「お(ご)〜なさる」** の形の表現。

・先生が話す。 ⇨ 先生が**お**話し**になる**。
・来賓の方が挨拶する。 ⇨ 来賓の方が**ご**挨拶**なさる**。

● **尊敬の助動詞「れる」「られる」** をつけた表現。

・先生が言う。 ⇨ 先生が言わ**れる**。
・お客様が来る。 ⇨ お客様が来**られる**。

● **接頭語・接尾語**(敬称)のついた表現。

・**接頭語**
ご夫妻　**御**社　**貴**社
令嬢　**高**説
お住まい　**お**美しい

・**接尾語**
おじ**様**　田中**様**　木村**さん**
山田**殿**　妹**さん**

身内についての表現に注意しよう

自分や、自分の側の人間・身内には、尊敬語は使わない。

敬語を使うべき場面では、目上の人でも身内ならば、外部の人に対しては謙譲語を使う。

×**お母さん**が**ご覧になり**ました。
○**母**が**拝見し**ました。
（母）第三者に対しては、身内に敬称はつけない。
（拝見し）第三者に対しては謙譲語を使う。

×部長が**いらっしゃい**ます。
○部長が**参り**ます。
（参り）目上の人であっても、自分と同じ会社の人の行動には、第三者に対しては謙譲語を使う。

同じ会社や学校など、同じ組織の人は、「身内」と考えるよ。

第三者（組織外の人）がいる場合には、「部長から、お話しします。」のように謙譲語を使う。同じ人の同じ動作でも、状況に応じて使う敬語が違うことがあるので、状況に応じて使い分けられるようになろう。

コラム　手紙の宛名

同じ会社の上司である中田健部長宛てに、贈り物のお礼の手紙を書くことになりました。次のうち、宛名として正しいのはどれでしょう。

①中田　健　部長
②中田　健　様
③中田　健　御中
④中田　健　殿
⑤中田　健　君
⑥中田　健　先生

手紙の宛名は身内や親しい人に対する場合でも、敬称を使います。一般的に「様」が多いですが、相手に失礼のないものなら「様」以外にも使っても構いません。「部長」などの役職名は使えます。

「御中」は会社全体、クラス全体など、個人ではない相手に使います。「殿」は目上の人への手紙では使いません。「君」はごく親しい人か、ごく親しい目下の人に使います。「先生」は先生相手なら使ってよいですが、上司は先生ではありません。よって、正しいのは①②。

正解できましたか。

4 敬語 ③ 謙譲語

例題 **次の各文の――部を後の指示にしたがって謙譲語に直しなさい。**

❶ 市の美術展で先生の絵を見ました。
謙譲の意味の特別な動詞を用いる ……………（　　）

❷ その荷物は私が持ちます。
「お～する」を用いる ……………………（　　）

例題の答え
❶ 拝見し　❷ お持ちし

謙譲語

謙譲語は、**動作の受け手への敬意**を表す。**謙譲の意味の特別な動詞**を用いる表現、**謙譲を表す接頭語・接尾語**を用いる表現など、いくつかの表現がある。

謙譲語は自分や身内をへりくだって言う表現

① **謙譲語はいつ使うか**…謙譲語は、自分や身内の動作をへりくだって（低めて）言うことで、動作の受け手を敬うときに使う。

② **謙譲語のいろいろ**
● **謙譲の意味の特別な動詞。**

・言う・話す ➡ **申す・申し上げる** 例私の考えを申し上げる。
・行く・来る ➡ **参る・伺う** 例明日五時にお宅に伺う。
・与える・やる ➡ **差し上げる** 例記念品を差し上げる。
・食べる・飲む ➡ **いただく** 例お菓子をいただく。

チェック！ 謙譲語の二種類

● 謙譲語は次の二種類に分けられることがある。

・**謙譲語Ⅰ**
相手に対して行う、自分や身内の動作をへりくだって述べ、その動作の受け手を敬う。

社長に明日の予定を**申し上げる**。
先生のお宅へ**伺う**。

・**謙譲語Ⅱ**
自分や身内の動作を丁重に述べ、聞き手（読み手）を敬う。

私は田中と**申し**ます。
これから会社へ**参り**ます。

謙譲語Ⅱは丁重語とされることもある。

● **「お(ご)～する」「お(ご)～いたす」** の表現。

・先生に報告する。 ⬇ 先生に**ご**報告**する**。
・校長先生に見せる。 ⬇ 校長先生に**お**見せ**する**。
・来賓(らいひん)の方を案内する。 ⬇ 来賓の方を**ご**案内**いたす**。
・お客様を連れる。 ⬇ お客様を**お**連れ**いたし**ます。(「ます」は丁寧語)

● **接頭語・接尾語** のついた表現。

・**接頭語**
小生(しょうせい)　**小**社　**弊**社　**愚**息(ぐ)　**愚**弟
粗品(そ)　**拙**著(せつ)　**拙**宅

・**接尾語**
私**ども**
手前**ども**

対(つい)で覚える尊敬語と謙譲語

尊敬語	ふつうの言い方	謙譲語
おっしゃる	言う・話す	申す・申し上げる
なさる・あそばす	する	いたす
いらっしゃる おいでになる	いる	おる
いらっしゃる おいでになる	行く・来る	参る・伺う
召(め)し上がる	食べる・飲む	いただく
くださる	与(あた)える・やる	差し上げる
お受け取りになる	もらう	いただく・頂戴(ちょうだい)する
お聞きになる	聞く	伺う・承(うけたまわ)る・拝聴(はいちょう)する
ご覧になる	見る	拝見する
お会いになる	会う	お目にかかる
お思いになる	思う	存ずる(存じる)

チェック！ 「お」と「ご」のつけ方

●「お～する」「ご～する」の謙譲表現はどちらも同じ意味を表す。謙譲表現にするときに「お」を使うか、「ご」を使うかは、「～」の言葉による。多くは、和語は「お」、漢語は「ご」を使う。

お話しする。(和語)
ご相談する。(漢語)
お伝えする。(和語)
ご連絡(れんらく)する。(漢語)

ただし **「お元気」**(「元気」は漢語)など、例外もあるので注意する。

発展 常体と敬体

●「ふつうの言い方」と「敬語」の区別に近いものとして、文章表現では、「**常体**」と「**敬体**」の区別がある。常体は文末を「～だ」「～である」で結ぶ。敬体は文末を「～です」「～ます」で結ぶ。

〈常体〉
・今日は快晴**だ**。
・夜明け**である**。

〈敬体〉
・今日は快晴**です**。
・もうすぐ帰り**ます**。

次のような文末も常体である。

・散歩をし**た**。
・今、帰**る**。
・夜が明け**る**。

5 敬語④ 丁寧(ていねい)語

例題 次の各文の――部を後の指示にしたがって丁寧語に直しなさい。

「です」「ます」を用いる

❶ 堂々と大勢の前で話した。……（　　）

❷ 明日はきっと会えるだろう。……（　　）

「ございます」「おります」を用いる

❸ 父は客間にいる。……（　　）

❹ ここは工場である。……（　　）

例題の答え

❶ 話しました
❷ 会えるでしょう
❸ 客間におります
❹ 工場でございます

丁寧語

丁寧語は、**聞き手（読み手）**に対する**丁寧な態度・気持ち**を表すときに使う。「**です**」「**ます**」を用いる言い方や、「**ございます**」「**おります**」を用いる言い方、**丁寧の意味をもつ接頭語**をつける言い方などがある。

丁寧語は聞き手（読み手）への敬意を表す

① **丁寧語はいつ使うか**…丁寧語は、聞き手（読み手）に対する丁寧な態度・気持ちを表すときに使う。

② **丁寧語のいろいろ**

● **助動詞「です」「ます」**を用いる言い方。

・その駅は向こうだ。 ➡ その駅は向こうです。
・それはここにある。 ➡ それはここにあります。
・桜はもうすぐ咲(さ)くだろう。 ➡ 桜はもうすぐ咲くでしょう。
・もう、夕食は食べた。 ➡ もう、夕食は食べました。

チェック！ 間違(まちが)えやすい敬語表現

● 謙譲(けんじょう)語と尊敬語をとり違えている間違い

・忘れ物を ×いたしませんように。 ○なさいませんように。
・先生が見学に ×参っています。 ○いらっしゃっています。
・あなたから ×申してください。 ○おっしゃってください。
・どうぞ ×いただいてください。 ○召(め)し上がってください。

●**「ございます」**を用いる言い方。

・あちらにある。 ⬇ あちらに**ございます**。

▼「～て(で)ございます」「～て(で)おります」は、形式動詞(補助動詞)として用いられることもある。

・私の母で**ございます**。
・ずっとこの地に住んで**おります**。

●**丁寧を表す接頭語**のついた表現。

お菓子(かし)　**お**しぼり　**お**皿　**ご**本　**ご**馳走(ちそう)　**ご**近所

▼丁寧語の中の接頭語「お」「ご」がついた表現を**美化語**ということもある。美化語は、聞き手(読み手)への敬意を表すのではなく、物事を美しくやわらかく言うための表現である。

形式動詞(補助動詞)とは、動詞としての本来の意味が薄(うす)れて、前の文節を補助する動詞のことだったね。(≫65ページ)

接頭語「お」「ご」のつけすぎに注意しよう

接頭語「お」「ご」をつけない言葉の例

接頭語「お」「ご」をつけると、かえって聞き苦しいこともある。

・外来語…………おコーヒー・おテレビ
・動物……………お犬・おうさぎ
・公共的なもの…お電車・お公園

●**身内に敬語を使う間違い**

目上の人でも身内ならば、外部の人に対しては謙譲語を使う。

×社長が面会なさるとおっしゃっています。
○社長が面会いたすと申しております。

●**人間以外のものに使う間違い**

敬語表現は、人間以外のものに使うのは間違いとされている。

・そちらは、今日も
×大雪でいらっしゃるそうですが。
○大雪だそうですが。

・きれいな
×お庭でいらっしゃいますね。
○お庭ですね。

▼「犬にえさをあげる」のような表現も、原則的には「えさをやる」が正しい。

練習問題

1 **次の文の――部の話し言葉を書き言葉に直しなさい。**

・[a]なんでこんなに　[b]練習しなきゃ　[c]ならないんだろう。

a（　　　　）　b（　　　　）

c（　　　　）

2 **次の文の――部の言葉を、熟語表現に直しなさい。**

・この前受けたオーディションの[a]受かったか落ちたかの知らせが、[b]昨日の夜、届いた。

a（　　　　）　b（　　　　）

3 **次の各文の――部の敬語の種類を後から選び、記号で答えなさい。**

① 心配なさらないでください。（　）　② 私が持って参ります。（　）

③ お隣（となり）の人からお土産（みやげ）をいただいた。（　）　④ すぐに行きます。（　）

ア 尊敬語　イ 謙譲語（けんじょう）　ウ 丁寧語（ていねい）

4 **次の①②の文の――部を尊敬表現に直しなさい。また、③④の文の――部を謙譲表現に直しなさい。それぞれ二とおり示すこと。**

① 来賓（らいひん）の方が祝辞を読む。　② お客様が来た。

③ 今日、市長に会います。　④ 夕方の五時ごろに行きます。

①（　　）（　　）　②（　　）（　　）

③（　　）（　　）　④（　　）（　　）

1 ≫162〜163ページ

2 ≫162〜163ページ

3 ≫164〜165ページ

4 ≫166〜169ページ

発展問題

1 次の各文の――部を、尊敬の意味の特別な動詞を用いた言い方に直しなさい。

① 連絡(れんらく)をくれたことを感謝します。
② あなたが言うとおりです。
③ 社長はご自宅にいますか。
④ このお茶を飲みますか。

①（　　）②（　　）
③（　　）④（　　）

2 次の各文のうち、「申す」の使い方の正しいものをすべて選び、記号で答えなさい。

ア 父が拝見したいと申しております。
イ 先生が、明日会いましょうと申されました。
ウ 山中様と申すお方から、お電話をいただきました。
エ お客様にはそのように申しました。
オ ある日、先生が生徒に書類を提出するようにと申しました。

（　　）

3 次の各文のような場合には、どのような敬語表現が適切か。後の例文から、あてはまるものを選び、記号で答えなさい。

① 目上の人に対して、自分のことを話す。（　　）
② 目上の人に対して、自分の身内のことを話す。（　　）
③ 目上の人に対して、その人のことを話す。（　　）
④ 親しい友人と、尊敬する人のことを話す。（　　）
⑤ 親しい友人や目下の人に対して話す。（　　）

ア 君の文章、よかったよ。
イ 私の文章をご覧いただけますか。
ウ 母がよろしくと申しておりました。
エ 昨日、博物館でお見かけいたしました。
オ 先生もいらっしゃったよ。

---

1 ≫166～167ページ
ヒント 尊敬の意味の特別な動詞とは、「する」に対して「なさる」など、一語で決まった言い方をするもの。

2 ≫168～169ページ
ヒント 「申す」は謙譲の意味の特別な動詞であることから考えよう。

3 ≫166～169ページ
ヒント 身内のことを身内ではない人に話すときは、謙譲語を使うことに注意しよう。

解答➡324ページ

定期試験対策問題

〈話し言葉と書き言葉〉
≫162〜163ページ

1 次の説明は、話し言葉と書き言葉のどちらの性質を表したものか。記号で答えなさい。

ア 指示語を多用しても伝わりやすい。
イ イントネーションの違い(ちが)や強弱で意思を伝えられる。
ウ 和語よりも漢語が多用される。
エ 正しく伝わるように表現を推敲(すいこう)することができる。
オ 省略した表現やくだけた表現でも内容が伝わりやすい。
カ 感動詞や終助詞が多く使われる傾向(けいこう)にある。
キ 同音異義語や同訓異字の区別をつけやすい。

話し言葉（　　　）　書き言葉（　　　）

〈話し言葉と書き言葉〉
≫162〜163ページ

2 次の各文の話し言葉について、不必要と思われる要素は省き、書き言葉に改めなさい。

(1) ねえ、ねえ、田村のお姉さん、ほら、あの、年の離(はな)れた。中学校の先生をしてるんだって。

(2) 駅前のドーナツ屋、あの最近できた。あそこに行ったんだけど、お客さんがものすごく並んでいて、びっくりしちゃったよ。

〈敬語①〉
≫164〜165ページ

3 次の各文の――部の敬語の種類を後から選び、記号で答えなさい。

(1) 昨夜は何時ごろお休みになりましたか。（　）（　）
(2) 明日、伺(うかが)います。（　）（　）
(3) そろそろひと休みしませんか。（　）（　）
(4) 先日、お手紙を拝見しました。（　）（　）
(5) ご意見を承(うけたまわ)っております。（　）（　）
(6) おっしゃることはもっともだと思います。（　）（　）
(7) 温かいうちにお召(め)し上がりください。（　）（　）
(8) いいお天気ですね。（　）（　）
(9) みなさまにお伝えしたいことがあります。（　）（　）
(10) 彼女(かのじょ)もそろそろ着くころでしょう。（　）（　）

ア 尊敬語　イ 謙譲語(けんじょう)　ウ 丁寧語(ていねい)

ヒント 尊敬語は、相手や話題の中の人の動作に使う。謙譲語は、自分や自分の身内の動作に使う。丁寧語は、丁寧な言葉遣(づか)いで聞き手（読み手）を敬う気持ちを表現する。

〈敬語②〉
≫166〜167ページ

4 次の言葉をそれぞれ「お〜になる」の形に直しなさい。

(1) 書く（　　　）
(2) 待つ（　　　）
(3) 飲む（　　　）
(4) 聞く（　　　）
(5) 歌う（　　　）

ヒント それぞれ「に」につながるように活用させよう。

〈敬語②③ ≫166〜169ページ〉

5 次の言葉を、それぞれ後の文の空欄にあてはまるように、尊敬の意味の特別な動詞か、謙譲の意味の特別な動詞に改めなさい。

(1) 行く
ア 先生は今年の夏はどちらに□ましたか。
イ これから、そちらに□たいと思います。
ア（　　）　イ（　　）

(2) する
ア その件の説明は、私から□ます。
イ 先生は、ピアノの練習を毎日□ているのですか。
ア（　　）　イ（　　）

(3) 言う
ア これから□ことは、みなさまにとって非常に大切なことです。
イ 先生が□ていたことの意味が、やっとわかった。
ア（　　）　イ（　　）

(4) 見る
ア 先生がお描きになった絵を□。
イ お客様が店内の商品を□。
ア（　　）　イ（　　）

(5) いる
ア 講師の先生は控え室に□。
イ 時間まで私はここに□ます。
ア（　　）　イ（　　）

〈敬語②③ ≫166〜169ページ〉

6 次の各文の――部の意味をそれぞれ後から選び、記号で答えなさい。

(1)
a 先生もこれから図書館にいらっしゃいますか。（　　）
b お客様がずっと応接室にいらっしゃいます。（　　）
c 私の家にいらっしゃいますか。（　　）
ア 行く　イ 来る　ウ いる

(2)
a お昼ごはんをいただきます。（　　）
b けっこうなものをいただき感謝します。（　　）
c 帰ったら、紅茶をいただくつもりです。（　　）
ア もらう　イ 食べる　ウ 飲む

(3)
a 先生のご意見をお伺いします。（　　）
b 評判はかねがね伺っています。（　　）
c 明日の正午に伺います。（　　）
ア 行く　イ 尋ねる　ウ 耳にする

(4)
a 年が明けたら神社に参る。（　　）
b 明日の十時にお迎えに参ります。（　　）
c 宿題の多さには参った。（　　）
ア 困る　イ 詣でる　ウ 行く

ヒント (1)「いらっしゃる」は尊敬語、(2)「いただく」、(3)「伺う」、(4)a・b「参る」は謙譲語。それぞれ複数の意味があるので、文脈から意味をとらえる。

〈敬語①～④ ≫164～171ページ〉

7 次の各組の文のうち、敬語の使い方が正しくないものを選び、記号で答えなさい。

(1)
ア ご意見は当方で申し受けます。
イ すみやかに実行いたしてください。
ウ お心遣い(こころづか)をくださりありがとうございます。
エ 以前からお名前を存じ上げております。

(2)
ア うちの部長がよろしくとおっしゃっておりました。
イ 先日は突然(とつぜん)伺(うかが)って、たいへん失礼いたしました。
ウ 冷めないうちにお召(め)し上がりください。
エ 足もとにじゅうぶんご注意ください。

(3)
ア 先生がおっしゃったことは、私から母に伝えます。
イ おいしいおコーヒーを召し上がれ。
ウ ありがとうございます。喜んで頂戴(ちょうだい)します。
エ このこと、ご両親は賛成されているのですか。

(4)
ア 兄はあなたがいらっしゃるのを、ずっとお待ちしておりました。
イ 明日にでも、拙著(せっちょ)を進呈(しんてい)します。
ウ 父は今日、お留守をされています。
エ ご連絡(れんらく)を頂戴したく思います。

(1)（　　）　(2)（　　）　(3)（　　）　(4)（　　）

ヒント　尊敬語と謙譲(けんじょう)語のとり違(ちが)えに注意する。また過剰(かじょう)な敬語も聞き苦しいことがあるので同じく注意が必要。

8 次の各文を、敬語を使った言い方に改めなさい。 〈敬語①～④ ≫164～171ページ〉

(1) もう帰るのか。（お客に向かって）

[　　　　　　]

(2) 先日貸したＤＶＤを見てくれたか。（先輩(せんぱい)に向かって）

[　　　　　　]

(3) それは僕(ぼく)がする。（上司に向かって）

[　　　　　　]

(4) 先日もらったお菓子(かし)は、とてもおいしかった。（近所の人に向かって）

[　　　　　　]

(5) 先生は昨日、ここに来た。（親しい友達に向かって）

[　　　　　　]

(6) 兄が、先生に借りていた本は明日返すと言っていた。（先生に向かって）

[　　　　　　]

ヒント　尊敬語と謙譲語を使い分けよう。(5)は、先生に対する敬語を使いつつ、友達に対する話し方になるように書く。

解答➡330ページ

第2編

漢字と言葉

第8章 漢字

漢字の成り立ち

≫180～181ページ

漢字には**成り立ちによる分類**と**使い方による分類**とがある。両方を合わせると六種類あり「六書（りくしょ）」と呼ばれる。

分類	名称	説明	例
成り立ちによる分類 ≫180ページ	象形（しょうけい）文字	物の形をかたどったもの。	子→子
	指事（しじ）文字	形で表せない事柄（ことがら）を点や線などで表したもの。	丅→下
	会意（かいい）文字	二つ以上の漢字を組み合わせて別の意味を表したもの。	人＋言＝信
	形声（けいせい）文字	音を表す部分（音符（おんぷ））と意味を表す部分（意符（いふ））を組み合わせたもの。	食（意符）＋反（音符）＝飯
使い方による分類 ≫181ページ	転注（てんちゅう）文字	漢字本来の意味から別の意味に転用したもの。	悪（アク）（わるい）→悪（オ）（にくむ）
	仮借（かしゃ）文字	漢字の意味に関係なく音だけを借りたもの。	亜米利加（アメリカ）

部首

≫181ページ

部首は**漢字を作る部分の一つ**で、それぞれに**意味があり**、**漢字の意味に大きく関係している。**

画数

≫183ページ

一画だけで書く部分、数画に分けて書く部分など、漢字によって特徴（とくちょう）がある。画数を間違（まちが）えやすいものに注意する。

音読みと訓読み

≫186～187ページ

音読み…漢字が日本に伝わったときの中国語の発音をもとにした読み方。

訓読み…漢字が日本に伝わってから、その漢字の意味に合う日本語をあてはめた読み方。

それぞれ複数の読みをもつ漢字もあるので、熟語や文の内容から読み方を考えて使う。

同音異字

≫188～189ページ

同音異字は、同じ音読みで異なる漢字。多くは、**形声文字**で、**音を表す部分（音符）**が同じである。

音符 / 意符

補（ころもへん）　捕（てへん）

→ 音読み　ホ

例
- 構・講（コウ）
- 組・粗（ソ）
- 歓・観（カン）
- 積・績（セキ）
- 建・健（ケン）

理解度をチェック

へん

きへん 材

木に関係する意味を表す。

かんむり

あなかんむり 空

穴に関係する意味を表す。

たれ

まだれ 店

屋根・建物に関係する意味を表す。

かまえ

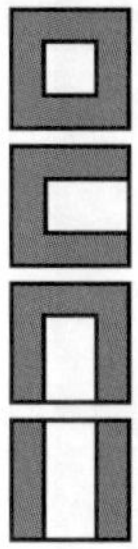

くにがまえ 国

囲む意味を表す。

つくり

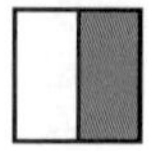

りっとう 利

刃物に関係する意味を表す。

あし

こころ 想

心に関係する意味を表す。

にょう

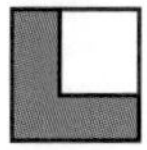

しんにょう しんにゅう 道

道を行く、進む意味を表す。

筆順

≫182ページ

漢字の筆順には、次のような原則がある。

- ① **上から下へ**……例 三
- ② **左から右へ**……例 川
- ③ **横画から縦画へ**…例 十
- ④ **中央から左右へ**…例 小
- ⑤ **外から中へ**……例 園
- ⑥ **貫く画は最後に**…例 申
- ⑦ **左払いを先に**……例 大
- ⑧ **横画と左払い**
  - a **横画が先**……例 左
  - b **左払いが先**…例 右

同訓異字

≫189ページ

同訓異字は、同じ訓読みで異なる漢字。区別するには、漢字の意味を考えると同時に、同様の意味の熟語を考えるとよい。

- 正体をアラワす。（隠れていたものを表に出す）…出現→現す
- 喜びをアラワす。（心の中のものを外に出す）…表出→表す
- 本をアラワす。（書物を書いて世に出す）……著作→著す

送り仮名

≫190～191ページ

単独の語（活用のある語）	単独の語（活用のない語）	複合語
・**動詞・形容詞・形容動詞は活用語尾を送る。** 例 読む ▼活用語尾の前が「し」の形容詞、「か」「やか」「らか」の形容動詞はその部分から送る。 例 美しい ▼語幹にほかの語を含む語は、含まれる語の送り仮名に合わせる。 例 分かれる（⬆分ける）	・**名詞には送り仮名をつけない。** 例 雨 ▼転成名詞や接尾語がついて名詞になったものは、元の語の送り仮名に合わせる。 ・**副詞・連体詞・接続詞は最後の音節を送る。** 例 喜び（⬆喜ぶ） 例 最も	・**複合語は単独の語の送り仮名に合わせる。** 例 走り回る ▼慣用語として定着している複合語には送り仮名をつけない。 例 受付

形の似ている漢字

≫191ページ

形の似ている漢字には、同音のものとそうでないものとがある。

- **同音**：標（標識）／漂（漂流）
- **同音でない**：緑（緑化）／縁（縁側）

1 漢字の成り立ちと部首

例題

1 **次の漢字の成り立ちを説明したものを後から選び、記号で答えなさい。**

❶ 馬（　　）　❷ 本（　　）　❸ 判（　　）　❹ 明（　　）

ア 形で表せない事柄（ことがら）を点や線などで表したもの。
イ 物の形をかたどったもの。
ウ 二つ以上の漢字を組み合わせて別の意味を表したもの。
エ 音を表す部分と意味を表す部分を組み合わせたもの。

例題

2 **次の各熟語の□に共通してあてはまる部首を答えなさい。**

❶ □且□戠（　　）　❷ □軍□医（　　）　❸ 埶□列□（ねつれつ）（　　）

例題の答え

1 ❶イ　❷ア　❸エ　❹ウ
2 ❶糸　❷辶　❸灬

漢字の成り立ち

漢字は成り立ちから四種類、使い方から二種類に分けられ、これを**六書**（りくしょ）という。

六書による分類

● 成り立ちによる分類

象形文字（しょうけい）	物の形をかたどったもの。	 →山
指事文字（しじ）	形で表せない事柄を点や線などで表したもの。	・ー→上
会意文字（かいい）	二つ以上の漢字を組み合わせて別の意味を表したもの。	山（意味）＋石（意味）＝岩

チェック！ 日本で作られた漢字

● 漢字は中国から日本に伝わったものだが、日本で独自に作られたものもある。これを**国字**という。
国字は日本にあった物や考え方を文字に表したもので、国字の中には、中国で使われるようになったものもある。
国字は訓読み（➡187ページ）だけのものが多いが、「働」「搾」は音読みもある。「塀」「腺」は音読みだけだ。
*常用漢字では、次の十字が国字である。

込＝こ(む)・こ(める)
搾＝サク・しぼ(る)
腺＝セン
峠＝とうげ
栃＝とち

形声文字	音を表す部分（音符）と意味を表す部分（意符）を組み合わせたもの。	心（意符）＋非（音符）＝悲

● 使い方による分類

転注文字	漢字本来の意味から別の意味に転用したもの。	楽（音楽）→楽（楽しい）
仮借文字	漢字の意味に関係なく音だけを借りたもの。	亜米利加

匂＝にお(う)
畑＝はたけ・はた
働＝ドウ・はたら(く)
塀＝ヘイ
枠＝わく

＊常用漢字…日常生活で使う漢字の目安として、内閣が定めたもの。二一三六字がある。

部首

部首は、その位置によって、次の七種類に分けることができる。

部首の種類

へん　字の左につく	言 ごんべん	話・語
	禾 のぎへん	秋・私
	犭 けものへん	狩・独
つくり　字の右につく	隹 ふるとり	雑・難
	阝 おおざと	郡・都
	頁 おおがい	順・頭
かんむり　字の上につく	宀 うかんむり	宇・宅
	穴 あなかんむり	空・窓
	冖 わかんむり	冗・冠
あし　字の下につく	灬 れっか（れんが）	熱・烈
	心 こころ	志・恩
たれ　字の上から左	厂 がんだれ	厚・原
	广 まだれ	店・広
にょう　字の左から下	辶 しんにょう（しんにゅう）	辺・達
	廴 えんにょう	建・延
かまえ　字のまわり	門 もんがまえ	間・関
	囗 くにがまえ	国・囲

チェック！ 部首の意味

部首はそれぞれ意味をもっており、部首の意味を知ることは、漢字の意味を知ることにつながる。

氵（さんずい）……川。水。
冫（にすい）……氷。寒さ。
礻（しめすへん）……神。祭礼。
貝（かいへん）……金銭。
忄（りっしんべん）……心。
巾（はばへん）……布。布でつくった物。
禾（のぎへん）……穀物。収穫。
卩（ふしづくり）……ひざまずく。
殳（るまた）……なぐる。こわす。
頁（おおがい）……頭。
宀（うかんむり）……家屋。
耂（おいかんむり）……老人。
厂（がんだれ）……崖。石。
广（まだれ）……屋根。建物。
辶（しんにょう・しんにゅう）……進む。道。

2 筆順と画数

例題 1 次の漢字の緑色の画は何画目に書くか、漢数字で答えなさい。

❶病（　　） ❷耕（　　） ❸承（　　） ❹馬（　　）
❺母（　　） ❻楽（　　） ❼再（　　） ❽発（　　）

例題 2 次の漢字の総画数を漢数字で答えなさい。

❶参（　　） ❷民（　　） ❸肩（　　） ❹迎（　　）
❺批（　　） ❻切（　　） ❼級（　　） ❽九（　　）

例題の答え

1 ❶七 ❷八 ❸六 ❹三 ❺五 ❻九 ❼四 ❽三
2 ❶八 ❷五 ❸八 ❹七 ❺七 ❻四 ❼九 ❽二

筆順

漢字は正しい**筆順**で書くことで、整った字を速く書くことができる。筆順にはいくつかの原則があるが、それぞれに例外も存在するので、注意が必要。

筆順の原則

	原則	例	筆順
①	上から下へ	工	一→丅→工
②	左から右へ	川	丿→川→川
③	横画から縦画へ	用	月→月→用
④	中央から左右へ	水	亅→才→水
⑤	外から中へ	国	冂→国→国
⑥	貫く画は最後に	手	一→三→手
⑦	左払いを先に	文	亠→ナ→文
⑧ⓐ	横画と左払い　横画が先	左	一→ナ→左
⑧ⓑ	横画と左払い　左払いが先	右	ノ→ナ→右

ⓐ（友・在・存）ⓑ（有・布・希）

チェック! 筆順の原則はそれぞれの例外に注意しよう

②の例外…「辶」「廴」 例近（斤→䜣→近） 建（聿→建→建）
③の例外…例王（一→丅→干→王） 田（冂→冂→田→田）
④の例外…例火（丶→丷→火→火） 性（丶→忄→忄→性）
▼「ひ」と「ひへん」、「りっしんべん」のつく漢字に注意。
⑤の例外…例凶（ノ→メ→凶） 医（一→医→医）
▼「かんにょう（うけばこ）」、「はこがまえ（かくしがまえ）」の漢字に注意。
⑥の例外…例世（一→廿→廿→世）
⑦の例外…例方（亠→方→方） 別（口→另→另→別）

画数

漢字の**画数**は、一画だけで書く部分、数画に分けて書く部分など、漢字によって特徴(とくちょう)がある。画数が多いものだけでなく、少ないものでも間違(まちが)えやすいものがあるので注意する。

画数の少ない漢字で間違えやすいもの

一画	乙
二画	了
三画	丸・己・与・及・子
四画	互・片・比・氏・乏
五画	世・玄・矛・凹・凸
六画	争・尽・仰・叫・至
七画	局・臣・卵・弟・改
八画	刻・画・承・門・届
九画	度・飛・革・為・級

画数を間違えやすい部首

画数の紛(まぎ)らわしい部首を含(ふく)む漢字もあるので、注意する。

二画の部首	
凵	かんにょう(うけばこ)
匚	はこがまえ(かくしがまえ)
卩	ふしづくり
三画の部首	
廴	えんにょう
辶	しんにょう(しんにゅう)
阝	こざとへん・おおざと
四画の部首	
方	ほうへん(かたへん)
殳	るまた
礻	しめすへん
五画の部首	
癶	はつがしら
疒	やまいだれ
矛	ほこ
六画の部首	
糸	いとへん
虍	とらかんむり
七画の部首	
舛	まいあし
十画の部首	
馬	うまへん
骨	ほねへん

発展 書体による画数の見え方の違い

● **書体**によって、漢字の画数が本来の画数とは変わったり、違う見え方をしたりする場合がある。

行書(ぎょうしょ)は、漢字の書体のひとつで、点や画を連続的に書いたものである。**楷書**(かいしょ)(点画を正確に書き、最も標準的とされている書体)とは筆順や画数が異なる場合がある。

・**筆順が異なる場合**

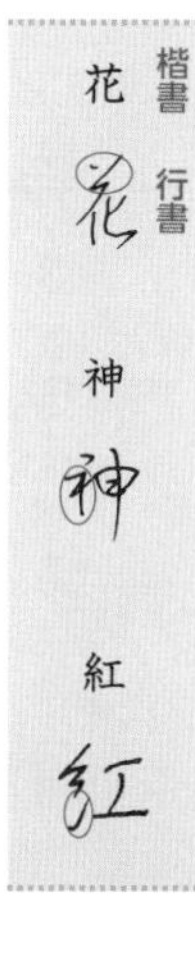

・**画数が異なる(点や画を省略する)場合**

また、印刷された書体によって、画数が実際のものと違って見えることもある。文字の見た目に頼(たよ)らずに、文字の画数はきちんと覚えるようにしよう。

比(一→ヒ→ヒ'→比)

▼「比」の左側の「ヒ」の部分は二画だが、三画に見える書体もある。

仰(ノ→亻→亻'→仰→仰→仰)

▼「ㇾ」の部分は一画だが、二画に見える書体もある。

練習問題

1 次の各組の漢字の成り立ちを後から選び、記号で答えなさい。

① 忠・訪・徒・管・飯（　　）
② 林・森・炎・孝・信（　　）
③ 竹・犬・月・日・目（　　）
④ 一・下・末・刃・三（　　）

ア 象形文字　イ 指事文字　ウ 会意文字　エ 形声文字

2 次の漢字の部首名を後から選び、記号で答えなさい。

① 突（　　）　② 術（　　）　③ 服（　　）
④ 即（　　）　⑤ 宛（　　）　⑥ 脂（　　）

ア ぎょうがまえ　イ あなかんむり　ウ にくづき　エ うかんむり
オ つきへん　カ ふしづくり　キ ぎょうにんべん

3 次の漢字の緑色の画は何画目に書くか、漢数字で答えなさい。

① 争（　　）　② 氷（　　）　③ 無（　　）　④ 我（　　）
⑤ 欠（　　）　⑥ 存（　　）　⑦ 成（　　）　⑧ 必（　　）

4 次の漢字の総画数を漢数字で答えなさい。

① 寂（　　）　② 喝（　　）　③ 孤（　　）　④ 厄（　　）
⑤ 雑（　　）　⑥ 館（　　）　⑦ 御（　　）　⑧ 比（　　）

5 次の行書で書かれた漢字について、楷書で書いた場合の総画数を漢数字で答えなさい。

① 級（　　）　② 時（　　）　③ 趣（　　）　④ 被（　　）

---

1 ≫180〜181ページ

ヒント 「象形文字」は、物の形をかたどったもの、「指事文字」は、形で表せない事柄を点や線などで表したもの、「会意文字」は、二つ以上の漢字を組み合わせて別の意味を表したもの、「形声文字」は、音を表す部分（音符）と意味を表す部分（意符）を組み合わせたもの。

2 ≫180〜181ページ

ヒント 「ぎょうがまえ」は「行」を「かまえ」の形にしたもの。「にくづき」と「つきへん」は同じ形だが、「にくづき」は肉や体の部分を表す。

3 ≫182〜183ページ

4 ≫182〜183ページ

5 ≫182〜183ページ

発展問題

1 次の漢字を、ア 象形文字、イ 指事文字、ウ 会意文字、エ 形声文字、オ 仮借文字に分けて、記号で答えなさい。

①二（　） ②努（　） ③個（　） ④印度（　）
⑤水（　） ⑥飛（　） ⑦耳（　） ⑧安（　）

2 次の各組の漢字に共通してあてはまり、別の漢字を構成する（　）内の部首を書きなさい。

①令・予・客・川（つくり） ②木・主・立・犬（へん）
③制・壮・列・代（あし） ④告・反・入・兆（にょう）

①（　） ②（　） ③（　） ④（　）

3 次の漢字の筆順として、正しいほうを選び、記号で答えなさい。

① 歯 ア 止→𣥂→凸→齿→歯 イ 止→𣥂→𣥂米→齿→歯 （　）
② 臣 ア 一→厂→戸→巨→巨→臣 イ 丨→厂→厂→戸→戸→臣 （　）
③ 逆 ア 辶→辶→辶→辶→逆→逆 イ 丷→䒑→䒑→䒑→屰→逆 （　）

4 次の漢字と総画数が同じものを後から選び、記号で答えなさい。

① 貿 ア 祭 イ 遠 ウ 衆 （　）
② 乏 ア 不 イ 丘 ウ 以 （　）
③ 危 ア 込 イ 含 ウ 后 （　）
④ 抱 ア 師 イ 汚 ウ 刺 （　）
⑤ 秀 ア 享 イ 芳 ウ 迅 （　）
⑥ 巡 ア 幼 イ 帆 ウ 冠 （　）

---

1 ≫ 180〜181ページ

2 ≫ 180〜181ページ
ヒント 「つくり」は漢字の右、「へん」は漢字の左、「あし」は漢字の下、「にょう」は漢字の左から下につく部分のこと。

3 ≫ 182〜183ページ
ヒント 筆順の原則は、横画から縦画へ、中央から左右へ、外から中へなどがあるが、例外もあるので注意する。

4 ≫ 182〜183ページ
ヒント ④「己」は三画で書く。⑤「乃」は二画で書く。

解答 ➡ 325ページ

※183ページと184ページの手書きの文字は，三省堂刊 江守賢治編『楷行草 筆順・字体字典』を使用しています。

3 音読みと訓読み

例題

1 太字の部分に注意して次の各組の熟語の読みを答えなさい。

❶ 予**鈴**（　　）　風**鈴**（　　）

❷ 異**存**（　　）　**存**在（　　）

❸ **柔**道（　　）　**柔**和（　　）

例題

2 次の各組の――部の漢字の読みを答えなさい。

❶ けんめいに生きる。（　　）　名家に生まれる。（　　）

❷ 試合に負ける。（　　）　責任を負う。（　　）

例題の答え

1 ❶ よれい　ふうりん　❷ いぞん　そんざい　❸ じゅうどう　にゅうわ

2 ❶ い　う　❷ ま　お

音読み

漢字には複数の**音読み**をもつものがある。中国語の発音をもとにした**音読み**は、伝わった時代などの状況(じょうきょう)によって、**同じ漢字でも異なる音読み**がある。

漢字の音読みの種類

呉音(ごおん)	日本に最も古く伝わってきた音。中国南部の呉の地方の発音。**仏教用語で用いられた。**	頭脳(ずのう)・灯明(とうみょう) 行事(ぎょうじ)
漢音(かんおん)	七世紀以降、中国の隋(ずい)・唐(とう)の時代に遣唐使(けんとうし)などによって伝えられた音。中国北部の発音で、**現代の漢字の音では最も多い。**	頭髪(とうはつ)・明白(めいはく) 旅行(りょこう)
唐音(とうおん) **（唐宋音**(とうそうおん)**）**	中国の宋以後の元(げん)・明(みん)・清(しん)の時代の発音で、日本には十二世紀以降の僧侶(そうりょ)や商人によってもたらされた。	饅頭(まんじゅう)・明国(みんこく) 行灯(あんどん)
慣用音	漢字の間違(まちが)った読み方が一般(いっぱん)化したもの。	消耗(しょうもう)・撒布(さんぷ)

チェック！　訓読みと間違えやすい音読み

● 訓読みと間違えやすい音読みをもつ漢字もある。

訓読みと間違えやすい音読みの例

	音
絵	エ　カイ
客	キャク　カク
本	ホン
肉	ニク
茶	チャ　サ
愛	アイ
僕	ボク

訓読み

もともと、漢字は一つ一つの文字が一定の意味をもつ、表意文字だ。その漢字の意味に合う日本語をあてはめてできたのが**訓読み**である。

訓読みをもつ漢字

複数の訓読みをもつ漢字の例

漢字	訓読み
家	いえ・や
和	やわ－らぐ・なご－む
覚	おぼ－える・さ－める
省	はぶ－く・かえり－みる
怒	おこ－る・いか－る
跳	は－ねる・と－ぶ
絞	しぼ－る・し－める

訓読みだけしかない漢字の例

箱（はこ）　漬（つ－ける）　坪（つぼ）　娘（むすめ）　鶴（つる）　嵐（あらし）　咲（さ－く）　堀（ほり）　杉（すぎ）　畑（はた・はたけ）　込（こ－む）　峠（とうげ）　枠（わく）

*常用漢字表に記載されていない音読みはある。

音読みと間違えやすい訓読みの例

	訓
音	ね
羽	は
形	かた
方	かた
重	え
江	え

中国の漢字に日本語をあてはめるとき、同じような意味を表す場合は同じ漢字を使ったんだ。だから、訓がいくつもある漢字ができたんだよ。

＊常用漢字表…常用漢字（⇒181ページ）の字体や音訓などを一覧にしたもの。

発展 訓読みの種類

訓読みにはいくつかの種類がある。

・**正訓**…漢字本来の意味に合った日本語をそのままあてはめたもの。

山・雨・馬・草・川

・**国訓**…中国で表す漢字の意味とは関係なく、日本語の意味をあてはめたもの。

①もとの漢字の意味とは関係なく、日本独自の意味をつけ加えたもの。

鮎 ⇧ 中国では「なまず」を指す（日本で「なまず」を指す漢字は国字の「鯰」）。

②もとの意味から、別の意味に転用したもの。

串 ⇧ 本来の意味は「貫く」。

国訓は、「鮪（まぐろ）」「鯖（さば）」「鰤（ぶり）」「鰆（さわら）」「鰹（かつお）」などの魚や、草木の名前に多いよ。日本は昔からいろいろな魚を食べてきたし、植物も愛でてきたから、そういう文化が漢字に日本独自の読み方を作るきっかけになったんだ。

4 同音異字・同訓異字

例題

1 次のカタカナを漢字に直しなさい。

❶ 新カン本（　　）　❷ 潮のカン満（　　）
❸ 発カン作用（　　）　❹ カン臓の手術（　　）

例題

2 次のカタカナを漢字に直しなさい。

❶ 税金を**オサ**める。（　　）　❷ 国を**オサ**める。（　　）
❸ 利益を**オサ**める。（　　）　❹ 学問を**オサ**める。（　　）

同音異字

漢字には、**音読みが同じ**ものも多い。そうした漢字は、形声文字の音を表す部分（音符）が同じである可能性が高い。

形声文字の知識を利用した同音異字の書き分け

今日は朝から快セイだ。

① **「セイ」と読む漢字を考える。さらに、同じ部分をもち、「セイ」と読む形声文字を考えていく。**

青／生／正など
↓
清・晴・精／星・性／整・政

② **意味を表す部分に注目する。**

清…氵（水を表す）・晴…日（太陽を表す）・精…米（米を表す）
↓
文意から正解は「晴」。

例題の答え

1 ❶ 刊　❷ 干　❸ 汗　❹ 肝
2 ❶ 納　❷ 治　❸ 収　❹ 修

チェック！ 形声文字を確かめよう

●形声文字（➡181ページ）は、音を表す部分である「音符」と、意味を表す部分である「意符」からできている。「意符」は部首であることが多い。

持
寺 ← 音符（「ジ」の音を表す。）
扌 ← 意符（「てへん＝手に関係する」という意味を表す。）

漢字の多くを形声文字が占めるといわれているので、形声文字の成り立ちから漢字や読み方を推測する方法は使える場面が多い。

「持」「時」のように、音符が同じ形声文字は音が同じことが多いよ。ただし、「待」（タイ）のように例外もあるから注意！

また、形声文字の成り立ちを知っていると、初めて見る漢字でも、読み方を推測することができる。「浴槽」を例に考えてみよう。

浴槽

1 浴 ⬇「ヨク」と読む。・**槽** ⬇ 読みがわからない。
2 「槽」のうち、音を表すであろう「曹」の部分に注目し、同じ部分をもつ漢字を思い浮(う)かべる。
例 **遭**遇（**そう**ぐう）・法**曹**（ほう**そう**）
3 「曹」の部分が「ソウ」の音を表すとわかる。
4 「槽」は「ソウ」と読む。
5 「浴槽」の読みは「ヨクソウ」。

「槽」は「おけ」のこと。木からおけが作られるから、きへんの漢字である。

同訓異字

漢字には、**訓読みが同じ**ものも多い。漢字をあてはめるときには、文の意味を考え、意味に合った漢字を使わなければならない。

同訓異字の使い分け

同訓異字を区別するには、文意に合った熟語を考えるとよい。

資格を**とる**。	自分のものとして得る。	**取**得(しゅとく) ⬇ **取る**
筆を**とる**。	手にもって使う。	**執**筆(しっぴつ) ⬇ **執る**
写真を**とる**。	カメラなどで写す。	**撮**影(さつえい) ⬇ **撮る**
社員を**とる**。	必要なものを選び集める。	**採**用(さいよう) ⬇ **採る**
飛球を**とる**。	つかまえる。	**捕**獲(ほかく) ⬇ **捕る**

発展 どちらの漢字を使う？

●同訓異字は文意によって使い分けるが、文の内容によってはどの漢字を使うのかが決まっていない場合もある。

○「**下**りる」と「**降**りる」
「階段をおりる」「電車をおりる」などの「おりる」は、どちらも使われる。「電車からおりる」ことは、「下車」とも「降車」ともいう。

○「**収**める」と「**納**める」
「ものをきちんとしまっておく」という意味ではどちらも使われる。「収納」という熟語もある。

5 送り仮名・形の似ている漢字

例題

1 次の――部のカタカナを漢字と送り仮名に直しなさい。

❶ シャワーをアビル。（　　）　❷ スルドイ目つき。（　　）

❸ 家計をササエル。（　　）　❹ 距離をチヂメル。（　　）

例題

2 次の各組のカタカナを漢字に直しなさい。

❶ ガン前（　　）　睡ミン（　　）

❷ 赤ハン（　　）　イン食（　　）

❸ キ妙（　　）　キ生（　　）

送り仮名

覚えるのが大変だと考えがちな送り仮名だが、実は**活用のある単独の語**、**活用のない単独の語**、**複合語**で原則がある。原則を覚えておけば、たいていの送り仮名は間違えずに書ける。

送り仮名の原則

● **活用のある単独の語**

①動詞・形容詞・形容動詞は、活用語尾を送る。

例 流れる・白い・正直だ

▼活用語尾の前に「し」がある形容詞、「か」「やか」「らか」がある形容動詞は、その部分から送る。

例 苦しい・静かだ・穏やかだ

▼**語幹にほかの語を含むものは、含まれている語の送り仮名に合わせる。**

例 動かす（「動く」を含む）・重んずる（「重い」を含む）

● **活用のない単独の語**

②名詞には送り仮名をつけない。

チェック！ 送り仮名の例外

● 送り仮名には、上で挙げたような定められた原則があるが、これらにあてはまらない例外もある。

・「①動詞・形容詞・形容動詞は、活用語尾を送る。」の例外

味わう・哀れむ・教わる・脅かす・異なる
逆らう・捕まる・群がる・和らぐ
明るい・大きい・少ない・冷たい・平たい
同じだ・平らだ　など

・「②名詞には送り仮名をつけない。」の例外

辺り・勢い・幾ら・幸い・幸せ・互い
半ば・情け・斜め・自ら・災い　など

・「③副詞・連体詞・接続詞は最後の音節を送る。」の例外

決して・直ちに・大きな・並びに　など

例題の答え

1 ❶ 浴びる　❷ 鋭い　❸ 支える　❹ 縮める

2 ❶ 眼・眠　❷ 飯・飲　❸ 奇・寄

例旅・空・本

▼活用のある語から転成した名詞や、「さ」「み」などの接尾語がついて名詞になったものは、元の語の送り仮名に合わせる。

例**遊び**（遊ぶ）・**悲しさ**（悲しい）

③副詞・連体詞・接続詞は最後の音節を送る。

例必**ず**・再**び**・我**が**・及**び**

● **複合語**

④複合語は、それぞれ単独の語の送り仮名に合わせる。

例後**ろ**姿・書**き**込**む**

▼慣用語として定着している複合語には、送り仮名をつけない。

例夕立・受付・割引

形の似ている漢字

形の似ている漢字（似形異字）は、**音が同じであったり違っていたりする。**いずれの場合も、その漢字を使う熟語を考えると区別しやすい。

形の似ている漢字の分類

同音の似形異字の例

卒	そつ	卒業
率	そつ	引率
標	ひょう	標識
漂	ひょう	漂流
諸	しょ	諸国
緒	しょ	一緒
昭	しょう	昭和
紹	しょう	紹介
招	しょう	招待
偶	ぐう	偶然
遇	ぐう	待遇
隅	ぐう	一隅

音が異なる似形異字の例

遣	けん	派遣
遺	い	遺産
隠	いん	隠居
穏	おん	穏和
唯	ゆい	唯一
維	い	維持
場	じょう	登場
湯	とう	銭湯
腸	ちょう	胃腸
緑	りょく	新緑
録	ろく	記録
縁	えん	縁起
借	しゃく	借金
措	そ	措置
惜	せき	惜別
論	ろん	言論
倫	りん	倫理
諭	ゆ	教諭

チェック！ 部首に注目する

●「同音の似形異字」も「音が異なる似形異字」も、形の違いは部首によるものが多い。部首の意味（≫181ページ）をきちんと覚えておくと、似形異字の書き分けにも役立つ。

- 識（言＝言語を表す。） 例**知識**
- 織（糸＝織物を表す。） 例**織物**
- 職（耳＝耳の働きを表す。） 例**職業**
- 構（木＝木材を表す。） 例**構造**
- 講（言＝言語を表す。） 例**講演**
- 購（貝＝金銭を表す。） 例**購入**
- 裂（衣＝衣服を表す。） 例**破裂**
- 烈（灬＝火の状態を表す。） 例**熱烈**
- 眺（目＝目の働きを表す。） 例**眺望**
- 跳（足＝足の働きを表す。） 例**跳躍**
- 渇（氵＝水を表す。） 例**枯渇**
- 掲（扌＝手の作業を表す。） 例**掲示**

※部首の意味は一例である。

形の違いが部首以外の部分によるものもある。

- 貸 例**貸借**
- 貨 例**貨車**
- 賃 例**賃金**
- 城 例**城塞**
- 域 例**地域**

練習問題

1 **太字の部分に注意して、次の各組の熟語の読みを答えなさい。**

① **遺**産（　　）　**遺**言（　　）

② **象**徴（　　）　巨**象**（　　）

③ **仮**説（　　）　**仮**病（　　）

2 **次の各組の――部の漢字の訓読みを答えなさい。**

① 覚める（　　）　覚える（　　）

② 頼む（　　）　頼る（　　）

③ 閉じる（　　）　閉まる（　　）

3 **次の各組のカタカナを漢字に直しなさい。**

① キ録文（　　）　キ元前（　　）

② ケイ済（　　）　半ケイ（　　）

③ ケン築（　　）　ケン康（　　）

4 **次の各組のカタカナを漢字に直しなさい。**

① 道をタズねる。（　　）　祖父の家をタズねる。（　　）

② トンボがトぶ。（　　）　片足でトぶ。（　　）

5 **次のカタカナを漢字と送り仮名に直しなさい。**

① タシカメル（　　）　② アキナウ（　　）

③ イソガシイ（　　）　④ イツワル（　　）

6 **次の各組のカタカナを漢字に直しなさい。**

① 温ダン（　　）　カン和（　　）　救エン（　　）

② 保ゴ（　　）　捕カク（　　）　収カク（　　）

③ 省リャク（　　）　連ラク（　　）　ラク農（　　）

1 ≫ 186～187ページ

2 ≫ 186～187ページ

3 ≫ 188～189ページ

4 ≫ 188～189ページ

5 ≫ 190～191ページ

6 ≫ 190～191ページ

発展問題

1 次の——部のカタカナにあてはまる漢字を選び、記号で答えなさい。

① フク雑な気持ち。　ア 複　イ 腹　ウ 復　（　　）

② 体をセイ潔に保つ。　ア 精　イ 清　ウ 請　（　　）

③ 選挙に立候ホする。　ア 補　イ 捕　ウ 舗　（　　）

2 次の——部のカタカナにあてはまる漢字を選び、記号で答えなさい。

① アツいお湯につかる。　ア 暑　イ 厚　ウ 熱　（　　）

② スクリーンにウツす。　ア 写　イ 映　ウ 移　（　　）

③ 会議がスむ。　ア 澄　イ 住　ウ 済　（　　）

3 次の各文から誤って使われている漢字を抜き出し、正しく書き直しなさい。

① 機械の回転部分が故彰する。

② 会議室は検悪な雰囲気になった。

③ 一度に話して収捨がつかない。

④ 多くの聴衆で昆雑する。

① 誤（　　）→正（　　）　② 誤（　　）→正（　　）

③ 誤（　　）→正（　　）　④ 誤（　　）→正（　　）

---

1 ≫188～189ページ

ヒント 形声文字（音を表す部分〈音符〉と意味を表す部分〈意符〉の組み合わせでできている漢字）を書き分けるときには、意味を表す部分に着目しよう。

2 ≫188～189ページ

ヒント 同訓異字を書き分けるときには、熟語を考えてみよう。

① あつい湯を何というか考えよう。

3 ≫190～191ページ

ヒント 形の似ている漢字に注意して、漢字の意味を考えてみよう。

解答➡325ページ

定期試験対策問題

〈漢字の成り立ち ≫180〜181ページ〉

1 次の説明にあう文字の種類を後から選び、記号で答えなさい。

(1) 二つ以上の漢字を組み合わせて別の意味を表した文字。
(2) 形で表せない事柄(ことがら)を点や線などで表した文字。
(3) 物の形をかたどった文字。
(4) 音を表す部分(音符(おんぷ))と意味を表す部分(意符(いふ))を組み合わせた文字。

ア 象形(しょうけい)文字　**イ** 指事(しじ)文字　**ウ** 会意(かいい)文字　**エ** 形声(けいせい)文字

(1)(　　)　(2)(　　)　(3)(　　)　(4)(　　)

〈部首 ≫180〜181ページ〉

2 次の漢字の部首名を後から選び、記号で答えなさい。

(1) 空(　　)　(2) 段(　　)
(3) 机(　　)　(4) 進(　　)
(5) 雄(　　)　(6) 起(　　)
(7) 衛(　　)　(8) 間(　　)
(9) 剣(　　)　(10) 彩(　　)

ア きへん　**イ** もんがまえ　**ウ** ぎょうにんべん
エ るまた　**オ** さんづくり　**カ** りっとう
キ そうにょう　**ク** うかんむり　**ケ** あなかんむり
コ ぎょうがまえ　**サ** れんが(れっか)
シ ふるとり　**ス** しんにょう(しんにゅう)

〈筆順 ≫182〜183ページ〉

3 次の漢字の緑色の画は何画目に書くか、漢数字で答えなさい。

(1) 黒　(2) 非　(3) 布　(4) 秀
(5) 落　(6) 就　(7) 避　(8) 誤

(1)(　　)画目　(2)(　　)画目　(3)(　　)画目
(4)(　　)画目　(5)(　　)画目　(6)(　　)画目
(7)(　　)画目　(8)(　　)画目

〈筆順 ≫182〜183ページ〉

4 次の漢字の筆順として、正しいほうを選び、記号で答えなさい。

(1) 処
　ア ノ→ク→夂→夂→処
　イ ノ→几→几→夗→処

(2) 衆
　ア 血→血→血→血→血→衆
　イ 血→血→血→血→血→衆

(3) 厳
　ア ⺍→⺍→产→产→厳→厳
　イ ⺍→广→产→产→厳→厳

(1)(　　)　(2)(　　)　(3)(　　)

〈画数 ≫182〜183ページ〉

5 次の漢字の総画数を、漢数字で答えなさい。

(1) 極(　　)画　(2) 互(　　)画
(3) 乾(　　)画　(4) 為(　　)画
(5) 収(　　)画　(6) 母(　　)画
(7) 危(　　)画　(8) 災(　　)画

〈音読みと訓読み ≫186～187ページ〉

6 次の各組の――部のうち、訓読みであるほうを選び、記号で答えなさい。

(1) ア 一羽の鷹が飛んでいる。 イ 羽毛のふとんで眠る。 (　　)

(2) ア 校舎の屋上から海が見える。 イ 本屋の前で待ち合わせする。 (　　)

(3) ア りんごの出荷の季節になった。 イ 荷物をロッカーに入れる。 (　　)

(4) ア 野球の試合は始まっていた。 イ 野原を駆け回る。 (　　)

ヒント 漢字の発音を聞いて意味がわかれば訓読み、わからなければ音読み、という区分の目安もある。

〈同音異字 ≫188～189ページ〉

7 次の――部にあてはまる漢字を後から選び、記号で答えなさい。

(1) 多くの犠セイ者が出た。 〔ア 性　イ 姓　ウ 牲〕 (　　)

(2) フク会長に任命される。 〔ア 副　イ 幅　ウ 福〕 (　　)

(3) コウ妙なトリックのある推理小説。 〔ア 巧　イ 攻　ウ 功〕 (　　)

(4) コウ外に引っ越す。 〔ア 校　イ 郊　ウ 効〕 (　　)

〈同訓異字 ≫188～189ページ〉

8 次の――部にあてはまる漢字を後から選び、記号で答えなさい。

(1) 猟銃をウつ。 〔ア 打　イ 討　ウ 撃〕 (　　)

(2) 検査のために血をトる。 〔ア 採　イ 捕　ウ 執〕 (　　)

(3) 緊張のために表情がカタい。 〔ア 固　イ 硬　ウ 堅〕 (　　)

(4) 海峡に橋がカかる。 〔ア 掛　イ 懸　ウ 架〕 (　　)

〈送り仮名 ≫190～191ページ〉

9 次のカタカナを漢字と送り仮名に直しなさい。

(1) ノガレル (　　)　(2) タダヨウ (　　)

(3) ニクシミ (　　)　(4) オトロエル (　　)

〈形の似ている漢字 ≫190～191ページ〉

10 次の各文から誤って使われている漢字を抜き出し、正しく書き直しなさい。

(1) 新型のオーディオ機器を格安で講入した。 誤(　　)→正(　　)

(2) 海外に救援部隊を派遣することを決定した。 誤(　　)→正(　　)

解答➡331ページ

第9章 熟語と語句の知識

二字熟語の組み立て

≫198～199ページ

熟語とは、漢字のみで構成されている言葉のこと。二字熟語は、その組み立てによって、分類することができる。

二字熟語の組み立てによる分類

≫198ページ

組み立て	例	説明	その他の例
意味が似ている字を重ねる	学習	学ぶ／習う	明白　児童
反対の意味の字を重ねる	上下	上⇕下	天地　大小
同じ字を繰り返して重ねる	人々	々＝「踊り字」繰り返しを表す	国々　楽々
上の字と下の字が主語と述語の関係になる	人造	人が・造る	日没　県営　頭痛
上の字が下の字を修飾する	雪国	雪の⇩国	曲線　再開
下の字が上の字の目的語になる	乗車	乗る⇧車に	作文　握手
接頭語がつく	御礼 無知	御＝接頭語 無＝接頭語	貴店　不便
接尾語がつく	退化	化＝接尾語	知的
長い熟語が省略されている	国連	＝国際連合	入試　高校
故事から生まれた	矛盾	中国に伝わる故事による	助長　蛇足

同音異義語

≫204～205ページ

同音異義語は、同じ音読みで意味が異なる熟語。

種類	読み	熟語
数が多い同音異義語（≫204ページ）	シンコウ	侵攻　信仰　振興　進行　親交
	タイセイ	態勢　体制　体勢　大勢　大成　胎生　耐性
	コウキ	高貴　後期　好機　光輝　後記　好奇　綱紀　校旗
一字が共通の同音異義語（≫205ページ）	セイサク	製・制／作
	センコウ	専・先／攻
	カンサツ	観・監／察
	カンショウ	観・鑑／賞
	ホケン	保／健・険
	タイショウ	対／称・照・象
二字とも異なる同音異義語（≫205ページ）	シュウカン	習慣　週間
	カテイ	仮定　家庭
	イコウ	以降　移行　意向
	カンキ	換気　喚起　歓喜　乾季

理解度をチェック

二字熟語の読み方

≫200〜201ページ

二字熟語はその読み方によって、四種類に分類することができる。

熟語の読み方の分類

≫200ページ

分類	例		
音読み＋音読み	清（音読み セイ／訓読み きよ(い)）	潔（音読み ケツ／訓読み いさぎよ(い)）	→ セイケツ
訓読み＋訓読み	島（音読み トウ／訓読み しま）	国（音読み コク／訓読み くに）	→ しまぐに
音読み＋訓読み（重箱読み）	重（音読み ジュウ／訓読み おも(い)）	箱（訓読み はこ）	→ ジュウばこ
訓読み＋音読み（湯桶読み）	湯（音読み トウ／訓読み ゆ）	桶（音読み トウ／訓読み おけ）	→ ゆトウ

特殊な読み方をする熟語（熟字訓）

≫201ページ

一字ごとの読み方に関係なく、**まとまりとして特殊な読み方**をする熟語がある。その読み方を**熟字訓**という。

熟字訓

≫201ページ

昨日（きのう）	山車（だし）	七夕（たなばた）	今朝（けさ）
小豆（あずき）	梅雨（つゆ）	蚊帳（かや）	果物（くだもの）
田舎（いなか）	雪崩（なだれ）	為替（かわせ）	雑魚（ざこ）
大人（おとな）	眼鏡（めがね）	乙女（おとめ）	芝生（しばふ）
神楽（かぐら）	紅葉（もみじ）	海原（うなばら）	砂利（じゃり）
玄人（くろうと）	浴衣（ゆかた）	笑顔（えがお）	凸凹（でこぼこ）
上手（じょうず）	一人（ひとり）	師走（しわす）	若人（わこうど）

類義語

≫206〜207ページ

意味が互いに似ている言葉を**類義語**という。

一字が共通する類義語 ≫206ページ	二字とも異なる類義語 ≫207ページ
案外・意外	値段・価格
予測・予想	薄情・冷淡
節約・倹約	形見・遺品
有名・著名	感心・敬服

対義語

≫207ページ

互いに意味が反対、もしくは対になっている言葉を**対義語**という。

対義語の種類

≫207ページ

種類	例	
一字のみが対義	輸入⇔輸出	積極⇔消極
一字ずつが対義	温暖⇔寒冷	始発⇔終着
全体で対義	理想⇔現実	全体⇔部分
打ち消しの語がつく	完結⇔未完	有料⇔無料
	有利⇔不利	成熟⇔未熟

1 二字熟語①　二字熟語の組み立て

例題　次の熟語の組み立てと同じものを後から選び、記号で答えなさい。

❶ 登山（登る↑山に）（　　）　❷ 逆流（逆に↓流れる）（　　）

ア 楽勝　**イ** 明暗　**ウ** 腹痛　**エ** 防災

二字熟語の組み立て

例えば、「読書」ならば「読む↑書を」、「先行」ならば「先に↓行く」というように、熟語は、ある一定の関係によって組み立てられている。それを覚えれば熟語の理解の幅が広がる。

熟語の組み立て

意味が似ている字を重ねる	道路（道／路） 豊富（豊／富） 絵画（絵／画）
反対の意味の字を重ねる	難易（難しい⇔易しい） 有無（有り⇔無し） 損得（損⇔得）
同じ字を繰り返して重ねる	堂々 日々　「々」＝踊り字（繰り返しを表す） 転々
上の字と下の字が主語と述語の関係になる	雷鳴（雷が・鳴る） 国立（国が・立てる） 私有（私（個人）が・有する）

例題の答え

❶ エ　❷ ア

チェック！ 二字熟語で使われる接頭語と接尾語

二字熟語で使われる接頭語・接尾語には、どのようなものがあるか、見てみよう。

●接頭語の例

- **御―**　御中・御本・御意・御子
- **貴―**　貴殿・貴公・貴校
- **弊―**　弊社・弊校
- **第―**　第一・第三
- **真―**　真心・真北・真上

●接頭語（下の字を打ち消す）の例

- **非―**　非情・非常・非凡
- **無―**　無理・無害・無人・無効
- **不―**　不安・不足・不要
- **未―**　未知・未来・未熟・未納

●接尾語の例

- **―化**　美化・劣化・退化・俗化
- **―然**　悠然・泰然・騒然
- **―的**　端的・劇的・美的
- **―性**　中性・陽性・悪性・良性

上の字が下の字を修飾する	独立（独りで⬇立つ） 確認（確かに⬇認める）〈連用修飾〉 青空（青い⬇空） 外国（外の⬇国）〈連体修飾〉
下の字が上の字の目的語になる	読書（読む⬆書を） 点火（点ける⬆火を） 就職（就く⬆職に）
接頭語がつく	御礼（御―） 貴社（貴―） 第一（第―）
接頭語がついて、上の字が下の字を打ち消すもの	非常（非―） 無理（無―） 不利（不―）
接尾語がつく	退化（―化） 陽性（―性） 美的（―的）
長い熟語が省略されている	高校（高等学校） 国連（国際連合） 特急（特別急行列車）
故事から生まれた	蛇足 矛盾 圧巻

発展 打ち消しの接頭語の意味

●打ち消しの接頭語は、「非・無・不・未」が主だが、次のような意味の違いがあることを覚えておこう。

・非…「～にあたらない」など。 例「非常」＝常（の状態）にあたらない。
・無…「～がない」など。 例「無害」＝害がない。
・不…「～ではない」など。 例「不安」＝安心ではない。
・未…「まだ～ない」など。 例「未知」＝まだ知らない。

「堂々」などは繰り返し記号である「々」を使わずに「堂堂」と書くこともあるよ。

例題 1 次の〔 〕の中の熟語を下の分類にしたがって分けなさい。

〔手紙　得意　自然
　雨具　足音　役目〕

❶ 音読み＋音読み（　　）
❷ 訓読み＋訓読み（　　）
❸ 重箱（じゅうばこ）読み（　　）
❹ 湯桶（ゆとう）読み（　　）

例題 2 次の――部の熟語の読みを答えなさい。

❶ 川原を歩く。（　　）　❷ 迷子になる。（　　）
❸ 大人になる。（　　）　❹ 行方を探す。（　　）

例題の答え

1 ❶得意　自然〈順不同〉　❷手紙　足音〈順不同〉　❸役目　❹雨具
2 ❶かわら　❷まいご　❸おとな　❹ゆくえ

二字熟語の読み方

二字熟語の読み方には、**四種類**がある。「**音読み＋音読み**」、「**訓読み＋訓読み**」、「**音読み＋訓読み（重箱読み）**」、「**訓読み＋音読み（湯桶読み）**」だ。

四種類の二字熟語の読み方

音読み＋音読み	出発（シュッパツ）・学習（ガクシュウ）・市場（シジョウ）・学校（ガッコウ）・家庭（カテイ）・駅員（エキイン）・濃霧（ノウム） 漂白（ヒョウハク）・犠牲（ギセイ）・道路（ドウロ）・吐露（トロ）・円滑（エンカツ）・大王（ダイオウ）・牛肉（ギュウニク） 愛憎（アイゾウ）・曲芸（キョクゲイ）・門前（モンゼン）
訓読み＋訓読み	足音（あしおと）・花火（はなび）・葉桜（はざくら）・野原（のはら）・毛糸（けいと）・金物（かなもの）・型紙（かたがみ） 昔話（むかしばなし）・月日（つきひ）・青空（あおぞら）・風上（かざかみ）・白雲（しらくも）・粉々（こなごな）
音読み＋訓読み（重箱読み）	台所（ダイどころ）・役割（ヤクわり）・絵心（エごころ）・役場（ヤクば）・楽屋（ガクや）・味方（ミかた）・胃袋（イぶくろ） 本棚（ホンだな）・幕間（マクま）・本音（ホンね）

チェック！ 同じ熟語で複数の読み方

熟語の中にはいくつもの読み方をもつものがある。文中での使われ方から、読みと意味を識別できるようにしよう。

- 色紙｛シキシ／いろがみ　・一行｛イチギョウ／イッコウ
- 大事｛ダイジ／おおごと　・牧場｛ボクジョウ／まきば
- 初春｛ショシュン／はつはる　・大手｛おおて／おおで
- 金星｛キンセイ／きんぼし　・風車｛フウシャ／かざぐるま
- 変化｛ヘンカ／ヘンゲ　・人気｛ニンキ／ひとケ
- 利益｛リエキ／リヤク　・造作｛ゾウサ／ゾウサク

訓読み＋音読み（湯桶読み）	荷物（にモツ）・夕刊（ゆうカン）・長年（ながネン）・見本（みホン）・合図（あいズ）・片方（かたホウ）・喪主（もシュ） 屋台（やタイ）・場所（ばショ）

※ ■は訓に間違（まちが）えやすい音。■は音に間違えやすい訓。

特殊（とくしゅ）な読み方をする熟語（熟字訓）

熟語の中には、一字ごとの読み方に関係なく、まとまりとして特殊な読み方をするものもある。その読み方を**熟字訓**という。

熟字訓のある主な二字熟語

小豆	あずき	為替	かわせ	芝生	しばふ	博士	はかせ
硫黄	いおう	河原	かわら	清水	しみず	二十	はたち
田舎	いなか	川原	かわら	砂利	じゃり	日和	ひより
海原	うなばら	昨日	きのう	上手	じょうず	吹雪	ふぶき
乳母	うば	今日	きょう	白髪	しらが	下手	へた
笑顔	えがお	果物	くだもの	相撲	すもう	部屋	へや
叔父	おじ	景色	けしき	七夕	たなばた	迷子	まいご
伯父	おじ	心地	ここち	足袋	たび	土産	みやげ
大人	おとな	五月	さつき	梅雨	つゆ	息子	むすこ
乙女	おとめ	早苗	さなえ	凸凹	でこぼこ	眼鏡	めがね
叔母	おば	時雨	しぐれ	時計	とけい	紅葉	もみじ
伯母	おば	尻尾	しっぽ	友達	ともだち	木綿	もめん
風邪	かぜ	竹刀	しない	名残	なごり	大和	やまと
仮名	かな	老舗	しにせ	雪崩	なだれ	行方	ゆくえ

・上手（かみて／うわて／じょうず）

・一時（イチジ／イッとき／ひととき）

チェック！ 二字熟語以外の特殊な読み方をする熟語

●特殊な読み方をする熟語には三字以上のものや、送り仮名（がな）のついているものもある。主なものを確認（かくにん）しておこう。

・意気地（いくじ）
・浮つく（うわつく）
・お巡りさん（おまわりさん）
・母さん（かあさん）
・早乙女（さおとめ）
・差し支える（さしつかえる）
・五月雨（さみだれ）
・三味線（しゃみせん）
・立ち退く（たちのく）
・手伝う（てつだう）
・父さん（とうさん）
・兄さん（にいさん）
・姉さん（ねえさん）
・二十歳（はたち）
・二十日（はつか）
・波止場（はとば）
・真面目（まじめ）
・真っ赤（まっか）
・真っ青（まっさお）
・最寄り（もより）
・八百屋（やおや）

練習問題

1 次の熟語と組み立てが同じものを下から選び、記号で答えなさい。

① 強化　ア 平然　イ 直線　ウ 転々　（　　）
② 親友　ア 無効　イ 消火　ウ 実感　（　　）
③ 思考　ア 日没(にちぼつ)　イ 満足　ウ 不利　（　　）
④ 未来　ア 無難　イ 月光　ウ 私営　（　　）

2 次の熟語の組み立てを後から選び、記号で答えなさい。

① 避難(ひなん)（　　）　② 巧拙(こうせつ)（　　）　③ 日照（　　）
④ 凝視(ぎょうし)（　　）　⑤ 助長（　　）　⑥ 貯蓄(ちょちく)（　　）
⑦ 暴露(ばくろ)（　　）　⑧ 若輩(じゃくはい)（　　）　⑨ 地震(じしん)（　　）

ア 意味が似ている字を重ねる。
イ 反対の意味の字を重ねる。
ウ 上下が主語と述語の関係になる。
エ 上の字が下の字を修飾(しゅうしょく)する。
オ 下の字が上の字の目的語になる。
カ 故事から生まれた。

3 次の熟語の読みを、音はカタカナで、訓は平仮名(ひらがな)で答えなさい。

① 愛情　② 図書　③ 金具　④ 古本　⑤ 味方　⑥ 番組
⑦ 家庭　⑧ 花園　⑨ 夕刻　⑩ 毎朝　⑪ 合図　⑫ 街角

①（　　）　②（　　）　③（　　）
④（　　）　⑤（　　）　⑥（　　）
⑦（　　）　⑧（　　）　⑨（　　）
⑩（　　）　⑪（　　）　⑫（　　）

1 ≫ 198〜199ページ
2 ≫ 198〜199ページ
3 ≫ 200〜201ページ

4 次の特殊な読み方をする熟語の読みを答えなさい。

①田舎　②笑顔　③河原　④心地　⑤竹刀　⑥清水
⑦七夕　⑧息子　⑨眼鏡　⑩土産　⑪博士　⑫二人

①（　　）②（　　）③（　　）
④（　　）⑤（　　）⑥（　　）
⑦（　　）⑧（　　）⑨（　　）
⑩（　　）⑪（　　）⑫（　　）

発展問題

1 次の組み立てにあてはまる熟語を下から選び、記号で答えなさい。

① 上の字が下の字を修飾する。　ア 利害　イ 人造　ウ 山肌（やまはだ）　（　　）
② 下の字が上の字の目的語になる。　ア 無能　イ 開店　ウ 回転　（　　）
③ 上下が主語と述語の関係になる。　ア 頭痛　イ 修飾　ウ 外出　（　　）
④ 意味が似ている字を重ねる。　ア 欠如（けつじょ）　イ 創造　ウ 未熟　（　　）
⑤ 接尾語（せつびご）がつく。　ア 最後　イ 酸性　ウ 無理　（　　）
⑥ 接頭語がつく。　ア 御社（おんしゃ）　イ 有無　ウ 帰宅　（　　）
⑦ 反対の意味の字を重ねる。　ア 硬軟（こうなん）　イ 柔軟（じゅうなん）　ウ 過失　（　　）
⑧ 長い熟語が省略されている。　ア 延期　イ 特急　ウ 真偽（しんぎ）　（　　）

2 次の熟語の読み方の種類を後から選び、記号で答えなさい。

① 縁側（　　）　② 人質（　　）　③ 霜柱（　　）
④ 幕内（　　）　⑤ 上旬（　　）　⑥ 歩合（　　）
⑦ 抜群（　　）　⑧ 指図（　　）　⑨ 浅瀬（　　）

ア 音読み＋音読み　イ 訓読み＋訓読み
ウ 重箱読み（じゅうばこよみ）　エ 湯桶読み（ゆとうよみ）

---

4 ≫200〜201ページ

⑥「きよみず」、⑦「しちせき」、⑨「がんきょう」、⑪「はくし」は特殊な読み方ではないよ。

1 ≫198〜199ページ

ヒント　⑤接尾語とは、ほかの語の後について、その語とともに一つの単語を作るもの。「退化」だと「化」が接尾語で、「進化」のようにほかの語にもついて熟語を作る。選択肢（せんたくし）から、下の字がほかの語にもついて熟語を作るものを探そう。⑥接頭語は接尾語の逆で、語の前につく。

2 ≫200〜201ページ

ヒント　重箱読みとは、音読み＋訓読みのこと。湯桶読みとは訓読み＋音読みのこと。

解答➡325ページ

例題 1 次の各組の――部のカタカナを漢字に直しなさい。

- ❶ **イガイ**な結果。（　　） ❷ 職員**イガイ**入室禁止。（　　）
- ❸ 会員の**ゲンショウ**。（　　） ❹ 自然**ゲンショウ**。（　　）

例題 2 次の――部のカタカナにあてはまる熟語を下から選びなさい。

- ❶ フライパンを**カネツ**する。（　　）〔加熱　過熱〕
- ❷ 大学で物理を**センコウ**する。（　　）〔先攻　専攻〕

例題の答え

1 ❶ 意外 ❷ 以外 ❸ 減少 ❹ 現象
2 ❶ 加熱 ❷ 専攻

いろいろな同音異義語

音読みは同じだが、表す意味が違(ちが)う熟語を**同音異義語**という。同音異義語が多いことは日本語の特徴(とくちょう)の一つ。文脈から意味を考えて漢字を書き分けよう。

数が多い同音異義語の主なもの

読み	熟語	読み	熟語
イギ	異議・意義 異義・威儀	カイシン	会心・改心 改新・回診
カテイ	家庭・課程 仮定・過程	カンシン	関心・歓心 感心・寒心
キカイ	機械・機会 器械・奇怪	キショウ	気象・起床 気性・記章・希少
シジ	指示・支持 師事・私事・指事	カイホウ	解放・開放・介抱 快方・会報・解法

チェック！ 同音異義語の覚え方

●用例とともに覚えることで、熟語の意味の違いが理解しやすくなる。

・イジョウ
- **異常**気象が続く。
- 機械に**異状**はない。

・キョウイ
- **驚異**的な記録が出る。
- 核兵器(かくへいき)の**脅威**。

・ショウカイ
- 友達を**紹介**する。
- 在庫の有無を**照会**する。

・ツイキュウ
- 責任を**追及**する。
- 利潤(りじゅん)を**追求**する。
- 真理を**追究**する。

・ホショウ
- **保証**書付きの製品。
- 人権を**保障**する。
- 損害を**補償**する。

カンキ	寒気・歓喜・換気 喚起・乾季・乾期
ジキ	時期・次期・磁気 時機・自棄・磁器
キセイ	規制・帰省・既成・寄生 気勢・規正・奇声・既製
コウエン	公園・後援・公演 講演・広遠・好演
キカン	期間・帰還・既刊 機関・器官・基幹・気管
キコウ	機構・気候・寄稿・気孔 紀行・奇行・起工・寄航

使い分けが紛らわしい同音異義語

同音異義語は、会話のように音だけを聞くと、意味がとらえにくいことがあるが、漢字で書くと意味を明確にできる。文の内容にふさわしい熟語を選ぼう。

使い分けが紛らわしい主な同音異義語

一字が共通の同音異義語の例

イシ
- 意志（何かをやり遂げようとする意欲。）
- 意思（何かについてもっている考え。）

カンショウ
- 鑑賞（芸術作品を味わう。）
- 観賞（美しいものを見て楽しむ。）

タイショウ
- 対象（目標や相手となるもの。）
- 対照（二つのものを比べ合わせる。）
- 対称（ものとものがつり合う。）

二字とも異なる同音異義語の例

カイコ
- 回顧（自分の過去を思い返す。）
- 懐古（昔のことをしみじみと懐かしむ。）

ホウフ
- 豊富（豊かで多量にある。）
- 抱負（心の中の決意や計画。）

カクシン
- 確信（疑うことなく、固く信じる。）
- 革新（現状を改めて新しくする。）
- 核心（物事の中心となるところ。）

チェック！ 使い分けが紛らわしい主な同音異義語

● 使い分けが紛らわしい同音異義語には、次のものなどもある。

・セイサク
- 製作（道具や機械を使ってものを作ること。）
  例 工作機械を**製作**する会社。
- 制作（絵画や彫刻など芸術作品を作ること。）
  例 アニメ映画を**制作**する。

・シュウシュウ
- 収集（あちこちから集めること。）
  例 切手の**収集**に興味がある。
- 収拾（混乱したものを整えること。）
  例 事態を**収拾**する。

・カンシン
- 感心（心に深く感じること。）
  例 上手な絵に**感心**する。
- 関心（興味をもつこと。）
  例 流行に**関心**がある。
- 歓心（喜びうれしいと思う心。）
  例 上司の**歓心**を買う。

・セイサン
- 清算（貸し借りの決着をつけること。）
  例 借金を**清算**した。
- 精算（費用の過不足を計算し正すこと。）
  例 乗り越し料金を**精算**する。
- 成算（成功する見通し。）
  例 この計画には**成算**がある。

二字熟語④ 類義語・対義語

例題

1 次の語の類義語を後から選びなさい。

❶ 準備＝（　　）　❷ 案外＝（　　）　❸ 美点＝（　　）

〔豪華　設備　長所　用意　安否　意外　整理　脅威〕

例題

2 次の語の対義語を後から選びなさい。

❶ 可決⇔（　　）　❷ 収入⇔（　　）　❸ 既定⇔（　　）

〔未定　値段　決死　支出　否決　不足　許可　決算〕

例題の答え

1 ❶ 用意　❷ 意外　❸ 長所

2 ❶ 否決　❷ 支出　❸ 未定

類義語

表す意味がよく似ている言葉どうしを**類義語**という。二字熟語の類義語は、それを組み立てている漢字の違いによって、一字が共通するものと二字とも異なるものとがある。

類義語の種類

一字が共通するもの

〔礼儀　行儀〕　〔着実　堅実〕　〔名作　傑作〕　〔信頼　信用〕　〔母国　故国〕　〔節約　倹約〕　〔安価　廉価〕　〔書籍　図書〕

〔詳細　委細〕　〔技量　技能〕　〔願望　希望〕　〔機知　機転〕　〔督促　催促〕　〔拒絶　拒否〕　〔予測　予想〕　〔休養　静養〕

〔多彩　多様〕　〔回想　追想〕　〔判然　歴然〕　〔承諾　承認〕　〔材料　原料〕　〔目標　目的〕　〔永久　永遠〕　〔改善　改良〕

チェック！ 類義語は一組だけではない

● 類義語が複数ある言葉も多い。それらはまとめて覚えておくようにしよう。

- 進歩＝進展・発展・発達・向上　など
- 民衆＝大衆・庶民・人民・公衆　など
- 習慣＝慣習・風習・習性・風俗　など
- 継続＝持続・存続・永続・続行　など
- 同意＝賛成・同調・賛同・合意　など
- 温厚＝温和・柔和・柔順・穏健　など
- 指示＝命令・指導・指揮・指図　など

発展 類義語の使われ方

● 意味が似ている類義語だが、使われ方も同じだとは限らない。例えば、次のように、使われる語が決まっているものもある。

〔○進路指導　×進路指示〕

〔○契約を継続する　×契約を持続する〕

親切	厚意
安全	無事
不足	欠乏
大家	巨匠
虚構	創作
互角	対等
基礎	根底
所得	収入
消息	音信
思慮	分別
道徳	倫理
冷酷	非情
組織	機構
入念	丁寧
気化	蒸発
注意	用心
傾向	風潮
構想	計画
欠点	短所
納得	了解
失望	落胆
不意	突然
方法	手段
刊行	出版

対義語

表す意味が反対、または対になっている言葉どうしを**対義語**という。対義語も類義語同様に、それを組み立てている漢字の違いによって分類できるが、正反対の意味をもつ漢字でできているとは限らないので注意する。

対義語の種類

一字のみが対義のもの	陽気⇔陰気
	輸入⇔輸出
	積極⇔消極
	正常⇔異常
	悲観⇔楽観
	急性⇔慢性
	進化⇔退化
	給水⇔排水

一字ずつが対義のもの	上昇⇔下降
	軽薄⇔重厚
	温暖⇔寒冷
	利益⇔損害
	始発⇔終着
	前進⇔後退
	巨大⇔微小
	真実⇔虚偽

全体で対義のもの	生産⇔消費
	節約⇔浪費
	理想⇔現実
	理論⇔実践
	具体⇔抽象
	服従⇔反抗
	感情⇔理性
	形式⇔内容

打ち消しの語がつくもの	満足⇔不満
	完結⇔未完
	有料⇔無料
	有利⇔不利
	当番⇔非番
	既刊⇔未刊
	平穏⇔不穏
	成熟⇔未熟

文を書くときには、その文の意味や流れにふさわしい語を選ぶようにしよう。

チェック！ 注意すべき対義語

● 対義語とは、互いの**表す意味が反対、または対になっている言葉**。例えば、「上昇」と「下降」は、反対の意味になる。

一方、「父親」と「母親」は反対の意味というよりも対の関係にある。こうした語を**対応語**または**対照語**ということがある。

対応語・対照語の例

和食⇔洋食	兄弟⇔姉妹
予習⇔復習	朝刊⇔夕刊
善男⇔善女	分母⇔分子
男⇔女	黒⇔白
座る⇔立つ	村⇔町
親⇔子	動物⇔植物

対応語・対照語も対義語に含まれることを覚えておこう。

「右手」と「左手」も対応語の一つ。また「兄」の対応語は、年齢から見ると「弟」になるし、性別から見ると「姉」になるよ。

練習問題

1 次の各組の――部のカタカナを漢字に直しなさい。

①
- 校庭をカイホウする。（　　　）
- 病人をカイホウする。（　　　）
- 人質をカイホウする。（　　　）

②
- 試合をカンセンする。（　　　）
- 病気にカンセンする。（　　　）
- カンセン道路ができる。（　　　）

③
- テストのカイトウ用紙。（　　　）
- アンケートのカイトウ。（　　　）
- 肉をカイトウする。（　　　）

④
- 人柄のよさはホショウつきだ。（　　　）
- 相手方にホショウ金を支払う。（　　　）
- 憲法がホショウする権利。（　　　）

2 次の語の類義語になるように、□にあてはまる漢字を答えなさい。

① 短所＝□点　② 材料＝□料　③ 目標＝目□　④ 永久＝永□

⑤ 活発＝□活　⑥ 不意＝□然　⑦ 改善＝改□　⑧ 方法＝□段

①（　　　）②（　　　）③（　　　）④（　　　）

⑤（　　　）⑥（　　　）⑦（　　　）⑧（　　　）

3 次の語の対義語を後から選びなさい。

① 与党　② 優雅　③ 絶対　④ 陥没

⑤ 多弁　⑥ 特殊　⑦ 削除　⑧ 就任

寡黙　隆起　粗野　野党　添加　相対　一般　解任

①（　　　）②（　　　）③（　　　）④（　　　）

⑤（　　　）⑥（　　　）⑦（　　　）⑧（　　　）

---

1 ≫204〜205ページ

同音異義語は文の意味に合わせて使い分けよう！

2 ≫206〜207ページ

ヒント 「類義語」とは似た意味の言葉のこと。

3 ≫206〜207ページ

ヒント 「対義語」とは意味が反対、または対になる言葉のこと。

発展問題

1 次の――部にあてはまる熟語を下から選び、記号で答えなさい。

① 新たな局面がテンカイする。　ア 転回　イ 展開（　　）
② 新しい文化のソウゾウ。　ア 想像　イ 創造（　　）
③ 変化のカテイを記録する。　ア 過程　イ 課程（　　）
④ 問題についてケントウする。　ア 見当　イ 検討（　　）
⑤ ガンカに広がる太平洋。　ア 眼下　イ 眼科（　　）
⑥ パソコンをキョウユウする。　ア 共有　イ 享有（　　）

2 次の語の類義語を下から選び、漢字に直しなさい。

① 節約（シンネン　ケンヤク　シンセツ）
② 困難（コンラン　クナン　ヒナン）
③ 必然（イゼン　ヘイゼン　トウゼン）
④ 発奮（フンキ　フンガイ　フンキュウ）

①（　　）②（　　）③（　　）④（　　）

3 次の語の対義語を二字で答えなさい。

① 拡大　② 有益　③ 雑然　④ 現実

①（　　）②（　　）③（　　）④（　　）

---

1 ≫204〜205ページ
ヒント　文の意味に合うものを、熟語に使われている漢字の意味から考える。

2 ≫206〜207ページ
ヒント　④「発奮」は、何かに刺激（しげき）されて、気持ちを奮い立たせること。

3 ≫206〜207ページ

解答➡325ページ

定期試験対策問題

〈二字熟語① ≫198〜199ページ〉

1 次の熟語の組み立てを後から選び、記号で答えなさい。

(1) 忍耐（　　）　(2) 負傷（　　）
(3) 騒然（　　）　(4) 円高（　　）
(5) 激流（　　）　(6) 蛇足（　　）
(7) 濃淡（　　）　(8) 模試（　　）
(9) 非礼（　　）　(10) 精々（　　）
(11) 貴店（　　）　(12) 市営（　　）
(13) 栄枯（　　）　(14) 知的（　　）
(15) 乗馬（　　）　(16) 民放（　　）
(17) 遺失（　　）　(18) 最高（　　）

ア 意味が似ている字を重ねる。
イ 反対の意味の字を重ねる。
ウ 同じ字を繰り返して重ねる。
エ 上下が主語と述語の関係になる。
オ 上の字が下の字を修飾する。
カ 下の字が上の字の目的語になる。
キ 打ち消しでない接頭語がつく。
ク 上の字が下の字を打ち消す。
ケ 接尾語がつく。
コ 長い熟語が省略されている。
サ 故事から生まれた。

ヒント 「青空」なら「青い空」のように、訓読みに直して考えると組み立てがわかりやすくなる。

〈二字熟語② ≫200〜201ページ〉

2 次の熟語の読み方の種類を後から選び、記号で答えなさい。

(1) 井戸（　　）　(2) 素手（　　）　(3) 身分（　　）
(4) 座敷（　　）　(5) 乱雑（　　）　(6) 消印（　　）

ア 音読み＋音読み　**イ** 訓読み＋訓読み
ウ 重箱読み　**エ** 湯桶読み

〈二字熟語② ≫200〜201ページ〉

3 次の――部の読みを答えなさい。

(1) 人気のない場所を探して楽器の練習をする。（　　）
(2) 全国大会で優勝したので、大手を振って町を歩く。（　　）
(3) 彼は造作もなく仕事を終えた。（　　）

〈二字熟語② ≫200〜201ページ〉

4 次の特殊な読み方をする熟語の読みを答えなさい。

(1) 為替（　　）　(2) 大和（　　）
(3) 海原（　　）　(4) 梅雨（　　）
(5) 紅葉（　　）　(6) 凸凹（　　）

〈二字熟語③ ≫204〜205ページ〉

5 次の――部にあてはまる熟語を後から選び、記号で答えなさい。

(1) 中高生をタイショウとした小説。
［ア 対象　イ 対照　ウ 対称］（　　）

(2) 留学生の受け入れタイセイは万全だ。
［ア 体勢　イ 大勢　ウ 態勢］（　　）

(3) 管理責任をツイキュウする。
［ア 追求　イ 追及　ウ 追究］（　　）

(4) 彼女(かのじょ)の熱心さにカンシンする。
［ア 感心　イ 関心　ウ 歓心］（　　）

〈二字熟語③ ≫204〜205ページ〉

6 次の――部のカタカナを漢字に直しなさい。

(1) a シンチョウに前進する。（　　）
b 彼の話は意味シンチョウだ。（　　）

(2) a 自己ショウカイをする。（　　）
b 役所に本籍(ほんせき)をショウカイする。（　　）

(3) a 親のカンショウを嫌(きら)う。（　　）
b 趣味(しゅみ)は映画カンショウです。（　　）

〈二字熟語④ ≫206〜207ページ〉

7 次の語の類義語になるように、（　）にあてはまる漢字を答えなさい。

(1) 収入＝（　　）得
(2) 快活＝活（　　）
(3) 礼儀(れいぎ)＝（　　）儀
(4) 音信＝消（　　）
(5) 看病＝（　　）抱
(6) 冷酷(れいこく)＝（　　）情
(7) 思慮(しりょ)＝（　　）別
(8) 負債(ふさい)＝（　　）金

〈二字熟語④ ≫206〜207ページ〉

8 次の語の対義語を答えなさい。

(1) 分析(ぶんせき)↕（　　）
(2) 過密↕（　　）
(3) 逆境↕（　　）
(4) 急性↕（　　）
(5) 具体↕（　　）
(6) 困難↕（　　）
(7) 冷遇(れいぐう)↕（　　）
(8) 単純↕（　　）
(9) 膨張(ぼうちょう)↕（　　）
(10) 模倣(もほう)↕（　　）

ヒント　対義語では、対(つい)の関係の漢字（進↕退、貧↕富など）を含(ふく)むことが多いので、そこから考えてみる。

解答⬇331ページ

第10章 三字以上の熟語と語句の知識

三字熟語の組み立て

≫214～215ページ

三字熟語には、二字熟語に一字加わったものと、三字が対等な関係で並んでいるものとがある。

三字熟語の組み立て

≫214ページ

二字熟語＋一字				三字が対等
上の二字が下の一字を修飾する	上の一字が下の二字を修飾する	二字に打ち消しの接頭語がつく	二字に接尾語がつく	三字が対等な関係で並ぶ
日本＋人（日本の人）	新＋学期（新しい学期）	不＋完全（完全でない）	決定＋的（決定づける様子）	上＋中＋下
卒業式 未来図	大自然 全日本	無気力 未発表	可能性 画一化	松竹梅 衣食住

主な四字熟語とその種類には、次のものなどがある。

我田引水　五里霧中　心機一転　清廉潔白
大器晩成　付和雷同　理路整然　臨機応変

主な四字熟語

≫216ページ

種類	例
同じ漢字を一字おいて繰り返すもの	以心伝心　自画自賛　自暴自棄　絶体絶命　徹頭徹尾　半信半疑
対になる漢字を一字おいて使うもの	右往左往　晴耕雨読　大同小異　朝令暮改　東奔西走　離合集散
漢数字を一字おいて使うもの	一期一会　一朝一夕　七転八倒　十人十色　千載一遇　二束三文

故事成語

≫218～221ページ

故事成語…昔の出来事や言い伝え、書物をもとにした言葉で、特別な意味で使われているもの。中国が起源のものが多く、熟語の形になるものもある。

故事成語は、由来となった出来事（故事）も、意味とともに覚えよう。

チェック

四字熟語の組み立て

≫215〜217ページ

四字熟語には二字熟語を二つ並べたものが多い。**四字が対等な関係で並んでいるものもある。**

四字熟語の組み立て

≫215ページ

組み立て			例
二字＋二字	似た意味の二字熟語が二つ重なっているもの		公明＝正大 完全＝無欠
二字＋二字	反対の意味の二字熟語が二つ重なっているもの		針小⇔棒大 有名⇔無実
二字＋二字	上の二字が下の二字に意味の上で係るもの	主語・述語の関係	大器ハ晩成スル 意味ガ深長ダ
二字＋二字	上の二字が下の二字に意味の上で係るもの	修飾・被修飾の関係	無風ノ状態 不言デ実行スル
四字が対等	四字が対等な関係で並んでいるもの		東西南北 喜怒哀楽

▼「一字＋三字」、「三字＋一字」などの構成の四字熟語もあるが、「大運動会」「非協力的」など、二字熟語や三字熟語の知識を発展させることで理解できるものがほとんどだ。

雨になるかと心配したが、**杞憂**に終わってよかった。

←

意味
余計な心配をすること。

もとになった故事
中国の杞の国に、天が落ちてくるのではないかと憂える（心配する）あまり、夜も眠れず、食事ものどを通らない人がいたことから。

ことわざ・慣用句

≫222〜225ページ

ことわざ…古くから言い伝えられてきた、教訓、風刺、知恵などを含んだ短い言葉。

慣用句……二つ以上の言葉が結びついて、全体で特定の意味を表す言葉。

主なことわざ

≫222ページ

ことわざ	意味
石橋をたたいて渡る	用心に用心を重ねて、事を行う。
転ばぬ先の杖	失敗しないように前もって用心する。
立て板に水	弁舌が滑らかでよどみがない。

主な慣用句

≫224ページ

慣用句	意味
鼻が高い	誇らしい。得意である。
鼻であしらう	人をばかにして、冷淡に接する。
尾ひれをつける	話を実際以上に大きくする。
顔が広い	交友範囲がとても広い。

1 三字熟語・四字熟語の組み立て

例題

1 次の組み立ての三字熟語を後から選び、記号で答えなさい。

❶「一字＋二字」（　　）　❷「二字＋一字」（　　）

ア 日本語　**イ** 新学期　**ウ** 地球人　**エ** 日用品

ア 不自然　**イ** 無条件　**ウ** 松竹梅　**エ** 集中力

例題

2 次の四字熟語と同じ組み立てのものを後から選び、答えなさい。

❶ 空前絶後（　　）　❷ 一刀両断（　　）

❸ 春夏秋冬（　　）

〔東西南北　質疑応答　傍若無人（ぼうじゃくぶじん）　日常生活　自暴自棄（じぼうじき）〕

例題の答え

1 ❶イ　❷エ

2 ❶質疑応答　❷日常生活

❸東西南北

三字熟語の組み立て

熟語には二字熟語だけでなく、三字以上のものもある。三字熟語の組み立ては「**一字＋二字**」、「**二字＋一字**」のものが多く、片方がもう片方を修飾（しゅうしょく）したり、説明したりすることが多い。三字が対等な関係で並んでいるものもある。

三字熟語の組み立ての種類

上の二字熟語が下の一字を修飾するもの	音楽＋室	卒業式・向上心・博物館 想像力・名作集・屋根裏
上の一字が下の二字熟語を修飾するもの	新＋世紀	高得点・悪天候・再開発 大自然・公文書・全世界
二字熟語に打ち消しの接頭語がついたもの	不＋自由	未成年・無関心・非合理 不景気

チェック！　接頭語による意味の違い（ちがい）

●三字熟語には打ち消しの接頭語がついたものがある。「非」「無」「不」「未」が主だが、これらの接頭語がどの熟語につくかはおおむね決まっている。しかし、中には、

非公開

未公開

のように、同じ熟語に違う接頭語がつく場合もある。その際には、熟語の意味をとり違えないように注意しよう。

非公開＝公開しない。

未公開＝まだ公開していない。

の意味である。

打ち消しの接頭語の意味は≫199ページにあるよ。

二字熟語に接尾語がついたもの	近代＋化	合理的・可能性・家庭用 簡略化・関西風・重要視
三字が対等な関係で並んでいるもの	衣＋食＋住	上中下・市町村・知情意 大中小

四字熟語の組み立て

四字熟語の組み立てには、**二字熟語が二つ結びついたものが多い。**四字熟語の組み立てを考える場合には、まず二つの二字熟語の意味上の結びつきをとらえるとよい。四字が対等な関係で並んでいるものなどもある。

四字熟語の主な組み立て

似た意味の二字熟語が対等な関係で重なっているもの		公明＋正大	自由自在 取捨選択
反対の意味の二字熟語が対等な関係で重なっているもの		有名＋無実	空前絶後 晴耕雨読
上の二字熟語が下の二字熟語に意味の上で係るもの	主語・述語の関係	意気ガ消沈スル	好機到来 主客転倒
	修飾・被修飾の関係	一刀デ両断スル	安全地帯 不言実行
四字が対等な関係で並んでいるもの		春―夏―秋―冬	花鳥風月 都道府県
二字熟語の各漢字を繰り返して重ねたもの		奇奇怪怪	平平凡凡 虚虚実実
三字熟語に接頭語や接尾語をつけたもの		非―英語圏	大運動会 生物学的

発展 四字熟語の対義語・類義語

● 四字熟語には対義語や類義語があるものもある。セットで覚えると、意味も覚えやすい。

対義語

意気消沈 ⇕ 意気揚々
日進月歩 ⇕ 旧態依然
優柔不断 ⇕ 即断即決
理路整然 ⇕ 支離滅裂

類義語

一挙両得＝一石二鳥
終始一貫＝首尾一貫
主客転倒＝本末転倒
大同小異＝同工異曲

コラム 繰り返しの符号

「奇奇怪怪」「平平凡凡」などは「奇々怪々」「平々凡々」とも書きます。どちらも間違いではありません。

「々」は、踊り字といって、同じ漢字を重ねるときに使う符号です。カタカナの「ノ」と「マ」を組み合わせたような形から「ノマ」と呼ばれることがあります。

ちなみに、平仮名用の踊り字は「ゝ」、カタカナ用は「ヽ」です。それぞれ濁音を重ねるときには「ゞ」「ヾ」を使います。「つづく」なら「つゞく」、「ツヅク」となります。

2 主な四字熟語

理解度をチェック

悪戦苦闘（あくせんくとう）
●死にものぐるいで困難に打ち勝とうと努力すること。

暗中模索（あんちゅうもさく）
●どうしてよいかわからないまま、いろいろやってみること。

意気消沈（いきしょうちん）
●元気がなくなり、沈んでいること。
↕**意気揚々**（いきようよう）

異口同音（いくどうおん）
●多くの人が口をそろえて同じことを言うこと。
注意「異句」と書き誤りやすい。

以心伝心（いしんでんしん）
●口に出さなくてもお互いの心が通じ合うこと。

一期一会（いちごいちえ）
●一生に一度しかない出会い。

一挙両得（いっきょりょうとく）
●一つのことをして同時に二つの利益を得ること。＝**一石二鳥**（いっせきにちょう）

一朝一夕（いっちょういっせき）
●ほんの短い時間。

意味深長（いみしんちょう）
●深い意味が隠されている様子。

因果応報（いんがおうほう）
●行いの善悪に応じた報いを受けること。

温故知新（おんこちしん）
●古いことを学ぶことで、新しい知識を得ること。

我田引水（がでんいんすい）
●自分が有利になるような言動をすること。

危機一髪（ききいっぱつ）
●今にも危ないことが起こりそうな瀬戸際。
注意「一発」と書かない。

疑心暗鬼（ぎしんあんき）
●疑いの心があると、何でもないことまで信じられなくなること。

喜怒哀楽（きどあいらく）
●喜び、怒り、哀しみ、楽しみといった感情。

空前絶後（くうぜんぜつご）
●過去にも未来にもないような、まれなこと。

厚顔無恥（こうがんむち）
●厚かましく恥知らずなこと。

公明正大（こうめいせいだい）
●やましいところがなく、正しく立派な様子。

孤立無援（こりつむえん）
●誰の助けもないこと。

五里霧中（ごりむちゅう）
●何の手がかりもなくて、どうしようもないこと。
注意「夢中」と書かない。

言語道断（ごんごどうだん）
●言葉で表せないほど、とんでもないこと。

才色兼備（さいしょくけんび）
●優れた能力と美しさを兼ね備えている女性のこと。

自画自賛（じがじさん）
●自分で自分を褒めること。

試行錯誤（しこうさくご）
●何度も失敗しながら正しいものに近づいていくこと。

七転八倒（しちてんばっとう）
●転げ回ってもがき苦しむこと。

自暴自棄（じぼうじき）
●どうでもいいとやけになること。

縦横無尽（じゅうおうむじん）
●自由自在に行うこと。

終始一貫（しゅうしいっかん）
●初めから終わりまで変わらないこと。
＝**首尾一貫**（しゅびいっかん）

主客転倒（しゅかくてんとう）
●物事の軽重をとり違えること。＝**本末転倒**（ほんまつてんとう）

順風満帆（じゅんぷうまんぱん）
●物事が順調に進んでいくこと。

枝葉末節（しようまっせつ）
●物事の中で取るに足らない部分。

心機一転（しんきいってん）
● あることをきっかけに、気分を入れ替えること。

針小棒大（しんしょうぼうだい）
● 小さなことをおおげさに言うこと。

深謀遠慮（しんぼうえんりょ）
● 遠い将来のことまで深く考えて計画すること。

晴耕雨読（せいこううどく）
● のんびり気ままに生活する様子。

清廉潔白（せいれんけっぱく）
● 心が清らかで、後ろめたいところがないこと。

切磋琢磨（せっさたくま）
● 互いに励まし合うなどして、学問や人格を向上させていくこと。

絶体絶命（ぜったいぜつめい）
● 危険な状態に追いつめられ、とても逃れられないこと。注意「絶対」と書かない。

前後不覚（ぜんごふかく）
● 前後の区別もつかないほど、何もわからなくなること。

千載一遇（せんざいいちぐう）
● これ以上ないというほど滅多にない機会のこと。
注意「千載」とは千年という意味。

前代未聞（ぜんだいみもん）
● それまでに聞いたことがないような珍しいこと。

大器晩成（たいきばんせい）
● 大人物は年をとってから大成するということ。

泰然自若（たいぜんじじゃく）
● 何があっても落ち着いていて動じない様子。

大同小異（だいどうしょうい）
● 少しの違いはあっても、だいたい同じであること。

朝令暮改（ちょうれいぼかい）
● 命令などがすぐに変わって、あてにならないこと。

徹頭徹尾（てっとうてつび）
● 初めから終わりまで。

電光石火（でんこうせっか）
● きわめて短い時間。行動が非常に素早い様子。

東奔西走（とうほんせいそう）
● あちらこちらに忙しく駆け回ること。

日進月歩（にっしんげっぽ）
● 絶え間なく進歩していくこと。
⇔ **旧態依然**（きゅうたいいぜん）

馬耳東風（ばじとうふう）
● 人の忠告などを気にとめず、聞き流すこと。

美辞麗句（びじれいく）
● 美しく飾り立てた言葉。

付和雷同（ふわらいどう）
● 自分の考えがなく、他人の意見にすぐ賛成すること。

粉骨砕身（ふんこつさいしん）
● 力の限り努力すること。

無我夢中（むがむちゅう）
● 心を奪われ、我を忘れること。

無味乾燥（むみかんそう）
● 何の味わいもおもしろみもないこと。

明鏡止水（めいきょうしすい）
● 心が静かで少しの曇りもないこと。

名誉挽回（めいよばんかい）
● 名誉を取り戻すこと。

優柔不断（ゆうじゅうふだん）
● ぐずぐずしていて、決断できないこと。

有名無実（ゆうめいむじつ）
● 名ばかりで実のないこと。
⇔ **即断即決**（そくだんそっけつ）

油断大敵（ゆだんたいてき）
● 不注意が思わぬ失敗を招くということ。

用意周到（よういしゅうとう）
● 用意が万全であること。

離合集散（りごうしゅうさん）
● 離れたり集まったりすること。

竜頭蛇尾（りゅうとうだび）
● 初めは勢いがよく、終わりはふるわないこと。

理路整然（りろせいぜん）
● 意見などの筋道が通っていて、きちんとしていること。
⇔ **支離滅裂**（しりめつれつ）

臨機応変（りんきおうへん）
● その場の変化にしたがって、適切な処置をすること。

和洋折衷（わようせっちゅう）
● 和式と洋式とをほどよい程度に調和させること。

主な故事成語①

故事成語とは

昔の出来事、特に中国の古い話をもとにつくられ、特別な意味で使われるようになった言葉のこと。故事成語はその「いわれ」を覚えておくことが大切である。

青は藍より出でて藍より青し

弟子が師よりもすぐれていることのたとえ。

● 藍という植物からとった染料の青色は、もとの藍よりも青いことによる。

＝**出藍の誉れ**

圧巻

書物や物事の中で最もすぐれているところ。

● 「巻」は科挙（昔、中国で行われた官吏の登用試験）の答案用紙のこと。最もすぐれた答案をすべての答案の上にのせたことからできた言葉。

石に漱ぎ流れに枕す

ひどいこじつけをするほど、負け惜しみが強いこと。

● 「石に枕し流れに漱ぐ」と言おうとして「石に漱ぎ流れに枕す」と言った人が、「石に漱ぐのは歯を磨くため。流れに枕するのは耳を洗うため。」と言い逃れをしたことによる。

一炊の夢

人生の栄華のはかないこと。

● 唐の盧生は、栄華を極めた一生の夢を見るが、実際には粟飯も炊けていないほどの短い時間だった。

＝**邯鄲の夢**

画竜点睛

物事の眼目となるところ。最後の仕上げ。

● 壁に描いた竜の絵の目に瞳を入れたところ、竜はたちまち天に昇ってしまった。注意「画竜点睛を欠く」は、仕上げが不十分で完全でないという意味。また、「睛」は瞳という意味。「晴」ではない。

杞憂

余計な心配をすること。

● 杞の国に天が落ちてくるのを心配するあまり、眠ることも食べることもできない人がいたことから。

漁夫の利

両者が争っているうちに、第三者が利益を横取りすること。

● シギが貝の肉を食べようとしたところ、貝がシギのくちばしをはさんだ。互いに争ううちに漁師がどちらも捕らえてしまった。

蛍雪の功

苦労しながら学問に励み、成功すること。

● 車胤という人は貧しくて灯火用の油が買えず、蛍を集めてその光で本を読んだ。孫康という人も雪明かりで本を読んだ。どちらも後に立派な人となった。

呉越同舟

仲の悪い者が同じ場所に居合わせること。また、敵どうしが協力しあうことのたとえ。

● 敵国どうしである呉人と越人でも、

理解度をチェック

同じ舟に乗り合わせて嵐にあえば舟を守ろうと協力するということ。

五十歩百歩

少しの違いだけで本質的には差がないこと。

●戦場で五十歩逃げた者が百歩逃げた者を臆病者と笑っても、どちらも逃げたことに変わりはない、という孟子のたとえ話から。＝**大同小異**

塞翁が馬

人生の幸・不幸は予測することができないこと。

●国境の要塞の近くに住む老人(塞翁)の馬が逃げた。近所の人は気の毒がるが、数か月するとその馬が別の立派な馬を連れて帰る。近所の人はよかったと喜ぶが、今度は老人の息子が馬から落ちて大けがをする。近所の人は老人に同情するが、やがて隣国と戦争が始まり多くの若者が戦死する。だが、老人の息子はけがのために戦争に行かずに済み、無事であった。注意「人間万事塞翁が馬」ともいう。

三顧の礼

目上の人が礼を尽くして仕事を頼むこと。

●後に蜀の国の皇帝になる劉備は、諸葛孔明という若者を臣下に迎えるために三度も家を訪ねた。孔明はその熱意に心を打たれ、劉備の軍師として仕えた。

四面楚歌

周りがみんな敵ばかりで、孤立していること。

●楚の国の項羽は、戦いで漢の国の劉邦の軍に包囲された。夜、四方を取り囲んでいる漢の陣地から楚の歌が聞こえてきたので、項羽は楚の国がすでに降伏したと思い込み、嘆き絶望した。

守株

古い習慣にとらわれて、全く進歩がないこと。

●宋の国の一人の農民が、ある日、田にある切り株にぶつかって死んだうさぎを手に入れた。以後、仕事をせず、切り株を見張り、またうさぎを手に入れたいと願うが、二度とうさぎは得られず、みんなの笑い者となった。

食指が動く

あるものが欲しくなったり、あることをしたくなったりすること。

●鄭の国の霊公に会いに行く途中、子公の人さし指がぴくぴく動いた。子公は「こうしたときは珍しいごちそうにありつける」と言ったが、そのとおり、霊公の宮殿では豪勢なごちそうが用意されていた。

水魚の交わり

きわめて親密な友情や交際のたとえ。

●劉備が新参者である諸葛孔明とあまりにも親密なため、古くからの家来たちは不満に思った。劉備は「魚には水が必要なように、私にとって孔明はなくてはならない大切な人物なのである。」と言ってなだめた。

推敲

文章や詩歌の字句や表現を何度も練り直すこと。

●唐の詩人賈島は、ろばに乗りながら「僧は推す月下の門」という詩句を考えついたが、「僧は敲く月下の門」のほうがよいのではと思い悩むうちに、都の高官の韓愈の行列の中に入り込んでしまった。賈島は捕らえられたが、わけを説明したところ、詩人でもある韓愈は「敲く」のほうがよいだろうと答えた。二人は馬を並べ、詩について論じあった。

杜撰

内容がいい加減で誤りが多いことのたとえ。

●宋の詩人、杜黙の作る詩は奔放で詩作の規則に合わないものが多かったことから、誤りが多い著作やいい加減な様子を指す言葉になった。

先鞭をつける

誰よりも先んじて物事に取りかかること。

●晋の時代に、若いときから才能に恵まれ意気も盛んな人物がいたが、ライバルが自分より先に馬に鞭を打って戦場に駆けつけ、手柄を先取りすることを恐れたので、いつも備えを怠らずにいたという故事による。

宋襄の仁

無用の情けをかけること。

●宋の国の襄公は、楚の国と戦ったとき、敵軍の態勢が整わないうちに攻め込もうという家臣の進言を、人が困っているときに苦しめるものではないと聞き入れなかった。宋は楚に敗れてしまい、襄公は世間の人の笑い者になった。

太公望

釣りをする人。また、釣り好きの人のこと。

●周の国の文王が狩りに出かけたとき、釣りをしている老人と会った。その人は呂尚という賢者であった。文王は「あなたこそ(父の)太公が待ち望んでいた人物である。」と言って軍師にした。

他山の石

他人の誤った言動も、自分を向上させるのに役立つということ。

●ほかの山から出た質の悪い石でも、自分の持っている玉を磨く役に立つ、という教えから。

蛇足

むだで余計なもの。

●楚の国で、主人から酒をもらった召使いたちが、蛇の絵をいちばん早くかきあげた者が酒を一人で飲めることに決めた。最初にかきあげた者が調子に乗って「まだ足もかくことができる。」と言って、足をかき加えている間に別の男が絵をかきあげて、その男から酒を奪い、「蛇にはもともと足などないのだ。」と言って、酒を飲んでしまった。

朝三暮四

目先の違いにとらわれ、結果としては同じであることに気がつかないこと。

●昔、中国で猿まわしをしていた者が、飼っている猿に、餌のトチの実を朝三つ、夜四つにしたいと言ったら、猿たちが怒りだした。次に、朝四つ、夜三つにする、と言うと、猿たちは大喜びした。注意 口先で人をごまかす、という意味でも使われる。

登竜門

立身出世するための難しい関門のたとえ。

●黄河の竜門という急流を登ることができた鯉は、竜になるといわれた。

虎の威を借る狐

力のない者が強い者に頼って威張ること。

●虎に捕まった狐が、「自分は天の神の使いなので食べてはいけない。もし信じられないのなら、後からついてきなさい。」と言って、虎を後ろに連れて歩いた。ほかの動物たちは

理解度をチェック

虎の姿を見て逃げだしたが、虎は狐のことを恐れて逃げたのだと思い込み、狐の言うことが本当だと信じ込んだという。

背水の陣

決死の覚悟をして事にあたること。

● 漢の国の名将韓信が敵と戦ったとき、川を背後にした不利な場所に兵を陣取らせた。兵たちは退くに退けず必死に戦い、大勝利をおさめた。

白眼視

相手を冷たい目で見たり、扱ったりすること。

● 魏の国の賢者の一人の阮籍は、自分が気に入った客が来たときには青眼(黒目)で迎え、気に入らない客が来たときには白目で応対したという。

＝白い目で見る

白眉

多くの中で最もすぐれている人やもの。

● 蜀の国の馬氏の五人の兄弟は、みな秀才ぞろいだったが、なかでも眉に白い毛のある馬良が最もすぐれていた。

破天荒

今まで誰もできなかったことを成し遂げること。

● 唐の時代の荊州(地名)は、官吏の登用試験の合格者が一人もいなかったので「天荒(未開の荒れ地)」と呼ばれていたが、ついに合格者が出た。人々は驚き、「破天荒」と言った。

髀肉の嘆

手腕を発揮する機会がなく時間を過ごすのを嘆くこと。

● 後に蜀の国を建てた劉備は不遇なころ、長い間馬に乗って戦うような争いがないために、もも(髀)にむだな肉がついてしまったことを嘆いた。

覆水盆に返らず

一度してしまったことは二度ともとに戻らないということ。

● 呂尚(後の「太公望」)の妻は、呂尚が書物ばかり読んで仕事に専念しないので出て行ってしまったが、呂尚が出世すると復縁したいと申し出た。呂尚は盆から水をこぼし、この水をもとに戻せたら再び妻に迎えようと言った。

墨守

自説や昔からの習慣などを、かたく守りとおすこと。

● 楚の国が宋の城を九回も攻めたが、宋を指揮する墨子は鉄壁の守りをしき、ついに楚を退けた。

矛盾

話のつじつまが合わないこと。

● 楚の国の人で矛と盾を売る人がいた。その人は盾を褒めて「この盾は堅くてどんな矛でも突き通せない。」と言い、また自分の矛を褒めて「この矛は鋭くて、どんな盾をも突き通す。」と言った。それを聞いたある人が、「その矛でその盾を突いたらどうなるのか。」と尋ねたところ、返答することができなかった。

孟母三遷の教え

子供の教育やしつけといったことには、周りの環境が大事であるということ。

● 孟子が幼いころ、家の近くに墓地があった。孟子が葬式のまねをして遊ぶので、母親は市場の近くに引っ越した。そうすると、今度は商売人のかけひきのまねをして遊ぶようになった。困り果てた孟子の母親は、今度は学校のそばに引っ越した。すると、孟子は礼儀作法について覚えるようになったので、そこに落ち着くことにしたという。

5 主なことわざ

ことわざとは

ことわざとは、昔から言いならわされてきた、人々の生活の中から生まれてきた言葉のこと。世の中を生きていく上で役に立つ、さまざまな教えやいましめ、生活の知恵などが込められている。

青菜に塩　元気をなくしてしょげている様子。

悪事千里を走る　悪い行いはすぐに世間に知れ渡る。

虻蜂取らず　二つのものを両方とも手に入れようとして、どちらも得られないこと。＝**二兎を追う者は一兎をも得ず** ⇔ **一石二鳥**

●くもが巣にかかった虻と蜂を両方とろうとすると、結局どちらにも逃げられてしまうことから。

油を売る　仕事中にむだ話をして時間をつぶすこと。

雨降って地固まる　悪いことがあった後は前よりさらに良くなる。

案ずるより産むが易し　心配するより、やってみると案外簡単である。

石の上にも三年　つらくても我慢して続けていればいつかは成功する。

石橋をたたいて渡る　用心に用心を重ねて事を行う。＝**念には念を入れよ**

急がば回れ　急いで危険な方法をとるより安全で確実な方法をとるほうが早く成功する。＝**急いては事をし損じる** ⇔ **善は急げ**

同じ意味や反対の意味のことわざも覚えよう。

犬も歩けば棒に当たる　①でしゃばると思わぬ災難にあう。②動き回るうちに思わぬ幸運にあう。

馬の耳に念仏　人の意見に耳を貸さず、聞き流すこと。＝**馬耳東風**

帯に短したすきに長し　中途半端で役に立たないこと。

河童の川流れ　名人でも時には失敗することがある。＝**弘法にも筆の誤り**・**猿も木から落ちる**

君子危うきに近寄らず　君子は危ないところには近づかない。注意「君子」は、教養や徳のある人。

後悔先に立たず　事が済んでから悔やんでも仕方がない。

転ばぬ先の杖　失敗しないように前もって用心しておくこと。

三人寄れば文殊の知恵　凡人でも三人で相談すればよい考えが浮かぶ。注意「文殊」は、知恵をつかさどる菩薩の名。

釈迦に説法　その道を知り尽くしている人に教えを説く愚かさのたとえ。

知らぬが仏　知らないでいるから、平気でいられることのたとえ。

背に腹はかえられぬ　大事のためには犠牲もやむを得ない。

袖振り合うも他生の縁　袖が触れ合うほどのささいなことも、すべて深い因縁によるものである。注意「他生」は「多生」とも書く。

備えあれば憂いなし　ふだんから備えておけば、万が一のときにも慌てる

理解度をチェック

必要がない。

損して得取れ　今は損をしても、それを将来、大きな利益につなげよ、ということ。

対岸の火事　自分には何の関係もないことのたとえ。

立つ鳥跡を濁さず　立ち去る者は、跡が見苦しくないようきちんと始末しておかなければならない。⇔**後は野となれ山となれ**

棚からぼた餅　思いがけない幸運にあうこと。

ちりも積もれば山となる　わずかなものでも、数多く重なり集まると大きなものになるように、小さなことだからと、おろそかにしてはいけない。

月とすっぽん　形は似ていても比較にならないほどかけ離れていること。

●すっぽんは甲羅が丸くて形は月と似ているが、比べられないほど違うということ。＝**提灯に釣り鐘**

鶴の一声　権力のある人間が発する、周りを圧倒し従わせる一言。

出る杭は打たれる　才能があって目立つ人は、人にねたまれやすい。

天に唾する　他人に害を与えようとして、逆に自分がひどい目にあう。

天は二物を与えず　長所をいくつももっている人間はいない。

灯台下暗し　身近にある物事には意外に気がつかないことのたとえ。

堂に入る　学問・技芸がすぐれて、高い水準に達していること。

泣き面に蜂　よくないときに、さらに不幸が重なること。＝**弱り目にたたり目**

情けは人のためならず　人に情けをかけておけば、いつか自分に戻ってくる。注意 情けをかけるのはその人のためにならないという意味ではない。

猫に小判　どんなに貴重なものでも、価値がわからない者には何の役にも立たないこと。＝**豚に真珠**

寝耳に水　不意の出来事や知らせに驚くこと。

能ある鷹は爪を隠す　実力がある者ほど、ふだんはそれをひけらかさずにいること。

注意「脳ある」と書かない。

花より団子　風流よりも実益を選ぶこと。

早起きは三文の徳　早起きは健康にもよく、何かと得をすること。

注意「徳」は「得」とも書く。

仏の顔も三度　どんなに温和な人でも何度もひどいことをされると怒る。

まかぬ種は生えぬ　何もしないのに、よい結果を期待してもむだである。

身から出たさび　自分のした悪いことの報いで、自分自身が苦しむこと。＝**自業自得**

目は口ほどに物を言う　情を込めた目つきは口で言うのと同じくらい気持ちを伝える。

論より証拠　物事をはっきりさせるには、論議するよりも証拠を出してみせるのがいちばんということ。

災いを転じて福となす　身に降りかかってきた災いをうまく利用して、逆に幸福になるようにする。

主な慣用句

慣用句とは

慣用句とは、ことわざと同じく昔から人々の間で言いならわされ、決まり文句となった言葉。二つ以上の言葉が結びついて、一つのある決まった意味を表している。

青筋を立てる　激しく興奮したり激怒したりする。

灰汁が強い　人が受け入れにくいような、個性の強さがある。

あげ足を取る　言葉じりをとらえて、相手を非難する。

挙げ句の果て　結局のところ。注意「挙げ句(おわり)」を強調した言い方。

顎で使う　見下した態度で人を使うこと。注意「顎の先で使う」ともいう。

朝飯前　何かをすることが、非常に簡単であること。

足が棒になる　長く歩くなどしたために足が疲れる。

足もとを見られる　弱みにつけ込まれる。

頭を痛める　物事を心配して、あれこれと思い悩む。

案の定　思っていたとおり。注意「案」は、予想・考えという意味。

息を殺す　呼吸を抑え、じっとしている様子。＝**息を凝らす**・**息を詰める**

板につく　職業などが、その人にぴったりあった感じになる。

一石を投じる　一つの問題を提起する。注意水面に石を投げ入れると波紋が広がっていくことからできた言葉。

うさん臭い　なんとなく疑わしい。気を許せない感じがする。

後ろめたい　心にやましいところがあり、気がとがめる。

腕によりをかける　自分の技量を見せようと張り切る。

裏目に出る　よかれと思ってやったことが、反対に悪い結果になってしまう。

瓜二つ　二人の顔つきなどがそっくりであること。

顔色をうかがう　相手の気持ちを推し測る。相手の機嫌をうかがう。

顔が広い　交友範囲がとても広い。

顔に泥を塗る　名誉を傷つけ、恥をかかせる。

かたずをのむ　事のなりゆきを緊張しながら見守る。

肩を入れる　応援する。ひいきする。

借りてきた猫のよう　いつもとは違って、非常におとなしくしている様子をたとえたもの。

口を割る　隠していたことを白状する。

苦肉の策　敵をだますために、自分を苦しめてまで行う計略。

首を突っ込む　関心や興味をもったことに、深くかかわりをもつ。

首を長くする　物事が実現することを、待ち望む。

雲をつかむよう　漠然としていて、とらえどころがないことをたとえたもの。

心を鬼にする　その人のためを思い、同情を抑え、あえて厳しく接する。

心を砕く　いろいろと心配し、気を遣う。

腰が重い　なかなか行動に移ろうとしない様子。

腰が低い　他人に対して、謙虚な態度で接する。

舌を巻く　素晴らしいものや才能に、驚き感心する。

しのぎを削る　相手と激しく争う。

図に乗る　自分の思いどおりに事が進んで、つけあがる。

図星を指す　物事の核心をずばりと指摘する。注意「図星」は、弓の的の中心の黒い点のこと。

そりが合わない　気が合わず、一緒にやっていけない。

竹を割ったよう　気性がさっぱりしていることをたとえたもの。

手のひらを返す　態度や言動が、がらりと変わること。＝**手を返す**

手も足も出ない　なんとかしようと思っても、どうすることもできない。

途方に暮れる　どうしてよいかわからなくなる。

虎の子　手放すことができない大切なもの。

日常茶飯事　毎日のごくありきたりな物事。

二の足を踏む　物事を思い切ってできずにためらう。

猫の手も借りたい　忙しくて人手が足りないことをたとえたもの。

猫をかぶる　本性を隠して、おとなしそうに見せる。

根に持つ　いつまでも恨み続ける。

根も葉もない　何の根拠もない。

鼻息が荒い　意気込みが激しい。

鼻が高い　誇らしい。得意である。

話の腰を折る　横から口を出して、話を妨げる。

鼻であしらう　人をばかにして、冷淡に接する。

腹を抱える　おかしくて大笑いする。

腹を決める　決心する。覚悟する。＝**腹をくくる・腹をすえる**

ひざを乗り出す　あることに興味をもち、身を乗り出す。

ひざを交える　打ち解けて話し合う。

一泡吹かせる　相手を驚かせ慌てさせる。

へそを曲げる　機嫌を悪くする。

骨が折れる　することが難しく、時間や手間がかかる。

水に流す　過去の嫌なことをすべてなかったことにする。

身につまされる　他人の不幸が自分のことのように思われる。

身の毛がよだつ　恐ろしさにぞっとする。

耳が痛い　自分の弱点を指摘され、聞くのがつらい。

胸が騒ぐ　不安や期待などで心が落ち着かない。

胸をなでおろす　ほっとする。

目に余る　あまりのひどさに、黙って見過ごせないほどである。

目につく　とくに目立って見える。

我を忘れる　気を取られ夢中になる。

慣用句を使って文章を書いてみよう。

練習問題

1 次の三字熟語と同じ組み立てのものを下から選び、記号で答えなさい。

1 ≫ 214〜215ページ

① 主観的　ア 名人芸　イ 難事件　ウ 機械化　エ 上中下　（　　）
② 再放送　ア 不平等　イ 説明文　ウ 大人数　エ 植物性　（　　）
③ 小中高　ア 好奇心　イ 高気圧　ウ 無責任　エ 雪月花　（　　）

2 次の四字熟語の組み立てを後から選び、記号で答えなさい。

2 ≫ 214〜215ページ

① 前後不覚（　　）　② 神出鬼没（　　）　③ 完全無欠（　　）

ア 似た意味の二字熟語が対等な関係で重なっているもの。
イ 反対の意味の二字熟語が対等な関係で重なっているもの。
ウ 上の二字熟語が下の二字熟語に意味の上で係るもの。
エ 四字が対等な関係で並んでいるもの。

3 次の故事成語の意味を後から選び、記号で答えなさい。

3 ≫ 218〜221ページ

① 青は藍より出でて藍より青し（　　）　② 三顧の礼（　　）
③ 水魚の交わり（　　）　④ 他山の石（　　）

ア 目上の人が礼を尽くして仕事を頼むこと。
イ きわめて親密な友情や交際のたとえ。
ウ 他人の誤った言動も、自分を向上させるのに役立つということ。
エ 弟子が師よりもすぐれていることのたとえ。

4 次の文の（　）にあてはまる言葉を後から選び、記号で答えなさい。

4 ≫ 222〜225ページ

① 部活動をかけもちして、（　　）のようなことにならないようにね。
② 遠くに住む恋人からの手紙を待ちわびて（　　）。

ア 首を長くする　イ 根に持つ
ウ 虻蜂取らず　エ まかぬ種は生えぬ

解答➡325ページ

定期試験対策問題

〈三字熟語の組み立て ≫214～215ページ〉

1 次の三字熟語の組み立てを後から選び、記号で答えなさい。

(1) 未公開（　　）　(2) 終止符（　　）

(3) 指揮者（　　）　(4) 衣食住（　　）

(5) 英会話（　　）　(6) 圧倒的（　　）

ア 上の二字熟語が下の一字を修飾するもの。

イ 上の一字が下の二字熟語を修飾するもの。

ウ 二字熟語に打ち消しの接頭語がついたもの。

エ 二字熟語に接尾語がついたもの。

オ 三字が対等な関係で並んでいるもの。

〈四字熟語の組み立て ≫214～215ページ〉

2 次の四字熟語の組み立てを後から選び、記号で答えなさい。

(1) 起承転結（　　）　(2) 才色兼備（　　）

(3) 自暴自棄（　　）　(4) 意気消沈（　　）

(5) 用意周到（　　）　(6) 針小棒大（　　）

ア 似た意味の二字熟語が対等な関係で重なっているもの。

イ 反対の意味の二字熟語が対等な関係で重なっているもの。

ウ 上の二字熟語と下の二字熟語が主語と述語の関係のもの。

エ 上の二字熟語が下の二字熟語を修飾するもの。

オ 四字が対等な関係で並んでいるもの。

〈主な故事成語 ≫218～221ページ〉

3 次の故事成語の意味を後から選び、記号で答えなさい。

(1) 白眼視（　　）　(2) 杜撰（　　）

(3) 覆水盆に返らず（　　）　(4) 杞憂（　　）

(5) 五十歩百歩（　　）　(6) 矛盾（　　）

ア 一度してしまったことは二度ともとに戻らないこと。

イ 話のつじつまが合わないこと。

ウ 相手を冷たい目で見たり、扱ったりすること。

エ 余計な心配をすること。

オ 少しの違いだけで本質的には差がないこと。

カ 内容がいい加減で誤りが多いこと。

〈主な故事成語 ≫218～221ページ〉

4 次の〔　〕に漢字をあてはめて、故事成語を使った文を完成させなさい。

(1) 双方の争いにつけこんで漁夫の〔　　〕を得る。

(2) 座礁事故を他山の〔　　〕として海図を見直す。

(3) 蛍雪の〔　　〕を積み、試験に合格した。

(4) 負けられない試合に背水の〔　　〕で臨む。

(5) 寝坊して電車事故を逃れた。塞翁が〔　　〕だ。

ヒント　空欄の前後の部分から、故事成語の全体を想像する。

〈主なことわざ ≫222～223ページ〉

5 **次のことわざの意味を後から選び、記号で答えなさい。**

(1) 雨降って地固まる （　　）
(2) 帯に短したすきに長し （　　）
(3) 灯台下暗し （　　）
(4) 転ばぬ先の杖 （　　）
(5) 二兎を追う者は一兎をも得ず （　　）
(6) 能ある鷹は爪を隠す （　　）

ア 失敗しないように前もって用心しておくこと。
イ 中途半端で役に立たないこと。
ウ 悪いことがあった後は前よりさらに良くなること。
エ 実力がある者ほどそれをひけらかさないこと。
オ 身近にある物事には意外に気がつかないこと。
カ 二つのものを両方手に入れようとすると、どちらも逃すことになること。

〈主なことわざ ≫222～223ページ〉

6 **次のことわざと似た意味を持つことわざを後から選び、記号で答えなさい。**

(1) 泣き面に蜂 （　　）　(2) 猫に小判 （　　）
(3) 念には念を入れよ （　　）　(4) 提灯に釣り鐘 （　　）
(5) 河童の川流れ （　　）　(6) 急がば回れ （　　）

ア 豚に真珠　**イ** 急いては事をし損じる
ウ 石橋をたたいて渡る　**エ** 弱り目にたたり目
オ 月とすっぽん　**カ** 猿も木から落ちる

〈主な慣用句 ≫224～225ページ〉

7 **次の意味に合う慣用句になるように、（　）にあてはまる言葉を書きなさい。**

(1) どうしてよいかわからなくなる。……（　　）に暮れる
(2) 恐ろしさにぞっとする。……（　　）の毛がよだつ
(3) いつまでも恨み続ける。……（　　）に持つ
(4) 不安や期待などで心が落ち着かない。……（　　）が騒ぐ
(5) 相手と激しく争う。……しのぎを（　　）

ヒント　漢字一字とは限らないので注意する。

〈主な慣用句 ≫224～225ページ〉

8 **次の慣用句の□に共通してあてはまる言葉を書きなさい。**

(1) □が高い・□をあかす・□にかける （　　）
(2) □が下がる・□を痛める・□を抱える （　　）
(3) □に余る・□を皿のようにする・□を盗む （　　）
(4) □を探る・□が立つ・□を決める （　　）

解答➡332ページ

第3編

古典

歴史的仮名遣い

≫232〜233ページ

古文の仮名遣いを、**歴史的仮名遣い**という。

歴史的仮名遣いの読み方

≫232ページ

- 語頭以外の「**は・ひ・ふ・へ・ほ**」➡「**わ・い・う・え・お**」と読む。
- 「**ゐ・ゑ・を**」➡「**い・え・お**」と読む。
- 「**au・iu・eu・ou**」と母音が連続するとき ➡「**ô・yû・yô・ô**」と読む。
- 「**くわ・ぐわ**」➡「**か・が**」と読む。
- 「**ぢ・づ**」➡「**じ・ず**」と読む。
- 助詞「**なむ**」・助動詞「**む**」「**らむ**」などの「**む**」➡「**ん**」と読む。

▼古文は促音の「っ」、拗音の「ゃ・ゅ・ょ」も小文字を使わず、大文字で書かれている。

係り結び

≫233ページ

係り結びとは、係りの助詞があるときに、文末が決まった活用形に変化することである。強調・疑問・反語などを表す。

係り結びの種類

≫233ページ

- 係りの助詞「**ぞ**」「**なむ**」➡結びの部分は**連体形**(強調を表す)
- 係りの助詞「**や**」「**か**」➡結びの部分は**連体形**(疑問・反語を表す)

和歌

≫238〜239ページ

和歌は古くから日本で詠まれてきた。

形式 ≫238ページ	表現技法 ≫239ページ	句切れ ≫239ページ
短歌(五・七・五・七・七 三十一音) **長歌**(五・七・五・七……五・七・七) など	**枕詞**…多くは五音で、特定の語を導くためにその語の直前に置かれる言葉。枕詞と導かれる語の組み合わせは決まっている。 **序詞**…ある語句を導くためにその語句の直前に置かれる言葉。音数に制約はなく、作者が自由に作る。 **掛詞**…一つの語に、複数の語の意味を重ねる技法。	一首の中にある意味上の切れ目。初句切れ、二句切れ、三句切れ、四句切れと、句切れがないものがある。

古典の俳句・川柳

≫240〜241ページ

俳句・川柳は江戸時代に確立した、世界一短い定型詩といわれている。

古典の俳句

≫240ページ

・形式…五・七・五(十七音)
・季節を表す言葉である季語(季題)が入る。
・「や」「かな」「けり」などの切れ字を用いる。

理解度をチェック

係りの助詞「**こそ**」
➡結びの部分は**已然形**（強調を表す）

敬語

昔は厳しい身分制度があったため、古文の中では**敬語**がよく使われる。

≫234～235ページ

古語の敬語

≫234ページ

種類	例
尊敬語	のたまふ（おっしゃる）など
謙譲語	申す（申し上げる）など
丁寧語	候ふ・候ふ（ございます・おります）など

重要古語

古語には、現代語とは異なる意味をもつ言葉がある。

≫235ページ

重要古語

≫235ページ

種類	例
現代では使われない古語	いと（たいそう・とても） おぼゆ（思われる・感じられる）
現代語と異なる意味の古語	あやし（不思議だ・身分が低い） ありがたし（めったにない）
現代語と同じ意味と、異なる意味とがある古語	うつくし 同 きれいだ 異 いとしい・かわいい

古典の川柳

≫241ページ

- 形式…五・七・五（十七音）
- 世間の様子や人々の生活、人情などをユーモアや風刺によって描いたもの。
- 季語や切れ字などのきまりはない。

古文の作品

≫244～265ページ

作品名	作者（編者）	成立	ジャンル
竹取物語	不明	平安時代初期	物語
枕草子	清少納言	平安時代中期	随筆
平家物語	不明	原形は鎌倉時代前期	軍記物語
徒然草	兼好法師	鎌倉時代末期	随筆
万葉集	大伴家持とされる	奈良時代末期	和歌集
古今和歌集	紀貫之ら	平安時代前期	和歌集
新古今和歌集	藤原定家ら	鎌倉時代前期	和歌集
おくのほそ道	松尾芭蕉	江戸時代前期	俳諧紀行文

1 歴史的仮名（かな）遣（づか）い・係り結び

例題 1 次の――部を現代仮名遣いに直して、すべて平仮名で書きなさい。

そのよし<u>うけたまはりて</u>、（　　）

例題 2 次の文には係り結びが使われている。文中から係りの助詞を抜き出しなさい。

名をば、さぬきのみやつことなむいひける。（　　）

例題の答え

1 うけたまわりて
2 なむ

歴史的仮名遣い

古文では、現代の仮名遣いとは異なる**歴史的仮名遣い**が使われる。歴史的仮名遣いは平安時代中期頃（ごろ）の発音に基（もと）づいている。書き方と読み方が異なるので注意すること。

歴史的仮名遣いの読み方

語頭以外の「**は・ひ・ふ・へ・ほ**」⬇「わ・い・う・え・お」と読む。	・食ふ ⬇ 食う ・伝へる ⬇ 伝える
「**ゐ・ゑ・を**」⬇「い・え・お」と読む。	・をとこ（男）⬇ おとこ
「**au・iu・eu・ou**」⬇「ô・yû・yô・ô」と読む。	・まうす（申す）（mau）⬇ もうす（mô）
「**くわ・ぐわ**」⬇「か・が」と読む。	・くわし（菓子）⬇ かし
「**ぢ・づ**」⬇「じ・ず」と読む。	・いづれ ⬇ いずれ

チェック！ 「はひふへほ」の読み方

●語頭以外の「はひふへほ」は「ワイウエオ」と読むが、語頭の「はひふへほ」はそのまま「ハヒフヘホ」と読むことに注意する。

ふなばたをたたいて感じたり
└語頭なのでそのまま。

もろともにあ**は**（ワ）れと思**へ**（エ）山桜
語中の「は」は「ワ」、「へ」は「エ」と読む。

●助詞の「は」「へ」は、「ワ」「エ」と読む。

春**は**（ワ）あけぼの
助詞の「は」なので、「ワ」と読む。

現代仮名遣いでも、「私は」の「は」や、「家へ」の「へ」などは、表記と発音が異なっているよ。これは、歴史的仮名遣いが残ったものだよ。

助詞「**なむ**」・助動詞「**む**」「**らむ**」などの「**む**」⬇「**ん**」と読む。

・山ならむ ⬇ 山ならん

▼古文は促音(そくおん)の「っ」、拗音(ようおん)の「ゃ・ゅ・ょ」も小文字を使わず、大文字で書かれている。

歴史的仮名遣いに注意して古文を読もう。

係り結び

古文には**係り結び**という特別な文の結び方がある。**係りの助詞があるときに、文末(結びの部分)が決まった活用形に変化する**というものであり、強調・疑問・反語などを表すときに使われる。

係りの助詞と結びの部分

係りの助詞「**ぞ**」「**なむ**(ン)」 ⬇ 結びの部分は**連体形** (強調を表す)	・扇(あふぎ)(オウ)も射よげに**ぞ**なつ(ッ)たり**ける**。 「けり」の連体形 (訳)扇も射やすくなっていた。
係りの助詞「**や**」「**か**」 ⬇ 結びの部分は**連体形** (疑問・反語を表す)	・これ**や**わが求むる山ならむ(ン)。 疑問の「や」　「む」の連体形 (訳)これが私が探し求める山だろうか ・いづ(ズ)れ**か**歌をよまざり**ける**。 反語の「か」　「けり」の連体形 (訳)どれが歌を詠まないだろうか。いや、詠む。
係りの助詞「**こそ**」 ⬇ 結びの部分は**已然形**(いぜんけい) (強調を表す)	・尊(たふと)(トウ)く**こそ**おはし(ワ)**けれ**。 「けり」の已然形 (訳)尊くいらっしゃった。

✓チェック! 語頭以外に「ふ」がくるとき

●語頭以外の「ふ」は、「う」と読むので、前の語とのつながりで、「au・iu・eu・ou」の形になることがある。このときはさらに「ô・yû・yô・ô」に直して読む。

けふ ⬅ けう ⬅ きょう(今日)
keuなのでkyôに直す

たふとし ⬅ たうとし ⬅ とうとし(尊し)
tauなのでtôに直す

発展 已然形とは

●已然形は古文の活用形のひとつ。「已然」は「すでにそうなっている」という意味である。已然形の活用は、現代語では仮定形(≫39ページ)になるが、意味や用法は違うので注意する。

2 敬語・重要古語

例題 **次の各文の――部の言葉を現代語に直して答えなさい。**

❶ みやつこまろが申すやう、（　　　　）

❷ 雨など降るもをかし。（　　　　）

敬語

昔は厳しい身分制度があったため、古文の中でも**敬語**がよく使われている。敬語の種類は現代語と同じ**尊敬語**・**謙譲語**・**丁寧語**である。敬語を知っておくと、登場人物の人間関係がわかりやすくなったり、誰の動作かを知る手がかりにもなったりする。

古語の敬語の例

尊敬語	・**のたまふ（おっしゃる）** 例「見知らうずるぞ。」とぞのたまひける。 （訳）「見知っているであろう。」とおっしゃった。 ・**～たまふ（お～になる）** 例 子になりたまふべき人　（訳）〈私の〉子におなりになるはずの人
謙譲語	・**申す（申し上げる）** 例 ただ今なむ申すに、　（訳）ただ今人が申し上げるので、 ・**～たてまつる（～て差し上げる）** 例 うち着せたてまつりつれば、　（訳）着せて差し上げたところ、
丁寧語	・**はべり（侍り）（あります・ございます）** 例 月見ありくことはべりしに、 （訳）月を見て歩くことがありましたときに、

例題の答え

❶（例）申し上げる

❷（例）趣がある（おもしろい）

発展 二つ以上の意味をもつ敬語

●古語には二つ以上の意味をもつものがある。次に挙げた敬語も、二つ以上の意味をもつ。主な意味を確認しよう。

たまふ
- お与えになる。（「与ふ」の尊敬語。）
- ～なさい。（「たまへ」の形で軽い尊敬をこめて誘ったり、頼んだりする意味を表す。）
- お～になる。
- いただく。（「受く」「食ふ」「飲む」の謙譲語。）
- ～させていただく。（「見る」「聞く」などについて、聞き手〈読み手〉への敬意を表す謙譲語。）

・候ふ・候ふ（ございます・おります）

例 物語の多く候ふなる、（訳）物語がたくさんございますという、

重要古語

古文で使われている**古語**には、現代では使われない言葉のほか、現代語と異なる意味の言葉や、現代語と同じ意味の言葉がある。文意にそって現代語訳しよう。

覚えておきたい古語の例

●現代では使われない古語

いかで（どうして・どうにかして）　いと（たいそう・とても）　おぼゆ（思われる・感じられる）
つきづきし（似つかわしい）　げに（本当に）　ゆかし（知りたい・心ひかれる）

●現代語と異なる意味の古語

あした（朝・翌朝）　あさまし（驚きあきれる）　あやし（不思議だ・身分が低い）
ありがたし（めったにない）　けしき（様子・表情）　ののしる（大騒ぎする）

●現代語と同じ意味と、異なる意味とがある古語

	現代語と同じ意味	現代語と異なる意味
あはれなり	かわいそうだ。気の毒だ。	しみじみとした趣がある。いとしい。
うつくし	きれいだ。	いとしい。かわいい。
念ず	祈る。	我慢する。
やがて	まもなく。	そのまま。すぐに。
をかし	おかしい。	趣がある。おもしろい（興味深い）。かわいい。

はべり
- お仕えする。おそばにひかえる。（「あり」「居り」の謙譲語。）
- あります。ございます。（「あり」「居り」の丁寧語。）
- 〜ます。〜でございます。〜です。（聞き手〈読み手〉への敬意を表す丁寧語。）

発展 敬語から主語をとらえる

敬語が使われていると、その動作主は身分の高い人だとわかる。古文では主語が省略されていることが多いが、敬語から主語をとらえることができる。

御文、不死の薬の壺並べて、火をつけて燃やすべきよし仰せたまふ。

主語はないが、「**仰せたまふ**」と敬語が使われている。

「**仰せ**（仰す）」は「言う」の尊敬語、「〜**たまふ**」は「お〜になる」の意味の尊敬語。尊敬語が二つ重ねて使われているので、かなり身分の高い人の動作だとわかる。ここでは、天皇の動作を表している。

現代語だと、尊敬語を二つ重ねた二重敬語（▷165ページ）は一般的に使われないけれど、古文だと天皇や皇族などには使われるよ。

練習問題

1 **次の――部を現代仮名遣いに直して、すべて平仮名で書きなさい。**

① 雨など降るもをかし。（　　　）
② いづれも（　　　）
③ 女、答へていはく、（　　　）
④ 天人のよそほひしたる女、（　　　）
⑤ けふ（　　　）
⑥ ゑひもせず（　　　）
⑦ 小兵といふぢやう、（　　　）

2 **次の文には係り結びが使われている。文中から係りの助詞を抜き出しなさい。**

① もと光る竹なむ一筋ありける。（　　　）
② あやしうこそものぐるほしけれ。（　　　）
③ 晴れならずといふことぞなき。（　　　）

3 **次の文のうち、係り結びが使われているものを一つ選び、記号で答えなさい。**

ア 紫だちたる雲のほそくたなびきたる。
イ ただ水の泡にぞ似たりける。

---

1 ≫ 232～233ページ

ヒント 「au・iu・eu・ou」の形がある場合は、その部分を「ô・yû・yô・ô」に直して読む。
⑦「ぢやう」は、「di」→「ji」、「yau」→「yô」になる。

2 ≫ 232～233ページ

3 ≫ 232～233ページ

ヒント 係りの助詞「ぞ」「なむ」「や」「か」「こそ」があるものを探そう。

ウ 先達はあらまほしきことなり。
エ 猛き武士の心をも、慰むるは歌なり。 （　　）

4 次の古語の意味をそれぞれ後から選び、記号で答えなさい。

① のたまふ （　　） ② たてまつる （　　）

ア 申し上げる イ おっしゃる ウ 言う

ア 差し上げる イ お与えになる ウ やる

5 次の文の――部の意味を後から選び、記号で答えなさい。

・尊くこそおはしけれ。 （　　）

ア 申し上げる イ いらっしゃる ウ お仕えする

6 次の古語の意味をそれぞれ後から選び、記号で答えなさい。

① あはれなり （　　） ② いと （　　）
③ ののしる （　　） ④ あやし （　　）

ア 不思議だ イ 大騒ぎする
ウ しみじみとした趣がある エ とても

7 次の――部を現代語に直して答えなさい。

① 炭もて渡るもいとつきづきし。 （　　）
② 火桶の火も白き灰がちになりてわろし。 （　　）
③ 三寸ばかりなる人、いとうつくしうてゐたり。 （　　）

---

4 ≫234〜235ページ

5 ≫234〜235ページ
ヒント 「おはす」は尊敬語。

6 ≫234〜235ページ

7 ≫234〜235ページ
ヒント ② 「わろし」は「よろし」の対義語。
③ 「うつくしう（うつくし）」は現代語とは異なる意味で使われていることに気をつける。「三寸」は約九センチメートル。

解答➡326ページ

3 和歌

例題 1 次の和歌は何句切れか。漢数字で答えなさい。

心なき 身にもあはれは 知られけり 鴫立つ沢の 秋の夕暮れ　西行法師

（　　）句切れ

例題 2 次の和歌から枕詞を抜き出しなさい。

ちはやぶる神世も聞かずたつた河から紅に水くくるとは　在原業平

（　　）

例題の答え

1 三
2 ちはやぶる

形式

和歌の形式は、**五・七・五・七・七の短歌**が主流である。ほかにも、長歌や旋頭歌などがある。

和歌の主な形式(歌体)

短歌	**五・七・五・七・七**(五句・三十一音)
長歌	**五・七・五・七**が続き、最後に**五・七・七**で終わる。後に長歌の意味を要約したり、補足したりする**五・七・五・七・七**の**反歌**が添えられる。
旋頭歌	**五・七・七・五・七・七**(六句・三十八音)
仏足石歌	**五・七・五・七・七・七**(六句・三十八音)

▼決まった形式(五・七・五・七・七など)より音数の多いものを**字余り**、少ないものを**字足らず**という。

チェック! 句切れの見分け方

●句切れは、結句(最後の句)以外で意味が切れるところである。現代語訳したときに「。」(句点)がつけられる場合も多い。

次の歌は二句と三句で切れている。

憶良らは　今は罷らむ　子泣くらむ
←終止形　←終止形
それその母も　我を待つらむぞ

(訳)憶良めは、もう帰りましょう。子が泣いているでしょう。それ、その母も私を待っているでしょう。

終止形や命令形、体言止めが使われているところに着目しよう。

表現技法

和歌の特徴的な表現技法として、**枕詞**・**序詞**・**掛詞**がある。

和歌の表現技法

枕詞	多くは五音で、ある特定の語を導くためにその語の直前に置かれる言葉。リズムを整える働きがあり、ふつうは現代語訳しない。 ・**ちはやぶる**➡神　・**ひさかたの**➡光・日・月　・**たらちねの**➡母・親
序詞	ある語句を導くためにその語句の直前に置かれる言葉。音数に制約はなく、作者が自由に作った一回限りのもの。現代語訳する。 「あかでも(満足できない)」を導くために、満足できないものの例として山の井戸を挙げている。 例 **むすぶ手の滴ににごる山の井の**あかでも人にわかれぬる哉 (訳)**すくう手から落ちるしずくで濁って少ししか飲めない山の井戸のように、**満足できないままあなたと別れてしまうのだなあ。
掛詞	一つの語に、複数の語の意味を重ねる技法。 「草が枯れる」と「人目が離れる(離れる)」を掛けている。 例 山里は冬ぞさびしさまさりける人目も草も**かれ**ぬとおもへば (訳)山里は冬にさびしさが募るものだ。人の訪れも絶えて、草も枯れてしまうと思うと。

句切れ

一首の意味上の切れ目を**句切れ**という。句切れがどこにあるかによって、初句切れ・二句切れ・三句切れ・四句切れとなる。句切れのないものもある。

句切れ

初句切れ(五/七・五・七・七)➡七五調
二句切れ(五・七/五・七・七)➡五七調
三句切れ(五・七・五/七・七)➡七五調
四句切れ(五・七・五・七/七)➡五七調
のリズムを生み出す。

発展 縁語と本歌取り

●和歌の表現技法はほかにもある。**縁語**や**本歌取り**も押さえておこう。

・**縁語**
一首の中に、関係の深い語を詠み込むこと。

玉の**緒**よ**絶え**なば**絶え**ね**ながらへ**ば忍ぶることの**弱り**もぞする
和歌の訳➡261ページ

「緒」(ひも)の縁語として、
「絶え」(切れる)
「ながらへ」(長く続く)
「弱り」
が使われている。

・**本歌取り**
有名な和歌や物語の言葉などを取り入れて、和歌に深みをもたせること。

駒とめて袖うちはらふ陰もなし佐野のわたりの雪の夕暮れ
『新古今和歌集』 藤原定家
(訳)馬に乗って進んでいるが、その馬をとめて雪をはらう物陰もない。佐野の渡し場辺りの雪が降る夕暮れどきよ。

『万葉集』の「苦しくも降り来る雨か三輪の崎狭野の渡りに家もあらなくに」を本歌とし、「雨」を「雪」に変え、同じく天候に恵まれないことを詠んでいる。

4 古典の俳句・川柳

例題 **1** **次の俳句から、字余りの句を抜き出しなさい。**

旅に病んで夢は枯野をかけめぐる　松尾芭蕉

（　　　　）

例題 **2** **次の俳句から季語を抜き出し、その季語の表す季節を答えなさい。**

草の戸も住み替はる代ぞ雛の家　松尾芭蕉

季語（　　　　）　**季節**（　　　　）

古典の俳句

俳句の起源は連歌にある。連歌とは、室町時代後期から盛んになった「五・七・五」と「七・七」を数人で交互に詠んでつないでいくもの。この連歌に滑稽さを加えたものが「俳諧の連歌（俳諧）」である。

「俳諧の連歌」の最初の「五・七・五」のことを**発句**という。江戸時代になると発句が独立して作られるようになり、松尾芭蕉が芸術性の高い作風を確立した。

古典の俳句の特徴

●形式

五・七・五の十七音からなる。五・七・五よりも音数の多いものを字余り、少ないものを字足らずという。

五月雨の（初句）　降り残してや（二句）　光堂（結句）

（訳）この光堂だけは五月雨が降り残したのだろうか。それほど、光り輝いていることだ。

例題の答え

1 旅に病んで

2 **季語**…雛　**季節**…春

チェック！ **俳句の呼び名**

●「俳句」は明治時代に正岡子規によって発句を指す言葉として使われ、広まった。

チェック！ **季節の分け方に注意**

●季語とその表す季節には、現代と少しずれて感じられるものがある。例えば、夏の印象が強い「天の河」は秋の季語である。これは季語の季節の分け方が旧暦をもとにしているからだ。

季節	現在の月	季語の例
春	二～四月	梅が香・雛・蛙・はまぐり・木の芽・うぐひす
夏	五～七月	あやめ・卯の花・若葉・田植え・五月雨・祭り

●季節を表す言葉である**季語**（季題）が入る。

夏草や兵(つはもの)どもが夢の跡(あと)
（夏を表す季語）

（訳）夏草が生(お)い茂(しげ)っている。兵どもが戦った様子は、夢のようになくなっている。

●意味の切れ目に「**や**」「**かな**」「**けり**」などの**切れ字**を用いて、感動や詠嘆(えいたん)を表す。

卯(う)の花に兼房(かねふさ)見ゆる白毛(しらが)**かな**
（切れ字）

（訳）真っ白に咲(さ)く卯の花に、白髪(しらが)を振(ふ)り乱して戦った兼房の姿が見えるようだ。

古典の川柳

川柳とは、俳句と同様に「五・七・五」の十七音で作られる。俳句よりも庶民(しょみん)的で、自由に詠める。

古典の川柳の特徴

●**形式**
五・七・五の十七音からなる。俳句と同様に五・七・五よりも音数の多いものを字余り、少ないものを字足らずという。

●**内容**
世間の様子や人々の生活、人情などをユーモアや風刺(ふうし)によって描(えが)いたもの。

●**季語**（季題）や**切れ字**といったきまりはない。

本降りになって(ナッ)出て行く雨宿り

小降りの間は雨宿りをしていたのに、本降りになってから外に出て行くという意味。間の悪い姿を、ユーモラスに詠んでいる。

明治時代以降の作品と区別して、江戸時代の俳句を古典俳句、川柳を古川柳と呼ぶことがあるよ。

秋	八～十月	朝顔・天の河・きりぎりす・名月・こおろぎ
冬	十一～一月	大根引き・小春・しぐれ・水仙(すいせん)・枯(か)れ野・咳(せき)

現在の月より約一か月早まることに注意しよう。

チェック! 切れ字の種類

●主な切れ字は「や」「かな」「けり」である。

例 閑(しづ)かさ**や**岩にしみ入る蟬(せみ)の声
名月を取(と)てくれろとなく子**哉**(かな)
大根(だいこ)引き大根で道を教へ**けり**

切れ字と切れ字の前の言葉は、作者の最も言いたいことを表すことが多いよ。

練習問題

1 **次の和歌から、五・七・五・七・七の短歌の形式に合わない句をすべて抜き出しなさい。**

田子の浦にうち出でて見れば白妙の富士の高嶺に雪は降りつつ　山部赤人

（　　　）

2 **次の和歌から枕詞を抜き出しなさい。**

ひさかたの光のどけき春の日に静心なく花の散るらむ　紀友則

（　　　）

3 **次の和歌について説明した後の文の［　］に入る言葉を後から選び、記号で答えなさい。**

多摩川にさらす手作りさらさらに何そこの児のここだ愛しき　東歌

・多摩川で洗う手織りの布のように、さらにさらに、どうしてこの子がこんなにも愛しいのか、という意味の歌である。この「児」は女性を指し、男性から女性に向けて詠んだ歌だと考えられる。「多摩川にさらす手作り」の部分は、「さらさらに」を導き出すための［　］である。

ア 枕詞　イ 序詞　ウ 本歌取り

（　　　）

4 **次の各文は、後の和歌のどれについて述べたものか。それぞれ一つずつ選び、記号で答えなさい。**

① 枕詞と「の」を重ねることでリズムに変化をもたせ、一人で寝るさびしさを詠んでいる。（　　　）

② 字余りの句があり、穏やかな春の光景と、ふと感じる孤独とを詠んでいる。（　　　）

---

1 ≫238〜239ページ

ヒント　句とは、五・七・五・七・七のそれぞれのまとまりのこと。

2 ≫238〜239ページ

ヒント　「枕詞」とは、多くは五音で、ある特定の語を導くためにその語の直前に置かれる言葉。枕詞の例として、あしひきの→山・峰、ぬばたまの→黒・夜・闇・髪などがある。

3 ≫238〜239ページ

ヒント　「序詞」とは、ある語句を導くためにその語句の直前に置かれる言葉で、音数に制約はない。「本歌取り」とは、有名な和歌や物語の言葉などを取り入れ、和歌に深みをもたせる技法。

4 ≫238〜239ページ

③ 三句切れの歌で、さびしい秋の風景の中にいることを詠んでいる。（　　）

ア うらうらに照れる春日にひばり上がり心悲しもひとりし思へば　大伴家持

イ 見わたせば花も紅葉もなかりけり浦の苫屋の秋の夕暮れ　藤原定家

ウ あしびきの山鳥の尾のしだり尾のながながし夜をひとりかも寝む　柿本人麻呂

5 次の和歌は何句切れか。漢数字で答えなさい。

思ひつつ寝ればや人の見えつらむ夢と知りせば覚めざらましを　小野小町

（　　）句切れ

6 次の松尾芭蕉の俳句を読んで後の問いに答えなさい。

A 荒海や佐渡によこたふ天河

B 蛤のふたみにわかれ行く秋ぞ

C 五月雨の降り残してや光堂

① A・Cの俳句の季語を抜き出し、その季語の表す季節を答えなさい。

A 季語（　　）　季節（　　）

C 季語（　　）　季節（　　）

② それぞれの俳句から切れ字を抜き出しなさい。

A（　　）　B（　　）　C（　　）

7 次のうち、川柳を一つ選び、記号で答えなさい。

ア 行く春や鳥啼き魚の目は泪

イ 夏河を越すうれしさよ手に草履

ウ 斧入て香におどろくや冬こだち

エ 寝てゐても団扇のうごく親心

（　　）

---

5 ≫238～239ページ

ヒント 「句切れ」とは一首の意味上の切れ目のこと。

6 ≫240～241ページ

ヒント ①季語の表す季節は、現代とは異なる場合があることに注意する。

チェック！ 「季節の分け方に注意」（≫240～241ページ）を確認しよう。

ヒント ②「切れ字」とは、意味の切れ目に用い、感動や詠嘆を表すもの。

7 ≫240～241ページ

ヒント 俳句には季語を入れるなどのきまりや切れ字などの技法があるが、川柳はそれらにとらわれないことから考えよう。

解答⬇326ページ

❶ 竹取物語 ～現存する日本最古の物語～

現代の私たちにも「かぐや姫」の物語として親しまれている『竹取物語』は、現存する日本最古の物語である。竹から生まれた姫君が、月へ帰還するまでの物語を描く。

作者

作者は貴族階級の男性だろうと考えられているが、詳細は不明。

成立

平安時代初期には成立していたといわれる。『源氏物語』にも竹取物語のことが記され、以後の物語文学に大きな影響を与えたことがうかがえる。

内容

大きく四部に分けられる。

1 **かぐや姫の発見**　竹取の翁が、輝く竹を見つけ、その中からかわいらしい女の子が現れる。大切に育てていくうちに、翁は大金持ちになっていった。

2 **貴公子たちの求婚**　かぐや姫は美しく成長し、多くの男性が求婚する。五人の貴公子たちは特に熱心だったが、かぐや姫は彼らに難題を出して、結婚を避けようとする。

3 **帝の求婚**　かぐや姫の美しさは帝にも知られ、結婚を望まれる。ここでもかぐや姫は拒絶し続ける。

4 **月への帰還**　実はかぐや姫は月の都の住人だったことが明かされる。かぐや姫は帝に「不死の薬」を残して、八月十五日の夜に月へ帰ってしまう。

竹取物語絵巻（国立国会図書館蔵）

PICK UP

五人の貴公子たちへの難題

かぐや姫は結婚の条件として、石作の皇子は「仏の御石の鉢」を、くらもちの皇子は「蓬萊の玉の枝」を、右大臣阿倍御主人は「火鼠の皮衣」を、大納言大伴御行は「竜の首の玉」を、中納言石上麿足は「燕の子安貝」を持ってくるようにと、難題を出す。そしてそれぞれ悪戦苦闘するが、全員が失敗したり、かぐや姫に偽物と見破られたりして結局は結婚できないのだった。

■と■は係り結びを表す。

かぐや姫の生ひ立ち

今は昔、竹取の翁といふものありけり。野山にまじりて竹を取りつつ、
今となっては昔のことだが、竹取の翁と呼ばれる者がいた。野山に分け入って竹を取っては、

よろづのことに使ひけり。名をば、さぬきのみやつことなむいひける。
色々なことに使っていた。名を、「さぬきのみやつこ」といった。

その竹の中に、もと光る竹なむ一筋ありける。翁が あやしがりて、
(ある日)その竹の中に、根元が光っている竹が一本あった。不思議に思って、

寄りて見るに、筒の中光りたり。それを見れば、三寸ばかりなる人、
近寄って見ると、筒の中が光っている。その中を見ると、三寸ほどの人が、

いとうつくしうてゐたり。
たいそうかわいらしい様子で座っていた。

蓬莱の玉の枝

私は これやわが求むる山ならむと思ひて、さすがに恐ろしくおぼえて、
これが私が探し求める山だろうかと思って(うれしく)、そうはいってもやはり恐ろしく思われて、

山のめぐりをさしめぐらして、二、三日ばかり、見歩くに、
山の周りを(船で)こぎ回らせて、二、三日ほど、見て回っていると、

天人のよそほひしたる女、山の中よりいで来て、銀の金鋺を持ちて、
天人の格好をした女が、山の中から出てきて、銀の椀を持って、

水をくみ歩く。私は これを見て、船より下りて、「この山の名を
水をくんで歩く。これを見て、船から下りて、「この山の名は

何とか申す。」と問ふ。女、答へていはく、「これは、蓬莱の山なり。」
なんというのですか。」と聞く。女が、答えて言うことには、「これは、蓬莱の山です。」

場面
『竹取物語』の冒頭。かぐや姫発見の場面が描かれる。

◆**ありけり** いた。「あり」は「いる」の意味。「けり」は「た」の意味で、過去を表す助動詞。
◆**なむ～ける** 「なむ」は強調を表す係りの助詞。「なむ」「ける」で係り結びになっている。
◆**あやしがりて** 不思議に思って。
◆**三寸** 約九センチメートル。一寸は約三センチメートル。
◆**いと** たいそう。とても。
◆**ゐたり** 座っていた。

場面
くらもちの皇子が、かぐや姫のもとに蓬莱の玉の枝を持参し、手に入れるのがどんなにたいへんだったかを語る場面である。

◆**や～む** 「や」は疑問を表す係りの助詞。「や」「む」で係り結びになっている。
◆**さすがに** そうはいってもやはり。
◆**おぼえて** 思われて。感じられて。
◆**か申す** 「か」は疑問を表す係りの助詞。「か」「申す」で係り結びになっている。
◆**いはく** 言うことには。

（私は）と答ふ。これを聞くに、うれしきことかぎりなし。
と言う。これを聞いて、この上もなくうれしい。

その山、見るに、さらに登るべきやうなし。その山のそばひらを
その山は、見ると、全く登る方法がない。その山の斜面のすそを

めぐれば、世の中になき花の木ども立てり。金・銀・瑠璃色の水、
回ってみると、この世にはない花の木々が立っている。金色・銀色・瑠璃色の水が、

山より流れいでたり。それには、色々の玉の橋渡せり。
山から流れ出ている。それには、さまざまな玉でできた橋が渡してある。

そのあたりに、照り輝く木ども立てり。
そのあたりに、光り輝く木々が立っている。

その中に、（私が）この取りてまうで来たりしは、いとわろかりしかども、
その中で、ここに取って参りましたのはたいそう質がよくないものでしたが、

（あなた（かぐや姫）が）のたまひしに違はましかばと、この花を折りてまうで来たるなり。
おっしゃったものと違っては（いけないだろう）と思って、この花を折って参上したのです。

ふじの山

（帝は）御文、不死の薬の壺並べて、火をつけて燃やすべきよし仰せたまふ。
お手紙と、不死の薬の壺を並べて、火をつけて燃やすようにとご命令になる。

そのよしうけたまはりて、（使者が）士どもあまた具して山へ登りけるよりなむ、
そのことを承って、兵士たちをたくさん連れて山に登ったことから、

その山を「ふじの山」とは名づけける。
その山を「ふじの山」と名づけたのである。

その煙、いまだ雲の中へ立ち上るとぞ、言ひ伝へたる。
その煙は、今もまだ雲の中へ立ち上っていると、言い伝えられている。

◆**さらに〜なし**　全く〜ない。

◆**わろかり**　よくない。現代語の「悪い」よりもいくらかましである様子。

場面
『竹取物語』の最終部。かぐや姫が帝に手紙と「不死の薬」を残して月に帰った後の場面である。

◆**文**　手紙。
◆**あまた**　たくさん。
◆**ぞ〜たる**　「ぞ」は強調を表す係りの助詞。「ぞ」「たる」で係り結びになっている。

「ふじの山」は「富士山」だと言われているよ。

練習問題

1 次の古文を読んで、後の問いに答えなさい。

〔八月十五日の夜、月から天人が降りてきて、かぐや姫を連れて行こうとしている。〕

天人の中に、持たせたる箱あり。◆天の羽衣入れり。またあるは、不死の薬入れり。
天人の中（の一人）に、持たせている　入っている。　別のには、

一人の天人言ふ、

「壺なる御薬 a奉れ。◆きたなき所の物きこしめしたれば、御心地あしからむものぞ。」
「壺にあるお薬をお飲みください。きたない所の物を召し上がったので、ご気分が悪いことでしょう。」

とて、持て寄りたれば、bいささかなめたまひて、少し、形見とて、脱ぎおく衣に包まむと
と、（薬を）　わずかばかりおなめになって、（薬を）　形見といって、脱いでおく衣に包もうとすると、

すれば、ある天人包ませず。御衣を取りいでて、着せむとす。
（そこに）いる天人が包ませない。お着物（天の羽衣）を取り出して、着せようとする。

そのときに、かぐや姫、

「しばし待て。」と言ふ。
「しばらく待ちなさい。」

「衣着せつる人は、心異になるなりといふ。もの一言、言ひおくべきことありけり。」
「（天人が）衣を着せた人は、心が（人間とは）違ってしまうという。一言、言っておかなければならないことがある。」

と言ひて、c文書く。
手紙を書く。

（『竹取物語』より）

① ――部aは誰への敬意を表しているか。次から選び、記号で答えなさい。（　　）

ア 天人　イ かぐや姫　ウ 帝　エ 翁

② ――部bを現代仮名遣いに直して、すべて平仮名で書きなさい。（　　　　）

③ ――部cは誰の動作か。次から選び、記号で答えなさい。（　　）

ア 天の羽衣を持っていた天人　イ かぐや姫

ウ かぐや姫のそばにいた天人　エ 翁

---

1 ≫244ページ

◆**天の羽衣**　羽のように薄くて軽い天人の着る着物。

◆**きたなき所**　天人から見た地上の世界を指す。

さぬきのみやつこ（翁）が竹の中から見つけて育てたかぐや姫が、月に帰ってしまう場面だよ。

ヒント　①この「奉る」は「飲む」の尊敬語である。

ヒント　②語頭以外の「はひふへほ」は「わいうえお」に直す。

ヒント　③「衣着せつる人は〜」は誰の発言なのかを考えよう。

解答➡326ページ

2 枕草子 ～「をかし」の感性があふれる随筆～

作者である清少納言が仕える中宮定子の周りの出来事や、清少納言の自然や人間に関する考えなどが書かれた随筆。清少納言の感性の鋭さを感じることができる。

作者

清少納言の父は清原元輔で『後撰和歌集』の撰者。百人一首にも歌がとられている清原深養父は曽祖父である。文学一家に生まれ、漢詩や和歌についての教養が深かった。二十代後半から一条天皇の中宮である定子に仕える。中宮とは天皇の后のこと。教養があり機知に富む性格から、宮廷で活躍した。

成立

平安時代中期の十世紀末から十一世紀の初め頃といわれる。

内容

約三百の章段があり、内容から次の三つに分けられる。

1 **随想的なもの**　自然や人間に関する作者の考えや感想などが書かれた段。例 春はあけぼの ≫249ページ

2 **「ものづくし」と呼ばれるもの**　あるテーマについて、作者の思う代表的なものを集めた段。例 うつくしきもの ≫250ページ

3 **日記的なもの**　中宮定子に仕えていたときに見聞きしたことや、体験したことなどを回想して書かれた段。例 雪のいと高う降りたるを ≫250ページ

清少納言の知性や感性がうかがえる作品だが、執筆の動機としては、中宮定子のすばらしさを伝えるためと考えられている。

物事について「をかし」（趣がある）と表現していることが多いため、「をかし」の文学といわれる。

兼好法師の『徒然草』、鴨長明の『方丈記』と並んで、三大随筆のひとつとして数えられている。

清少納言図（相愛大学図書館蔵）

PICK UP

「をかし」の文学、「あはれ」の文学

『枕草子』は「をかし」の文学、同時期に成立した紫式部の『源氏物語』はこれと対比して「あはれ」の文学といわれる。「をかし」と「あはれ」はともに平安時代の美意識を表す言葉。どちらも「趣がある」と訳すが、「をかし」は対象を客観的・知的に観察して良さを感じることを表現し、「あはれ」は対象に共感して、しみじみとした気持ちになることを表す。

清少納言の仕えた定子、紫式部の仕えた彰子は、ともに一条天皇の中宮である。このことから、清少納言と紫式部はライバルだったといわれることもある。紫式部が書いた『紫式部日記』には清少納言を意識した記述もある。

春はあけぼの（第一段）

春はあけぼの。やうやう白くなりゆく山ぎはは、すこしあかりて、
春は明け方（がよい）。次第に白くなっていく山ぎわが、少し明るくなって、

紫だちたる雲のほそくたなびきたる。
紫がかった雲が細くたなびいている（のがよい）。

夏は夜。月のころはさらなり、闇もなほ、蛍の多く飛びちがひたる。
夏は夜（がよい）。月の（美しい）ころは言うまでもないが、闇もやはり、蛍が多く飛び交っている（のがよい）。

また、ただ一つ二つなど、ほのかにうち光りて行くもをかし。
また、（蛍が）ほんの一匹二匹ほど、ほのかに光って飛んで行くのも趣がある。

雨など降るもをかし。
雨などが降るのもおもしろい。

秋は夕暮れ。夕日のさして山の端いと近うなりたるに、
秋は夕暮れ（がよい）。夕日が差して山の端にとても近くなったときに、

烏の寝どころへ行くとて、三つ四つ、二つ三つなど、飛びいそぐさへ
烏がねぐらへ行くということで、三羽四羽、二羽三羽など、飛び急いでいるのまでも

あはれなり。まいて雁などのつらねたるが、いと小さく見ゆるはいと
しみじみとした趣がある。まして雁などが連なって飛んでいるのが、とても小さく見えるのはたいへん

をかし。日入り果てて、風の音、虫の音など、はた言ふべきにあらず。
おもしろい。日がすっかり沈んで、風の音や、虫の音など（が聞こえるの）は、これもまた言いようもない（ほど趣深い）。

冬はつとめて。雪の降りたるは言ふべきにもあらず、霜のいと白きも、
冬は早朝（がよい）。雪が降っているのは言うまでもない。霜がとても白いのも、

またさらでもいと寒きに、火などいそぎおこして、炭もて渡るもいと
またそうでなくともとても寒いときに、火などを急いでおこして、炭を持って（廊下を）渡るのもとても

つきづきし。昼になりて、ぬるくゆるびもていけば、火桶の火も白き
（冬に）似つかわしい。昼になって、（寒さが）だんだん緩んでいくと、火桶の火も白い

灰がちになりてわろし。
灰ばかりになってよくない。

場面 『枕草子』の冒頭の章段。季節ごとに作者がよいと思うものを挙げている。

◆**やうやう** しだいに。
◆**山ぎは** 空の山に接しているように見える部分のこと。
◆**なほ** やはり。
◆**をかし** 趣がある。おもしろい。
◆**山の端** 山の空に接しているように見える部分のこと。「山ぎは」に対する語。
◆**あはれなり** しみじみとした趣がある。
◆**つとめて** 早朝。
◆**つきづきし** 似つかわしい。
◆**わろし** よくない。

うつくしきもの（第百四十五段）

うつくしきもの　瓜にかきたるちごの顔。雀の子のねず鳴きするに
かわいらしいもの　瓜に　描いてある　幼児の顔。雀の子が、ねずみの鳴きまねをして呼ぶと
をどり来る。二つ三つばかりなるちごの、いそぎて這ひ来る道に、いと
踊るようにやって来る(こと)。二、三歳くらいの　幼児が　急いで　這ってくる途中に、とても
小さき塵のありけるを、目ざとに見つけて、いとをかしげなる指に
小さい　ごみがあったのを、目ざとく　見つけて、　とてもかわいらしい　指で
とらへて、大人ごとに見せたる、いとうつくし。頭はあまそぎなる
つまんで、大人たちに　見せている(ところは)、とてもかわいらしい。頭はあまそぎにしている
ちごの、目に髪のおほへるを、かきはやらで、うちかたぶきて物など
幼児が、目に　髪が　かかっているのを、払いのけもしないで、(顔を)傾けて　物などを
見たるも、うつくし。
見ているのも、かわいらしい。

雪のいと高う降りたるを（第二百八十段）

雪のいと高う降りたるを、例ならず御格子まゐりて、炭櫃に火おこして、
雪が　たいへん高く降っているのに、いつもと違って御格子をお下ろししたままで、いろりに火をおこして、
（私たち女房が）物語などして集まりさぶらふに、（定子様が）「少納言よ、香炉峰の雪いかならむ。」
話などをして(定子様のおそばに)集まっていると、「少納言よ、香炉峰の雪はどんなだろう。」
と仰せらるれば、（私は）御格子上げさせて、御簾を高く上げたれば、
とおっしゃるので、(女官に)御格子を上げさせて、御簾を高く(巻き)上げたところ、
（定子様は）笑はせたまふ。人々も、「さる事は知り、歌などにさへうたへど、
お笑いになる。人々(そばにいた女房たち)も、「そういうことは知っていて、歌などにまで詠み込むのに、
思ひこそよらざりつれ。なほこの宮の人にはさべきなめり。」と言ふ。
思いつきもしなかった。やはり　この宮にお仕えする人としてふさわしいようだ。」と言う。

場面　作者が「かわいらしい」と思うものを挙げている「ものづくし」の章段。

◆**うつくしき**　かわいらしい。
◆**ちご**　幼児。乳児を指すこともある。
◆**あまそぎ**　尼のように髪を肩の辺りで切りそろえた、女の子の髪型。

場面　作者が、古い漢詩をふまえた中宮定子の言葉に、機転をきかせて応えたことが書かれた章段。

◆**御格子**　現代の雨戸にあたるもの。
◆**炭櫃**　いろり。
◆**香炉峰**　中国の唐の時代の詩人、白居易の詩に「香炉峰の雪は簾を撥げて看る」という一節がある。定子は外の雪を見るために御簾を上げてほしくて、清少納言に声をかけている。
◆**こそ～つれ**　「こそ」は強調を表す係りの助詞。「こそ」「つれ」で係り結びになっている。
◆**さべきなめり**　そうであるべきだろう。ここでは清少納言が、漢詩をふまえて機転をきかせ、定子に応えたことを指して称賛している。

練習問題

1 **次の古文を読んで、後の問いに答えなさい。**

九月ばかり、夜一夜降り明かしつる雨の、今朝はやみて、朝日いとけざやかに
九月頃、　一晩中　夜明けまで降り続いた　とても鮮やかに
差し出でたるに、前栽の露はこぼるばかりぬれかかりたるも、いとをかし。透垣の羅文、
庭先に植えた草木の露がこぼれるほどぬれてかかっているのも、　透垣の羅文や、
軒の上などは、かいたる蜘蛛の巣のこぼれ残りたるに、雨のかかりたるが、白き玉を
かかっている　破れ残っているところに、　(まるで)真珠を
貫きたるやうなるこそ、ａいみじうあはれにをかしけれ。
(蜘蛛の巣の糸が)貫いているようであるのは、
少し日たけぬれば、萩などの、いと重げなるに、露の落つるに、枝うち動きて、人も
少し日が高くなると、
手触れぬに、ふと上ざまへ上がりたるも、いみじうをかし。と言ひたることどもの、人の
さっと上の方へ上がるのも、　と言っているいろいろなことが、
心には、つゆをかしからじと思ふこそ、ｂまたをかしけれ。
ちっとも趣がないだろうと思うのが、

（『枕草子』第百二十五段より）

① ――部ａの意味として最も適当なものを次から選び、記号で答えなさい。

ア 意味はないがしみじみとする
イ たいそうしみじみと感じられる
ウ 意味がなくかわいそうに思う
エ たいそうかわいそうに思われる

（　　　）

② ――部ｂとあるが、何を「またをかしけれ」と言っているのか。最も適当なものを次から選び、記号で答えなさい。

ア 趣があると自分で思っていることが、人にはそう思えないだろうということ。
イ 意味のないことからでも、趣があると思うものを見つけ、人に知らせること。
ウ ほかの人から意味がないと言われても、自分の庭を趣のあるように整えること。
エ 趣のある自然の景色を、親しい人と共に眺めることができること。

（　　　）

---

1 ≫248ページ

◆**九月**　旧暦の九月。
◆**前栽**　庭に植えた草木のこと。
◆**透垣**　板や竹で隙間をあけて作った垣根。
◆**羅文**　透垣の上に、細い竹や木をひし形に組んで飾ったもの。
◆**玉**　宝石。真珠。
◆**萩**　秋の七草の一つ。赤紫や白の花をつける低木。

ヒント　①「あはれ」は現代語の意味とは違うので注意する。

ヒント　②「いみじうをかし。と言ひたることどもの、人の心には、つゆをかしからじと思ふこそ」から考える。

解答➡326ページ

3 平家物語 ～琵琶法師の語る軍記物語～

琵琶法師が琵琶を弾いて語る平家の興亡の物語。冒頭の「祇園精舎の鐘の声……」にみえるように、無常観がうかがえる。

作者

作者は不明。『徒然草』には信濃前司行長が作り、生仏という琵琶法師に語らせたとあるが、詳しくはわかっていない。

成立

鎌倉時代前期に原形が作られ、その後、いろいろな人が書き足して、今の形になったと考えられている。琵琶法師が琵琶の伴奏に合わせて語る「平曲」として広まった。

内容

合戦を中心に描いた「軍記物語」と呼ばれる種類の作品。平家の栄華から滅亡までを、年月を追って出来事の順に描く。次の三部に分けられる。

第一部　平清盛を主人公とし、平家一門の隆盛から栄華、そして平家打倒の動きが起こるところまでを描く。

第二部　平家と対立する源氏方の源頼朝、木曽義仲の活躍を中心に、平家が都を追われるまでを描く。

第三部　源義経が率いる軍に追い詰められた平家が、壇の浦(今の山口県)の戦いで負け、滅亡する。その後、義経が頼朝に追われ、逃げた先の奥州で死を迎えたことを描く。

和文と、漢文を訓読するときの文体とが入り混じった和漢混交文で書かれている。琵琶法師による語り物(節をつけて物語を語る芸能)のため、声に出して読むと調子がよく、聞いていて躍動感を覚えるように作られている。簡潔な文が多く、対句的な表現や、擬音語・擬態語などが駆使されているのが特徴である。

平家物語絵巻(国立国会図書館蔵)

PICK UP

作品を貫く「無常観」の思想

「無常観」とは、この世のすべてのものは変わりやすくて、永遠に同じものはなく、栄華を極めた人もいつかは滅びるという、仏教的な思想のこと。『平家物語』冒頭にある「諸行無常」「盛者必衰の理」のことである。平家に限らず、木曽義仲や源義経の死なども描き、作品全体を貫く思想といえる。平安時代後期から鎌倉時代にかけて、戦乱や自然災害が多かったこともあり、「無常観」の思想が広まっていった。

武士たちの戦での勇ましい姿とともに、隆盛から滅亡への悲しい運命を描いた作品である。

祇園精舎の鐘の声

祇園精舎の鐘の声、諸行無常の響きあり。沙羅双樹の花の色、盛者必衰の理をあらはす。おごれる人も久しからず、ただ春の夜の夢のごとし。たけき者もつひには滅びぬ、ひとへに風の前の塵に同じ。

祇園精舎の鐘の音は、諸行無常の響きがある。沙羅双樹の花の色は、勢いの盛んな者も必ず衰えるという道理を表す。権勢におごっている人も長くは続かず、まるで春の夜の夢のよう(にはかないもの)だ。勢いの盛んな者もついには滅んでしまう、(それは)全く風の前のちりと同じだ。

扇の的

ころは二月十八日の酉の刻ばかりのことなるに、をりふし北風激しくて、磯打つ波も高かりけり。舟は、揺り上げ揺りすゑ漂へば、扇もくしに定まらずひらめいたり。沖には平家、舟を一面に並べて見物す。陸には源氏、くつばみを並べてこれを見る。いづれもいづれも晴れならずといふことぞなき。与一目をふさいで、「南無八幡大菩薩、我が国の神明、日光の権現、宇都宮、那須の湯泉大明神、願はくは、あの扇の真ん中射させてたばせたまへ。

時は二月十八日午後六時頃のことであったが、折から北風が激しくて、岸を打つ波も高かった。舟は、揺り上がり揺り落ちして漂っているので、扇も串(竿)にあって定まらずにひらめいて(動いて)いる。沖では平家が、舟を海一面に並べて見物する。陸では源氏が、馬のくつわを並べてこれを見る。どちらもどちらも晴れがましくないということはない。与一は目を閉じて、「南無八幡大菩薩、我が故郷の神々の、日光の権現、宇都宮、那須の湯泉大明神、願わくは、(私に)あの扇の真ん中を射させてくださってください。

場面

『平家物語』の冒頭。この世が無常であることが独特のリズムで書かれている。

◆**祇園精舎**　釈迦のためにに建てられたインドの寺。

◆**諸行無常**　すべてのものは変わっていくということ。

◆**沙羅双樹**　インド原産の常緑高木。釈迦が亡くなったとき、床の四方に植えられていた沙羅双樹の木の花の色が白くなったという。

場面

平家は源義経の攻撃から逃れ屋島(今の香川県)に渡る。義経は平家の背後から攻め、平家は舟で海上へ出た。日暮れ頃、扇をつけた竿を立てた平家の舟が陸に近づいた。「射落としてみよ」と言うかのようだった。義経は那須与一に射るよう命じた。

◆**くつばみ**　くつわ。馬の口につける道具。

◆**南無**　礼拝の言葉。

◆**八幡大菩薩**　弓矢の神の八幡神の呼び名。

◆**日光の権現**　栃木県日光市の二荒山神社の祭神。

◆**宇都宮**　栃木県宇都宮市の二荒山神社の祭神。

◆**那須の湯泉大明神**　栃木県那須郡那須町の温泉神社の祭神。

◆**たばせたまへ**　～なさってください。

これを射損ずるものならば、弓切り折り自害して、人に二度面を

これを射損じるなら、私は弓を折り自害して、人に二度と顔を

向かふべからず。いま一度本国へ迎へんとおぼしめさば、この矢

合わせるつもりはない。(私を)今一度故郷へ神々が迎えようとお思いになるならば、この矢を

はづさせたまふな。」

外させなさいますな。」

と心のうちに祈念して、目を見開いたれば、風も少し吹き弱り、

与一がと心の中で念じ、目を見開いたところ、風も少し吹くのが弱まり、

扇も射よげにぞなつたりける。

扇も射やすくなっていた。

与一、かぶらを取つてつがひ、よつぴいてひやうど放つ。小兵といふ

与一は、かぶら矢を取って(弓に)つがえ、引き絞ってひょうと放った。与一は小柄な武士とはいい

ぢやう、十二束三伏、弓は強し、浦響くほど長鳴りして、あやまたず

ながら、(矢の長さは)十二束三伏で、弓は強く、かぶら矢は浦に響くほど長くうなりを立てて、間違いなく

扇の要ぎは一寸ばかりおいて、ひいふつとぞ射切つたる。かぶらは

扇の要から一寸ほど離れたところを、ひいふっと射切った。かぶら矢は

海へ入りければ、扇は空へぞ上がりける。しばしは虚空にひらめきける

海に入って、扇は空へ舞い上がった。扇は少しの間空を舞っていた

が、春風に一もみ二もみもまれて、海へさつとぞ散つたりける。

が、春風に一もみ二もみもまれて、海へさっと散り落ちた。

夕日のかかやいたるに、みな紅の扇の日出だしたるが、白波の上に

夕日の輝いているところに、真っ赤な扇で金色の日の丸を描いたものが、白波の上に

漂ひ、浮きぬ沈みぬ揺られければ、沖には平家、ふなばたをたたいて

漂い、浮いたり沈んだりして揺られたので、沖では平家が、舟の端をたたいて

感じたり、陸には源氏、えびらをたたいてどよめきけり。

感嘆し、陸では源氏が、えびらをたたいてはやしたてた。

◆**かぶら**　蕪(野菜のかぶ)の形をした、矢の先につける作り物。音を立てて飛ぶように作られた矢。

◆**十二束三伏**　矢の長さ。「束」は指四本分、「伏」は指一本分の幅のこと。ふつうの矢は十二束だった。

◆**一寸**　約三センチメートル。

◆**ひいふつ**　矢が風を切って、的に当たった音。擬音語。

擬音語を使って臨場感たっぷりに描いているね。

◆**えびら**　矢を入れて腰に負う道具。

練習問題

1 次の古文を読んで、後の問いに答えなさい。

〔一の谷で、源氏方の武将熊谷次郎直実が、船に逃げこもうとする平家方の武者（平敦盛）を追い詰める。〕

汀にうち上がらんとするところに、おし並べてむずと組んでどうど落ち、とつておさへて首をかかんと甲をおしあふのけて見ければ、年十六七ばかりなるが、薄化粧して、かねぐろなり。わが子の小次郎がよはひほどにて、容顔まことに美麗なりければ、いづくに刀を立つべしともおぼえず。「そもそもいかなる人にてましまし候ふぞ。名のらせたまへ。助けまゐらせん。」と申せば、「なんぢはたそ。」と問ひたまふ。「物そのもので候はねども、武蔵の国の住人、熊谷次郎直実。」と名のり申す。「さては、なんぢにあうては名のるまじいぞ。なんぢがためにはよい敵ぞ。名のらずとも首をとつて人に問へ。見知らうずるぞ。」とぞのたまひける。

（『平家物語』より）

（波打ち際に／（熊谷は馬を）並べて／どしんと／（相手を）取り押さえて／とろうと／押しのけあおむけにして／ぐらいの（若武者）が／歯を黒く／染めている／の年くらいで／どこに／突き刺し／たらよいかもわからない／いったいどういう身分の方でいらっしゃいますか／お名乗りください／お助け申しましょう／おまえは誰か／とお尋ねになる／名乗るほどでは／ありませんが、／では／向かっては名乗るまいぞ／にとっては／（顔を）見知っているだろう）

① ――部a～dのうち、尊敬語を一つ選び、記号で答えなさい。（　　）

② ――部eから若武者のどんな気持ちが感じられるか。次から選び、記号で答えなさい。

ア 死への覚悟　イ 容姿の自信　ウ 名声への執着　エ 武将への憧れ（　　）

---

1 ≫252ページ

◆**一の谷** 今の兵庫県神戸市須磨区にある。

◆**薄化粧** 当時の貴族のたしなみとして薄化粧をしていた。

◆**かねぐろ** 歯を黒く染めること。

◆**武蔵の国** 今の埼玉県、東京都、神奈川県の一部。

ヒント ①それぞれ終止形はa「まゐらす」、b「申す」、c「たまふ」、d「候ふ」。

ヒント ②「首をとつて」とあることから考える。

解答➡326ページ

4 徒然草 ～日常から芸術まで幅広く語る随筆～

『枕草子』『方丈記』と並ぶ三大随筆の一つ。人間や自然について、作者の鋭い観察眼を通して述べられている。当時の貴族・武士の生活についてや仏教的な事柄など、幅広い内容を扱っている。

作者

兼好法師（一二八三頃～一三五二頃）。本名は卜部兼好。宮廷に仕えていたが、三十歳頃に出家した。出家後の自由で孤独な生活の中で、『徒然草』を書いた。歌人としても活躍した。

成立

鎌倉時代末期に書かれ、その後、加筆や修正がされたと考えられる。

内容

序段のほか二百四十三段からなる。「無常観」を基調とし、『枕草子』『源氏物語』といった平安時代の貴族文化への憧れもうかがえる。歌人や僧たちにも評価され、広く読まれた。内容は多岐にわたる。

1 **説話的なもの**

例 仁和寺にある法師（第五十二段）≫257ページ

2 **生活に関するもの**

例 家の作りやうは（第五十五段）≫258ページ

3 **教訓や人生論、処世術など**

例 友とするに悪き者（第百十七段）≫258ページ

4 **有職故実（貴族や武士の行事や習慣など）に関するもの**

例 堀川相国は（第九十九段）

5 **自然観賞に関するもの**

例 花は盛りに（第百三十七段）

花は真っ盛りで咲いているのだけを、月は曇りがないものだけを見るものではない。花の咲きそうな頃や散った後、雨で見えない月を思うことも趣がある、と述べている。

PICK UP

『枕草子』『方丈記』と比べた『徒然草』

『枕草子』『方丈記』『徒然草』は日本の三大随筆といわれる。『枕草子』（≫248ページ）は平安時代中期の作品、『方丈記』は鎌倉時代前期の作品なので、『徒然草』が時代的には最も遅い。

『枕草子』が、平安王朝の華やかな雰囲気を伝えるものであるのに対し、『方丈記』『徒然草』は、どちらも出家した人が書いたことと、鎌倉時代という激動の時代の作品であることから、仏教的な「無常観」（≫252ページ）が見られる。ただ『徒然草』の作者である兼好法師は出家したとはいえ、歌人として活躍したり、大臣となる家の人と関わりがあったりしたことから、仏教的な思想だけでなく、広く人間や芸術、生活についての作者の考えが書かれている。

写真：絵本徒然草（国立国会図書館蔵）

序段

つれづれなるままに、日暮らし、硯に向かひて、心にうつりゆく
することがなくて退屈なのに任せて、一日中、硯に向かって、心に浮かんでは消えていく
よしなし事を、そこはかとなく書きつくれば、あやしうこそ
とりとめもないことを、何というあてもなく書きつけていると、妙に
ものぐるほしけれ。
心騒ぎがすることだ。

仁和寺にある法師（第五十二段）

仁和寺にある法師、年寄るまで石清水を拝まざりければ、心うく
仁和寺にいる法師が、年を取るまで石清水八幡宮を拝みに行ったことがなかったので、残念に
覚えて、あるとき思ひたちて、ただ一人、徒歩より詣でけり。極楽寺・
思われて、あるとき思い立って、たった一人で、徒歩で参詣した。（山の麓の）極楽寺・
高良などを拝みて、かばかりと心得て帰りにけり。
高良神社などを拝んで、これだけと思い込んで帰ってしまった。
仁和寺の法師が
さて、かたへの人にあひて、「年ごろ思ひつること、果たしはべりぬ。
そして、仲間に向かって、「長年思っていたことを、果たしました。
聞きしにも過ぎて、尊くこそおはしけれ。そも、参りたる人ごとに
（うわさで）聞いていたものより勝って、尊くいらっしゃった。それにしても、参っているどの人も
山へ登りしは、何事かありけん、ゆかしかりしかど、神へ参るこそ
山へ登っていたのは、何事があったのだろうか、知りたかったけれど、神にお参りをすることこそ
本意なれと思ひて、山までは見ず。」とぞ言ひける。
（私の）本来の目的だと思って、山までは見なかった。」と言った。

場面
『徒然草』の冒頭。文章を書くときの心境を述べている。

◆**日暮らし**　一日中。
◆**あやしう**　妙に。不思議に。

場面
思い違いによってお参りしなかった石清水八幡宮の法師の話から、少しのことにも先導者はいてほしいと作者の考えを述べた章段。

◆**仁和寺**　京都市にある寺。
◆**石清水**　石清水八幡宮。京都府八幡市の男山の山上にある神社。麓には付属の極楽寺・高良神社があった。極楽寺は明治時代に焼失。
◆**心うく**　残念に。情けなく。
◆**覚えて**　思われて。感じられて。
◆**かばかり**　これだけ。
◆**かたへの人**　かたわらの人。仲間。
◆**年ごろ**　長年。
◆**ごと**　～のどれもが。
◆**ゆかしかりし**　知りたい。「ゆかし」は強く心が引かれて何かをしたいという意味を表す。

少しのことにも、先達はあらまほしきことなり。
少しのことにも、その道の先導者はあってほしいものである。

家の作りやうは（第五十五段）

家の作りやうは、夏をむねとすべし。冬は、いかなる所にも住まる。
家の作り方は、夏を中心とするのがよい。冬は、どんな所にも住める。

暑きころわろき住居は、堪へがたきことなり。
暑いときに住みにくい住居は、我慢のできないものだ。

やり水（庭に水を引き入れて作る細い流れ）については

深き水は、涼しげなし。浅くて流れたる、はるかに涼し。細かなる
深い水は、涼しそうでない。浅く流れているのが、ずっと涼しい（感じがする）。細かい

物を見るに、遣戸は蔀の間よりも明かし。天井の高きは、冬寒く、
物を見るときには、遣戸の（部屋の）ほうが蔀の部屋よりも明るい。天井が高いのは、冬は寒く、

夜は

灯暗し。造作は、用なき所を作りたる、見るもおもしろく、万の
灯が暗い。家の建て方は、使い道のない所を作るのが、見た目も趣があり、いろいろなことに

用にも立ちてよしとぞ、人の定め合ひはべりし。
役立ってよいと、人々が話し合ったのでした。

友とするに悪き者（第百十七段）

友とするに悪き者、七つあり。一つには、高く、やんごとなき人。
友とするのによくない者が、七つある。第一には、（身分が）高く、高貴な人。

二つには、若き人。三つには、病なく、身強き人。四つには、酒を
第二には、若い人。第三には、病がなく、体が強い人。第四には、酒を

好む人。五つには、たけく、勇める兵。六つには、虚言する人。
好む人。第五には、強く、勇ましい武士。第六には、うそをつく人。

七つには、欲深き人。
第七には、欲が深い人。

よき友、三つあり。一つには、物くるる友。二つには医師。三つには、
よい友には、三つある。第一には、物をくれる友。第二には医師。第三には、

智恵ある友。
知恵のある友。

◆**あらまほしき**　あってほしい。「あり」に希望を表す「まほし」がついた言葉。「好ましい」という意味もある。

場面　作者が家の作り方について述べた章段。

◆**わろき**　よくない。ここでは家の話をしているので、「住みにくい」という意味となる。

◆**遣戸**　左右に開け閉めする引き戸。

◆**蔀**　上下に開け閉めする格子の戸。

◆**おもしろく**　趣があり。

場面　友人とするのによくない人、よい人を挙げた章段。

◆**やんごとなき**　身分が高い。高貴な。

◆**たけく**　強く。勇ましく。「猛く」と書く。

◆**虚言**　うそ。

練習問題

1 次の古文を読んで、後の問いに答えなさい。

ある人、弓射ることを習ふに（習うのに）、諸矢（もろや）をたばさみて（二本の矢を手に挟んで持って）、的に向かふ。師の言はく、「初心の人（習い始めの人は）、二つの矢を[a]持つことなかれ。後（のち）の矢を頼み（たの）て（あてにして）、初めの矢になほざりの心あり（いい加減な気持ちが出る）。毎度、ただ、得失なく、この一矢（ひとや）に定むべしと思へ（この一本の矢で決めよう）。」と言ふ。[b]わづかに二つの矢、師の前にて一つをおろかにせんと思はん[c]や（いい加減にしようと思うだろうか（いや思わない））。懈怠（けだい）の心、みづから（自分では）知らずといへども（気がつかなくても）、師、これを知る。[d]この戒め（いまし）、万事（ばんじ）にわたるべし（すべてのことに通用するだろう）。

（『徒然草』第九十二段より）

① ――部aの意味を次から選び、記号で答えなさい。（　　）
ア 持って来なさい　イ 持つことはできない
ウ 持ってはいけない　エ 持ってもよい

② ――部bを現代仮名遣い（かなづか）に直して、すべて平仮名で書きなさい。
（　　　　　　）

③ ――部cの表す意味を次から選び、記号で答えなさい。（　　）
ア 過去　イ 推定　ウ 強調　エ 反語

④ ――部dとは何に対する「戒め」か。次から選び、記号で答えなさい。（　　）
ア 習い始めはうまくいかないこと。　イ 一回ではうまくいかないこと。
ウ 後にあるものをあてにすること。　エ 師の前でも怠けてしまうこと。

⑤ この文章は『徒然草』の一節であるが、『徒然草』と同じジャンルの作品を次から選び、記号で答えなさい。（　　）
ア 万葉集（まんようしゅう）　イ 枕草子（まくらのそうし）　ウ 古今和歌集（こきんわかしゅう）　エ 平家物語（へいけものがたり）

---

1 ≫256ページ

◆**諸矢**　対（つい）になっている二本の矢。

◆**得失なく**　当たり外れに気を取られることなく。

◆**懈怠の心**　怠（なま）け心。

ヒント ①「なかれ」は禁止を表す。

ヒント ③「～だろうか、いやそうではない」という意味を表す。

ヒント ④師の言葉から考える。

解答➡326ページ

5 万葉集・古今和歌集・新古今和歌集

奈良時代の『万葉集』、平安時代の『古今和歌集』、鎌倉時代の『新古今和歌集』は、それぞれの時代を代表する和歌集である。

●万葉集

編者 長い時間をかけ、多くの人が関わって集められた歌を、最終的に大伴家持がまとめたと考えられている。

成立 奈良時代末期。現存する日本最古の和歌集。

内容 二十巻あり、約四千五百首を収める。天皇から無名の農民まで、幅広い人々の歌を集める。五七調が多い。

歌の形式 短歌、長歌、旋頭歌、仏足石歌（≫238ページ）。

歌風 「ますらをぶり」（勇ましい男性風という意味）といわれ、素直で力強い歌が多い。

代表歌人 天智天皇・額田王・天武天皇・持統天皇・柿本人麻呂・山上憶良・山部赤人・大伴旅人・大伴家持・笠女郎・大伴坂上女郎など。

東歌と防人歌 東国（現在の関東地方の辺り）の歌（東歌）や、九州の警備に行く防人やその家族の歌（防人歌）といった庶民の歌も多く収録されている。

●古今和歌集

撰者 紀貫之・凡河内躬恒・紀友則・壬生忠岑

成立 平安時代前期。最初の勅撰和歌集（天皇の命令で作られた和歌集）。

内容 二十巻あり、約千百首を収める。紀貫之が書いたとされる序文の仮名序は有名。七五調が多い。

歌の形式 ほとんどが短歌。

歌風 「たをやめぶり」（かよわく、しなやかな女性風という意味）といわれ、優美で繊細な歌が多い。

代表歌人 撰者のほか、在原業平、小野小町など。

●新古今和歌集

撰者 藤原有家・藤原定家・藤原家隆・藤原雅経・源通具・寂連

成立 鎌倉時代前期。八番目の勅撰和歌集。

内容 二十巻あり、約千九百八十首を収める。七五調が多い。

歌の形式 短歌

歌風 感情的・象徴的な歌が多い。縁語や本歌取り（≫239ページ）といった技巧もよく使われている。幽玄（奥深い美）を重視する。

代表歌人 撰者のほか、式子内親王・藤原俊成・西行など。

写真：万葉日本画 26　野遊（大矢十四彦筆・部分・奈良県立万葉文化館蔵）

古今和歌集　仮名序

やまとうたは、人の心を種として、よろづの言の葉とぞなれりける。
和歌は　人の心を種として（そこから育って）さまざまな言葉となったものである。
世の中にある人、ことわざ繁きものなれば、心に思ふことを、
世の中に生きている人は、さまざまなことをしているので、心に　思うことを、
見るもの、聞くものにつけて、言ひ出せるなり。花に鳴く鶯、
見るもの、聞くものに託して、言い表しているのだ。梅の花（の枝）で鳴く鶯や、
水にすむ蛙の声を聞けば、生きとし生けるもの、いづれか歌を
清流にすむ河鹿の声を聞くと、生きているものすべて、誰が歌を
よまざりける。力をも入れずして、天地を動かし、目に見えぬ鬼神をも、
詠まないでいるだろうか。力を入れずに、天地の神々の心を動かし、目に見えない精霊をも
あはれと思はせ、男女のなかをも和らげ、猛き武士の心をも、
しみじみとさせ、男女の仲をも親しくさせ、勇猛な武士の心をも、
慰むるは歌なり。
慰めるのは歌である。

万葉集

春過ぎて夏来るらし白たへの衣干したり天の香具山　持統天皇
春が過ぎて夏が来たらしい。真っ白な衣が干してある、天の香具山に。

古今和歌集

人はいさ心も知らずふるさとは花ぞ昔の香ににほひける　紀貫之
人の心は、さあ（どう変わってしまったか）わからないが、昔からなじみのある土地では、梅の花は昔と変わらず香っていることだ。

新古今和歌集

玉の緒よ絶えなば絶えねながらへば忍ぶることの弱りもぞする　式子内親王
私の命よ。絶えるのならば絶えてしまえ。生きながらえていると（この恋を）秘めている力が弱ってしまうかもしれないから。

場面　『古今和歌集』冒頭の序文。紀貫之が書いたとされる、和歌の本質を説いた文。

◆**種**　人の心を種にたとえ、種が育ち、言葉となったものが和歌だと述べている。

◆**いづれか歌をよまざりける**　誰が歌を詠まないでいるだろうか、いや、すべて（の人）が歌を詠むのである。係りの助詞の「か」が反語を表す。

場面　香具山に白い衣が干してある景色を見て、夏の訪れを感じた歌。

◆**白たへ**　白い布。「白たへの」は「衣」「袖」などに係る枕詞。

◆**天の香具山**　奈良県橿原市の山。耳成山、畝傍山とともに、大和三山の一つ。

◆**持統天皇**　（六四五〜七〇二）第四十一代の女性の天皇。

場面　人の心と自然の対比を詠んだ歌。

◆**ふるさと**　ここでは、以前来た土地。

◆**紀貫之**　（?〜九四五頃）平安時代初期の歌人。『古今和歌集』の撰者で、『土佐日記』の作者。

場面　恋心を情熱的に詠んだ歌。

◆**式子内親王**　（一一四九〜一二〇一）平安時代後期から鎌倉時代初期の女流歌人。

練習問題

1 次の和歌を読んで、後の問いに答えなさい。

A 君待つと我が恋ひ居れば我が屋戸のすだれ動かし秋の風吹く　額田王

あなたを待って私が恋しく思っていると、我が家の戸口の

B 秋来ぬと目にはさやかに見えねども風の音にぞおどろかれぬる　藤原敏行

来たと　はっきりとは見えないが、風の音に(秋を感じて)はっと気づかされた。

C 道の辺に清水流るる柳かげしばしとてこそ立ちどまりつれ　西行法師

道のほとりに　柳の木陰よ。少しの間と(思って)立ち止まったのだが(長い時間を過ごしてしまった)。

① A～Cの和歌のうち、係り結びの使われているものを二つ選び、記号で答えなさい。　（　）（　）

② Cの短歌は何句切れか。漢数字で答えなさい。　（　）句切れ

③ 次の鑑賞文はどの和歌のものか。それぞれ記号で答えなさい。

Ⅰ 視覚ではなく、聴覚から季節が移り変わっていることをとらえたことを表現している。

Ⅱ 風が吹いただけなのに、待っていた人が来たかと期待してしまう恋心を詠んでいる。

Ⅲ 思ったよりも時間を過ごしてしまったと詠むことで、木陰の心地よさを表している。

Ⅰ（　）　Ⅱ（　）　Ⅲ（　）

④ A～Cの和歌が収められている歌集について、次のようにまとめた。〔Ⅰ〕～〔Ⅲ〕について、それぞれあてはまる言葉を後から一つずつ選び、記号で答えなさい。

Aは日本最古の和歌集で、「〔Ⅰ〕」の歌風といわれる『万葉集』に収められている。Bは平安時代に〔Ⅱ〕らが撰者となった『古今和歌集』に収められている。Cは〔Ⅲ〕に成立した『新古今和歌集』に収められている。幽玄を重視した象徴的な歌が多い。

ア ますらをぶり　イ たをやめぶり　ウ 大伴家持　エ 紀貫之　オ 鎌倉時代　カ 室町時代

Ⅰ（　）　Ⅱ（　）　Ⅲ（　）

---

1 ≫260ページ

◆**額田王** （生没年未詳）万葉初期の女流歌人。

◆**藤原敏行** （?～九〇一頃）平安時代初期の歌人。

◆**さやかに** はっきりと。

◆**おどろか** ここでの「おどろく」は、はっと気づくこと。

◆**西行法師** （一一一八～一一九〇）平安時代末期～鎌倉時代初期の歌人。僧侶。二十三歳の時に出家し、独自の歌の境地を示した。

ヒント ①係り結びとは、「ぞ」「なむ」「や」「か」「こそ」という係りの助詞があるときに、文末が決まった活用形に変化することである。

ヒント ②句切れとは、一首の意味上の切れ目のことである。

Aは「恋ひ居れば」と恋をしていることが直接詠まれているけれど、Cは「柳かげ」をどう思ったかは直接表現していないね。表現の違いを味わおう。

解答➡326ページ

6 おくのほそ道 ～漂泊の旅と俳句～

俳句（発句）（≫240ページ）を芸術にまで高めた松尾芭蕉による、日本の紀行文を代表する作品。旅に憧れた芭蕉が、江戸から東北・北陸を巡り、岐阜に至るまでを俳句とともに著した。

作者

松尾芭蕉（一六四四～一六九四）は江戸時代前期の俳人。伊賀国上野（今の三重県伊賀市）の生まれで、本名は松尾宗房。江戸に出て俳諧師となり、滑稽さの強かった俳諧を芸術として高め、蕉風俳諧を確立した。

成立

元禄七（一六九四）年頃までに書かれ、元禄十五（一七〇二）年に刊行された。

内容

元禄二（一六八九）年の旧暦三月に江戸深川を門人の曾良と出発し、日光・松島・平泉・立石寺・象潟・市振・永平寺・敦賀などの東北・北陸を巡り、美濃国（今の岐阜県）大垣に至るまでの旅の見聞を俳句とともにまとめている。

冒頭の部分（≫264ページ）からは、漂泊の旅への憧れが読み取れる。人生の大半を旅をして過ごしたという西行、宗祇や、中国の詩人、李白、杜甫らを念頭に、彼らと同じように旅をしたいと思い、出発した。

芭蕉は東北・北陸の歌枕（和歌に多く詠み込まれた地名）を訪ね、昔の人と作品の心を感じようとした。

対句や比喩、掛詞などの技法を用い、和歌や漢詩などの古典作品の引用も多い。漢語を使ったリズムのよい和漢混交文で書かれている。

奥の細道　矢立初芭蕉像

PICK UP

旅に死せる　松尾芭蕉

『おくのほそ道』冒頭には「古人も多く旅に死せるあり」という文がある。そういった古人（昔の人）に憧れていた芭蕉だが、芭蕉自身も旅の途中で亡くなっている。

『おくのほそ道』は大垣までで終わっているが、その後も芭蕉は近畿地方を旅し、出発から二年後に一度江戸に戻る。そこで『おくのほそ道』を完成させると、また西国へ旅に出た。その旅の途中、大坂（今の大阪府）で亡くなった。

辞世の句は、

旅に病んで夢は枯野をかけめぐる

である。旅の途中で病気になってしまったが、病床の夢でも枯れ野をかけめぐっているという句。「枯野」は地名ではなく、草の枯れた冬の野原のことである。旅への思いと、最期まで美と風流を求めた芭蕉の願いが感じられる。

月日は百代の過客にして

月日は百代の過客にして、行きかふ年もまた旅人なり。舟の上に
月日は 永遠の 旅人で、 過ぎてはまた来る年もまた旅人といえる。 舟の上で

生涯を浮かべ、馬の口とらへて老いを迎ふる者は、日々旅にして旅を
一生を暮らす船頭や、 馬のくつわを取って 老いていく 馬子は、 日々 旅をしていて 旅を

すみかとす。古人も多く旅に死せるあり。予もいづれの年よりか、
すみかとしている。(詩歌の道を究めた)昔の人々の中にも旅の途中で死んだ人が多い。私もいつの頃からか、

片雲の風にさそはれて、漂泊の思ひやまず、海浜にさすらへて、去年の秋、
ちぎれ雲のように風に誘われて、 あてのない旅に出たい思いが消えず、(近年は)あちこちの海浜を歩き、 去年の秋には、

江上の破屋に蜘蛛の古巣をはらひて、やや年も暮れ、春立てる霞の
川のほとりのあばらやに(帰り)蜘蛛の古巣を払って(住むうちに)、しだいに年も暮れ、立春の霞の立つ

空に、白河の関越えむと、そぞろ神の物につきて心をくるはせ、道祖神の
空の下で、 白河の関を 越えようと、 人をそわそわさせる神が乗り移って心をおかしくさせ、 道祖神が

招きにあひて、取るもの手につかず、股引の破れをつづり、笠の緒
招いているようで、 何も手につかない(ほど落ち着かない)で、 股引の破れを 繕い、 笠のひもを

付けかへて、三里に灸すゆるより、松島の月まづ心にかかりて、
付け替えて、 三里に灸をすえる(など旅の支度を始める)と、松島の月がまず気になって、

住めるかたは人に譲りて、杉風が別墅に移るに、
住んでいた家は 人に譲って、 杉風の 別荘に 移ったのだが、

草の戸も住み替はる代ぞ雛の家
草庵に住む人が替わり(私が住んでいたわびしい様子から変わり)雛人形などを飾るにぎやかな家になることだろう。

面八句を庵の柱に懸け置く。
(と詠んで、この句を発句とした)面八句を庵の柱に掛けておいた。

場面 『おくのほそ道』冒頭。旅に出る心境を語っている。

◆**月日は百代の過客にして、**
行きかふ年もまた旅人なり ｝対句

◆**舟の上に生涯を浮かべ、**
馬の口とらへて老いを迎ふる ｝対句

◆**古人** 昔の人々。西行、宗祇(室町時代の連歌師)、李白、杜甫(中国の唐代の詩人)(⇒270ページ)などを指す。人生の大半を旅をして過ごし、詩歌の道に生きた。

◆**江上の破屋** 江戸深川(今の東京都江東区)の隅田川の近くにあった家のこと。「破屋」はあばらや。

◆**春立てる霞** 「立てる」は掛詞(⇒239ページ)で、「立春」と「霞が立つ」ことを表す。

◆**白河の関** 今の福島県白河市にあった関所。歌枕として有名。

◆**そぞろ神** 人を誘惑し、落ち着かない気持ちにさせる神。

◆**道祖神** 道の分かれ目などにまつられている神。通行人を守る。

◆**三里** 膝の下の外側のくぼんだところ。灸をすえると足を丈夫にするといわれる。

◆**松島** 宮城県松島湾一帯。日本三景の一つとされる景勝地。

◆**杉風** 杉山杉風。芭蕉の門人。

◆**面八句** 俳諧の連句を百句続けたものを二つ折りにした紙四枚に書くときに、一枚目の表側に書く八句。「草の戸も」はその初めの句。

練習問題

1 次の古文を読んで、後の問いに答えなさい。

三代の栄耀一睡のうちにして、大門の跡は一里こなたにあり。秀衡が跡は田野になりて、金鶏山のみ形を残す。まづ、高館に登れば、北上川南部より流るる大河なり。衣川は、和泉が城をめぐりて、高館の下にて大河に落ち入る。泰衡らが旧跡は、衣が関を隔てて南部口をさし固め、夷を防ぐと見えたり。さても義臣すぐつてこの城に籠もり、功名一時の草むらとなる。「国破れて山河あり、城春にして草青みたり」と笠打ち敷きて、時のうつるまで涙を落としはべりぬ。

（藤原家）三代の栄華は（ひと眠りのように）はかなく消えて／一里ほど手前に／秀衡の居館の跡／登ると（見えるのは）北上川で、南部地方より／回り流れて／合流する／厳しく防備し、／それにしても（義経が）忠臣をえりすぐって／功名を立てたがそれも一時で／今は草むらである／笠を敷いて腰かけ、

夏草や兵どもが夢の跡

（『おくのほそ道』より）

① ——部の俳句について答えなさい。

1 切れ字を抜き出しなさい。（　　）

2 季語を抜き出しなさい。（　　）

3 何句切れか。漢字で答えなさい。（　　）句切れ

4 使われている表現技法を次から選び、記号で答えなさい。

ア 擬人法　イ 対句　ウ 隠喩　エ 体言止め（　　）

② この文章から読み取れることとして最も適当なものを次から選び、記号で答えなさい。

ア 歴史的な場所へ来られたことの喜び。

イ 悲劇の武将源義経への深い同情。

ウ 漢詩の風景と似ていることへの驚き。

エ 過去と現在との違いへの感傷。（　　）

③ 『おくのほそ道』の作者名を漢字で答えなさい。（　　）

---

1 ≫263ページ

◆**三代の栄耀**　昔、ここで栄えていた藤原清衡、基衡、秀衡の三代にわたる栄華。

◆**大門**　藤原氏の居館である平泉館の南大門。

◆**金鶏山**　平泉館の西にある小山で、秀衡が平泉鎮護のため、黄金でつくった鶏を埋めたという。

◆**高館**　源義経の居館の跡。

◆**和泉が城**　秀衡の子、和泉三郎忠衡の居館。

◆**泰衡**　秀衡の子。

◆**衣が関**　高館の西にあった関所。

◆**南部口**　平泉の北にある南部地方への道の出入り口。

◆**夷**　中央政府に服従していない北方の人々。

◆**国破れて…**　漢詩「春望」（≫271ページ）を思い起こしたもの。

ヒント ①3　切れ字の直後で切れる。

ヒント ①4　ア擬人法は、人でないものを人に見立てた表現、イ対句は、形や意味の対照的な語句を並べたもの、ウ隠喩は、「まるで」「ようだ」などを使わない比喩（たとえ）、エ体言止めは、文末（句末）を体言（名詞）で結ぶこと。

ヒント ②　「兵どもが夢の跡」から考えよう。

解答➡326ページ

第12章 漢文

漢文の訓読

漢文を日本語の文章として読めるように訓点（送り仮名・返り点・句読点などの符号）をつけたものを**訓読文**という。

268ページ

漢文の訓読

>> 268ページ

白文 漢字のみで書かれた、中国の古典の原文。

不入虎穴不得虎子

訓読文 漢文に訓点（送り仮名・返り点・句読点）をつけたもの。

不レ入二虎穴一、不レ得二虎子一。

訓点
- **送り仮名** 漢字の右下にカタカナで小さく書かれた文字。
- **返り点** 漢字の左下に小さく書かれた符号。漢字の読む順番を示す。
- **句読点** 「、」や「。」。

書き下し文 漢文を訓点にしたがって日本語の語順の漢字仮名交じりの文に書き直したもの。送り仮名と、日本語の助詞・助動詞にあたる漢字は、平仮名で書く。

虎穴に入らずんば、虎子を得ず。

返り点

返り点の種類ときまりには、次のものなどがある。返り点がない場合は、基本的には上から順番に読む。

269ページ

漢詩の形式

漢詩の形式として代表的なものに**絶句**と**律詩**があり、それぞれ字数が**五字**のものと**七字**のものとがある。

270〜271ページ

漢詩の形式

>> 270ページ

絶句 四句（四行）からなる詩。一句が五字のものを五言絶句、七字のものを**七言絶句**という。**起承転結**の構成が多い。

- **起句**（第一句）歌い起こし
- **承句**（第二句）起句を承けて展開
- **転句**（第三句）内容を一転させる
- **結句**（第四句）まとめて結ぶ

律詩 八句（八行）からなる詩。一句が五字のものを五言律詩、七字のものを**七言律詩**という。第三句・第四句と、第五句・第六句は**対句**にするきまりがある。

- 第一句・第二句 → **首聯**
- 第三句・第四句（対句）→ **頷聯**
- 第五句・第六句（対句）→ **頸聯**
- 第七句・第八句 → **尾聯**

首聯は絶句の起句、頷聯は承句、頸聯は転句、尾聯は結句の役割となる。

理解度をチェック

返り点の種類

≫ 269 ページ

レ点 すぐ下の一字から、上の一字に返って読む。

守リレ株ヲ、 ⬇ 株を守り、

一・二点 下の字から、二字以上離（はな）れた上の字に返って読む。

借ル二虎ノ威ヲ一狐。 ⬇ 虎の威を借る狐。

上・下点 下の字から、一・二点を挟（はさ）んで、上の字に返って読む。

有リ下朋自リ二遠方一来タル上、 ⬇ 朋遠方より来たる有り、

置き字

≫268〜269ページ

置き字とは、訓読するときに読まない漢字で、書き下し文にするときにも書かない。前の部分と後の部分の関係を示したり、感動などを表したりする。

置き字

≫ 268・269 ページ

置き字には訓点はつかない。

例 **而 焉 矣 於 于 乎** など

吾（われ）十（じふ）有（いう）五（ご）ニシテ而志（こころざ）ス二于学（がく）一。

⬇ 吾十有五にして学に志す。

「乎」を終助詞として「や」と読むなど、例に挙げた字であっても、読む場合もあるので気をつけよう。

押韻

≫271ページ

押韻（おういん）とは、漢詩の中で、句末に同じ響（ひび）きの音が用いられることをいう。

押韻

≫ 271 ページ

漢詩の形式	押韻する句
五言絶句	第二・第四句末
七言絶句	第一・第二・第四句末
五言律詩	第二・第四・第六・第八句末
七言律詩	第一・第二・第四・第六・第八句末

漢文の作品

≫272〜273ページ

有名な漢文に触（ふ）れよう。

漢文の作品

≫ 272 ページ

故事成語 歴史的な出来事（できごと）や古くから伝えられているいわれのある事柄（ことがら）といった、故事をもとにした言葉。特に中国の古典に由来する。

例 矛盾（むじゅん）

『論語』 孔子（こうし）と弟子の、言行や対話をまとめたもの。

例 学びて時に之（これ）を習ふ

漢詩 日本では唐代（とうだい）の李白（りはく）や杜甫（とほ）といった詩人が評価された。

例 黄鶴楼（こうかくろう）にて孟浩然（もうこうねん）の広陵（こうりょう）に之（ゆ）くを送る

1 漢文の読み方

例題 次の漢文を書き下し文に直しなさい。

❶ 鳥ニモ驚(おどろ)カスレ心ヲ　（　　　　）

❷ 下ル二揚(やう)州(しう)ニ一　（　　　　）

漢文の訓読(くんどく)

漢文は漢字で書かれた中国の文章である。それを日本語の文章として読めるように、**訓点**という符号(ふごう)（送り仮名(がな)・返り点・句読点）をつけたものを**訓読文**という。訓点を使って日本語の文章として読めるようにすることを**訓読**という。

漢文の訓読

● **白文(はくぶん)**　春眠不覚暁　（漢字のみで書かれた、中国の古典の原文。）

● **訓読文**　春(しゅん)眠(みん)不(ず)レ覚(エ)レ暁(あかつきヲ)。　（訓点をつけたもの。）
　←送り仮名　←返り点

● **書き下し文**　春眠暁を覚えず。　（漢文を訓点にしたがって日本語の語順の漢字仮名交じりの文に書き直したもの。）
　←送り仮名や、助動詞・助詞にあたる漢字は、平仮名に直して書く。

● **訓点**

・**送り仮名**…漢文の場合は、漢字の右下にカタカナで小さく書かれた文字すべてを指す。助詞・助動詞、活用語尾(ごび)などを歴史的仮名遣(づか)いで書く。

・**返り点**…漢字の左下に小さく書かれた符号。漢文を日本語の文章として読めるようにするために、漢字の読む順番を変えるときに使う。レ点(れてん)、一(いち)・二点(にてん)、上(じょう)・中(ちゅう)・下点(げてん)などがある。

・**句読点**…「、」や「。」。

例題の答え

❶ 鳥にも心を驚かす

❷ 揚州に下る

✓チェック！ 助詞・助動詞にあたる漢字は平仮名に

●書き下し文では、「不」→「ず」、「自」→「より」、「之(の)」→「の」など、日本語の助詞・助動詞にあたる漢字は平仮名で書く。

ただし、「之」は代名詞としての意味を表し「これ」と読むときもあるように、助詞・助動詞として使われることの多い漢字でも、漢字で書くこともある。

✓チェック！ 主な置き字

●訓読するときに読まない置き字の主なものは次の六字。

而　焉　矣　於　于　乎

置き字には意味がないわけではない。「而」は接続を表し、「焉」は断定を表すなど、それぞれ意味がある。日本語の助詞の働きをすることが多く、直前の語の送り仮名でその意味を表すので、置き字自体は、漢文を訓読するときには読まず、書き下し文に直すときも書かない。

返り点

返り点の種類ときまりには、次のものなどがある。返り点がない場合は、基本的には上から順番に読む。

返り点の種類

●**レ点**…すぐ下の一字から、上の一字に返って読む。

1 3 2 ←読む順番
花ハ 欲ほっスレ 然もエント → 花は然えんと欲す
「レ点のついた「欲」は、すぐ下の「然」の次に読む。

●**一・二点**…下の字から、二字以上離れた上の字に返って読む。

3 1 2
聞ク二 啼てい 鳥てうヲ一 → 啼鳥を聞く
「二点のついた「聞」は、一点のついた「鳥」の次に読む。

●**上・下点**…下の字から、一・二点を挟はさんで、上の字に返って読む。

6 1 4 2 3 5
有リ下 朋とも 自より二 遠 方一 来タル上、 → 朋遠方より来たる有り、
「下点のついた「有」は、上点のついた「来」の次に読む。

▼上・下点のほかに中点がある場合は、上中下の順番で読む。

読まない漢字があることに注意しよう

訓読するときに読まない漢字があることがある。これを**置き字**という。送り仮名や返り点はつかず、書き下し文にも書かない。

2 1 4 3
温メテレ 故ふるキヲ 而 知レバレ 新シキヲ、 → 故きを温めて新しきを知れば、
「置き字。書き下し文にも書かない。

発展 複数の返り点の組み合わせ

●レ点の連続

1 4 3 2
己おのれノ 所レ 不ざルレ 欲セ、 ← 己の欲せざる所、

上から順番に読むと、「己」の次は「所」となるが、レ点がついているので、「所」はすぐ後の「不」の後に読む。しかし、「不」にもレ点がついているので、「不」の前に「欲」を読む。よって、「己→欲→不→所」の順番となる。

●㆑点いちれてん

レ点と一点を組み合わせた符号。

1 2 4 3 6 5 10
子し 曰いはク、「温メテレ 故ふるキヲ 而 知レバレ 新シキヲ、可ベシ二
7 9 8
以もつテ 為たルレ 師 矣。」
← 子曰はく、「故きを温めて新しきを知れば、以て師たるべし。」と。

レ点にしたがって、下の字から上の字に返って読んだ後、一・二点にしたがって㆑点のついた字から二点のついた字へ返って読む。

レ点がついているので「為」の前に「師」を読み、「為」を読んだ後に、一点から二点に返って「可」を読む。

上レ点じょうれてんも同様に、レ点にしたがって一字返って読んだ後、上・下点にしたがって下点のついた字へ返って読む。

2 漢詩のきまり

例題 **次の文中の〔　〕にあてはまる語を答えなさい。**

漢詩のうち、四句(四行)からなり、一句が五字のものを〔　　〕、七字のものを〔　　〕という。また、八句(八行)からなり、一句が五字のものを〔　　〕、七字のものを〔　　〕という。

例題の答え
五言絶句・七言絶句
五言律詩・七言律詩

チェック! **唐の時代の詩仙と詩聖**

●漢詩は中国で古くから詠まれてきた詩だが、日本では特に唐の時代の詩が評価されていた。唐の時代に活躍した詩人に、李白と杜甫がいる。

李白(七〇一～七六二)若い頃から国内を放浪した。四十歳頃、玄宗皇帝に仕えたが後に追放された。豪快で自由な作風から「詩仙」と呼ばれた。

杜甫(七一二～七七〇)李白と同じく国内を放浪しながら、社会と人間を見つめた格調高い詩を詠んだ。高潔な人柄で、「詩聖」と呼ばれた。

同じく唐の時代の詩人で、李白の友人である孟浩然もいる。

孟浩然(六八九～七四〇)郷里で暮らしたり、各地を放浪したりして、自然の風景を多く詠んだ。五言詩が多い。

漢詩の形式

漢詩の形式には、主に**絶句**と**律詩**があり、それぞれ一句(一行)の字数が**五字**のものと**七字**のものとがある。

漢詩の形式

●**絶句**…四句(四行)からなる詩。一句が五字のものを**五言絶句**、七字のものを**七言絶句**という。**起承転結**の構成が多い。

・五言絶句

起句(第一句)歌い起こし ➡ 江碧鳥逾白
承句(第二句)起句を承けて展開 ➡ 山青花欲然
転句(第三句)内容を一転させる ➡ 今春看又過
結句(第四句)まとめて結ぶ ➡ 何日是帰年

絶句　杜甫

江碧鳥逾白
山青花欲然
今春看又過
何日是帰年

漢詩の訳➡326ページ

●**律詩**…八句(八行)からなる詩。一句が五字のものを**五言律詩**、七字のものを**七言律詩**という。第三句・第四句と、第五句・第六句は**対句**にするというきまりがある。

・五言律詩

第一句・第二句	首聯(しゅれん)	対句
第三句・第四句	頷聯(がんれん)	対句
第五句・第六句	頸聯(けいれん)	対句
第七句・第八句	尾聯(びれん)	

春望　杜甫

国破レテ山河在リ
城春ニシテ草(さう)木(もく)深シ
感ジテハレ時ニ花ニモ濺(そそ)ギレ涙(なみだ)ヲ
恨(うら)ンデハレ別レヲ鳥ニモ驚(おどろ)カスレ心ヲ
烽(ほう)火(くわ)連ナリ二三(さん)月(げつ)ニ一
家書抵(あた)ル二万(ばん)金(きん)ニ一
白頭掻(か)ケバ更(さら)ニ短ク
渾(す)ベテ欲スレ不(ざ)ラントレ勝(た)ヘレ簪(しん)ニ

漢詩の訳 ➡ 326ページ

聯とは、律詩の中の二句のまとまりのこと。首聯は絶句の起句の役割、頷聯は承句、頸聯は転句、尾聯は結句の役割となる。

押韻(おういん)

押韻とは、漢詩の中で、句末に同じ響(ひび)きの音が用いられること。**韻を踏(ふ)む**ともいう。押韻は漢字の音読みで考える。

押韻する句

漢詩の形式	押韻する句
五言絶句	第二・第四句末
七言絶句	第一・第二・第四句末
五言律詩	第二・第四・第六・第八句末
七言律詩	第一・第二・第四・第六・第八句末

「絶句」では「然(ねん)」と「年(ねん)」が押韻している字になるね。

チェック! 対句とは

●対句とは、形や意味が対照的な語句を並べる表現技法である。
上の「春望」では、きまりにしたがって第三句・第四句と、第五句・第六句が対句になっているほか、第一句・第二句も対句になっている。

国	破レテ	山	河	在リ
城	春ニシテ	草	木	深シ
感ジテハレ	時ニ	花ニモ	濺ギレ	涙ヲ
恨ンデハレ	別レヲ	鳥ニモ	驚カスレ	心ヲ
烽	火	連ナリ二	三	月ニ一
家	書	抵ル二	万	金ニ一

それぞれの言葉が対応しており、句全体で同じ構成になっている。

発展 押韻の見分け方

●押韻している漢字は、訓読とは関係なく、その漢字の音読みで考える。
「春望」では、第二句末の「深」(sin)、第四句末の「心」(sin)、第六句末の「金」(kin)、第八句末の「簪」(sin)で、inという音が同じである。「深」「心」「金」「簪」が押韻している字(韻字)になる。

1 故事成語 ～中国の古典に由来する言葉～

矛盾

楚人に盾と矛とを鬻ぐ者有り。
楚の国の人に盾と矛とを　売る　者がいた。

之を誉めて曰はく、「吾が盾の堅きこと、能く陥すもの莫きなり。」と。
これ(盾)をほめて言うことには、「私の盾の堅いことといったら、(これを)突き通せるものはない。」と。

又其の矛を誉めて曰はく、「吾が矛の利なること、物に於いて陥さざる無きなり。」と。
また、(自分の)矛をほめて　言うことには、「私の　矛の　鋭いことといったら、どんな物でも突き通せないものはない。」と。

或ひと曰はく、「子の矛を以て、子の盾を陥さば何如。」と。
(そこで)ある人が言うことには、「あなたの矛で、　あなたの盾を突き通すとどうなるのか。」と。

其の人応ふること能はざるなり。
その人は　返答する　ことができなかったのである。

2 論語 ～日本にも伝わる儒教の祖の言葉～

学びて時に之を習ふ

子曰はく、「学びて時に之を習ふ、
先生がおっしゃるには、「教わったことを繰り返し復習するのは、

子曰、「学而時習之、

出典
『韓非子』

成立
中国の戦国時代末期の紀元前三世紀。

内容
思想家である韓非とその一派の著作をまとめたもの。

主な故事成語 ≫218～221ページ
矛盾 ≫221ページ

◆**楚**　中国の春秋・戦国時代の紀元前八世紀～紀元前三世紀にあった国。
◆**鬻ぐ**　売る。
◆**曰はく**　言うことには。
◆**子**　ここでは「し」と読んで「あなた」の意。
◆**何如**　どうなるのか。
◆**「矛盾」の意味**　話のつじつまが合わないこと。

出典
『論語』(学而)

成立
春秋・戦国時代の紀元前四世紀頃と考えられている。孔子とその弟子の言行や、孔子と弟子との対話を、孔子の死後、弟子たちがまとめた。

亦説ばしからずや。
なんとうれしいことではないか。
朋遠方より来たる有り、
友が遠くから　やって来るのは、
亦楽しからずや。
なんと楽しいことではないか。
人知らずして慍みず、
人が(自分を)認めてくれなくても不平や不満を抱かないのは、
亦君子ならずや。」と。
なんと立派な人格者ではないか。」と。

不㆓亦説バシカラ㆒乎。
有㆘リ朋自㆓リ遠方㆒来タル㆖、
不㆓亦楽シカラ㆒乎。
人不シテ㆑知ラ而不㆑慍ミ、
不㆓亦君子ナラ㆒乎ト。」

3 漢詩 ～詩仙の七言絶句～

黄鶴楼にて孟浩然の広陵に之くを送る　李白

故人西のかた黄鶴楼を辞し
古くからの友人は西方にある黄鶴楼に別れを告げ
煙花三月揚州に下る
かすみが立つ三月に揚州へと(舟で)下る
孤帆の遠影碧空に尽き
一そうの帆船の遠い影も青空のかなたに消え、
唯だ見る長江の天際に流るるを
ただ　見る　長江の水が天の果てまで流れるのを

故人西ノカタ辞㆓シ黄鶴楼㆒ヲ
煙花三月下㆓ル揚州㆒ニ
孤帆ノ遠影碧空ニ尽キ
唯ダ見ル長江ノ天際ニ流ルルヲ

内容
孔子(紀元前五五一頃～前四七九)は中国古代の思想家。儒教の祖。仁・義・礼・智・信は儒教の重要な思想。仁とは他者をいつくしむ心のこと。

- ◆**子**　ここでは孔子のこと。
- ◆**而**　ここでは置き字。
- ◆**時ニ**　機会があるごとに。
- ◆**不**　日本語の助動詞にあたる漢字なので書き下し文では平仮名で書く。
- ◆**乎・自リ**　日本語の助詞にあたる漢字なので書き下し文では平仮名で書く。
- ◆**君子**　立派な人格者。理想の人。

作者
李白 ≫270ページ

内容
四句からなり、一句が七字の七言絶句。友人である孟浩然を李白が見送っている。

- ◆**黄鶴楼**　中国の武昌(今の湖北省武漢市)にあり、長江を見下ろせる建物。
- ◆**孟浩然**　≫270ページ
- ◆**広陵**　揚州の別名。
- ◆**故人**　古くからの友人。
- ◆**揚州**　長江の下流にある地。

練習問題

1 **次の漢文を読んで、後の問いに答えなさい。**

〈書き下し文〉 子曰はく、「故きを温めて新しきを知れば、以て師たるべし。」と。

〈訓読文〉 子 曰ハク、「温メテ 故キヲ 而 知レバ 新シキヲ、可ベシ二 以テ 為タルレ 師 矣。」

（『論語』より）

① 「温故而知新」に、書き下し文を参考にして返り点をつけなさい。（「而」は置き字である。）

温メテ　故キヲ　而　知レバ　新シキヲ

② 本文からできた言葉を、漢字四字で答えなさい。（　　）

③ 本文は『論語』の一節である。本文の「子」は誰を指すか。次から選び、記号で答えなさい。

ア 子貢　**イ** 孔子　**ウ** 子ども　**エ** 弟子　（　　）

2 **次の漢詩を読んで、後の問いに答えなさい。**

春暁　孟浩然

春眠暁を覚えず
処処啼鳥を聞く
夜来風雨の声
花落つること知る多少

春　眠　不ズレ　覚エレ　暁ヲ
処　処　聞ク二　啼　鳥ヲ一
夜　来　風　雨ノ　声
花　落ツルコト　知ル　多　少

① 「春暁」の詩の形式を次から選び、記号で答えなさい。

ア 五言絶句　**イ** 五言律詩　**ウ** 七言絶句　**エ** 七言律詩　（　　）

② いつのことをうたった詩か。最も適当なものを次から選び、記号で答えなさい。

ア 冬の朝　**イ** 冬の夜　**ウ** 春の朝　**エ** 春の夜　（　　）

---

1 ≫268～269ページ

◆**故きを温めて** 過去のことや学説を研究して。

◆**新しきを知れば** 新しい知識を発見できるようになれば。

◆**以て師たるべし** 師となることができる。

ヒント ①返り点とはレ点や一・二点のような読む順番を示す符号のこと。置き字とは、訓読するときに読まない字のこと。

2 ≫270～271ページ

◆**覚えず** 気づかない。

◆**処処** あちらこちら。

◆**夜来** 昨夜。

◆**多少** たくさん。

ヒント ①「五言」「七言」とは五字、七字のこと。「絶句」は四句の詩、「律詩」は八句の詩をいう。

ヒント ②「暁」はいつの時間を指すか考えよう。

解答➡326ページ

第4編

読解

短めの文章から長めの少し難しい文章まで収録しています。
学習段階に応じてチャレンジしてみましょう。

第13章 読解

解答字数に指定がある問題は、句読点や「 」も字数に含めて答えましょう。

説明的文章

≫278ページ

指示語・接続語

≫278ページ

指示語	**物事を指し示す言葉**。「こそあど言葉」ともいう。**前の内容を指すことが多い**ため、主に前の部分に着目し、指示語の指す内容を明らかにする。
接続語	**文と文、文節と文節などをつなぎ、前後の関係を示す言葉**。接続語に着目して文脈をとらえる。

段落の構成・段落の要点

≫280ページ

段落には、文章を内容にしたがって大きく分けた**意味段落**と、細かく分けた**形式段落**とがある。

意味段落の構成には、次のものがある。

起（話題・始まり）
承（「起」を受けた内容）
転（新たな内容）
結（結論・まとめ）

序論（話題・始まり）
本論（意見・理由など）
結論（まとめ）

文章全体の段落構成をつかみ、各段落の要点を、何度も出てくる言葉や似た表現に着目してとらえる。

事実と考え・要旨

≫283ページ

文末表現などに着目して事実と考えを区別する。

事実	実際にそうであること。
考え	筆者が思ったり考えたりしていること。文末が「**〜と考える**」「**〜だろう**」などになっていることが多い。

文章を通して筆者が最も伝えたいことを**要旨**という。

韻文

≫302ページ

詩

≫302ページ

詩には、次の種類がある。

文体	口語詩	現代の言葉（口語体）で書かれた詩。
	文語詩	昔の言葉（文語体）で書かれた詩。
形式	定型詩	各行が決まった音数で書かれた詩。
	自由詩	決まった音数はなく自由に書かれた詩。
	散文詩	ふつうの文章の形で書かれた詩。

表現技法と効果は、文学的文章と同じ。次のものもある。

体言止め	行の終わりを体言（名詞）で結んで余韻を残す。
反復	同じ言葉や表現を繰り返して強調し、リズムを生む。
対句	形や意味の対照的な語句を並べて調子を整える。

短歌

≫304ページ

形式	**五・七・五・七・七**（**三十一音**が基本）

基本より音数の多いものを**字余り**、少ないものを**字足らず**という。

歌の意味上の切れ目を**句切れ**という。（句切れのないものもある）

句切れ	**初句切れ・二句切れ・三句切れ・四句切れ・句切れなし**

表現技法と効果は、文学的文章や詩と同じ。

文学的文章

≫290ページ

●登場人物・場面

≫290ページ

登場人物	**名前・年齢・特徴**などを表す言葉に着目する。**人物どうしの関係**を整理する。
場面	**「いつ」**(季節・時間など)**「どこで」「誰が」「何をしている」**(行動・状況)を押さえてとらえる。

●心情・理由

≫292ページ

心情	**場面の状況**や、**会話・様子・行動**などから読み取る。**比喩**を用いた表現にも着目する。
心情や行動の理由	**場面の状況**や、**会話・様子**などから読み取る。理由を答えるときは、**「〜から。」**などと結ぶ。

●表現・主題

≫295ページ

表現技法とその効果には、次のものなどがある。

倒置		言葉の順序を通常と逆にして印象を強める。
比喩		あるものをほかのものにたとえて表し、具体的に想像させる。
	直喩	**「まるで」「ようだ」**などの言葉を用いてたとえる。
	隠喩	**「まるで」「ようだ」**などの言葉を用いずたとえる。
	擬人法	人でないものを人に見立てて、生き生きとした印象を与える。
省略		文を途中で止め、後を省略して想像させ、余韻を残す。

作者が物語で中心に描こうとしている内容を**主題**という。物語の展開や、登場人物の心情の変化などからとらえる。

●俳句

≫304ページ

形式	**五・七・五**(**十七音**が基本)

基本より音数の多い**字余り**、少ない**字足らず**がある。

句の意味上の切れ目が**句切れ**となる。(句切れのないものもある)

「や」「かな」「けり」などの感動や詠嘆を表す言葉を**切れ字**といい、その直後は句切れとなる。

季節を表す言葉を**季語**という。一句に一つ季語を入れるきまりがある。

基本の音数にとらわれず、自由な音律の俳句を**自由律俳句**、季語のない俳句を**無季俳句**という。

会話・資料

≫308ページ

●会話(話し合い・発表など)

≫308ページ

それぞれの役割や立場と、**発言の意図・効果**をとらえる。

司会 これから、新入生歓迎会で何を行うかを話し合います。
⇒話し合いのテーマを示している。

Aさん 部活動の紹介がいいと思います。どの部に入るか迷っている子も多そうだからです。
⇒意見とその理由を述べている。

Bさん 賛成です。それぞれの部の雰囲気がわかってよいと思います。
⇒賛成の立場から意見を加えている。

●資料(グラフ・表・アンケート結果など)

≫309ページ

- **見出し**や**項目**から、何を表す資料かをとらえる。
- **数値の大きいところ**や、**数値の差**などに着目して読み取る。
- 複数の資料がある場合は、比較するなど関連づけて考える。

1 説明的文章① 指示語・接続語

指示語や接続語は、本文の内容や流れをとらえるポイントになる。確実に読み取れるように練習しよう。

解答➡332ページ

じつは、わたしも、電車や喫茶店で、「わからないけど」という文句が、しきりに使われているのを耳にしていました。そして、これはなんだろうと考えてもいたので、これから、わたしの意見を書いてみましょう。

ちょっと聞くと、この「わからないけど」は、冷たくて、投げやりで、無責任で、その上、なんだか突き放されたようで、たしかに嫌な言葉です。 A 、それを使うときの動機を考えてみると、どうも、新種の敬語の一種なのではないか。もっと正確に言うと、うんと敬意の度合いが低いけれど、これは半敬語法というやつですね。

相手に自分の意見を言う。そのとき、相手の意見は自分とは違うかもしれない。その場合をあらかじめ考えの中に入れて、「よくわからないけれど、わたしはそう思うのですよ」と緩衝材を入れる。 B 、これは言葉のクッションなのではないでしょうか。

対立した意見を口にして、自分と相手との関係をこわしてはいけない。二人の関係を中和して、感情的に係わり合う危険を避けるために、「わからないけど」というクッションを挿む。

そう言えば、半疑問形も大いに流行しています。話の途中で、とくに固有名詞を高めに発音して、相手になに

指示語をとらえる

指示語は物事を指し示す言葉。前の内容を指していることが多い。指示語が出てきたら、主に前の部分に着目し、何を指しているか確認しよう。

11行目の「その」に注目。これは直前にある「相手に自分の意見を言う」を指している。「その」の部分にあてはめて、「相手に自分の意見を言うとき」と意味が通ることで確かめられる。

3行目「これ」はもう少し複雑だ。これは前の文の中の「電車や喫茶店で」「しきりに使われている」「『わからないけど』という文句」のことを指している。これについて筆者は不思議に思っているのだ。

問一 ——部「その場合」とは、どのような場合か。次から選び、記号を○で囲みなさい。

ア 相手に自分の意見を言う場合。

イ 自分の意見と相手の意見が違う場合。

ウ 「わからないけど」と言う場合。

エ 「よくわからないけれど、わたしはそう思うのですよ」と言う場合。

ヒント 指示語の内容はそれよりも前にあることが基本。——部の前をよく読もう。

か訊くように言う。あれもまた半敬語法の一つではないか。

相手を置き去りにして話を進めて行ったのでは、たがいの関係をこわしかねない。［ C ］、話の前後関係を考えながら、鍵となる語を相手に投げかけて、いちいち了解を取っているのでしょう。

おまえさんの善意の解釈はもうたくさんだと言われてしまいそうですが、日本人は、ようやく他人に自分の意見を言うようになったのです。しかし、その場合の敬語法がない。そこで、おずおずと新しい言い方を探している。その表れが、「わからないけど」であり、半疑問形であるとすると、これはひょっとしたら好ましい傾向なのかもしれませんよ……よくわからないけど。

筆者紹介…井上ひさし

一九三四年生まれ。「ひょっこりひょうたん島」など放送作家として活躍した後、小説・戯曲の執筆に専念。小説に「ナイン」、戯曲に「シャンハイムーン」など。本文は「にほん語観察ノート」（中央公論新社）より。

接続語をとらえる

接続語（≫24ページ）は、文と文、文節と文節などをつなぎ、前後の関係を示す言葉。接続語に着目して文脈をとらえよう。接続語の問題では、前後をよく読んで、その関係を把握することが大切だ。接続語にどのようなものがあるかは、接続詞の種類（≫102ページ）も参照するとよい。

29行目「しかし」は、「日本人は、ようやく他人に自分の意見を言うようになった」という部分と「その場合の敬語法がない」という部分を関係づけている。前の事柄から予想されることと逆の事柄が後に続く逆接の関係だ。

問二 文章中の空欄A～Cにあてはまる言葉として最も適当なものをそれぞれ次から選び、記号で答えなさい。

ア そして　イ そこで
ウ しかし　エ つまり

A	B	C

ヒント

A「わからないけど」が「嫌な言葉」だという前の文と、その言葉が「新種の敬語の一種」ではないかという後の文との関係を考える。

B「緩衝材」は衝撃を和らげるもの。「クッション」がその言いかえになっている。

C「たがいの関係をこわしかねない」ことを防ぐために、相手に「了解を取っている」ということ。

言葉の世界

2行目の「文句」は、「言葉」という意味だ。ここでは「不平不満」という意味ではないことに注意。「わからないけど」という言葉を指していることからも、なんとなく意味が推測できるね。

文章は段落の集まりでできていることが多い。段落構成をつかみ、各段落の要点をとらえる練習をしよう。

解答→332ページ

✎ [1]～[15]の段落を大きく二つに分けたとき、後半が始まる段落の番号に○をつけてみよう

[1]オオバコは、道ばたやグラウンドなど踏まれるところに生える雑草の代表である。

[2]このオオバコの種子は、紙おむつに似た化学構造のゼリー状の物質を持っていて、雨が降って水に濡れると膨張して粘着する。その粘着物質で人間の靴や、自動車のタイヤにくっついて運ばれていくのである。もともとオオバコの種子が持つ粘着物質は、乾燥などから種子を保護するためのものであると考えられている。しかし結果的に、この粘着物質が機能して、オオバコは分布を広げていくのである。

[3]舗装されていない道路では、どこまでも、*轍に沿ってオオバコが生えているのをよく見かける。オオバコは学名を「プランターゴ」と言う。これはラテン語で、「足の裏で運ぶ」という意味である。また、*漢名では「車前草」と言う。これも道に沿ってどこまでも生えていることに由来している。こんなに道に沿って生えているのは、人や車がオオバコの種子を運んでいるからなのだ。

[4]こうなると、オオバコにとって踏まれることは、耐えることでも、克服すべきことでもない。踏まれなければ困るほどまでに、踏まれることを利用しているのである。道のオオバコは、みんな踏んでもらいたいと思っているはずである。まさに逆境をプラスに変えているのだ。

[5]このように人に踏まれて増えていくという雑草もある。人が集まる都会に生える雑草には、種子がでこぼこして

段落の構成をとらえる

段落には、文章を内容にしたがって大きく分けた**意味段落**と、細かく分けた**形式段落**とがある。

意味段落の構成には、次のものがある。

（[1]～[15]は文章中の形式段落を示す。）

- **起**…話題・始まり→[1] オオバコとは
- **承**…「起」を受けた内容→[2]～[7] オオバコの種子の移動・散布法
- **転**…新たな内容→[8]・[9] 種子の移動・散布の理由は何か
- **結**…結論・まとめ→[10]～[15] 挑戦・親離れの必要性

***序論**（話題・始まり）・**本論**（意見・理由など）・**結論**（まとめ）の構成などもある。

接続語などに注目して段落どうしの関係をとらえ、文章の構成をつかもう。

[8]段落の「しかし、そもそもどうして」、[9]段落の「それでは、どうして」に着目。それまで述べていた内容に対して疑問を投げかけ、新たな内容を展開している。

問一 [2]～[6]の段落の構成を表したものとして最も適当なものを次から選び、記号を○で囲みなさい。

ア [2]―[3] [4] [5]―[6]　　**イ** [2]―[3] [4]―[5] [6]

ウ [2]―[3] [4]―[5]―[6]　　**エ** [2] [3] [4]―[5]―[6]

ヒント　オオバコの性質を説明した後、ほかの雑草へと話題を広げ、人間側からの見方も示している。

いて、靴底に付きやすい構造をしているものも多い。

⑥私たちもまた、こうして知らぬ間に雑草の種子散布に協力しているのである。

⑦植物は、こうして工夫を重ねて種子を移動させている。

⑧しかし、そもそもどうして種子を遠くへ運ばなければならないのだろうか。種子を移動させる理由の一つは分布を広げるためである。

⑨それでは、どうして分布を広げなければならないのだろうか。親の植物が種子をつけるまで生育したということは、少なくとも生存できない場所ではないだろう。わざわざ別の場所に種子が移動しても、その場所で無事に生育できる可能性は小さい。そんな一か八かのために、種子をたくさん作って、散布するよりも、子孫たちも、その場所で幸せに暮らした方が良いのではないだろうか。

⑩植物は、大いなる野望や冒険心を抱いて種子を旅立たせるわけではない。環境は常に変化をする。植物の生える場所に安住の地はない。常に新たな場所を求め続けなければならないのだ。そして、分布を広げることを怠った植物は、おそらくは滅び、分布を広げようとした植物だけが、生き残ってきたのである。それが、現在のすべての植物たちが種子散布をする理由である。常に挑戦し続けなければいけないということなのだ。

⑪何かをするということは、失敗することである。たとえば、旅に出れば、バスに乗り遅れたり、道を間違えたり、忘れ物をしたりする。部屋の中にいれば、何も失敗する

問二 ⑦段落は、どのような役割をしているか。最も適当なものを次から選び、記号を○で囲みなさい。

ア ①～⑥の内容に対して、別の見解を述べている。
イ ①～⑥の内容をふまえ、新たな展開を示している。
ウ ①～⑥の内容を総合して、簡潔にまとめている。
エ ①～⑥の内容について、具体例で説明している。

ヒント 「こうして」の後の部分と、①～⑥段落の内容を比べてみよう。

段落の要点をとらえる

段落の要点をとらえるには、何度も出てくる言葉や似た表現に着目し、重要な部分を押さえることが大切だ。そして、文脈を整理して簡潔にまとめるとよい。

⑩段落の要点をまとめてみよう。

40行目「植物の生える場所に安住の地はない」、**41**行目「常に新たな場所を求め続けなければならない」と似た表現がある。植物には「安住の地」はなく、「常に新たな場所を求め続けなければならない」ということだ。**45**行目「常に挑戦し続けなければいけない」もこの言いかえである。

42行目「分布を広げる」ことはそのための行動であり、**43**行目「分布を広げ」た植物だけが「生き残ってきた」とある。そして、**44**行目「それが～植物たちが種子散布をする理由」だとある。

これらから、⑩段落の要点は、「植物が種子散布をするのは、常に新たな場所を求める挑戦を続けないと生き残れないからだ」などとまとめることができる。

ことはないが、それでは面白くない。旅に出て失敗しても、後になってみれば良い思い出だ。

12 チャレンジすることは、失敗することである。しかし、チャレンジすることで変わることができる。（中略）雑草だって、スマートに成功しているわけではない。道ばたで泥臭く挑戦している姿を見てほしい。

13 さらに、種子がさまざまな工夫で移動をする理由は、他にもある。それは、親植物からできるだけ離れるためなのである。

14 親植物の近くに種子が落ちた場合、最も脅威となる存在は親植物である。親植物が葉を繁らせれば、そこは日陰になり、やっと芽生えた種子は十分に育つことはできない。また、水や養分も親植物に奪われてしまう。（中略）

15 残念ながら、親植物と子どもの種子とが必要以上に一緒にいることは、むしろ弊害の方が大きいのだ。そこで植物は、大切な子どもたちを親植物から離れた見知らぬ土地へ旅立たせるのである。まさに「かわいい子には旅をさせよ」、植物にとっても大切なのは親離れ、子離れなのである。

＊轍　車が通った後に残る車輪の跡。
＊漢名　動植物などの中国での名称。

筆者紹介…稲垣栄洋
一九六八年生まれ。農学博士。本文は「雑草はなぜそこに生えているのか」（ちくまプリマー新書）より。

問三 14段落の要点をまとめた次の文の空欄にあてはまる言葉を、文章中から十字以内で抜き出しなさい。

・種子にとって、親植物は□である。

□□□□□□□□□□

ヒント　14段落から、要点を表す一文を探そう。

要点には、具体的な説明は含まないことが多いよ。

問四 15段落の要点として最も適当なものを次から選び、記号を○で囲みなさい。

ア 植物にとって大切なことは、親植物と子どもの種子ができるだけ一緒に旅をすることである。

イ 植物にとって大切なことは、親植物と子どもの種子が一定期間だけ一緒に旅をすることである。

ウ 植物にとって大切なことは、子どもの種子を親植物のそばから離れさせないことである。

エ 植物にとって大切なことは、子どもの種子を親植物から遠く離れた土地へ旅立たせることである。

ヒント　最後の一文の「親離れ、子離れ」の意味をとらえよう。

言葉の世界

66行目の「かわいい子には旅をさせよ」はことわざで、「かわいい我が子には、あえて厳しい経験をさせよ」という意味だ。昔は、旅は困難でつらいものであったことから、このことわざが生まれた。植物の世界での出来事を人間の親子のようにたとえて、わかりやすく説明しているね。

3 説明的文章③ 事実と考え・要旨

文章中で説明されている事実と、筆者の考えを正確に読み分けて、文章の要旨をとらえよう。

解答⬇333ページ

1 日頃、本を読むことで、いろいろなものが頭の中に＊インプットされる。多くは「知識」というデータである。これを頭の倉庫に沢山＊ストックしている人が、いわゆる「知識人」とか「博学」などと呼ばれているようだ。

2 なんでも知っている人を、「歩く辞書」などと形容するように、覚えた知識をすぐに披露できれば、周囲から尊敬される。少なくとも、これまではそうだった。そういう人が「先生」と呼ばれ、教えを乞う人々が集まったのである。

（中略）

3 昔は、辞書というものが今ほど一般的ではなかっただろう。編纂することも難しいし、印刷して安く配布する技術もなかった。だから、①「歩く辞書」的な人が重宝された。

4 そもそも、②頭の中に知識をインプットするのは何故だろう？　どうして頭の中に入れなければならないのか。それは、咄嗟のときに辞書など引いていられなかったり、人にきくことができない環境であったりすれば、頭にストックしている価値がある。今は、みんながスマホを持っていて、なんでも手軽に検索できるのだから、この価値は下がっているだろう。

5 であれば、苦労して覚えなくても、ただ辞書を買って持っていれば良いではないか、という話になる。ネットに依存している現代人の多くが、これに近い方針で生き

「事実」と「考え」を区別する

文章には、「**事実**」を述べた部分と、「**考え**」を述べた部分とがある。文末表現などに着目し、事実と考えを区別しよう。

・事実…実際にそうであること。
・考え…筆者が思ったり考えたりしていること。
　「〜と考える」「〜だろう」などの文末に着目。

10行目「昔は、辞書というものが今ほど一般的ではなかっただろう」→「考え」

11行目「編纂することも難しいし、印刷して安く配布する技術もなかった」→「事実」

問一 ——部①「『歩く辞書』的な人」について、筆者はどのように考えているか。次の文の空欄A・Bにあてはまる言葉を、文章中からAは十字、Bは九字で抜き出しなさい。

・「歩く辞書」的な人とは、頭の中に大量に蓄えた［A］をすぐに外に出せる人として周囲から重宝されていたが、現在はスマホなどの普及により［B］。

A
B

ヒント　前にある「歩く辞書」にも着目し、どのような人か読み解こう。また、現在の評価について、——部①より後から筆者の考えを読み取ろう。

ているようにも見えてしまう。

6 しかし、そうではない。知識を頭の中に入れる意味は、その知識を出し入れするというだけではないのだ。頭の中で考えるときに、この知識が用いられる。じっくりと時間をかけて考えるならば、使えるデータがないかと外部のものを参照できるし、人にきいたり議論をしたりすることもできるが、一人で頭を使う場合には、そういった外部に頼れない。では、どんなときに一人で頭を使うだろうか？

7 それは、「思いつく」ときである。

8 ものごとを発想するときは、自分の頭の中からなにかが湧いてくる。これは、少なくともインプットではない。ただ、言葉としてすぐに外に出せるわけでもなく、*アウトプットの手前のようなものだ。面白いアイデアが思い浮かんだり、問題を解決する糸口のようなものを思いついたりする。このとき、まったくゼロの状態から信号が発生する、とは考えられない。そうではなく、現在か過去にインプットしたものが、頭の中にあって、そこから、どれかとどれかが結びついて、ふと新しいものが生まれるのである。

9 一般に、アイデアが豊かな人というのは、なにごとにも興味を示す、好奇心旺盛な人であることが多い。これは、日頃からインプットに積極的だということだ。ただ、だからといって、本を沢山読んでいれば新しい発想が湧いてくるのか、というとどうもそれほど簡単ではない。おそらく、それくらいのことは、ある程度長く人生を歩ん

筆者の考えをとらえる

文末を「問い」の形にし、それに答えることで、筆者の考えを明らかにしている場合がある。筆者が問いかけている内容に注目し、それに対する答えを探してみよう。

・問い…31行目「どんなときに一人で頭を使うだろうか？」
・答え…33行目「それは、『思いつく』ときである」
・考え…一人で頭を使うとき（＝知識を用いるとき）とは、「思いつく」ときである。

問二 ——部② 「頭の中に知識をインプットするのは何故だろう」とあるが、筆者はその理由をどのように考えているか。最も適当なものを次から選び、記号を○で囲みなさい。

ア できるだけ沢山の知識を頭に入れることで、テストで良い点数を取れるから。

イ 人に何かを質問されたときに、すぐに詳しく答えられると尊敬されるから。

ウ わからないことを辞書でいちいち調べるのは、手間がかかりすぎるから。

エ ものごとを考えるときに、自分の知識が用いられ、それによって新たなアイデアが生まれるから。

ヒント 25行目「知識を頭の中に入れる意味は、その知識を出し入れするというだけではない」、26行目「頭の中で考えるときに、この知識が用いられる」という筆者の考えに着目しよう。

要旨をとらえる

文章を通して筆者が最も伝えたいことをまとめたものを**要旨**という。要旨をとらえるには、まず、**キーワード**（文章

できた人ならご存じだろう。

10 いずれにしても、いつでも検索できるのだからと頭の中に入れずにいる人は、このような発想をしない。やはり、自分の知識、あるいはその知識から自身が構築した理屈、といったものがあって、初めて生まれてくるものだ。そういう意味では、頭の中に入れてやることは意味がある。テストに出るからとか、知識を人に語れるからとか、そういった理由以上に、頭の中に入った知識は、重要な人間の能力の一つとなるのである。

11 また、発想というのは、連想から生まれることが多い。これは、直接的な関連ではなく、なんとなく似ているものなどから引き出される。現在受けた刺激に対して、「なにか似たようなものがあったな」といった具合にリンク*が引き出される。人間の頭脳には、これがかなり頻繁にあるのではないか、と僕は感じている。

*インプット　内部に取り込むこと。
*アウトプット　外部に取り出すこと。
*ストック　蓄えること。
*リンク　情報どうしが結びつくこと。関連した情報。

筆者紹介…森博嗣

一九五七年生まれ。小説家・工学博士。「すべてがFになる」で作家デビュー。小説に「スカイ・クロラ」、エッセイに「小説家という職業」など。本文は「読書の価値」（NHK出版新書）より。

中に何度も出てくる重要語）を探して、文章の話題を押さえよう。次に、これが出てくる段落に着目し、筆者の考えを述べた部分を取り出してまとめよう。

この文章のキーワードは「知識」。10段落に着目しよう。

51行目「（知識を）頭の中に入れずにいる人は、このような発想（＝新しい発想）をしない」

53行目「自分の知識、あるいはその知識から自身が構築した理屈、といったものがあって、初めて生まれてくるものだ」

57行目「頭の中に入った知識は、重要な人間の能力の一つとなるのである」

筆者は、頭の中に「知識」を入れると、その知識をもとにして発想が生まれること、そのように「知識」を活用することは重要な人間の能力の一つとなるということを最も伝えようとしているとわかる。

問三 この文章の要旨をまとめた次の文の空欄にあてはまる言葉を、「発想」「能力」という言葉を使って、二十五字以内でまとめなさい。

・頭の中に知識を入れることは、その知識とそこから構築した理屈や連想によって［　　］ため、意味がある。

ヒント　10段落を中心にまとめられている。知識のインプットによって可能になることを、前後の部分もふまえてとらえよう。

[1] ①学問には公理*とされたものがしばしば変わるものと、それが一貫して変わらないものとがありますが、その違いは研究対象が人間から遠いのか、それとも近いかにあると一応考えることができます。

[2] 人間は自分から遠い対象は客観的に眺めることができますが、自分自身の絡んでいる近い分野のことは余りよく分からないのです。天文学や数学のように、人間の気持ちや利害得失の投影されることのない学問、つまり価値と無関係な学問は、対象を客観的に観察し分析することが可能ですが、医学、薬学、そして農学といった究極的には人間のためになることを研究する学問、そして人間自身の問題を対象とする言語学、心理学、そして哲学倫理学などは、事の性質上、普遍妥当性*を持ち得ない学問なのです。

[3] このことを別の側面から言うと、いわゆる学問と称せられるものには全く性質を異にする二つのタイプがあって、その一つは研究対象が人間の存在とは無関係にあるもの、もう一つは研究対象それ自体が人間の存在に依存し、人間の存在を前提としているものです。

[4] 天体の運行は人間が地上に現れる以前から、整然と規則的に繰り返されてきました。そしてそれはたとえ何かの原因で人間が全滅しても、依然として全く同じ規則性

解答⇩333ページ

問一 ——部①「学問には公理とされたものがしばしば変わるものと、それが一貫して変わらないものとがあります」とあるが、それぞれどのような「学問」かを説明した次の文の空欄a・bにあてはまる言葉を、[2]段落中からaは十三字、bは九字で抜き出しなさい。

・公理が変わるものとは、人間のためになることを研究し、[a]学問であり、公理が変わらないものとは、人間の気持ちや利害得失などが投影されない、人間の[b]のことである。

a □□□□□□□□□□□□□

b □□□□□□□□□

問二 ——部②「人間とは無関係に生起する現象」とあるが、天文学におけるこの現象についてまとめた次の文の空欄a・bにあてはまる言葉を、ここより前の文章中からaは五字、bは十二字で抜き出しなさい。

・天体が[a]に左右されることなく[b]現象。

a □□□□□

b □□□□□□□□□□□□

をもって動き続けるのです。天文学とは、この人間の外で②人間とは無関係に生起する現象を、人間がいわば垣間見るものであって、対象は常に人間の*恣意の*埒外にあります。

5 A 医学、農学、そして心理学や哲学などは、人間あってこそ研究対象も存在する学問なのであって、人間の利害得失、善悪美醜、快不快といった価値の問題と本質的には切り離すことのできないものです。

6 B もし人間がすべてこの世から消えてしまえば、これらの学問がなくなるだけでなく、研究対象そのものも*雲散霧消してしまう点が、天文学などと決定的に違うのです。

7 それだからこそ、③いわゆる自然科学と称せられる学問分野では公理の変わることが殆どなく、研究の成果は歴史的累積的に積み上げられ、知識体系が拡大して行くのです。

8 これに反して、たとえば哲学などの領域では、④このような意味での進歩発展は見られません。現代にも著名な哲学者はいると思いますが、その人たちの哲学は果たしてソクラテス*の時代の哲学と比べて、進歩したと言えるのでしょうか。

9 ソクラテスは「人間にとって最も大切な智とは、自分がいかに知らないかを知ることである」という名言を残

問三 文章中の空欄A・Bにあてはまる言葉として最も適当なものをそれぞれ次から選び、記号で答えなさい。

ア ところが　イ あるいは
ウ および　エ だから

A	
B	

問四 ——部③「いわゆる自然科学と称せられる学問分野」とあるが、これはどのような学問のことか。最も適当なものを次から選び、記号を○で囲みなさい。

ア 人間の存在や人間自身に起こる問題を研究対象とし、人間の存在価値に深く関わる学問。
イ 人間の生活と切り離せない自然や科学を研究対象とし、人間の未来の発展へと生かすための学問。
ウ 人間の存在とは無関係に起こる現象を研究対象とし、人間の気持ちや価値に影響されない学問。
エ 人間が誕生する以前からある現象を研究対象とし、それらを人間の価値と結びつけていく学問。

ヒント ——部は4段落で述べている学問のことであり、5・6段落で述べている学問とは対照的な学問である。

問五 ——部④「このような意味での進歩発展は見られません」とあるが、「このような」が指す内容を「という意味。」に続くように、文章中から三十一字で探し、初めと終わりの五字を抜き出しなさい。

□□□□□ ～ □□□□□ という意味。

していますが、人間はたしかに己を知るための学問が一番難しいのです。ですから哲学や倫理学、そして社会学、歴史学、経済学といった、いわゆる社会・人文科学と称せられる学問は、非常に大切な学問ではあるけれども、それらを「科学」と呼ぶことは無意味であり、⑤何とか科学的にしようと努力することは見当違いだと言えます。

⑩科学の要件とは誰がやっても、いつどこでも同じ結果がでて、その結果に基づいて未来を予測する法則が立てられることです。そしてこのような科学はデカルトが言ったように、理想的には数学で表現できるものなのです。

⑪だから観察の主体と客体を厳密に分離することのできない、つまり人間的要素が研究対象に入り込んでいるか、あるいは人間自身が研究の対象であるような問題を、科学にしようとすることは、全く意味のないことです。

⑫しかし学問がすべて科学である必要はありません。世の中には科学でなくとも研究に値する価値のある、面白くて大切な問題はいくらもあります。芸術などその最たるものでしょう。この意味で私は哲学や社会学は「科学」であろうとする無駄な努力を止め、もっと身軽になることによって、かえって非常に面白い、人間にとってためになる学問として再生すると思っています。

＊公理　一般に通用する道理のこと。

＊普遍妥当性　いつどこでも、誰に対しても成り立つという性質。

問六　⑧段落はどのような役割をしているか。最も適当なものを次から選び、記号を○で囲みなさい。

ア　⑦の内容を別の側面から検証し、その結果についての考察へとつなげている。

イ　⑦の内容と対照的な事実を挙げ、後に続く筆者の考えへと展開している。

ウ　⑦の内容を否定し、新たな見解を示して全体の結論へと導いている。

エ　⑦の内容に疑問を投げかけることで、反対に筆者の考えを浮かび上がらせている。

ヒント　「これに反して」という始まりに注目して⑦段落の内容との関係をとらえ、⑨段落以降の内容との関係もふまえて考えよう。

問七　――部⑤「何とか科学的にしようと努力することは見当違いだと言えます」とあるが、筆者が見当違いだと考える理由を説明した次の文の空欄にあてはまる言葉を、「結果」「法則」という言葉を使って、三十字以内で答えなさい。

・社会・人文科学は、科学の［　　］という要件にあてはまらないから。

＊恣意　勝手気ままな心。
＊埒外　ある物事の範囲外のこと。
＊雲散霧消　跡形もなく消えてなくなること。
＊ソクラテス　古代ギリシアの哲学者。四聖人の一人。
＊デカルト　フランスの哲学者。数学者。

筆者紹介…鈴木孝夫

一九二六年生まれ。言語学者・評論家。著書に「ことばと文化」、「日本語と外国語」、「日本語教のすすめ」など。本文は「教養としての言語学　鈴木孝夫著作集 6」所収「人間にとって分かること、分からないこと」（岩波書店）より。

問八 この文章の段落の構成を表したものとして最も適当なものを次から選び、記号を○で囲みなさい。

ア　[1] [2] ― [3] [4] [5] ― [6] [7] [8] [9] ― [10] [11] [12]
イ　[1] ― [2] [3] [4] [5] [6] [7] ― [8] [9] ― [10] [11] [12]
ウ　[1] ― [2] [3] [4] [5] ― [6] [7] [8] ― [9] [10] [11] [12]
エ　[1] [2] ― [3] [4] [5] [6] [7] [8] ― [9] [10] [11] ― [12]

ヒント　大きく四つのまとまりに分かれる。各段落のつながりに注目して考えよう。

問九 この文章の要旨をまとめた次の文の空欄にあてはまる言葉を、「科学」という言葉を使って、四十字以内で答えなさい。ただし、「科学」には「　」をつけること。

・人間を研究対象とする学問は、［　　］となる。

ヒント　要旨とは、文章を通して筆者が最も伝えたいことである。[12]段落の結論をまとめよう。

文学的文章の読解では、登場人物とその関係や場面をとらえることが基本となる。しっかり練習しよう。

解答➡334ページ

「　」の会話は誰の言葉か、それぞれ名前の最初の1文字を上に書こう

美術部から野球部に転部した「こころ」は、野球部をやめようかと悩んでいた。練習の後、美術準備室に明かりがついているのを見て立ち寄ったこころを、美術部の顧問の雨音先生が迎え入れてくれた。

雨音先生の切れ長の目が、こころを見ていた。雨音先生と目が合うと、飲み込もうとした言葉が、また出てきた。

「野球部、やめた方がいいんじゃないかなって……」

今度は、はっきりと意識して言った。

「けがしてた先輩、帰ってきたし……」こころは、言った。

「レギュラーになれなかったってこと?」

雨音先生はペンを止めて、こころの顔を見つめた。

「私がキャッチャーになったから、その先輩のポジションが変わって、そのためにレギュラーから外れた人もいて……」

こころはしゃべりながら、そうだったんだと、心の中で思っていた。そうだった。そのことを、自分は悩んでいたのだ。でも、考えてはいけないように思っていた。

野球部に入って、がむしゃらに練習してきた。そして、キャッチャーになった。今度の新人戦にはレギュラーとして起用されることになった。そのことだけを目標にして練習に励んできたけれど、実際そうなってみると、その結果、堂島さんが外野に回り、そのために洋太がレギュラーから外された。途中から入った自分が、もともといた堂島さんや洋太を押しのけて、レギュラーとなってしまったのだ。そのことが、ずっと胸の片隅に引っかかって

登場人物をとらえる

名前・年齢・特徴などを表す言葉に着目し、登場人物や人物どうしの関係を整理しよう。

・「こころ」…主人公。元美術部。現在は野球部。
・「雨音先生」…美術部の顧問の先生。
・「堂島さん」…野球部の先輩。
・「洋太」「哲平」…野球部の友人。

問一 ——部「野球部、やめた方がいいんじゃないかなって……」とあるが、野球部の状況をまとめた次の文の空欄A・Bにあてはまる人物名を、文章中から抜き出しなさい。

・こころが野球部に入り、レギュラーになったことで、[A]のポジションが変わり、[B]がレギュラーから外された。

A

B

ヒント こころは雨音先生に話しながら、心の中で状況を整理している。

問二 こころが野球部に入部することになった経緯をまとめた次の文の空欄A～Cにあてはまる人物名を、文章中から抜き出しなさい。

・けがをした[A]の代わりに、[B]や[C]に頼まれて入部した。

A

B

C

いたが、それをだれにどう相談したらいいのか、相談したところで、どうなるものなのかわからずに、ただもやもやとしていた。そのことが、はっきりとしてきた。（中略）

「美術部に戻りたいのなら、歓迎するけど……」

やがて、静かに雨音先生は話し出した。

「野球部をやめようとする理由がよくわからないな」

雨音先生は、こころの目を見つめる。

こころは、目を伏せて床を見た。

「野球部の部員が足りなくて入部を頼まれたことは知ってるけど、こころさん、野球部のために入ってやったの?」

「え……」こころは言葉に詰まった。確かに、自分はけがをした先輩がいて人数が足りなくなったために入部を頼まれて、入部することになった。そう思っていた。哲平や洋太に、かなり強引に入れられてしまった感じだった。けれど、今こうして、雨音先生に、野球部のために入ってやったのかと言われると、返事に困ってしまう。本当にそうなのか。

（野球部のために入ったわけじゃない）

胸の中で、そんな言葉が聞こえた。

じゃあ、なんで入ったの? こころは自分に問いかけた。

「野球が、好きだから……」こころは自分の言葉をかみしめるように、小さくつぶやいた。

作者紹介…横沢彰

一九六一年生まれ。小説家。本文は「ナイスキャッチ! Ⅲ」（新日本出版社）より。

場面をとらえる

場面をとらえるには、「**いつ**」（季節・時間など）「**どこで**」「**誰が**」「**何をしている**」（行動・状況）などの基本の設定を押さえることが大切だ。さらに、「**どのような**」「**どうして**」など、詳しい状況をとらえていくとよい。

・**いつ**…「練習の後」「明かりがついている」

⬇ 夕方〜夜と推測できる。

・**どこ**…「美術準備室」

・**誰**…「こころ」「雨音先生」

・**何をしている**…二人で話をしている。

⬅（さらに詳しく）

美術部から野球部に転部したこころは、野球部で悩みを抱えているため、美術部を訪れ、先生と話している。

問三 雨音先生は、こころにどのように応対しているか。最も適当なものを次から選び、記号を○で囲みなさい。

ア こころが美術部をやめたことをとがめている。

イ こころに美術部へ戻るように説得している。

ウ こころに野球部に対する気持ちを確認させている。

エ こころに野球部へ転部したきっかけを尋ねている。

ヒント こころと雨音先生の会話に注目してとらえよう。

言葉の世界

2行目の「飲み込む」は、「口から出そうになる言葉を言わずにおさえる」という意味だ。ほかにも、「物事を理解する。納得する」という意味で「飲み込みが早い」などとも使われるよ。

オーディションの結果に対する「基」の心の声が書かれているところに線を引こう

吹奏楽部の茶園基と玲於奈は、コンクールでソロパートをどちらが演奏するか、コーチの瑛太郎の前でオーディションをして決めることになった。基は玲於奈に遠慮することなく、勝つために全力で演奏してみせた。

「ありがとう」

瑛太郎の声に、基ははっと我に返った。

彼は静かな目をしていた。でも、①歯を食いしばっているのがわかった。

その目が、玲於奈へ向く。

「すまない」間髪入れず瑛太郎は言った。擦れ声で、ガラスを噛み砕くような苦しそうな言い方で。

そしてすぐに基へと視線を移し、言った。

ソロはお前だ、と。

大きく息を吸って、吐き出して、基は「はい」と返事をした。

「ありがとうございました」玲於奈が瑛太郎に頭を下げる。平坦な声で、何の感情も見えてこない。

「先生、もうみんな帰っちゃいましたよね？ 私達、電車で帰るんですか？」

ふっと表情を和らげて、玲於奈が聞く。

「天気も悪いし、駅までもちょっと距離があるし、タクシーで帰ろうかなと思ってた」

「ちょっと一人になりたいんで、私だけ電車で帰っちゃ駄目ですか？」

ホテルの場所、頭に入ってますから。②笑みまでこぼ

登場人物の心情をとらえよう。また、心情や行動の理由をとらえ、物語を深く理解しよう。

解答⇒334ページ

心情をとらえる

登場人物の心情をとらえるには、まず**場面の状況**を押さえることが第一だ。この文章は、吹奏楽部の基と玲於奈でオーディションを行い、基が選ばれたという場面である。

登場人物の心情は、直接的な表現で書かれているとは限らない。**会話**や**様子**、**行動**など、心情を表す手がかりになる描写を見つけることが大切だ。

13行目「平坦な声」でお礼を言う玲於奈の様子からは、一見感情がないように見えるが、自分が選ばれなかったという現実をまだ受け入れられず放心状態にあることが読み取れる。

22行目「口を開きかけ～だいぶ間を置いて」は、何と答えたらよいのか迷う瑛太郎の様子を表している。ここからは、感情に流されそうになるが、コーチとして思いとどまり、冷静に対処しようとする思いが読み取れる。

また、**比喩**（⇒295ページ）によって心情を表すこともある。

7行目「ガラスを噛み砕くような」→つらい心情。

61行目「稲妻のようだった」→激しい心情。

問一 ――部①「歯を食いしばっている」とあるが、このときの瑛太郎の気持ちとして最も適当なものを次から選び、記号を○で囲みなさい。

ア 二人のどちらにするかまだ決断できずに迷う気持ち。

しながら、玲於奈はそう続けた。瑛太郎が口を開きかけ、閉じる。だいぶ間を置いてから、首を横に振った。

「悪いな、一人じゃ帰せない」そう言って、瑛太郎は基の腕を摑んだ。強く強く、引かれる。

「③俺と茶園はちょっとトイレに行って来るから、戻ったらタクシーを呼んで帰るぞ」

玲於奈を一人残し、基と瑛太郎は体育館を出た。一歩外に出ると、湿気が体にまとわりつく。扉をしっかり閉めた瑛太郎は、誰一人ここを通さないという顔で扉に寄りかかった。

サックスを首から提げたまま、基も体育館の外壁に背中を預ける。外はすっかり暗くなって、雨脚が強くなっていた。サッシの下から雨粒を眺めていたら、水滴がメガネのレンズに当たった。丸い雫が、いくつもいくつも、レンズに模様を作る。

瑛太郎に肩を摑まれた。

「お前は泣いちゃ駄目だ」低い声で、そう言われる。

「わかってます」

瞬きを繰り返して、込み上げて来たものを体の奥へ戻す。肩にのった瑛太郎の手に、一際力がこもった。痛い。指が肩にめり込みそうだ。

「二人で吹かせてやりたかった」ぽつりと、彼がそんなことを言う。臆病で幼くて優しいことを言う。

「ソロを前半と後半で分けるとか、掛け合いにするとか、そんなことばかり、ここ数日、ずっと考えてた」

「④駄目ですよ」

即答して、唇を噛んだ。そうしないと、涙があふれて

イ 二人の演奏が心に響かなかったことへの怒りの気持ち。
ウ 二人に悲しい思いをさせることを情けなく思う気持ち。
エ 厳しい決断を下すことへの覚悟を決めようとする気持ち。

ヒント 歯を食いしばるのは、何かに耐えているときである。直後の瑛太郎の行動から、何に耐えていたのかを読み取ろう。

問二 ——部②「笑みまでこぼしながら」とあるが、どのような「笑み」だと考えられるか。最も適当なものを次から選び、記号を○で囲みなさい。

ア 結果に納得し既に気持ちは吹っ切れている笑み。
イ 二人を心配させないように平静をよそおう笑み。
ウ ホテルの場所はわかるということを強調する笑み。
エ 基が選ばれたことを心から祝福する笑み。

ヒント このときの場面と直前の玲於奈の態度から心情を推測しよう。

理由をとらえる

登場人物の心情や行動の理由をとらえるときも、**場面の状況**を理解することと、**会話**や**様子**に着目することが大切だ。

38行目で、瑛太郎が基に「お前は泣いちゃ駄目だ」と言った理由を、このときの場面をふまえて考えてみよう。

玲於奈と基は互いに力を尽くして正々堂々と勝負した。どちらかが負けるのは仕方ないことであり、勝った基が負けた玲於奈に同情して泣いてはいけないということを瑛太郎は伝えようとしていると考えられる。

よって、理由は「同情して泣くことは、玲於奈をみじめな気持ちにさせてしまうから。」などと答えることができる。

きそうだった。

ぶつかり合うから、音楽は輝くんだ。仲良しこよしじゃなくて、戦って、たくさんの敗者が出て、そうやって、磨かれていくんだ。

そう思わないとやっていられない。吹奏楽なんて、やっていられない。コンクールなんて、やっていられるか。

「そうだな」瑛太郎の掌は強ばったままだった。伝わってくる震えに、基は目を伏せた。ずっと一緒に練習してきたアルトサックスをもう一度抱きしめ、金色のボディに額を擦りつけた。

ずっと、聞こえる。

玲於奈の泣き声が、体育館から聞こえてくる。稲妻のようだった。体育館の扉も、雨音をも突き破って、基と瑛太郎の体を切り刻むように、ずっと聞こえていた。

ずっとずっと、何分、何十分待っても、消えなかった。

ぶつかり合うから、僕達は昨日までの自分になかったものを手に入れる。

ひたすら、自分に言い聞かせた。

＊茶園基　高校一年生。吹奏楽部の部長。楽器はアルトサックス担当。
＊玲於奈　吹奏楽部の三年生で、基の幼なじみ。楽器はオーボエ担当。
＊ソロ　楽曲を一人で演奏すること。

作者紹介…額賀澪
一九九〇年生まれ。小説家。本文は「風に恋う」（文春文庫）より。

問三 ——部③「俺と茶園はちょっとトイレに行って来る」とあるが、瑛太郎が玲於奈にこのように言った理由を説明した次の文の空欄にあてはまる言葉を、二十字以内で答えなさい。

・自分と基がトイレに行くことで、[　　]ため。

ヒント　瑛太郎が玲於奈の申し出をやむなく断った後に取った行動である。玲於奈が何を望んでいたかをふまえて考えよう。

問四 ——部④「駄目ですよ」とあるが、基が直前の瑛太郎の言葉を否定したのはなぜか。その理由を説明した次の文の空欄にあてはまる言葉を、二十字以内で答えなさい。

・自分や玲於奈は、[　　]と考えているから。

ヒント　後の基の心の声から、基の考えをまとめる。

理由を答えるときは、文末を「〜から。」「〜ため。」などにするよ。

言葉の世界
6行目の「間髪入れず」は、「間を空けずに、即座に」という意味だ。間に髪の毛一本さえ入らないということに由来している。本来「間、髪を入れず」という区切りの言葉であるため、「間髪」という熟語があるわけではないよ。

7 文学的文章③ 表現・主題

表現の工夫や文章の特徴をとらえよう。そして、物語の展開や心情の変化を追って主題をとらえよう。

解答⬇334ページ

〈小学六年生の佐倉ハルは、風船ロケットの製作に一緒に取り組んでいた友人が引っ越すことになったため、それまでにロケットの打ち上げを実現させたいと考えている。そこで、祖父の哲じいに、実現に必要な費用の三十万円を貸してほしいと願い出た。〉

「ハル。お前の考え、全くもってわかりかねるとは言わない。しかしな、だからといっておいそれと三十万は渡せねえ」毅然とした態度でそう返し、哲じいはひどく真面目な顔で続ける。「三十万ってのは、本当にとんでもない大金だ。シャツ一枚、業者に洗いを頼んで、俺がアイロンをかけて、それで一体どのくらいの利益が出るかくらい、お前だって大体はわかるだろう?」

わかる。それはもちろん、わかっている。

哲じいが言うように、店で一番安い価格設定である一枚二百三十円のワイシャツにアイロンをかけて、うちに入る純粋な利益というのはそれこそ百円程度だ。もし仮に百円と計算しても、三十万円を稼ぐのに哲じいは三千枚のシャツにアイロンをかけなくてはいけない。

季節を問わず熱気に包まれるボイラー室でシャツにアイロンをかけ続けるという行為が、どれだけの重労働かは理解している。夏場であればそれこそ①滝のように汗を流しながら、けれどその汗が布の上に落ちることがないよう常に細心の注意を払って、アイロンを滑らせ続ける哲じいの姿は、いつだって尊敬の対象だ。

その労力を考えると、おれがいまいかに馬鹿げたお願

☑ 表現の工夫や文章の特徴をとらえる

さまざまな表現技法から、その効果をとらえよう。

- **倒置**…言葉の順序を通常と逆にして印象を強める。(➡25ページ)
- **比喩**…あるものをほかのものにたとえて表し、具体的に想像させる。
  - 〔**直喩**〕「まるで」「ようだ」などの言葉を用いてたとえる。
  - 〔**隠喩**〕「まるで」「ようだ」などの言葉を用いずたとえる。
  - 〔**擬人法**〕人でないものを人に見立てて、生き生きとした印象を与える。
- **省略**…文を途中で止め、後を省略して続く言葉を想像させ、余韻を残す。

37行目「それこそ新聞配達でもなんでもして、必ず。」は、「必ず」の後の「返す」という言葉を省略し、借りた金は必ず返すという意志の強さを表している。

文章の特徴として、一文の長さや会話文の量などにも注目。9行目「わかる。それはもちろん、わかっている。」とあるように、全体的に文を短く区切って並べることで、人物の様子・心情を生き生きと表現している。

問一 ——部①「滝のように汗を流しながら」に用いられている表現技法を次から選び、記号を○で囲みなさい。

ア 倒置　イ 直喩　ウ 隠喩　エ 擬人法

ヒント 「ように」という言葉を使っている表現。

いをしているか、痛いくらいに身に染みる。

しかしだからといって、そうだよね馬鹿なこと言ってごめんなさいと大人しく引き下がることもできなかった。

意識して、おれは申し訳なさそうな顔をしない。その行為には、何の意味もないことだから。

そんなおれを前にしたまま、哲じいは思案するようにしばらくの間、口を結んであごをさすっていたのだが、

「そうさな」言ってから、ひとつ頷いて、

「条件次第では、半分の十五万なら貸して……いや、くれてやらんでもない」

②……十五万！

そのあまりにも理解のある返答に思わず飛び上がりそうになるが、しかし十五万ではまだ足りないのだ。

それに、くれなくていい。貸してもらえるだけで構わない。小学生の言うことなんて信用ならないだろうけど、中学の間には必ず返す。それこそ新聞配達でもなんでもして、必ず。

そう伝えれば、哲じいは小さく頷いて、

「確かに、小学生の言うことなんぞ信用ならん。それどころか、中学生の言うことだって正直なところ信用ならんさ」歯に衣着せることなく返してくる。

その言葉はあまりにも正論だ。それを理解しているがゆえに、口の奥でどうにもならない苦さを感じていると、哲じいは、

「だが俺はな、佐倉ハルという自分の孫のことは大いに信用しているんだ」

そんなふうに真顔で続けて、おれの目を丸くさせる。

おれが驚愕のあまりなんと返すこともできないでいると

問二 ――部②「……十五万！」の「……」の部分にはハルのどのような気持ちが表れているか。最も適当なものを次から選び、記号を○で囲みなさい。

ア 落胆　イ 疑問　ウ 不安　エ 驚き

ヒント 「……」を使うことで、さまざまな気持ちを表すことができる。続く部分に注目して、ハルの気持ちを読み取ろう。

主題をとらえる

作者が物語で中心に描こうとしている内容を**主題**という。物語の展開や、登場人物の心情とその変化などからとらえよう。

ハル　三十万円を貸してほしいと願い出る。

哲じい　2行目「おいそれと三十万は渡せねえ」
5行目「三十万ってのは、本当にとんでもない大金だ」

ハル　24行目「引き下がること」をせず、
25行目「申し訳なさそうな顔をしない」

哲じい　30行目「条件次第では、半分の十五万なら貸して……いや、くれてやらんでもない」

哲じいはハルの状況や思いの強さを感じ取り、ハルを信用し、お金をあげようという気持ちに変わっていく。子どもであろうと一人の人間として考え行動することや、それを認める周囲の姿がこの物語の主題である。

問三 ――部③「おれは情けなくも少しだけ目頭が熱くなりかけた」とあるが、その理由を説明した次の文の空欄にあてはまる言葉を、二十五字以内で答えなさい。

ころに、哲じいはゆったりと言葉を繋ぐ。

「俺はなにも、お前を信用していないから金を貸さないわけではない。お前なら、貸した金は何があっても、多少の時間はかかるかもしれんが返すだろうさ」

それならどうして、とおれが尋ね返すよりも早く哲じいは、

「俺は、孫に借金をさせる爺にはなりたくない」

その言葉を前に、一瞬、呼吸ができなくなりそうだった。

「金は大事だ。考えようによっては、あえて大きな金を貸すことでその大事さをわからせることもできるだろう。だがお前は賢い子だ。俺が今まで見てきたどんな子どもよりも、お前は賢い。俺はな、そんなお前が金の大事さを理解していない子どもだとは、思っていない。そんなふうに育てたつもりもねえしな。そして、お前がいま金を必要としている理由も、間違っていない。ならお前に金を貸す必要は、少なくとも俺の中にはねえんだよ。金を棺桶に入れても仕方がないからな」

まあ、焚き付けくらいにはなるかもしれんがな、などと最後に言い添えながら哲じいは口の片端を引き上げるようにして笑う。そんな皮肉っぽい哲じいの笑みを前にして、③おれは情けなくも少しだけ目頭が熱くなりかけた。

＊店　ハルの家はクリーニング店を営んでいる。

＊ボイラー室　蒸気や温水の力で熱を発生させる装置がある部屋。

作者紹介…八重野統摩　一九八八年生まれ。小説家。本文は「ペンギンは空を見上げる」（東京創元社）より。

・自分の真剣な思いが哲じいに伝わり、［　　］ことに心を打たれたから。

ヒント　ハルがこのときどのような状況でいるか、それに対して哲じいが最終的にどう応えているかを読み取ろう。

問四　この文章に描かれている内容として最も適当なものを次から選び、記号を○で囲みなさい。

ア　哲じいは、ハルの切実な申し出を理解しつつ、できるだけ傷つけないように断ろうと模索している。

イ　哲じいは、ハルの揺らがない真っ直ぐな思いを受け止め、一人の人間として真剣に向き合おうとしている。

ウ　哲じいは、ハルの夢への熱意に打たれ、全面的に協力しようと二人で今後の計画を練っている。

エ　哲じいは、友人を思うハルの力にはなりたいが、小学生の無謀な計画だと理解させるために説得を続けている。

ヒント　哲じいに借金を申し入れたハルの行動とそのときの態度、それに対する哲じいの対応の仕方が、この文章の中心になっている。

言葉の世界　42行目「歯に衣着せることなく」とは、「歯に衣着せぬ」という慣用句がもとになっている。「相手を気にせず率直にものを言う」という意味である。「歯に衣着せる」と肯定的に用いることはしないので注意しよう。

〈北海道生田羽村の中学一年生の憲太と学は幼なじみで、北海道内でもトップクラスの成績である学を、憲太は誇りに思っていた。雷が鳴るある夜、行事のためにともに学校にいたところ、突然学が泣きだした。〉

泣きべその理由を推しはかりながら、憲太は学をとりあえず励ましてみた。

「でもおまえ、今でも十分すごいじゃん」

「どこがだよ!」

大声を出した学の頬を伝い、細い顎の先からしずくが落ちる。「成績は下がったんだよ、僕は僕なりにやったつもりだったのに……僕より上のやつらは、みんな都会の子だった。彼らと同じことをやれたら、絶対負けなかったのに」

学は顎を手の甲で拭いながら、進学塾のテキストを拾い上げた。

「①環境が違うんだ、勉強する環境が……こんな田舎にいるって、それだけですごいハンデだ。このままなら、きっとこれからもどんどん成績は下がる。成績が下がれば、望む高校に行けないかもしれない、大学にだって」

そして、[　　]絞り出すような声で、こう断じた。

「生田羽村が、僕の未来を閉ざすんだ」

ああそうか――憲太は②腑に落ちた――こいつは悔しいんだ。悔しくて泣いているんだ。自分ではどうにもならな

解答↓335ページ

問一 ――部①「環境が違うんだ」とあるが、学は自分の置かれている環境をどのようにとらえているか。次の文の空欄にあてはまる言葉を、「環境」という言葉を使って十字程度で答えなさい。

・田舎なので、都会に比べて[　　]。

ヒント　学の訴えから読み取る。「〜に比べて」という表現にも注目。

問二 文章中の空欄にあてはまる言葉として最も適当なものを次から選び、記号を○で囲みなさい。

ア 苦しげに　イ 満足げに
ウ 楽しげに　エ 誇らしげに

ヒント　泣いている学が「絞り出すような声」で言っている。

問三 ――部②「腑に落ちた」とは、どのような意味か。最も適当なものを次から選び、記号を○で囲みなさい。

ア 注目した　イ 疑問視した
ウ 同意した　エ 納得した

ヒント　「腑」とは、「はらわた・心根」という意味。

ないことが自分を邪魔していると信じ込んで。

眼鏡を外して肘をつき、両手で顔を覆って、学はとうとう嗚咽しだした。憲太は暗さにまぎれてしまいそうな彼のつむじを、しばらく睨んだ。

「……だっせ。めそめそしやがって」

口から出た声は、憲太自身も驚くほどに低かった。

「おまえの未来って、なんだよ」

その低さで、③内にくすぶる怒りを憲太は自覚した。

学も異変を悟ったのか顔を上げた。

「どんな未来がお望みなんだよ、言ってみろよ、おい」

そういえば、学の将来の夢を憲太は知らないのだった。憲太も教えていなかった。というか、真面目に考えたことがなかった。学校でそういった課題の作文を書かされたこともなかった。学の未来については、村の大人たちが口々に好き勝手なことを語るのを耳にするだけだった。

「……医師」学も低い声で一言答えた。

「は？　イシ？」

「医師。お医者さんだよ、久松先生みたいな」

子どものころから世話になっている、穏やかで優しそうなおじいさん先生の像が、憲太の頭の中で結ばれた。

また雷が連続して落ちた。④学の喉が、ひゅっと鳴った。

なるほど、医者なら難しいだろう。難しくなければ困る。人の命を預かる仕事なのだから。でも。

「俺、⑤今のおまえみたいなお医者さんなら、診てほしくない。ほんとマジ、絶対やだね」

問四 ――部③「内にくすぶる怒りを憲太は自覚した」とあるが、このときの憲太が「怒り」を感じたのはなぜか。次の文の空欄にあてはまる言葉を、「未来」という言葉を使って、十五字以内で答えなさい。

・学が□と思い込んで泣いているとわかったから。

□□□□□□□□□□□□□□□

ヒント　学の言葉から泣いている理由がわかり、怒りを感じている。

問五 ――部④「学の喉が、ひゅっと鳴った」のように、学が雷を怖がっている様子が表れた一文を文章中から探し、初めと終わりの五字を抜き出しなさい。

□□□□□～□□□□□

ヒント　学の身体的な反応に着目する。「一文」なので、句点まで抜き出すことに注意する。

問六 ――部⑤「今のおまえみたいなお医者さん」とあるが、どのような医者を指しているか。次の文の空欄にあてはまる言葉を、文章中から十字以内で抜き出しなさい。

・失敗したことを□な医者。

□□□□□□□□□□

ヒント　後に続く憲太の言葉に着目する。

a雷が落ちたみたいに、学の体がびくっとなった。憲太はたたみかけた。「だって今のおまえなら、手術失敗しても、器具が悪かったとか、とにかく上手くいかなかったら周りのせいにしそうじゃん」

「なんだって？」

学が眉をつり上げて席を立ち、上目遣い*でねめつけてきたが、憲太は動じなかった。

「おまえ、さっき言ったこと忘れたのかよ？　自分の成績が落ちたのを生田羽村のせいにしてただろ。こんな田舎だから駄目なんだってさ」

右手が勝手に動いて、向かい合う学の肩を摑んでいた。

「バッカじゃねえの？　久松先生だってこの村の出身だぞ。そりゃたしかにここは田舎だよ。でも、それだけの理由でおまえが駄目になるなら、それはおまえがその程度だっただけだよ。全世界のお医者さんは一人残らず都会出身なのかよ？　違うだろ？　⑥本当にすごいやつは、どこにいたってちゃんとやれる」

「でも」

学が反論しかけた矢先、落雷があった。手の中にある彼の肩が強張るのがわかった。憲太はまた窓の外を見てしまった。空が明るくなるごとに、一面を覆う雷雲の形が、黒と群青と紫を混ぜたような色で浮かび上がる。

「⑦でも……僕のことをすごいと言ったのは、僕じゃない。大人たちや、憲太だよ」

憲太の手首が、そっと学の右手で押しのけられた。冷

問七　〰〰部a「雷が落ちたみたいに」、b「雷が夜を走るたびに」、c「そうか、嬉しかったのか。俺の言葉が。」に用いられている表現技法をそれぞれ次から選び、記号で答えなさい。

ア　倒置　　イ　直喩
ウ　擬人法　エ　省略

a	b	c

ヒント　a「みたい」という言葉を用いている。b「雷」が「走る」という表現に着目する。c 言葉の順序に着目する。

問八　――部⑥「本当にすごいやつは、どこにいたってちゃんとやれる」とあるが、この言葉に込められた憲太の学への思いとして最も適当なものを次から選び、記号を○で囲みなさい。

ア　学は弱いやつだと見下している。
イ　学は冷静なやつだと感心している。
ウ　学は努力できるやつだと信じている。
エ　学は大げさなやつだとあきれている。

ヒント　憲太は成績優秀な学を「すごい」と誇りに思っている。

問九　――部⑦「でも……僕のことをすごいと言ったのは、僕じゃない。大人たちや、憲太だよ」とあるが、「すごい」と言われた学はこれまでどうしてきたのか。三十字以内で答えなさい。

ヒント　後に続く学の言葉や思いから読み取る。

たい手だった。

「大人にはなんと噂されてもよかったけど、憲太が言ってくれたのは嬉しかった。だから」

ずっと、誰よりすごくあり続けなくてはいけないと思った——学は打ちひしがれたみたいにうなだれた。

「あ……僕、憲太のせいにしたね」

学はもう泣き声をたてなかった。ただ、両手で顔を拭い続けた。ｂ雷が夜を走るたびに、唇を噛みしめ、目の下や頬に指や手の甲を押し当てる青白い顔が見えた。憲太はだんだんと不思議な気分になった。学はクラスの中でははっきりと大人っぽい部類に入る。本校の生徒を含めてもそうだし、実際に目にしたわけではないけれど、札幌の進学塾のクラスでだって、群を抜いて冷静で落ちつき払った雰囲気だっただろう。けれども今、自分の前にいる学は、まるで子どもだった。雷に怯えて目を閉じ、耳をふさいでいた、遠い日のように。

ｃそうか、嬉しかったのか。俺の言葉が。

＊ねめつけて　にらみつけて。

作者紹介……乾ルカ

一九七〇年生まれ。小説家。二〇〇六年「夏光」でデビュー。小説に「あの日にかえりたい」「メグル」など。本文は「願いながら、祈りながら」（徳間書店）より。

問十　この文章の特徴として最も適当なものを次から選び、記号を○で囲みなさい。

ア　短文を重ねることにより、緊迫した場面であることを暗示している。

イ　会話文を多用することにより、登場人物の心情の揺れを印象づけている。

ウ　視点を入れかえて展開することにより、物語に深みを持たせている。

エ　現在と過去の回想を織り交ぜることにより、時間的な広がりを強調している。

問十一　この文章に描かれている内容として最も適当なものを次から選び、記号を○で囲みなさい。

ア「すごい」はずの学の思い込みに反発を覚えた憲太だったが、学の自分への信頼を知り、嬉しくなっている。

イ　大人からも期待されている学を誇りに思っていた憲太だったが、意外な弱さを知り、情けなく思っている。

ウ　学の成績が落ちたことを勉強不足だと責めた憲太だったが、学が努力し続けていることを知って安心している。

エ　突然泣き始めた学を見て戸惑う憲太だったが、泣いている理由に共感しつつ、学の気持ちに寄り添っている。

ヒント　学の泣く様子や言葉から、憲太がどのようなことを感じたのかを後半に着目してとらえる。

詩の種類や表現技法を正しく理解し、詩の内容や感動の中心を読み取ろう。

解答➡335ページ

ばらの初夏　工藤直子

ばらの新芽の　しなやかなこと
ちいさな娘の　手首のように
いのちのながれが
すきとおってみえる

風が　ふいた
光が　ふった
ばらの新芽に
てんとうむしが　とまった

てんとうむしは　まるで
ちいさな娘の　手首にひかる
①ちいさな腕時計のようだ
耳にあてればコチコチ
初夏の音がする

作者紹介…工藤直子

一九三五年生まれ。コピーライターとして活躍した後、詩人・童話作家になる。作品に「てつがくのライオン」「のはらうた」など。本詩は「くどうなおこ詩集○」（童話屋）より。

詩の種類

文体
- **口語詩**…現代の言葉（口語体）で書かれた詩。
- **文語詩**…昔の言葉（文語体）で書かれた詩。

形式
- **定型詩**…各行が決まった音数で書かれた詩。
- **自由詩**…決まった音数はなく自由に書かれた詩。
- **散文詩**…ふつうの文章の形で書かれた詩。

「ばらの初夏」は、現代の言葉で書かれていて、詩の各行に決まった音数はないため、口語自由詩。

問一　「木々が芽吹くとき」の詩の種類を次から選び、記号を○で囲みなさい。

ア 口語定型詩　イ 口語自由詩
ウ 文語定型詩　エ 文語散文詩

ヒント　どんな言葉で書かれているか、各行が決まった音数で書かれているかに着目しよう。

詩の表現技法

表現技法には次のようなものがある。

- **体言止め**…行の終わりを体言(名詞)で結んで余韻を残す。
- **倒置**…言葉の順序を通常と逆にして印象を強める。
- **反復**…同じ言葉や表現を繰り返して強調し、リズムを生む。
- **対句**…形や意味の対照的な語句を並べて調子を整える。
- **比喩**…あるものをほかのものにたとえて表し、想像させる。

木々が芽吹くとき

小野十三郎

木々が芽吹くとき
その一つ一つの芽は
白い火を噴き
すさまじい音を発する。
ただそれはかずかぎりもなく同時的だから
だれにもきこえないだけである。

数兆数億の
燃えたつ＊簇葉の中に
もしただ一個出おくれた新芽があって
②それがなかまに＊追っつこうとするなら
そのときは
天地をくつがえすような大音響が
われらの耳に達するだろう。

＊簇葉　群がるように生い茂っている葉。
＊追っつこう　追いつこう。

作者紹介…小野十三郎
一九〇三年生まれ。詩人。大阪文学学校校長、帝塚山学院短期大学教授を務める。詩集に「大阪」「重油富士」など。本詩は「少年少女のための日本名詩選集・11」（あすなろ書房）より。

「まるで」「ようだ」などの言葉を用いてたとえる**直喩**、それらの言葉を用いずたとえる**隠喩**、人でないものを人に見立てる**擬人法**がある。
「ばらの初夏」の2行目「ちいさな娘の　手首のように」は、ばらの新芽のしなやかな様子を「ちいさな娘の手首」にたとえている。

問二 ――部①「ちいさな腕時計のようだ」に用いられている表現技法を次から選び、記号を○で囲みなさい。

ア 体言止め　イ 倒置　ウ 直喩　エ 隠喩

問三 ――部②「それがなかまに追っつこうとするなら」に用いられている表現技法を次から選び、記号を○で囲みなさい。

ア 体言止め　イ 倒置　ウ 反復　エ 擬人法

詩を鑑賞する

詩に描かれていることや表現の工夫などをとらえて、詩を味わおう。
「ばらの初夏」では、ばらの新芽のしなやかで生き生きとした様子や、そこに止まったてんとうむしの姿を、比喩を用いて表すことで初夏の情景を描いている。

問四「木々が芽吹くとき」の鑑賞文として、次の文の空欄にあてはまる言葉を五字以内で答えなさい。

・木々の芽吹きをダイナミックに描き、生命が□瞬間の厳かな感動を表している。

短歌・俳句の形式や句切れ、表現技法などを理解し、描かれている情景や作者の感動の中心をとらえよう。

解答⬇335ページ

A くれなゐの二尺伸びたる薔薇の芽の針やはらかに春雨のふる　正岡子規

B 海を知らぬ少女の前に麦藁帽のわれは両手をひろげていたり　寺山修司

C 観覧車回れよ回れ想ひ出は君には一日我には一生　栗木京子

D 白鳥はかなしからずや空の青海のあをにも染まずただよふ　若山牧水

E 街をゆき子どもの傍を通る時蜜柑の香せり冬がまた来る　木下利玄

F ふるさとの訛なつかし
停車場の人ごみの中に
そを聴きにゆく　石川啄木

G 最上川の上空にして残れるはいまだうつくしき虹の断片　斎藤茂吉

作者紹介…**正岡子規**　一八六七年生まれ。俳人・歌人。短歌の革新と写生俳句・写生文を提唱。**寺山修司**　一九三五年生まれ。歌人・劇作家。戯曲に「毛皮のマリー」など。**栗木京子**　一九五四年生まれ。歌人。歌集に「夏のうしろ」など。**若山牧水**　一八八五年生まれ。歌人。歌集に「海の声」など。**木下利玄**　一八八六年生まれ。歌人。歌集に「銀」など。**石川啄木**　一八八六年生まれ。歌人・詩人。歌集に「一握の砂」「悲しき玩具」など。**斎藤茂吉**　一八八二年生まれ。歌人・医師。歌集に「赤光」など。

☑ 短歌の形式・句切れ・表現技法

・形式…**五・七・五・七・七**の**三十一**音が基本。基本より音数の多いものを**字余り**、少ないものを**字足らず**という。

・表現技法…体言止め・倒置・反復・対句・比喩（直喩・隠喩・擬人法）など、詩と同じ表現技法。

・句切れ…歌の意味上の切れ目（「。」をつけられるところ）を**句切れ**（≫239ページ）という。句切れのないものもある。

問一　A～Gの短歌から、字余りのものをすべて選び、記号で答えなさい。

問二　Cの短歌に用いられている表現技法を次から二つ選び、記号を○で囲みなさい。

ア 体言止め　イ 倒置　ウ 対句　エ 直喩

問三　D・Eの短歌の句切れをそれぞれ次から選び、記号で答えなさい。

ア 初句切れ　イ 二句切れ　ウ 三句切れ
エ 四句切れ　オ 句切れなし

D
E

ヒント　意味が切れているところが句切れとなる。

☑ 俳句の形式・季語・句切れ

・形式…**五・七・五**の**十七**音が基本。基本より音数の多い字余り、少ない字足らずがある。

H　いくたびも雪の深さを尋ねけり　正岡子規

I　たんぽぽのぽぽと絮毛のたちにけり　加藤楸邨

J　をりとりてはらりとおもきすすきかな　飯田蛇笏

K　萬緑の中や吾子の歯生え初むる　中村草田男

L　赤い椿白い椿と落ちにけり　河東碧梧桐

M　啄木鳥や落葉をいそぐ牧の木々　水原秋櫻子

N　こんなよい月を一人で見て寝る　尾崎放哉

作者紹介……**加藤楸邨**　一九〇五年生まれ。俳人。句集に「寒雷」など。　**飯田蛇笏**　一八八五年生まれ。俳人。俳誌「雲母」主宰。　**中村草田男**　一九〇一年生まれ。俳人。俳誌「万緑」主宰。　**河東碧梧桐**　一八七三年生まれ。俳人。新傾向俳句を提唱し、自由律俳句を主張。紀行文集に「三千里」など。　**水原秋櫻子**　一八九二年生まれ。俳人。俳誌「馬酔木」主宰。　**尾崎放哉**　一八八五年生まれ。俳人。自由律俳句の代表的歌人。句集に「大空」など。

・一句に一つ**季語**（季節を表す言葉）を入れるきまりがある。
＊基本の音数にとらわれず、自由な音律の俳句を**自由律俳句**、季語のない俳句を**無季俳句**という。
・句切れ…句の意味上の切れ目。「や」「かな」「けり」などの感動や詠嘆を表す言葉を**切れ字**（⇨241ページ）といい、その直後は句切れとなる。句切れのないものもある。

問四　H～Nの俳句から、基本の音数でないものをすべて選び、記号で答えなさい。

問五　H・Iの俳句から季語を抜き出し、季節を答えなさい。

	季語	季節
H		
I		

問六　J・Kの俳句から切れ字を抜き出しなさい。

J　　K

短歌・俳句を鑑賞する

短歌や俳句に描かれている情景や、作者の感動の中心をとらえて、短歌・俳句を味わおう。

問七　A～Gの短歌から、離れている故郷への思いを詠んだものを一つ選び、記号で答えなさい。

問八　Jの俳句の鑑賞文として、次の文の空欄にあてはまる言葉を、平仮名五字以内で答えなさい。

・手に取った実の入ったすすきの［　　］に、秋の深まりを感じている。

鉄棒

村野四郎

①僕は地平線に飛びつく
＊僅に指さきが引っかかった
僕は世界にぶら下った
筋肉だけが僕の頼みだ
②僕は赤くなる　僕は収縮する
足が上ってゆく
おお　僕は何処へ行く
大きく世界が一回転して
僕が上になる
③高くからの＊俯瞰
ああ　両肩に柔軟な雲

＊僅に　程度がほんの少しである様子。
＊俯瞰　高い所から広く見渡すこと。

作者紹介：**村野四郎**　一九〇一年生まれ。詩人。詩集に「体操詩集」など。本詩は「少年少女のための日本名詩選集・11」（あすなろ書房）より。

A　なにとなく君に待たるるここちして出でし花野の夕月夜かな　与謝野晶子

B　みちのくの母のいのちを一目見ん一目みんとぞただにいそげる　斎藤茂吉

問一　「鉄棒」の詩の種類を次から選び、記号を○で囲みなさい。 解答➡336ページ

ア 口語定型詩　イ 口語自由詩
ウ 文語定型詩　エ 文語自由詩

問二　――部①「僕は地平線に飛びつく」に用いられている表現技法を次から選び、記号を○で囲みなさい。

ア 体言止め　イ 倒置　ウ 直喩　エ 隠喩

問三　――部②「僕は赤くなる」のはなぜか。その理由として最も適当なものを次から選び、記号を○で囲みなさい。

ア 鉄棒で逆上がりができないことが恥ずかしいから。
イ 鉄棒の練習を繰り返すうちに汚れてしまったから。
ウ 鉄棒で逆上がりをするために力を入れているから。
エ 鉄棒から見える輝く夕焼けに照らされているから。

問四　――部③「高くからの俯瞰」とは、「僕」がどのようにしている様子を表しているか。二十字以内で答えなさい。

ヒント　逆上がりで「一回転」した「僕」の視点をとらえる。

問五　A・Cの短歌の句切れをそれぞれ次から選び、記号で答えなさい。

C　夏は来ぬ相模の海の南風にわが瞳燃ゆわがこころ燃ゆ　吉井勇

D　金色のちひさき鳥のかたちして銀杏ちるなり夕日の岡に　与謝野晶子

E　「寒いね」と話しかければ「寒いね」と答える人のいるあたたかさ　俵万智

作者紹介…　**与謝野晶子**　一八七八年生まれ。歌人。詩歌誌「明星」で活躍。歌集に「みだれ髪」など。**吉井勇**　一八八六年生まれ。歌人・劇作家。文芸誌「スバル」創刊に参加。**俵万智**　一九六二年生まれ。歌人。歌集に「サラダ記念日」など。

F　分け入つても分け入つても青い山　種田山頭火

G　赤蜻蛉筑波に雲もなかりけり　正岡子規

H　ゆさゆさと大枝ゆるる桜かな　村上鬼城

I　囀をこぼさじと抱く大樹かな　星野立子

J　春風や闘志いだきて丘に立つ　高浜虚子

K　咳の子のなぞなぞあそびきりもなや　中村汀女

作者紹介…　**種田山頭火**　一八八二年生まれ。俳人。句集に「草木塔」など。**村上鬼城**　一八六五年生まれ。俳人。句集に「鬼城句集」など。**星野立子**　一九〇三年生まれ。俳人。高浜虚子の娘。句集に「立子句集」など。**高浜虚子**　一八七四年生まれ。俳人・小説家。俳誌「ホトトギス」主宰。**中村汀女**　一九〇〇年生まれ。俳人。句集に「春雪」など。

ア　初句切れ　　イ　二句切れ　　ウ　三句切れ
エ　四句切れ　　オ　句切れなし

A　C

問六　B・Eの短歌に共通して用いられている表現技法を次から選び、記号を○で囲みなさい。

ア　体言止め　　イ　倒置　　ウ　反復　　エ　対句

問七　A～Eの短歌から、親への思いを詠んだものを一つ選び、記号で答えなさい。

問八　Fの俳句のように、基本の音数にとらわれない俳句を何というか、答えなさい。

問九　G・Hの俳句から季語を抜き出し、季節を答えなさい。

G　季語　季節
H　季語　季節

問十　I・Jの俳句から切れ字を抜き出しなさい。

I　J

問十一　Kの俳句の鑑賞文として、次の文の空欄にあてはまる言葉を後から選び、記号を○で囲みなさい。

・咳をする我が子の遊び相手をし、次々ときりなく遊びをねだられる作者の様子が描かれ、[　]が感じられる。

ア　長引く病への恐怖　　イ　子への深い愛情
ウ　病に打ち勝つ勇気　　エ　俳句に対する情熱

話し合いなどでの発言の意図や効果をとらえよう。また、グラフや表などの内容を正確に読み取ろう。

解答➡336ページ

1 話し合い

Aさんのグループは、「新入生を迎える会」で合唱コンクールの紹介を担当することになり、その内容について話し合いました。司会はAさんです。〔宮城県・改〕

〈Aさん〉合唱コンクールについて、どんなことを紹介したらいいか、意見はありませんか。

〈Bさん〉合唱コンクールの時期や曲目を入れるといいと思います。

〈Cさん〉賛成です。今年は何月に行われるのか、去年入賞したクラスの曲は何だったのかなどを紹介できると思います。

〈Aさん〉では、①今年の合唱コンクールの開催日と、去年入賞したクラスの曲名を紹介するということでいいでしょうか。

〈B・C・Dさん〉いいです。

〈Aさん〉ほかに意見はありませんか。Dさんはどうですか。

〈Dさん〉去年の合唱コンクールの後にとったアンケートの結果を紹介するのもいいと思います。

〈Aさん〉なぜアンケート結果を使おうと思ったのですか。

〈Dさん〉アンケート結果を紹介すると、練習の様子や発表のときの気持ち、終わった後の感想などを伝えられると思ったからです。

〈Bさん〉賛成です。去年のアンケートでは、「とても楽しかった」という感想が多かったと思います。

〈Cさん〉私も賛成です。②それに、去年は家族や地域

☑ 発言の意図・効果をとらえる

話し合いや発表では、役割や立場に合った発言が求められる。どのような立場で発言しているかを押さえ、**発言の意図や効果**（働き）をとらえよう。

1行目の「どんなことを紹介したらいいか、意見はありませんか」では、司会であるAさんが、話し合いの話題に合った意見を言うよう、グループのみんなに促している。

5行目の「賛成です」では、前の意見に対する自分の立場を明確にしている。その上で、自分の意見を述べている。

問一 ——部①「今年の～でしょうか」という発言の働きとして最も適当なものを次から選び、記号を○で囲みなさい。

ア 出された意見を受けてまとめる働き。
イ それぞれの意見の矛盾点を指摘する働き。
ウ 話し合いの目的に合った意見を求める働き。
エ 対立している意見の中から一つに決定する働き。

問二 ——部②「それに」で始まる発言の意図として最も適当なものを次から選び、記号を○で囲みなさい。

ア 相手の意見と自分の意見の共通点を探そうとしている。
イ 相手の意見に対して反論しようとしている。
ウ 相手の意見に付け足して提案しようとしている。
エ 相手の意見の問題点を指摘しようとしている。

の方々にも来場者アンケートをお願いしたので、その結果も紹介するといいと思います。

2 グラフ

次の三つのグラフは、A中学校の「読書と図書館に関する調査」の結果の一部をまとめたものである。質問1、2は全員に、質問3は質問2で本を借りた冊数を「0冊」と回答した生徒に尋ねた結果である。

〔岐阜県・改〕

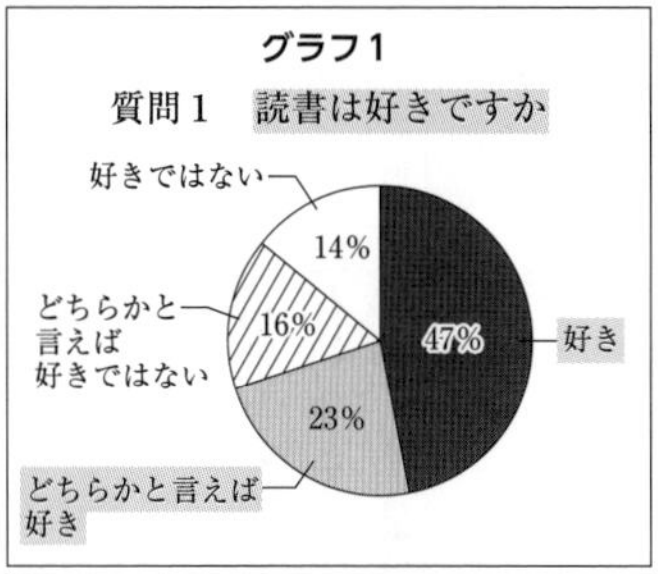

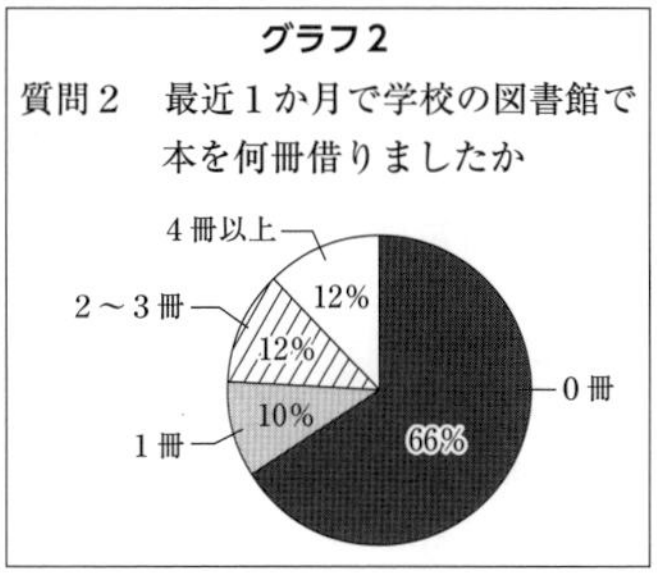

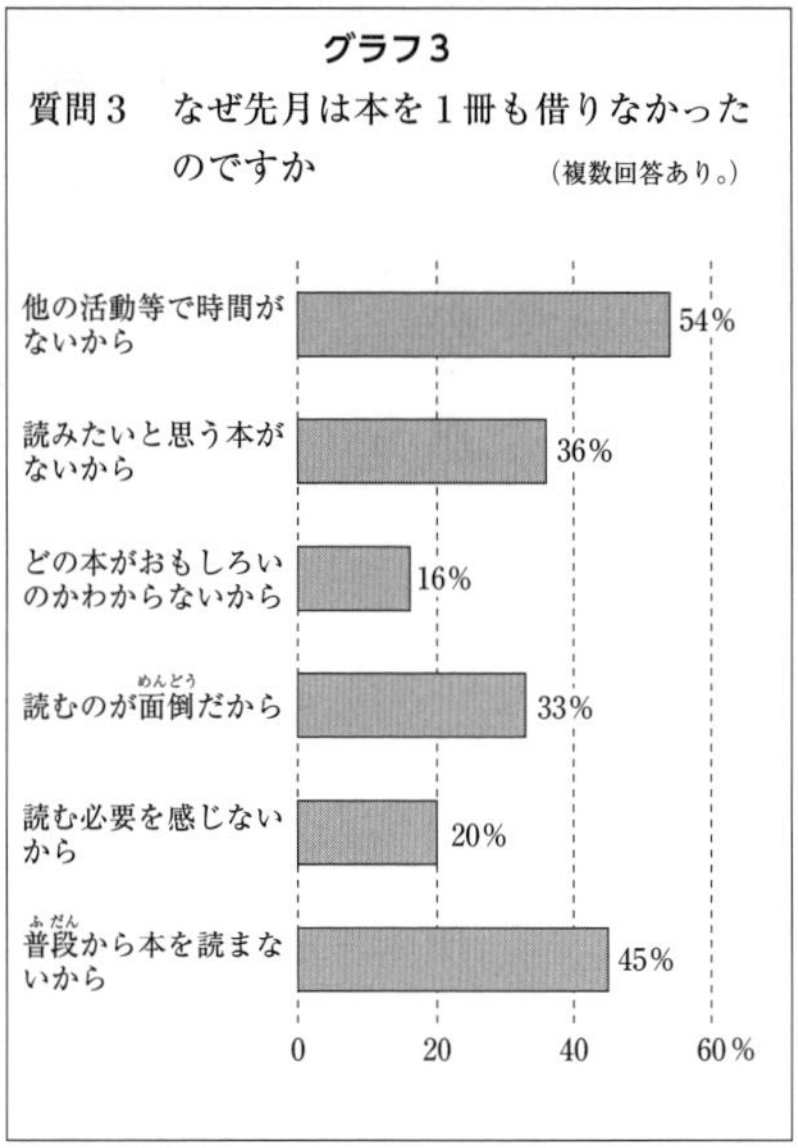

＊教科書や参考書，漫画や雑誌は質問1〜3までにある本や読書の対象になっていない。

資料を読み取る

グラフや表などの資料を読み取るには、まず、その資料が何を表しているのかを**見出し**や**項目**からとらえよう。次に、**数値の大きいところ**や、**差が目立つところ**などに着目しよう。

グラフ1では「読書は好きですか」という質問に対し、七割の人が「好き」「どちらかと言えば好き」と答えている。ここから、読書が好きな人は多いということがわかる。

問三 読書が好きかどうかということと、学校の図書館で本を借りた冊数について、グラフ1と2からわかることを次のようにまとめた。空欄にあてはまる内容を二十字以内で答えなさい。

・グラフ1から読書が好きな人は多いことがわかるが、グラフ2からは彼らも［　　］ということがわかる。

問四 グラフ3で、学校の図書館で本を借りなかった理由として「読みたいと思う本がないから」「どの本がおもしろいのかわからないから」と答えた生徒にも、今後学校の図書館をより利用してもらうためには、どのようなことをするとよいか。**最も適当なものを次から選び、記号を○で囲みなさい。**

ア 時間の上手な使い方について解説した資料を配付する。
イ 短い時間で手軽に読めて、ためになる本を増やす。
ウ 人気の本や図書委員のお薦めの本をそろえ、紹介する。
エ 読書から得られたことに関する体験談を募集・発表する。

西さんのクラスでは、商店街の活性化計画に取り組んだ。次は、西さんの班が、駅前で実施したアンケート調査の結果（資料Ⅰ）に基づいて立てた企画の発表とその資料（Ⅱ・Ⅲ）である。〈岡山県・改〉

【西さんの班の発表】

私たちは、商店街のパンフレット作成を企画しました。この企画は、二つの効果が期待できます。一つは、商店街に親しみを感じてもらえることです。各店舗のセールスポイントをたくさん紹介し、お店の様子がわからず立ち寄りにくいというお客さんの不安感を拭いたいと思います。もう一つは、大勢の人に商店街の魅力を発信できることです。パンフレットは、配布や商店街のホームページへの掲載も可能なので、多くの人に商店街のことを知ってもらうのに有効だと考えました。

資料Ⅰ【駅前でのアンケート調査の結果の一部】

◎アンケート調査の結果
「商店街に求めるもの」
○品質（安全性、味など）
○お得感
○清潔感がある
○飽きさせない工夫
○交通の便
○夜遅くまで営業している

資料Ⅱ【お店の人からの聞き取りメモの一部】

聞き取りメモ
「たからベーカリー」担当
［２班］
○営業時間…７:00～18:00
○休み…日曜・祝日
○店長が商品開発に熱心
　試食によりお客の声を
　取り入れる
　季節にあわせた新商品
○名物「もちもちパン」
　１個150円
　もちのような食感
　やさしい味
　長年みんなに愛される
○飲食スペースあり

資料Ⅲ【作成中のパンフレットの一部】

たから ベーカリー
営業時間
7：00～18：00
定休日
日曜・祝日

■名物「もちもちパン」
長年、街のみなさんの胃袋をささえてきたこのパンは、おもちのような食感と、幅広い年代の方に好まれるやさしい味わいが魅力です。

■セールスポイント（特長）
このお店のセールスポイントは、

問一 **【西さんの班の発表】の特徴について説明したものとして最も適当なものを次から選び、記号を○で囲みなさい。** 解答⇒336ページ

ア 企画の趣旨をキーワードを繰り返しながら説明している。
イ 企画がもたらす効果を項目立てて説明している。
ウ 企画意図を聞き手の反応を見ながら説明している。
エ 企画の段取りを具体例を用いながら説明している。

問二 **パンフレットがお客さんのニーズ（要求）をとらえたものとなるよう、作成中のパンフレット（資料Ⅲ）の空欄に入れるのに適当な内容を、次の1～3の条件にしたがって六十字以上八十字以内で答えなさい。**

1 二文で書き、一文目は「このお店のセールスポイントは、」の書き出しに続く形にすること。
2 資料Ⅱの情報を用いて、それが資料Ⅰのどの項目と対応しているかがわかるように表現すること。
3 資料Ⅲにすでに掲載されている情報は用いないこと。

このお店のセールスポイントは、

60

80

入試対策編

ここまできたら
もうひといきだよ。
がんばろう!

これまでの学習の総仕上げとして、
入試問題にチャレンジしてみましょう。
入試問題では、これまでの知識を活用して
問題に取り組む必要があります。
ヒントを参考にしながら問題を解き、
わからないところがあれば、
もういちどその分野を復習しましょう。

入試対策問題

解答↓337ページ

1 言葉のきまり

問一 次の各文の——部と‖部の文節は、どのような関係にあるか。後から選び、記号で答えなさい。〔千葉県・改〕

(1) 部屋に置いてあるものの多くは本だ。（　）（　）

(2) 学校にいる間、いろいろなことをした。（　）（　）

ア 主語・述語の関係　**イ** 修飾・被修飾の関係

ウ 並立の関係　**エ** 補助の関係

問二 次の各文の傍線部の品詞名を後から選び、記号で答えなさい。

(1) ある人が発した言葉。〔秋田県・改〕（　）

(2) 人の心の支えとなってきた。〔京都府・改〕（　）

ア 副詞　**イ** 連体詞　**ウ** 名詞　**エ** 動詞

問三 次の各文の傍線部と同じ意味・用法のものを後から選び、記号で答えなさい。

(1) 本を読んで感想を書く。〔神奈川県・改〕（　）

ア 上着を脱いで手に持つ。　**イ** 立派で驚いた。

ウ 自転車で坂道を下る。　**エ** 五分で準備をする。

(2) そんなことは信じられない。〔三重県・改〕（　）

ア 私は友達に助けられる。

イ 私は六時に起きられる。

ウ 作品には力強さが感じられる。

エ 先生が会議に出られる。

ヒント　(2)「られる」には、受け身・可能・自発・尊敬の意味がある。

2 漢字と言葉

問一 次の各文から誤って使われている漢字一字を抜き出し、正しい漢字に直して書きなさい。〔北海道〕

(1) 国際連合では、二〇五五年には世界人口が百憶人を突破すると予測している。　誤□　正□

(2) 町内会の総会で審議された予算案が、反対多数で非決された。　誤□　正□

問二 次の文の空欄にあてはまる言葉を後から選び、記号で答えなさい。〔大阪府〕

・□鳥跡を濁さずという言葉があるように、卒業式の前に教室をきれいに掃除した。（　）

ア 食う　**イ** 立つ　**ウ** 鳴く

問三 次の□に共通して入る漢字一字を書きなさい。〔岩手県〕

□を貸す・馬□東風・寝□に水　□

問四 次の文の空欄にあてはまる言葉として最も適当なものを後から選び、記号で答えなさい。〔愛知県〕

・妹は、海外に出張している父の帰国を□の思いで待っている。（　）

ア 東奔西走　**イ** 日進月歩

ウ 一日千秋　**エ** 千載一遇

問五 次の文の空欄にあてはまる敬語表現として誤っているものを後から一つ選び、記号で答えなさい。〔大阪府〕

・先生もこのお店をよく□のですか。（　）

ア ご利用する　**イ** ご利用になる

ウ 利用なさる　**エ** 利用される

3 古典

次の古文A・漢文Bとその書き下し文を読んで、後の問いに答えなさい。〔宮崎県・改〕

A 武蔵国住人別府小太郎とて、生年十八歳になる小冠（若者が）すすみ出でて申しけるは、「父で候ひし（父でありました）義重法師が教へ候ひしは、『敵にもおそはれよ、山ごえの狩をもせよ、深山にまよひたらん時は、（教えましたのは）（道に迷ったような時には）老馬に手綱をうちかけて、さきにおつたててゆけ。（先に追い立てて行け）かならず道へいづるぞ』とこそ②をしへ候ひしか」。（出るぞ）

御曹司、（源義経は）「やさしうも申したる物かな。雪は野原をうづめども、老いたる馬ぞ道は知るといふためしあり」とて、白葦毛なる老馬に鏡鞍おき、白轡はげ、手綱むすんでうちかけ、（白毛に黒のまじった老馬の背に鞍を置いて、白いくつわを口にかませ、手綱をそれに結んでかけて）さきにおつたてて、いまだ知らぬ深山へこそいり給へ。

（「平家物語」より）

B 管仲・隰朋、従ツテニ於桓公ニ一而③伐孤竹、春往キテ冬反ル。迷惑シテ失フレ道ヲ。管仲曰ハク、「老馬之智可ベシレ用フ也」。④及チ放チテニ老馬ヲ一而随ヒレ之ニ、遂ニ得タリレ道ヲ。

（「韓非子」より）

【書き下し文】

管仲・隰朋、桓公に従つて孤竹を伐ち、春往きて冬反る。（管仲と隰朋は、桓公に従って孤竹の国を伐ったところ、行きは春だったが帰りは冬になった）迷惑して道を失ふ。（そこで）管仲曰はく、「老馬の智用ふべし」と。及ち老馬を放ちて之に随ひ、遂に道を得たり。

問一 古文Aの傍線部①を、現代仮名遣いに直してすべて平仮名で書きなさい。

［　　　　］

問二 古文Aの傍線部②について、「教えた」のは誰か。最も適当なものを次から選び、記号で答えなさい。

ア 別府小太郎　**イ** 義重法師
ウ 老馬　**エ** 御曹司

（　　）

問三 漢文Bの傍線部③について、**【書き下し文】**を参考にして返り点をつけなさい。送り仮名はつけなくてよい。

伐 孤 竹

問四 漢文Bの傍線部④について、管仲が放した老馬の後について行ったのはなぜか。その理由を古文Aを参考にしてまとめた次の文の空欄にあてはまる言葉を、それぞれ十二字以内で答えなさい。

・たとえ［　　　　　　　　　　　　］状況でも、［　　　　　　　　　　　　］から。

ヒント 古文Aの御曹司の言葉、「雪は野原をうづめども～ためしあり」に着目しよう。

4 説明的文章

次の文章を読んで、後の問いに答えなさい。

私は長い間シカ（ニホンジカ）の研究をしてきたが、日本のシカにとっては冬にササがあることが重要であることを発見した。そのことがあったので、アメリカに留学していた1985年、カナダで開催された学会で当時中国でパンダの調査をしていたジョージ・シャラー博士に会い、ササとシカの研究をしているのなら、①パンダの調査グループに入ってくれと要請された。そして、中国奥地でアメリカやベルギー、イギリスなどの研究者と過ごした。当時の中国は貧しく、調査には苦労もあったが、パンダの生息地を歩き回ったことは良い体験になった。そうした体験をした者として言いたいのは、パンダは「生きたぬいぐるみ」でも、ペットでもなく、まちがいなく野生動物だということである。実はそのことを正しく認識している人は驚くほど少ない。本来どこにいるかなどということは考えたこともなく、動物園で生まれた天使のような動物で、一生、暖かい部屋で、遊んで過ごす生き物だと思われているフシがある。

パンダのイメージは良い意味での「偏見」だが、ヘビやハイエナのように汚らわしい、不気味だというイメージを持たれている動物もいる。では、②こういう偏見はどこから来るのだろうか。本書ではそのことを考えてみたい。

その前に、そもそも、そういうことを考えることにどういう意味があるだろうか。ヒトは霊長類、つまりサルの仲間である。霊長類とは、一番すぐれているという意味だ。③人類がすべての生き物の中で最もすぐれているなど疑う余地のないことだと信じられてきた。ヒトだけが考えることができ、ヒトだけが言葉を使え、ヒトだけが道具を扱えるなどなど、ヒトとほかの動物との違いを指摘する説は無数にある。□研究が進むにつれて、考える動物はいくらでもいる、というより考えない動物などいないのではないかということがわかってきた。言葉についても、言葉の定義にもよるが、個体間のコミュニケーションをとる動物は無数におり、その具体的な事例が報告されるようになった。道具を使う動物は限られるものの、やはりいて、人間だけの④専売ではないことがわかっている。

私たちにとって衝撃的だったのは、ヒトとチンパンジーのDNAが98%以上同じであるということが示されたことである。私たちが自分たちを特別だと思うことはある程度自然なことだが、この事実は2%以下の違いをもって、⑤われわれとチンパンジーは「まったく違う」と主張することが、強弁でしかないことを示してしまった。ヒトが特別に思慮深い動物であれば、なぜこのような思い違いをしてしまったのだろう。むしろ私たちはものごとを冷静に、客観的に見ることは苦手なのではないだろうか。そう思うほうが納得できることがたくさんある。

人間が人間中心にものを考えるのは当然であり、それの何が問題なのだという意見もあるだろう。私にもある程度そうした気持ちはある。ただ、20世紀の前半くらいまでは人間中心であることにさほど問題はなかった。というのは、⑥人間活動が地球全体の環境に大きな影響を与えるというこ

（富山県・改）

とはなかったからである。しかし今や世界の人口は70億人を超え、そのエネルギー利用は天文学的数字になっている。資源の枯渇が問題とされ、地球温暖化で異常気象が頻発し、深刻な災害が起きている。もし、このまま人間が地球の資源を使えるだけ使って「豊かな」生活を追求するという生活様式を改めないとすれば、残された自然はきわめて深刻な事態に陥るだろう。

そういう時代に生きている私たちは、ほかの動物に対して勝手なイメージを持ちがちで、この傾向はさらに強まりそうな懸念がある。そのことに対して、動物を正しく知ることが、思い違いを是正することになるはずである。

相手を知らないために勝手なイメージを持って誤解するという私たちの態度は改まっているどころか、昨今はむしろ強くなっているように感じられる。「まず自分たち」という言い分が大手を振ってまかり通るようになった。人と人との関係と、人と動物との関係は当然違うが、それでも偏見は良くないと考えるのであれば、人と人でも、人と動物でも通底するものは同質なはずである。

（高槻成紀「人間の偏見　動物の言い分　動物の「イメージ」を科学する」より）

問一 傍線部①「パンダの調査」に参加した結果、筆者はどのようなことを確信するようになったか。文章中から四十字程度で探し、初めと終わりの四字を抜き出しなさい。

□□□□～□□□□

ヒント　十行目「そうした体験をした者として言いたいのは～」と、「パンダの調査」に参加した結果、感じたことが述べられている。

問二 傍線部②「こういう偏見」の指す内容を、「～のこと」に続くように二十五字以内で説明しなさい。

（　　　　　　　　　　）のこと。

ヒント　パンダは良い「偏見」、ヘビやハイエナは悪い「偏見」の例を示している。

問三 傍線部③とあるが、それはなぜか。次の文の空欄にあてはまる言葉を、文章中の言葉を使って三つ書きなさい。

・人類だけが□ことができると信じられてきたから。

（　　　　）
（　　　　）
（　　　　）

ヒント　直後の内容に着目する。

問四 文章中の空欄にあてはまる言葉として最も適当なものを次から選び、記号で答えなさい。

ア また　**イ** だが
ウ だから　**エ** つまり

（　　）

ヒント 前後が相反する内容でつながっている。

問五 傍線部④「専売」とは、文章中ではどのような意味で使われているか。最も適当なものを次から選び、記号で答えなさい。

ア 権力　**イ** 権威（けんい）
ウ 分権　**エ** 特権

（　　）

問六 傍線部⑤とあるが、それはなぜか。文章中の言葉を使って説明しなさい。

ヒント 「強弁」とは、道理の通らない主張を無理に通そうとすること。

問七 傍線部⑥とあるが、20世紀の前半くらいまでそのように言えたのはなぜか。文章の記述を手がかりに説明しなさい。

ヒント 直後の「しかし」という逆接の接続語に着目し、20世紀の前半くらいまでは、「今」とどのように違ったのかを考える。

問八 この文章の内容をまとめた次の文の空欄A・Bにあてはまる言葉を、それぞれ文章中から三字以上五字以内で抜き出しなさい。

・動物を A ことで、動物に対する偏見をなくし、「まず自分たち」という言い分で B に考える態度を改めなければならない。

A

B

ヒント 筆者の主張は最後のほうの段落にまとめられていることが多い。B文章後半の第五段落以降に着目し、「まず自分たち」と同じ意味の言葉を探す。

5 文学的文章

次の文章を読んで、後の問いに答えなさい。

〔鹿児島県・改〕

> 夏休みをむかえた中学二年生の雄太は、大学で山の環境を守る研究をしているおじに連れられ、ユイ、ホク、長老、ヒメなどの大学生たちと山の保全作業を行っている。ある夜、ユイと二人になった雄太は、山の修復について「自然なんだからあるがままにそのままにしておけばいい」という意見があることを聞かされる。

「ホクさん、自然を守るって、ぜったいに大切なことでしょ?」

「なんでや?」

逆にホクさんにたずねられた。

「え、だって、当たり前なことなんじゃないの?」

「そやから、なんで当たり前なんや?」

ぼくは言葉につまった。

「ユイと話してたんは、そのことかいな。また難しいことを」

ホクさんが苦笑いしながらユイさんを見た。小屋の戸が開いて、ヘッドランプの明かりの中、長老さんが姿をあらわした。

「みなさん、おそろいですね。星空の下、人生を語ってるのかい?」

「星、でてないです」

ぼくはすぐに反応した。

「お、そうか。それでも、この雲の上には満天の星は広がっている。それは確かだ。で、なんの話?」

「自然を守るって、ぜったいに大切やろって、雄太が」

長老さんがぼくを見る。笑みが顔に広がっていった。

「それはまた、大変な議論を吹っかけてきましたね、雄太少年は」

長老さんは、そばの大きな石の上に腰かけた。ホクさんが語りだした。

「日本人はさ、太古の昔っから自然と仲良しだったんだ。自然の恵みを受けて生きてきた。植物の実を採ったり、作物を育てたり、漁をしたりしてさ。長い間そうしてきたから、体の奥に自然と仲良くしようっていうDNAができてるんだよ。だから、自然を損なう行為を見ると、悲しくなったり、いきどおったりしてしまうわけよ」

ホクさんが関西弁じゃない。おまけに早口だ。

「このごろの日本人は自然を思い通りに支配してもいいって考えるようになっている。でもさ、原発事故や、大規模な自然災害や開発で自然が損なわれるのを目の当たりにして、このままじゃいけないと考えはじめた人たちもでてきた。自然の多様性が失われていくことは、人間の存在自体があやうくなるってことにつながるってな」

ぼくは口をぽかんと開いて聞いていた。ホクさんの話が頭を素通りしていく。

「おい、ホク、熱くなってるぞ。大丈夫か?」

長老さんが小さな石を、ホクさんの足元にころがした。ホクさんが、あれっと、①頭をかいた。ユイさんのかすれ気味の声が続いた。

「動物の一員としてのヒトっていうより、すべてをこわしてしまえるヒトっていう存在になっちゃったんだよな。この山だって、*重機をもってすれば、あっという間に破壊できるけれど、決して元にもどすことはできない。なんか考え違いをしてる気がしてしょうがない」

　頭をかきむしっているユイさんの足元に、長老さんがまた石をころがした。

「おいおい、雄太を見てみろよ。きょとんとした顔してるぞ」

　ぼくは口を半分開いて、みんなの顔を見まわした。

「なあ、雄太。気がついてるかな。この*雪田草原のいたるところに、草がはげて土がむきだしになっている場所があるのをさ。痛々しいって思わないか？」

　長老さんの言葉にぼくは強くうなずいた。

「雪や雨が原因のこともあるけど、ヒトの歩いた踏みあとで、草がはがれちゃって、泥だらけの地面が顔をだしてるんだ。それって、どんどん広がってしまうわけよ。自然が荒れてしまってるんだ」

　長老さんがあごをなでながら話しはじめた。

「ぼくには、それが、草原がケガをしてるって思えてしかたがないんだよ。だから、手当てをしてやりたいってさ。ヒメが必死で、包帯にあたるような草をさがしていて、ぼくたちは、*木道や階段を作って、踏みあとが、言いかえればケガの範囲がこれ以上広がらないように処置してるんだって思ってる」

　長老さんの言葉がすとんと胸に落ちた。

「さすが長老やな。雄太が納得した顔しとるやんか」

　長老さんはぼくの足元に石をころがした。

「自分なりでいいんじゃないかな。雄太なりにさ。ここにいるのが楽しいのなら今はそれだけでもいい。人なんてどんどん変わっていくからな」

　長老さんのヘッドランプの明かりがぼくのほうをむいていた。

「さて、もどらへんか。寝とかんと、明日、もたんからな」

　ホクさんにうながされて歩きだした。

「なんや、どないしたんや、雄太」

「まだ、よくわからない」

　ホクさんも長老さんもユイさんも軽く笑った。

「そいつはすごい。わからんことがわかったたって、そりゃ、すごいことやぞ。わかろうとする最初の一歩がわからんていうことやからな。そっから先は、雄太なりに考えることや。ヒトは考える葦、やからな」
　②<u>不思議な気分になっていた。</u>
　わからないということは、わからない自分がだめなんだと今までは思っていた。それなのに、わからないことがすごいことだとホクさんが言う。これからわかればいいのだからと。

　ぼくは考えこんでしまった。

　ぼくにはまだまだわからないことが多すぎる。どこからわかっていけばいいのかもわからない。ふとユイさんの一言が頭をよぎった。

「自分が素直に感じたこと。それを大切にしていきたい」

　ぼくも、この山はきれいだと素直に感じた。だからみんなの手伝いをする。たいして役に立っていないかもしれないけれど、少しは役に立ちたいと思っている。そして、それがすごく楽しい。

（今はその気持ちを大事にすればいいんだ）

　長老さんの言葉も浮かんできた。

（ケガをしている自然の手当てなんて、お医者さんみたいでちょっとかっこいい）

音をたてないように用心しながら、寝袋に入った。みんなの話が聞けてよかったと思った。そして、いつものように、③スコンと寝入ってしまった。

（にしがきようこ「ぼくたちのP（パラダイス）」より）

＊重機　建築や土木などで用いる大型機械。
＊雪田草原　雪が作り出した、田んぼみたいにぬかるんだ草原。
＊木道　湿地帯を歩くための、板を渡して作った道。

問一 傍線部①は、ホクのどのような様子を表しているか。最も適当なものを次から選び、記号で答えなさい。（　　）

ア がっかりしている様子
イ じっくり考えている様子
ウ 途方に暮れている様子
エ 照れ隠しをしている様子

問二 傍線部②における雄太の気持ちを説明した次の文章の空欄にあてはまる言葉を、Aは文章中から二字で抜き出し、Bは二十五字以内で答えなさい。

・長老さんの言葉で、自然に対する彼らの思いは［A］できたが、自分自身の思いはまだわからないでいた。そのときホクさんから、今まで自分が否定的に考えていた［B］気持ち。

A

B

ヒント　B直後にある雄太の心の中の描写に着目する。雄太は新たな考えに触れて、揺れ動いていることがわかる。

問三 傍線部③の理由を六十五字以内で説明しなさい。

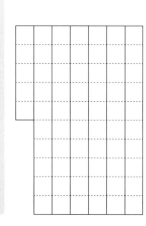

ヒント　自然に対する自分と違う意見を知り、どちらが正しいのか考え込んでいた雄太が、「みんなの話」を聞いて、どのようなことに気づき、どうなったかをまとめる。

問四 雄太にとって、長老はどのような役割を果たす人物として描かれているか。最も適当なものを次から選び、記号で答えなさい。（　　）

ア 自然を守ることに対する自分の決意を積極的に語ることで、議論を盛り上げつつ雄太のことを見守る役割。
イ 自然と向きあうときの自分たちの思いをわかりやすく話すことで、雄太が自力で考えられるよう導く役割。
ウ ほかの人とは異なる意見を述べることで、雄太に自然についてさらに深く考える必要があると教え諭す役割。
エ 自分たちが行っている活動を具体的に示すことで、雄太に自然を守ることの責任の重さを理解させる役割。

ヒント　「長老さんの言葉がすとんと胸に落ちた」などの表現から考える。

練習問題・発展問題　解答

第1編　言葉のきまり

第1章　文法の基礎（きそ）　8〜33ページ

言葉の単位　文節どうしの関係①・②

●練習問題（16〜17ページ）

1 ①今日の晩ごはんはハンバーグだった。僕も作るのを手伝った。みんなで食べた。
②明日の総合学習は修学旅行の下調べをする。図書館から借りた本を持っていこう。
③今日の放課後は保健委員会があります。部活動に遅れるのでそのことを部長に伝えてください。

2 ①庭に／白い／小さな／花が／咲く。
②観客が／立ち上がって／拍手を／する。
③忘れ物を／したので／急いで／取りに／戻った。
④きらきらと／光る／波を／眺めて／いた。

3 ①陸上部｜が｜全国大会｜に｜出場する。
②世界｜を｜飛び回る｜活躍｜を｜する。
③夜遅く｜に｜雨｜が｜降っ｜て｜き｜た。
④春｜は｜草木｜の｜芽｜が｜出る｜季節｜だ。

4 ①イ　②イ　③ウ　④エ　⑤イ　⑥ア

5 ①空を　②走った　③聞こえた

6 ①ウ・エ　②オ・カ〈それぞれ順不同〉

7 ①イ・ウ　②ア・イ　③イ・ウ
〈それぞれ順不同〉

8 ①今週末は、キャンプに行こうと思っている。
②失敗をおそれず、積極的に挑戦してみればよい。

●発展問題（18〜19ページ）

1 4

2 ①×　②○　③×　④×　⑤×

3 ①文節…4　単語…8
②文節…6　単語…9
③文節…4　単語…7
④文節…4　単語…7

4 ①僕たちは夏休みに一緒に富士登山をしました。
②空から突然、白鳥が近くに舞い降りた。
③学校から戻った少年は、カバンをおろして顔を洗った。

5 ①電話か・メールで〈順不同〉
②父と・母に〈順不同〉

6 ①イ　②イ　③ア　④ア

7 ①オ　②カ　③エ　④ウ　⑤イ　⑥ア

文の成分①〜③　文の種類

●練習問題（28〜29ページ）

1 カ・ア・イ・オ

2 ①主語…桜が　述語…咲きそうだ
②主語…僕が　述語…片づけた
③主語…先頭は　述語…林君だった
④主語…雷さえも　述語…鳴り始めた

3 ①少女はスープをゆっくりと飲み干した。
②学校の先生が、手を大きく振っている。
③小学生のとき、僕も剣道を習っていた。

4 ①ア　②ウ　③ウ　④イ　⑤ウ

5 ①また　②それとも　③大人になったら　④いや　⑤八月五日

6 ①単文　②複文　③みんなが　④待っている　⑤花火が始まるのを　⑥修飾語節（修飾部）

●発展問題（30〜31ページ）

1 ①主語…父は　述語…言った
②主部…そのおばあさんは　述部…立っていた
③主部…珍しいきのこが　述部…生えている

2 ①○　弟は同じ野球チームの選手です。
②○　素敵な絵ですね、これは。
③○　小学生さえ　わかる。
④×
⑤○　長い演説がやっと終わった。
⑥×

3 ①果てしない空を
②生まれたばかりの
③海に向かって・何も考えずに〈順不同〉

4 ①私の父は、テーブルに置かれた昨日の新聞を読んでいる。
②何百年もここに立っている杉の木は、さまざまな人間の営みを見てきたのだろう。
③青く澄みきった海を、色とりどりの魚が泳いでいた。
④毎日の小さな積み重ねが、今日の勝利

を生んだのである。

5 ① チーム一丸となってがんばったから、
逆転勝ちできたのだ。
② ほかに誰も来そうにないので、山本さん
と林さん、今日の予定は中止にしよう。
③ めざせ世界一、彼らの実力をもってす
れば、それも夢ではないはずだ。
④ そこの少年よ、道はいつもまっすぐで
はないが、しっかりと前を見て進め。

6 ① ウ ② ア ③ ウ ④ イ

第2章 単語の分類 34〜53ページ

自立語と付属語　単語の活用・活用形

●練習問題（40ページ）

1 ① 動詞・形容詞・形容動詞〈順不同〉
② 名詞・副詞・連体詞・接続詞・感動詞
〈「副詞」と「連体詞」は順不同〉
③ 助動詞・助詞

2 ア イ エ〈順不同〉

3 ① 自立語…空気 冷たく 爽やかだ
〈順不同〉
付属語…は
② 自立語…大きな 朝顔 みごとに
開い〈順不同〉
付属語…が た〈順不同〉

4 ① イ ② ウ・ア ③ カ・エ・オ

5 ① イ ② エ ③ ウ ④ ア

6 イ エ オ ク〈順不同〉

●発展問題（41ページ）

1 ① エ カ〈順不同〉
② ア イ キ ク〈順不同〉
③ ウ オ〈順不同〉

2 とても／静かな／夜だ。／朝からの／
激しい／雨も／ようやく／あがり、／
鏡のような／満月が／雲の／間から／
大きな／顔を／出して／いる。
① イ ク シ ノ ヒ〈順不同〉
② ア ウ オ ケ サ ス タ ツ ト
ニ ヌ〈順不同〉

活用のある自立語・活用のない自立語
活用のある付属語・活用のない付属語

●練習問題（48〜49ページ）

1 ① 終止形…開く 語幹…ひら
② 終止形…楽しい 語幹…たのし
③ 終止形…正直だ 語幹…しょうじき

2

基本形	語幹	未然形	連用形	終止形	連体形	仮定形	命令形
書く	か	か(ナイ) こ(ウ)	き(マス) い(タ)	く(。)	く(トキ)	け(バ)	け(。)
早い	はや	かろ(ウ)	かっ(タ) く(ナイ) う	い(。)	い(トキ)	けれ(バ)	○
豊かだ	ゆたか	だろ(ウ)	だっ(タ) で(ナイ) に(ナル)	だ(。)	な(トキ)	なら(バ)	○

3 ① 品詞名…イ 活用形…連体形
② 品詞名…ア 活用形…連用形
③ 品詞名…ウ 活用形…連用形
④ 品詞名…ア 活用形…命令形
⑤ 品詞名…イ 活用形…仮定形
⑥ 品詞名…ア 活用形…未然形
⑦ 品詞名…イ 活用形…終止形

4 ① イ ② ア ③ エ ④ カ ⑤ ウ ⑥ オ
⑦ ク ⑧ キ

5 ① ア ② イ ③ イ ④ ア ⑤ ア ⑥ ア

●発展問題（50〜51ページ）

1 ① 昨日／借りた／本は／かなり／おもし
ろかった。
② 彼の／素直な／明るい／性格は／いつ
も／みんなに／好かれた。
③ 遠い／昔から／伝わる／大切な／教
えを／聞いた。

2 ① 未然形 ② 連体形 ③ 終止形
④ 命令形 ⑤ 仮定形

3 ① 副詞 ② 連体詞

4 ① ア・○ ② エ・× ③ オ・×
④ カ・× ⑤ イ・○ ⑥ ウ・○

5 ① 月曜日の／放課後は／サッカーの／練
習です。
② 品詞の／中で／自立語は／八種類だ。
③ 彼も／結果を／早く／知りたいようだ。

6 ① ああ、なんて美しく繊細な模様だ。
この織物は、ここだけで作られる
貴重なものらしい。しかも、職人が
とても少ないそうだ。
② 動詞…作る
形容詞…美しい 少ない
形容動詞…繊細だ 貴重だ
名詞…模様 織物 ここ もの 職人
副詞…なんて とても
連体詞…この
接続詞…しかも
感動詞…ああ
助動詞…だ れる らしい そうだ

助詞…は　だけ　で　が

第3章 活用のある自立語　54〜83ページ

動詞①〜⑤

●練習問題（66〜67ページ）

1 参加する　出す　来る　晴れる　試みる

2 ①イ　②エ　③オ　④コ・ケ

3 ①イ(い)・エ(え)　②命令　③語幹・活用語尾〈順不同〉

4 上一段活用…落ちる　見る　過ぎる　いる〈順不同〉
下一段活用…訪ねる　出る　見せる　広める〈順不同〉

5

基本形	語幹	未然形	連用形	終止形	連体形	仮定形	命令形
持つ	も	た（ナイ） と（ウ）	ち（マス） っ（タ）	つ（。）	つ（トキ）	て（バ）	て（。）
閉じる	と	じ（ナイ）	じ（マス）	じる（。）	じる（トキ）	じれ（バ）	じろ（。） じよ（。）
付ける	つ	け（ナイ）	け（マス）	ける（。）	ける（トキ）	けれ（バ）	けろ（。） けよ（。）

〈「閉じる」「付ける」の命令形はそれぞれ順不同〉

6 ①イ　②エ　③ア　④ア　⑤オ　⑥ウ

7 ①ア　②イ　③イ　④ア

8 ①いつ会えるかと聞いてみたが、はっきりした答えを聞けなかったのでがっかりしている。
②「整理しておくように。」と言われているが、上手にしまえず、物をなくしてしまう。

●発展問題（68〜69ページ）

1 ①活用の種類…オ　活用形…仮定形
②活用の種類…イ　活用形…連用形
③活用の種類…ウ　活用形…連体形
④活用の種類…エ　活用形…未然形
⑤活用の種類…ア　活用形…連体形

2 ①イ　②イ

3 ①泳いで　鳴いて　書いて〈順不同〉
②打って　行って〈順不同〉
③読んで　飛んで〈順不同〉

4 ①き・き・きる・きる・きれ・きろ
きよ〈「きろ」と「きよ」は順不同〉
②え・え・える・える・えれ・えろ
えよ〈「えろ」と「えよ」は順不同〉

5 ①くる　②こい　③くれ

6 信用されるには、何事も実行することが大切だ。言うばかりで何もしないと失望される。

7 ①イ・続く　②ア・まとめる

形容詞①・②

●練習問題（74ページ）

1 ①空には雲が多かった。〈終止形〉多い
②部屋を暖かく保つ。〈終止形〉暖かい

2 ①イ　②ウ　③エ　④ア

3 ①イ　②ウ　③エ　④ア

4 ①美しかっ　②正しけれ

5

基本形	語幹	未然形	連用形	終止形	連体形	仮定形	命令形
白い	しろ	かろ（ウ）	かっ（タ） く（テ・ナイ・ナル） う（ゴザイマス）	い（。）	い（トキ）	けれ（バ）	○

●発展問題（75ページ）

1 ①ウ　②イ　③ア

2 ①仮定形・厳しい　②連体形・厳しい
③連用形・美しい
④終止形・たくましい
⑤連用形・長い　⑥未然形・うれしい

3 空はどこまでも青く、風はゆるやかに流れる。

形容動詞①・②

●練習問題（80ページ）

1 正直です　静かだ〈順不同〉

2 ①イ　②ア　③ウ　④エ

3 ①連用形　②仮定形　③連体形
④未然形

4

基本形	語幹	未然形	連用形	終止形	連体形	仮定形	命令形
快適だ	かいてき	だろ（ウ）	だっ（タ） で（ナイ） に（ナル）	だ（。）	な（トキ）	なら（バ）	○
快適です	かいてき	でしょ（ウ）	でし（タ）	です（。）	です（ノデ）	○	○

●発展問題（81ページ）

1 ア　エ　オ〈順不同〉

2 ①嫌ならば、食べなくていいよ。
〈活用形〉仮定形
②みんな勇敢に挑戦した。
〈活用形〉連用形
③具体的な提案をしてほしい。
〈活用形〉連体形
④彼は正直だろう。
〈活用形〉未然形
⑤優しげな態度で接する。
〈活用形〉連体形

3 ①×　②○　③×　④○　⑤○

第4章 名詞①・② 副詞①・② 連体詞 活用のない自立語 84〜109ページ

●練習問題（96〜97ページ）

1 ①いつも元気な田中君が、なぜか元気がありません。
②僕の家から、国立競技場までは、歩いて二十分かかります。
③新しい考えがひらめき、慌ててこのノートに記録したことがあります。

2 ①イ ②ウ ③エ ④オ

3 ①電車はたぶん動いているだろう。
②朝日がさんさんと輝いている。
③しばらくここにいてください。
④これで事実がはっきりわかった。

4 ①イ ②ア ③ウ

5 ①エ ②ア ③イ ④ウ

6 ①ある企業の寄付によって、我が町にも図書館ができた。
②とんだ失敗をしでかしたが、たいした影響はなかった。
③いかなる困難にも屈せずに、この作品を完成させた。

7 ①人々は互いに明るい顔で祝いあった。〈修飾している文節〉祝いあった
②今日はあの広場で野球をしよう。〈修飾している文節〉広場で
③それは爽やかな秋のある日のことであった。〈修飾している文節〉日の
④父は私に「もっと早く寝なさい。」と言った。〈修飾している文節〉早く
⑤とてもきれいな朝焼けが広がっている。〈修飾している文節〉きれいな
⑥それが本当なら、おかしなことだ。〈修飾している文節〉ことだ

●発展問題（98〜99ページ）

1 落ち葉の道を歩いてゆくと、やがて朝霧はすっかり晴れた。
落ちる＋葉 朝＋霧〈順不同〉

2 ①最後まであきらめないこと、それが大切だ。〈何を指し示しているか〉イ
②切符売り場はあちらです。〈何を指し示しているか〉エ
③その本は、誰から借りたのですか。〈何を指し示しているか〉ア
④アンケート用紙は、ここに入れてください。〈何を指し示しているか〉ウ

3 ①大きな雲が、ゆっくり動く。〈修飾している文節〉動く
②窓が風でガタガタと音をたてた。〈修飾している文節〉たてた
③もっとこちらへ来てください。〈修飾している文節〉こちらへ

4 ①イ〈修飾している文節〉成長したようだ
②ア〈修飾している文節〉流しました
③ウ〈修飾している文節〉しないのだろうか

5 ①ない（まい） ②たら ③ください ④ようだ

6 ①イ ②ア ③イ

7 ①ア ②エ ③ウ ④イ ⑤ウ ⑥ア

接続詞①・② 感動詞

●練習問題（106ページ）

1 ①私の家の犬は賢くて、しかも、人なつっこい。
②小鳥のさえずり、さらに、風にそよぐ草花の香りを、何年ぶりかで味わった。

2 ①ア ②エ ③カ ④イ ⑤ウ ⑥オ

3 ①ア ②イ ③ア

4 ①イ ②ア

●発展問題（107ページ）

1 ①イ
山菜採りに行った。〈しかし〉、まだ時期が早かった。
②エ
当時は武士、〈つまり〉、侍がこの地を治めていました。

2 ①エ・d ②ウ・c ③カ・f ④イ・a ⑤ア・e ⑥オ・b

3 ①ああ、そうだったの。何も知らなかった。〈種類〉ア
②おい、ちょっと待ちたまえ。〈種類〉エ
③「君はどちらがいいと思いますか。」「さあ。」〈種類〉イ
④おはよう、元気ですか。〈種類〉ウ
⑤よいしょ、重いなあ、これ。〈種類〉オ

第5章　助動詞　110〜137ページ

助動詞①・②

●練習問題（118ページ）

1 ①ウ・イ　②ア・オ・カ
2 ①×　②○　③○　④×　⑤○　⑥×　⑦×
3 ①らしい　②たい　③ない　④た　そうだ〈順不同〉　⑤させ　られる〈順不同〉
4 ①受け身・可能・自発・尊敬　②意志・勧誘〈順不同〉　③過去・完了・存続〈順不同〉

●発展問題（119ページ）

1 イ　エ　ク　コ　サ〈順不同〉
2 ①ク　②キ　③エ　④ア　⑤ウ

助動詞③〜⑤

●練習問題（126ページ）

1 ①られる　②れる　③られる　④せる　⑤させる
2 ①ウ　②ア　③エ　④イ
3 ず・ね
4 ア
5 ①イ　②イ
6 ①たかっ・たがっ　②たけれ

●発展問題（127ページ）

1 ①この魚は骨まで食べられます。〈意味〉可能
②母が風邪を引いていないか、案じられます。〈意味〉自発
③外で遊ばせれば、元気になるよ。〈意味〉使役
④校長先生も出席される大事な会議だ。〈意味〉尊敬
⑤髪を短く切られてしまい、落ち着かない。〈意味〉受け身

助動詞⑥〜⑧

●練習問題（134ページ）

1 ①イ　②ア　③ウ
2 ①エ　②ア　③イ　④ウ
3 ①イ　②ウ　③ア
4 ①そうだっ　②そうなら　③そうだろ　④そうな
5 ①イ　②ア　③ウ　④ウ　⑤ア

●発展問題（135ページ）

1 ①エ　②ウ　③ア　④イ
2 ①意味…丁寧な断定　活用形…連用形
②意味…確認（想起）　活用形…仮定形
③意味…断定　活用形…未然形
④意味…推定（様態）　活用形…連体形

第6章　助詞　138〜159ページ

助詞①〜⑧

●練習問題（156ページ）

1 a・ウ　b・ア　d・イ　g・エ
2 ①ウ　②イ　③ア　④エ
3 ①エ　②ア　③イ　④ウ
4 ①イ　②ア
5 ①ウ　②エ　③ア　④イ
6 ア
7 ①な　②とも　③か

●発展問題（157ページ）

1 ①イ　②イ

第7章　言葉の使い方　160〜176ページ

話し言葉と書き言葉　敬語①〜④

●練習問題（172ページ）

1 a どうして（なぜ）
b 練習しなければ（練習しないと）
c ならないのだろう
2 a 合否
b 昨夜（昨晩）
3 ①ア　②イ　③イ　④ウ
4 ①お読みになる・読まれる〈順不同〉
②いらっしゃった・おいでになった（来られた）〈順不同〉
③お目にかかり・お会いし〈順不同〉
④参り・伺い〈順不同〉

●発展問題（173ページ）

1 ①くださった　②おっしゃる
③いらっしゃい（おいでになり）
④召し上がり
2 ア・エ〈順不同〉
3 ①イ　②ウ　③エ　④オ　⑤ア

第2編 漢字と言葉

第8章 漢字 178～195ページ

漢字の成り立ちと部首　筆順と画数

●練習問題（184ページ）

1 ①エ ②ウ ③ア ④イ

2 ①イ ②ア ③オ ④カ ⑤エ ⑥ウ

3 ①六 ②二 ③三 ④二 ⑤三 ⑥一 ⑦五 ⑧四

4 ①十一 ②十一 ③九 ④四 ⑤十四 ⑥十六 ⑦十二 ⑧四

5 ①九（級） ②十（時） ③十五（趣） ④十（被）

●発展問題（185ページ）

1 ①イ ②エ ③エ ④オ ⑤ア ⑥ア ⑦ア ⑧ウ

2 ①頁 ②イ ③衣 ④辶

3 ①イ ②イ ③イ

4 ①ウ ②ア ③ウ ④ウ ⑤イ ⑥イ

音読みと訓読み
同音異字・同訓異字
送り仮名・形の似ている漢字

●練習問題（192ページ）

1 ①いさん・ゆいごん ②しょうちょう・きょぞう ③かせつ・けびょう

2 ①さ・おぼ ②たの・たよ ③と・し

3 ①記・紀 ②経・径 ③建・健

4 ①尋・訪 ②飛・跳

5 ①確かめる ②商う ③忙しい ④偽る

6 ①暖・緩・援 ②護・獲・穫 ③略・絡・酪

●発展問題（193ページ）

1 ①ア ②イ ③ア

2 ①ウ ②イ ③ウ

3 ①彰→障 ②検→険 ③捨→拾 ④昆→混

第9章 熟語と語句の知識 196～211ページ

二字熟語①・②

●練習問題（202～203ページ）

1 ①ア ②ウ ③イ ④ア

2 ①オ ②イ ③ウ ④エ ⑤カ ⑥ア ⑦ア ⑧エ ⑨ウ

3 ①アイジョウ ②トショ ③かなグ ④ふるホン ⑤ミかた ⑥バンぐみ ⑦カテイ ⑧はなぞの ⑨ゆうコク ⑩マイあさ ⑪あいズ ⑫まちかど

4 ①いなか ②えがお ③かわら ④ここち ⑤しない ⑥しみず ⑦たなばた ⑧むすこ ⑨めがね ⑩みやげ ⑪はかせ ⑫ふたり

●発展問題（203ページ）

1 ①ウ ②イ ③ア ④イ ⑤イ ⑥ア ⑦ア ⑧イ

2 ①ウ ②エ ③イ ④ウ ⑤ア ⑥ウ ⑦ア ⑧エ ⑨イ

二字熟語③・④

●練習問題（208ページ）

1 ①開放・介抱・解放 ②観戦・感染・幹線 ③解答・回答・解凍 ④保証・補償・保障

2 ①欠 ②原 ③的 ④遠 ⑤快 ⑥突 ⑦良 ⑧手

3 ①野党 ②粗野 ③相対 ④隆起 ⑤寡黙 ⑥一般 ⑦添加 ⑧解任

●発展問題（209ページ）

1 ①イ ②イ ③ア ④イ ⑤ア ⑥ア

2 ①倹約 ②苦難 ③当然 ④奮起

3 ①縮小（収縮） ②無益（有害） ③整然 ④理想（空想・仮想）

第10章 三字以上の熟語と語句の知識 212～228ページ

三字熟語・四字熟語の組み立て
主な四字熟語・主な故事成語①・②
主なことわざ・主な慣用句

●練習問題（226ページ）

1 ①ウ ②ウ ③エ

2 ①ウ ②イ ③ア

3 ①エ ②ア ③イ ④ウ

4 ①ウ ②ア

第3編 古典

第11章 古文 230～265ページ

歴史的仮名遣い・係り結び 敬語・重要古語

●練習問題（236～237ページ）

1 ①おかし ②いずれも
③こたえていわく
④よそおい ⑤きょう ⑥えい
⑦じょう

2 ①なむ ②こそ ③ぞ

3 イ

4 ①イ ②ア

5 イ

6 ①ウ ②エ ③イ ④ア

7 ①例似つかわしい
②例よくない
③例かわいらしく

和歌 古典の俳句・川柳

●練習問題（242～243ページ）

1 田子の浦に・うち出でて見れば

2 ひさかたの

3 イ

4 ①ウ ②ア ③イ

5 三

6 ①A季語 天河 季節 秋
C季語 五月雨 季節 夏
②Aや Bぞ Cや

7 エ

古文に親しむ

竹取物語

●練習問題（247ページ）

1 ①イ ②いささかなめたまいて ③イ

枕草子

●練習問題（251ページ）

1 ①イ ②ア

平家物語

●練習問題（255ページ）

1 ①c ②ア

徒然草

●練習問題（259ページ）

1 ①ウ ②わずかに ③エ ④ウ
⑤イ

万葉集・古今和歌集・新古今和歌集

●練習問題（262ページ）

1 ①B・C〈順不同〉 ②三
③ⅠB ⅡA ⅢC
④Ⅰア Ⅱエ Ⅲオ

おくのほそ道

●練習問題（265ページ）

1 ①1や 2夏草 3初 4エ
②エ ③松尾芭蕉

第12章 漢文 266～274ページ

漢文の読み方 漢詩のきまり 漢文に親しむ

故事成語 論語 漢詩

●練習問題（274ページ）

1 ①温レ故而知レ新 ②温故知新
③イ

2 ①ア ②ウ

【現代語訳】

絶句 杜甫（270ページ）

長江は澄んだみどりで（その上を飛ぶ）鳥はいっそう白く見える。／山は青々と茂って、花は燃えるように咲いている。／今年の春も見ている間にまた過ぎていく。／いつ（故郷へ）帰る年が来るのだろうか。

春望 杜甫（271ページ）

戦乱で国の都は破壊されたが、山、河はそのままある。／城壁で囲まれた町にも春がやってきて、草木が生い茂っている。／時勢に悲しみを感じては、花を見ても涙を落とし／別れを恨めしく思っては、鳥のさえずりにも心を驚かされる。／戦いののろしは三か月も続き／家族からの手紙は大金に値する（ほど貴重である）。／白髪頭をかけば、髪はますます抜けてさらに少なくなり／全くかんざしで冠を留められない。

定期試験対策問題　解答・解説

第1編　言葉のきまり

第1章　文法の基礎（きそ）　32〜33ページ

1 (1) 生まれて／育った／町を／後に／した。
(2) 松本君は／席から／きれいな／夕日を／見て／いた。
(3) マラソンランナーが／ふらふらに／なりながら／ゴールした。

1 (3) 「ゴールした」は、複合語「ゴールする」に助動詞「た」がついたもの。

2 (1) イ　(2) ア　(3) ウ　(4) エ　(5) ア　(6) オ　(7) イ

3 (1) a エ　b イ　c オ　d イ　e ア　f ウ　g イ
(2) a エ　b オ　c ア　d ア　e イ　f イ　g イ

4 (1) 姉は　(2) 急行列車が　(3) 君こそ

4 (3) 「君こそ」の「こそ」を「が」に言いかえて「君が〜ふさわしい」とすることができる。

5 (1) 彼の作品を
(2) 展望台に続く坂道を
(3) 大きな犬に向かって
(4) 軽やかに踊る人々を

5 (2) 主語は「彼女（かのじょ）は」で、述語は「登っていった」。「展望台に続く」は「坂道を」を修飾（しゅうしょく）していて、「展望台に続く坂道を」で連文節として修飾部になっている。

6 (1) 県大会での優勝
(2) 体調がすぐれないので

6 (1) 独立部で、提示の役割をもつ。
(2) 接続部。「ので」とあるのがポイント。

7 (1) ア　(2) エ　(3) オ　(4) イ　(5) ウ

8 (1) ウ　(2) イ　(3) ア

8 (1) 文全体の主語（「僕（ぼく）は」）が省略されている。

第2章　単語の分類　52〜53ページ

1 (1) 鉄橋を渡る列車の音がかなたから響いてくる。
(2) 爽やかな風が吹いて、秋が訪れた。
(3) 休み時間には、友達とおしゃべりをする。
(4) 他人の気持ちを想像しようとする気持ちがなければ、優しい人間にはなれない。

1 (3) 「休み時間」は複合語で一単語。
(4) 「想像し」は「想像する」という一語の動詞。

2 (1) a ク　b エ　c コ　d エ　e ウ　f ア　g ケ
(2) a カ　b オ　c イ　d キ

2 (1) aは感動・応答・挨拶（あいさつ）・呼びかけ・かけ声を表す感動詞。ここでは呼びかけを表す。bは場所を指し示す代名詞。代名詞は名詞の一種。cは前の語句が引用であることを表す助詞。dは物事を表す名詞。eは状態を表す形容動詞。「急だ」「急な」と形が変化する。fは動作を表す動詞。gはほかから動作・作用を受ける意味をつけ加える助動詞。
(2) aは連体修飾語になる連体詞。「人は」を修飾している。bは連用修飾語になる副詞。「たくましく」を修飾している。cは性質を表す形容詞。dは文節どうしをつなぐ接続詞。

3 (1) イ　ウ　エ　オ　キ〈順不同〉
(2) ア　オ　カ〈順不同〉
(3) ア　ウ　オ〈順不同〉

3 (1) オの「ない」は助動詞。
(2) ア「つぶらな」は形容動詞。ウ「小さな」は連体詞で活用がない。
(3) ア「きれいに」は形容動詞。オ「ある」は動詞。

4 (1) 昨日は早起きをして、この春新しくできたテーマパークまで家族で出かけた。とてもはなやかなパレードや不思議な乗り物があり、父も驚いていた。
(2) する　新しい　できる　出かける　はなやかだ　不思議だ　ある　驚く　いる

4 (1) 「早起き」は、「早い」という形容詞と「起きる」という動詞が結びついてできた名詞。

5
動詞…弾く　活用形…連体形
動詞…歌う　活用形…連体形
動詞…できれ　活用形…仮定形
動詞…思う　活用形…終止形

5 「弾くの」の「の」は体言の代わりをする助詞。「こと」という意味を表す。

6
(1) 形容詞…さびしい
活用形…連体形
(2) 形容動詞…まっ黒に
活用形…連用形

7
(1) ア 形容詞・連体形
イ 動詞・未然形
ウ 形容動詞・連用形
エ 動詞・終止形
(2) ア 形容動詞・未然形
イ 形容詞・未然形
ウ 形容詞・連用形
エ 動詞・終止形

7 (2) ウ「なく」は読点に続いている。活用語の連用形＋読点で文を一度切ってから、後に続ける方法を、連用中止法という。

8
(1) 今年こそ、決勝まで行きたいと思います。
(2) 外はとても寒いのに、薄着で風邪を引きそうだ。
(3) 君にそう言われると身が引き締まる思いだ。

第3章 活用のある自立語 82〜83ページ

1
(1) 休め　し　がんばろ
(2) 越え　吹い　くれれ　訪れる

1 (1)「一休み」は名詞。

2 (1) オ　(2) ウ　(3) イ　(4) ア　(5) エ

3 (1) ウ　(2) ア　(3) オ　(4) イ　(5) カ　(6) エ

3 (1)「送ると」の「と」は引用を表す助詞。この前で文の意味が切れている。

4 (1) ア　(2) エ　(3) イ

4 (1)「満ち(て)」は上一段活用の連用形。
(2)「閉める(時刻)」は下一段活用の連体形。
(3)「起き(よう)」は上一段活用の未然形。

5 (1) こ・ア　(2) き・イ　(3) くれ・オ
(4) し・ア　(5) せ・ア　(6) する・エ

6 (1) ア　エ　オ　ク〈順不同〉
(2) イ　ウ　カ　キ〈順不同〉

6 キは「胃腸を検査する」、クは「川が合流する」などと使う。

7 (1) ア　ウ　オ　カ〈順不同〉
(2) エ　ク〈順不同〉
(3) イ　キ〈順不同〉

7 可能動詞は可能の意味を表す。動詞に可能の意味の助動詞「れる」をつけたものとの見分け方は、「れる」の部分が「ない」に言いかえられれば助動詞と判断する。ウ「取れる」オ「登れる」カ「止まれる」は可能動詞。エ「取られる」は「取る」＋「れる」、ク「行かれる」は「行く」＋「れる」。

8
(1) 形容詞…暖かい—連体形
形容動詞…穏やかな—連体形
静かに—連用形
(2) 形容詞…寒かろ—未然形
早く—連用形
形容動詞…どんなに—連用形
元気な—連体形

8 (2)「どんなだ」は物事の状態・性質などがはっきりせず、想像する様子を表す形容動詞。「元気なのだ」の「の」は体言の代わりをする助詞。

9 (1) ア　(2) イ　(3) ウ

9 (1) イは連体詞。ウは形容詞の語幹＋助動詞「そうだ」の連体形。エは名詞＋助動詞「だ」の連体形。
(2) アは副詞。ウは名詞＋助詞。エは形容詞の語幹＋助動詞「そうだ」の連用形。
(3) ア・エは名詞＋助詞。イは名詞＋助動詞。

第4章 活用のない自立語 108〜109ページ

1
(1) 先生の話を聞きながら、校庭の様子ばかりが気になっていた。
(2) 今日、黒木さんと話したことが頭から離れず、夜中の二時まで眠れなかった。
(3) 一時間ほど歩いただろうか。緑のトンネルを抜けると、森の奥に人気のない湖が広がった。

2 (1) おいしい食べ物を前に、疲れが吹き飛んだ。
(2) ふるさとの思い出は、どこまでも続く青空です。

3 (1) かなりの量の雨が急に降ったが、すっかり乾いた。
(2) まるで真夏のような日差しがぎらぎらと照りつけ、黒く日焼けした肌から、いっせいに汗がふき出した。

3 (1) 「かなりの」は、副詞「かなり」が助詞「の」をともなって連体修飾語になっているもの。「急に」は、形容動詞「急だ」の連用形。
(2) 「いっせいに」は「いっせいだ」「いっせいな」と言いかえられないため、形容動詞ではない。

4 (1) ウ (2) イ (3) ア (4) エ (5) ア (6) イ

4 (5) 「ときどき」は状態の副詞。状態の副詞には、時間や頻度を表すものも含まれる。ほかに「しばらく」「さっそく」「いつも」「たまに」などがある。

5 (1) ウ (2) エ (3) オ (4) ア (5) イ (6) カ

6 (1) 家の外で怪しい物音がした。〈品詞〉ア
(2) もうそろそろ閉店の時間になります。〈品詞〉ウ
(3) この件については十分な検討をした。〈品詞〉イ
(4) たいした問題にならないと思っていた。〈品詞〉エ
(5) あまり問題にならないと思っていた。
(6) この服はやや大きめで似合わない。〈品詞〉ウ

7 (1) イ (2) ア (3) イ

7 (1) アは副詞。
(2) イは名詞「そこ」＋助詞「で」。
(3) アは接続助詞。

8 (1) カ・c (2) エ・a (3) イ・d (4) オ・e (5) ア・f (6) ウ・b

9 (1) エ (2) ア (3) ウ (4) イ (5) オ

第5章 助動詞 136～137ページ

1 (1) 絵に描いたような月が、夜空にはりついていました。
(2) 休むまいと思ったけれど、風邪で起きられない。

2 (1) 連用形 (2) 未然形 (3) 連体形 (4) 終止形

3 (1) イ (2) ウ (3) オ (4) ア (5) エ

4 (1) エ (2) ウ (3) オ (4) イ (5) ア

5 (1) エ (2) イ (3) イ

5 (1) 使役の助動詞「せる」。アは動詞「任せる」の一部。イは助動詞「させる」の一部。「考える」は下一段活用なので、「させる」が接続する。ウは動詞「見せる」の一部。
(2) 助動詞「ない」。アは形容詞。ウは形式形容詞。エは形容詞「だらしない」の一部。
(3) 否定意志の助動詞「まい」。ア・ウ・エは否定推量。

6 (1) イ (2) ア (3) ウ

7 (1) ウ (2) イ

7 (1) 断定の助動詞「だ」の終止形。アは過去の助動詞「た」の濁音化したもの。イは推定・様態の助動詞「そうだ」の終止形の一部。エは形容動詞「無理だ」の終止形活用語尾。
(2) 断定の助動詞「だ」の連用形。アは丁寧な断定の助動詞「です」の終止形の一部。ウは形容動詞「重要だ」の連用形活用語尾。エは推定・様態の助動詞「ようだ」の連用形の一部。

8 (1) ア (2) ウ (3) イ (4) エ

9 (1) ウ (2) エ

9 (1) 推定の助動詞「らしい」。アは形容詞「めずらしい」の一部。イは「～にふさわしい」という意味の形容詞を作る接尾語。エは形容詞「あたらしい」の一部。
(2) 伝聞の助動詞「そうだ」。ア・ウは推定・様態の助動詞「そうだ」。イは副詞「そう」＋断定の助動詞「だ」。

10 (1) イ (2) ア (3) ウ

11 (1) 彼と会いませんでした。
(2) 全部集められそうだった。

第6章 助詞 158～159ページ

1 (1) これが私たちだけで作り上げた作品ですよ。
(2) 地図を見ながら運転したが、思ったより早く着いた。

2 (1) a ア b イ c ア d エ
(2) a ウ b イ c ウ d エ
(3) a イ b ウ c ア d ウ

3 (1) カ (2) オ (3) ア

4 (1) ア (2) イ (3) オ (4) エ (5) ウ
(6) カ

5 (1) イ (2) ア (3) イ

6 (1) ウ (2) ア (3) イ (4) エ

7 ア

7 ほかを類推させる意味。イは添加、ウは程度・限定、エは動作・作用の終点。

8 (1) イ (2) オ (3) ウ (4) ア (5) エ

9 (1) ア (2) エ (3) エ (4) ウ (5) ア

9 (1) 単純な接続を表す接続助詞「て」の濁音化したもの。イは格助詞「で」。ウは断定の助動詞「だ」の連用形。エは形容動詞「おおらかだ」の連用形活用語尾。
(2) 仮定の逆接を表す接続助詞「ても」の濁音化したもの。アは断定の助動詞「だ」の連用形＋副助詞「も」。イは形容動詞「爽やかだ」の連用形活用語尾＋副助詞「も」。ウは副助詞「でも」。
(3) 結果を表す格助詞「に」。アは副詞「しだいに」の一部。イは形容動詞「自然だ」の連用形活用語尾。ウは助動詞「ようだ」の連用形の一部。
(4) 確定の逆接を表す接続助詞「のに」。アは終助詞「のに」。イ・エは格助詞「の」＋格助詞「に」。
(5) 仮定の逆接を表す接続助詞「とも」。イ・ウは格助詞「と」＋副助詞「も」。エは終助詞「とも」。

第7章 言葉の使い方 174～176ページ

1 話し言葉…ア イ オ カ〈順不同〉
書き言葉…ウ エ キ〈順不同〉

1 話し手と聞き手が同じ状況にいるということが、話し言葉の特徴である。

2 (1) 例 田村さんの年の離れたお姉さんは、中学校の先生をしているそうだ。
(2) 例 最近できた駅前のドーナツ屋に行ったのだが、お客さんがたくさん並んでいて驚いた。

2 書き言葉では「ねえ」や「よ」などの感動詞や終助詞はあまり使われない。また「――ちゃった」などの砕けた言い方も、避けるのがよい。

3 (1) ア (2) イ (3) ウ (4) イ (5) イ
(6) ア (7) ア (8) ウ (9) イ (10) ウ

4 (1) お書きになる (2) お待ちになる
(3) お飲みになる (4) お聞きになる
(5) お歌いになる

5 (1) ア いらっしゃい(おいでになり)
イ 参り(伺い)
(2) ア いたし イ なさっ
(3) ア 申し上げる(申す)
イ おっしゃっ
(4) ア 拝見する イ ご覧になる
(5) ア いらっしゃる(おいでになる)
イ おり

5 それぞれ特別な動詞に改めるという点に注意。特別な動詞とは、一語で尊敬や謙譲の意味を表すもの。

6 (1) a ア b ウ c イ
(2) a イ b ア c ウ
(3) a イ b ウ c ア
(4) a イ b ウ c ア

7 (1) イ (2) ア (3) イ (4) ウ

7 (1) イの「いたす」は謙譲語。ここでは相手の動作について述べているので、「してください」などが適切。
(2) ア自分の身内といえる「部長」の行為に「おっしゃる」という尊敬語を使ってしまっている。ここは、相手への敬意を表すために、謙譲語「申し上げる」などを使う。
(3) イの「おコーヒー」は、丁寧語の表現としてふさわしくない。一般的に外来語に対し「お～」「ご～」という接頭語を使った表現は避けるのがよい。

8 (1) 例 もうお帰りになるのですか。
(2) 例 先日お貸ししたDVDをご覧になってくださいましたか。
(3) 例 それは私がいたします。
(4) 例 先日いただいたお菓子は、とてもおいしかったです。

(5) 例 先生は昨日、ここにいらっしゃったよ。

(6) 例 兄が、先生にお借りしていた本は明日お返しすると申していました。

8 (2)「見る」の尊敬語の表現として、尊敬を表す助動詞を使い「見られる」などの表現も可能だが、これでは「見られてしまう」といった受け身の意味や「見ることができる」といった可能の意味にも取られかねない。「ご覧になる」などの尊敬の意味の特別な動詞がある場合は、そちらを使うようにするとよい。

(5) 先生の動作を表す「来た」を尊敬語にする。文末は、親しい友達に対する会話文なので、親しみを込めた表現にする。もし、相手が目上の場合には、「いらっしゃいました」と丁寧語を使った表現にする。

第2編 漢字と言葉

第8章 漢字 194～195ページ

1 (1) ウ (2) イ (3) ア (4) エ

2 (1) ケ (2) エ (3) ア (4) ス (5) シ (6) キ (7) コ (8) イ (9) カ (10) オ

3 (1) 七 (2) 五 (3) 二 (4) 六 (5) 六 (6) 十二 (7) 十四 (8) 十三

4 (1) ア (2) ア (3) ア

5 (1) 十二 (2) 四 (3) 十一 (4) 九 (5) 四 (6) 五 (7) 六 (8) 七

6 (1) ア (2) イ (3) イ (4) イ

6 (1) アは「わ」、イは「ウ」と読む。「羽」には「は・はね」という訓読みもある。
(3) アは「カ」、イは「に」と読む。

7 (1) ウ (2) ア (3) ア (4) イ

8 (1) ウ (2) ア (3) イ (4) ウ

8 (1)は「銃撃」、(2)は「採血」、(3)は「硬直」、(4)は「架橋」という熟語の知識から判断できる。

9 (1) 逃れる (2) 漂う (3) 憎しみ (4) 衰える

10 (1) 講→購 (2) 遺→遣

第9章 熟語と語句の知識 210～211ページ

1 (1) ア (2) カ (3) ケ (4) エ (5) オ (6) サ (7) イ (8) コ (9) ク (10) ウ (11) キ (12) エ (13) イ (14) ケ (15) カ (16) コ (17) ア (18) オ

1 (1)「忍耐」は「忍ぶ」と「耐える」という意味の字なので、意味が似ている字である。(2)「負傷」は「傷を負う」という意味。「―を」にあたる言葉が目的語。(3)「騒然」の「然」は接尾語。(6)「蛇足」は「余計なもの」という意味の故事成語。

2 (1) イ (2) ウ (3) エ (4) ウ (5) ア (6) エ

2 「重箱読み」とは音読み＋訓読みの熟語、「湯桶読み」とは訓読み＋音読みの熟語のことをいう。

3 (1) ひとけ (2) おおで (3) ぞうさ

4 (1) かわせ (2) やまと (3) うなばら (4) つゆ (5) もみじ (6) でこぼこ

5 (1) ア (2) ウ (3) イ (4) ア

5 (1) ア「対象」は目標や相手、イ「対照」は二つのものを比べ合わせること、ウ「対称」はものとものがつり合うことを意味する。
(3) ア「追求」は手に入れようと追い求めること、イ「追及」は相手を問い詰めること、ウ「追究」は疑問点を調べ、明らかにしようとすることを意味する。

6 (1) a 慎重 b 深長 (2) a 紹介 b 照会 (3) a 干渉 b 鑑賞

6 (3) b「鑑賞」は芸術作品を味わうときに使う。同音異義語に「観賞」があるが、こちらは花や魚などを見て楽しむときに使う。

7 (1)所 (2)発 (3)行 (4)息 (5)介
(6)非(無) (7)分 (8)借

8 (1)総合 (2)過疎 (3)順境 (4)慢性
(5)抽象 (6)容易 (7)優(厚)遇
(8)複雑 (9)収縮 (10)創造(独創)

第10章 三字以上の熟語と語句の知識 (227～228ページ)

1 (1)ウ (2)ア (3)ア (4)オ (5)イ
(6)エ

1 (2)「終止符」は「終止」するための「符号」という意味なので、上二字と下一字で分かれる。
(5)「英会話」は「英語」の「会話」なので、上一字と下二字で分かれる。

2 (1)オ (2)エ (3)ア (4)ウ (5)ウ
(6)イ

3 (1)ウ (2)カ (3)ア (4)エ (5)オ
(6)イ

4 (1)利 (2)石 (3)功 (4)陣 (5)馬

5 (1)ウ (2)イ (3)オ (4)ア (5)カ
(6)エ

6 (1)エ (2)ア (3)ウ (4)オ (5)カ
(6)イ

7 (1)途方 (2)身 (3)根 (4)胸
(5)削る

8 (1)鼻 (2)頭 (3)目 (4)腹

読解問題 解答・解説

第4編 読解 (278～289ページ)

答えの下の（ ）は本文の行数を示す。

1 説明的文章

指示語・接続語 (278～279ページ)

3行目「これ」
4行目「これ」〈「これから」で一語〉
5行目「この」
6行目「その」〈「その上」で一語〉
7行目「それ」 10行目「これ」
11行目「その」 12行目「その」
13行目「そう」 14行目「これ」
20行目「そう」 22行目「あれ」
29行目「その」
30行目「そこ」〈「そこで」で一語〉
31行目「その」 32行目「これ」

問一 イ
問二 A ウ B エ C イ

問二 A「わからないけど」という言葉について、空欄の前では「たしかに嫌な言葉です」と否定的な考えを述べている。これに対して、後では「新種の敬語の一種なのではないか」と肯定的にとらえる見方を示している。逆の事柄が続いているので、逆接の「しかし」があてはまる。
B 空欄の前の「緩衝材を入れる」という内容を受けて、後では「これは言葉のクッションなのではないでしょうか」と言いかえて説明している。よって、説明・補足の「つまり」があてはまる。
C 空欄の前の「相手を置き去りにして話を進めて行ったのでは、たがいの関係をこわしかねない」という内容を受けて、後ではその対策として「話の前後関係を考えながら～了解を取っている」と述べている。順当な事柄が続いているので、順接の「そこで」があてはまる。

段落の構成・段落の要点 (280～282ページ)

8〈段落〉
問一 エ

問一 各段落の要点は次のとおり。

2オオバコの種子は粘着物質を持ち、これが人間の靴や自動車のタイヤにくっついて運ばれることで、オオバコは分布を広げている。

3オオバコは道に沿ってどこまでも生えている。これは人や車がオオバコの種子を運んでいるからである。

4オオバコは踏まれることを利用している。

5人が集まる都会に生える雑草には、靴底に付きやすい構造をしているものも多い。

6私たちも、知らぬ間に雑草の種子散布に協力している。

2・3では、オオバコの種子が人や車によって運ばれていることを挙げ、4で「こうなると」とまとめている。5では同じ構造の雑草も多いことを述べ、6では人間側からの見方を示している。

問二 ウ

問二 1～6段落の、オオバコは人や車に踏まれることで分布を広げているという内容を、植物の「工夫」だとしてまとめている。

問三 最も脅威となる存在〈9字〉(59)

問四 エ

問四 最後の「植物にとっても大切なのは親離れ、子離れなのである」に着目する。親植物と子どもの種子とが一緒にいることは、「弊害の方が大きい」ため、子どもを親植物から離れた土地へ旅立たせるということを、「親離れ、子離れ」と表現している。

事実と考え・要旨（283〜285ページ）

✎ 2・4・6・14・25・26・27・53・56・57行目

問一 A「知識」というデータ(2)
B 価値は下がっている(19)

問一 A 5行目に「なんでも知っている人を、『歩く辞書』などと形容する」とある。「なんでも知っている人」とは、前の段落の「『知識』というデータ」を頭の倉庫にストックしている人のことであり、その知識をすぐに披露できるため尊敬されていたとある。
B 知識を頭にストックすることについて、18行目に「今は、みんながスマホを持っていて、なんでも手軽に検索できるのだから、この価値は下がっている」とある。

問二 エ

問二 25行目に「知識を頭の中に入れる意味は」とあり、以降で説明している。一人で頭を使い、何かを「思いつく」ときに、それまでインプットしたものが結びついて「新しいもの」（アイデア）が生まれるとある。これが頭の中に知識をインプットする意味であり、理由である。

問三 例 新しい発想を生み、人間の能力を広げることにつながる〈25字〉

問三 10段落では、「このような発想」が、頭の中に入れた知識やそこから構築した理屈から生まれるとある。また、次の段落では、「連想」からも生まれるとある。この「発想」とは、前の9段落の「新しい発想」のことである。「新しい発想」を生み出すことは、「重要な人間の能力の一つ」となるということもあわせてまとめる。

まとめ（286〜289ページ）

問一 a 人間自身の問題を対象とする(11)
b 価値と無関係な学問(8)

問一 直後の「その違い」とは、二つの「学問」の違いを指す。以降からその違いをとらえる。公理が変わるのは、研究対象が人間に近く、「究極的には人間のためになる」ことを研究する学問、そして人間自身の問題を対象とする〜普遍妥当性を持ち得ない学問」である。一方、公理が変わらないのは、研究対象が人間から遠く、「人間の気持ちや利害得失の投影されることのない学問、つまり価値と無関係な学問」である。

問二 a 人間の存在(17)
b 規則性をもって動き続ける(22)

問二 a 一つ前の3段落から抜き出す。

問三 A ア B エ

問四 ウ

問四 1〜4段落を振り返る。「人間の気持ちや利害得失」などとは無関係な学問であり、研究対象は「人間の存在とは無関係」なものや現象である。

問五 研究の成果〜大して行く(36)

問六 イ

問六 7段落では「自然科学と称せられる学問分野」について、研究の成果が累積され、知識体系が拡大して行くと説明している。これに対し8段落では、「哲学などの領域」について、同様の進歩発展は見られないと対照的な事実を挙げている。これを受けて、筆者は以降の段落で、これらの領域の学問は無理に自然科学と同じように「科学」ととらえる必要はないと述べている。

問七 例 どんな条件でも同じ結果がでて、それに基づき法則を導き出せる〈29字〉

問八 エ

問八 1・2段落で二つの学問について挙げ、3〜8段落で詳しく説明している。9〜11段落ではこのうちの一つにあたる「社会・人文科学と称せられる学問」を、「科学」と同じようにすることは無意味だとし、12段落ではこれがどのような学問をめざすべきかを述べている。

問九 例「科学」であろうとするのを止めることで、面白く、人間にとってためになる学問〈37字〉

2 文学的文章 290〜301ページ

登場人物・場面（290〜291ページ）

3・5・8・31・41行目…こ（こころ）
6・24・26・29行目…雨（雨音先生）

問一 A 堂島さん B 洋太

問一 16行目に「その結果（こころが野球部に入り、キャッチャーとしてレギュラーになった結果）、堂島さんが外野に回り〜洋太がレギュラーから外された」とある。

問二 A 堂島さん B 哲平 C 洋太 〈B・Cは順不同〉

問二 31行目に「自分はけがをした先輩がいて〜強引に入れられてしまった」とある。けがをした先輩とは「堂島さん」のこと。こころは堂島さんの代わりに、野球部の人数不足を補うため、哲平や洋太に頼まれて入部したのである。

問三 ウ

問三 こころは頼まれて野球部に入ったが、がむしゃらに練習してレギュラーになったことで、もとの部員たちのレギュラーの座を奪ってしまったのではないかと気にしている。そんなこころに雨音先生は、「野球部のために入ってやったの？」と問いかけ、それによってこころは自分の気持ちを改めて確認し、「野球部のために入った」のではなく、「野球が、好きだから」だと思い至っている。雨音先生はこころに野球や野球部に対する思いを確認させることで、悩みを解決できるよう導いていると考えられる。

心情・理由（292〜294ページ）

50行目「ぶつかり合うから、音楽は輝くんだ。仲良しこよしじゃなくて、戦って、たくさんの敗者が出て、そうやって、磨かれていくんだ。／そう思わないとやっていられない。吹奏楽なんて、やっていられない。コンクールなんて、やっていられるか。」
64行目「ぶつかり合うから、僕達は昨日までの自分になかったものを手に入れる。」

問一 エ

問一 直後で瑛太郎は玲於奈に「すまない」と言い、基にソロパートを任せることを告げている。後の43行目に「二人で吹かせてやりたかった」とあるように、これは苦渋の決断であり、玲於奈にとってつらい宣告をすることに必死で耐えているのである。

問二 イ

問二 13行目「何の感情も見えてこない」、16行目「ふっと表情を和らげて」とあるように、玲於奈は落ち着いているように見える。しかし、この後体育館で一人になると号泣しているように、オーディションに落ちたことを悲嘆していて、この「笑み」も、瑛太郎や基に心配させないように努めて平静をよそおうためのものだと考えられる。

問三 例玲於奈がしばらく一人になれるようにする〈19字〉

問三 玲於奈は「ちょっと一人になりたい」からと自分だけ電車で帰ることを申し出たが、瑛太郎はそれを断っている。その代わり、基と二人でトイレに行くことで、玲於奈を一人にしてあげようとしたのである。

問四 例競い合うことで演奏の技術が磨かれる〈17字〉

問四 50行目「ぶつかり合うから、音楽は輝くんだ〜そうやって、磨かれていくんだ」、64行目「ぶつかり合うから、僕達は昨日までの自分になかったものを手に入れる」という基の心の声から、基の考えをまとめる。

表現・主題（295〜297ページ）

問一 イ
問二 エ
問三 例哲じいが自分を信用してお金をくれようとしている〈23字〉

問三　ハルは、風船ロケットの打ち上げ費用の三十万円を貸してほしいと哲じいに頼んでいる。それが大金であることは十分にわかっているものの、友人が引っ越す前に実現させたいという強い思いから、一歩も引かず、必ず返すと約束して訴え続けている。その真剣な思いが伝わり、哲じいがお金を出してくれることになっただけでなく、ハルを信用して、貸すのではなくくれると言ってくれたことに、感動したのである。

問四　イ

問四　自分の思いを真っ直ぐに伝えようとするハルと、ハルの頼みを大金であることや子どもであることを理由に一蹴するのではなく、ハルの思いを受け止めて向き合い、応えようとする哲じいの姿が描かれている。

まとめ（298～301ページ）

問一　例勉強する環境が劣っている〈12字〉

問二　ア

問三　エ

問四　例生田羽村が自分の未来を閉ざす〈14字〉

問四　12行目「環境が違うんだ～大学にだって」、17行目「生田羽村が、僕の未来を閉ざすんだ」という学の言葉を聞いて、憲太は学が泣いている理由が「腑に落ちた」と感じている。しかし、すべてが「生田羽村」のせいであり、「未来を閉ざす」とまで考えることは、学の勝手な思い込みだと反発を覚えているのである。

問五　手の中にあ～わかった。(63)

問六　周りのせいにしそう〈9字〉(48)

問七　a イ　b ウ　c ア

問八　ウ

問八　直前で憲太は、成績が落ちたのを生田羽村のせいにしている学に対して「それだけの理由でおまえが駄目になるなら、それはおまえがその程度だっただけだ」と言っている。学を鼓舞するためにこう言っているのであり、学は「どこにいたってちゃんとやれる」はずだと信じているのである。

問九　例周りの大人たちや憲太の期待に応えようとがんばっていた。〈27字〉

問九　71行目に「大人には～嬉しかった。だから」とあり、その後に「ずっと、誰よりすごくあり続けなくてはいけないと思った」と続いている。学は、周囲の大人たちや憲太が「すごい」と言ってくれることが嬉しくて、期待に応えようとがんばっていたと考えられる。

問十　イ

問十一　ア

問十一　憲太が「すごい」と言ってくれることが嬉しくてがんばっていたという主旨の学の言葉を聞き、憲太は「そうか、嬉しかったのか。俺の言葉が」とかみしめている。成績優秀で誇りに思っていた学が、自分の言葉を励みにがんばってくれていたと知り、喜びが込み上げているのである。

3 韻文（302～307ページ）

詩（302～303ページ）

問一　イ

問二　ウ

問三　エ

問四　例生まれる〈4字〉（生まれ出る）〈5字〉（誕生する）〈4字〉

問四　木々の芽吹く様子を「白い火を噴き」「すさまじい音を発する」とダイナミックに描き、「数兆数億」という莫大な数の新芽が次々と生まれ出る様子を想像させることで、自然の営みの荘厳さを感じさせ、感動を生んでいる。

短歌・俳句（304～305ページ）

問一　B　F　G〈順不同〉

問二　ア　ウ

問二　「君には一日」と「我には一生」が対応している。また、終わりを「一生」と体言（名詞）で結んでいる。

問三　D イ　E エ

問三　D「白鳥はかなしくはないのだろうか。空の青や海の青にも染まらずに漂っている。」と二句目で意味が切れる。「かなしからずや」の「や」は切れ字で、疑問を表す。E「街をゆき子どもの傍を通る時に蜜柑の香りがした。冬がまた来る。」と四句目で意味が切れる。

問四　L　N〈順不同〉
問五　H　季語…雪　季節…冬
　　　I　季語…たんぽぽ　季節…春
問六　J　かな　K　や
問七　F

問七　Fは、故郷を離れて暮らす作者が、故郷への電車が発着する駅へ向かい、人々のなつかしい訛を聴いて望郷の念に駆られる様子が描かれている。

問八　おもさ（おもみ）〈3字〉

まとめ（306〜307ページ）

問一　イ
問二　エ
問三　ウ
問四　例鉄棒の上から世界を見渡している様子。〈18字〉

問四　「俯瞰」とは、高い所から広く見渡すこと。ここでは逆上がりで一回転し、鉄棒に腕を立てて乗っている状態で周囲を見渡している。鉄棒を「地平線」、周りを「世界」と表現していることに着目する。

問五　A　オ　C　ア

問五　A「なんとなくあなたが待っている気がして、花の咲く野に出てみたら、夜空に月が浮かんでいた。」と意味が切れずに続く。C「夏は来た。相模の海から吹く南風に、私の瞳は燃え、私の心は燃え立つのだ。」と一句目（初句）で意味が切れる。

問六　ウ
問七　B
問八　自由律俳句（自由律）
問九　G　季語…赤蜻蛉　季節…秋
　　　H　季語…桜　季節…春
問十　I　かな　J　や
問十一　イ

4 会話・資料　308〜310ページ

話し合い・グラフ（308〜309ページ）

問一　ア
問二　ウ
問三　例学校の図書館ではあまり本を借りない〈17字〉

問三　「読書は好きですか」という質問に対し、「好き」「どちらかといえば好き」と答えた生徒は全体の70%であり、読書好きな生徒が多いことがわかる。しかし、「最近1か月で学校の図書館で本を何冊借りましたか」という質問に対し、「0冊」と答えた生徒は66%で、読書好きであっても学校の図書館ではあまり本を借りないことがわかる。

問四　ウ

問四　「読みたいと思う本がないから」と答えた生徒に対しては、多くの生徒が読みたいと思うような人気の本をそろえることと、「どの本がおもしろいのかわからないから」と答えた生徒に対しては、図書委員のお薦めの本を紹介することなどが考えられる。

まとめ（310ページ）

問一　イ
問二　例〈このお店のセールスポイントは、〉商品開発に熱心に取り組んでいることです。試食を活用してお客さんの声を取り入れたり、季節にあわせた新商品を出したりして、お客さんを飽きさせない工夫をしています。〈79字〉

問二　資料Ⅰ・Ⅱの項目を照らし合わせ、資料Ⅲにすでに掲載されている情報を除いて考える。資料Ⅱの「店長が商品開発に熱心」「試食によりお客の声を取り入れる」「季節にあわせた新商品」という項目が、資料Ⅰの「飽きさせない工夫」に合致する。

入試対策問題　解答・解説

1　言葉のきまり（312ページ）

問一　(1)エ　(2)イ

問二　(1)イ　(2)ウ

問二　(2)「支え」は、動詞「支える」の連用形からできた転成名詞。

問三　(1)ア　(2)イ

問三　(1)単純な接続を表す接続助詞「て」。動詞の音便について濁音化している。イは形容動詞「立派だ」の連用形活用語尾。ウ・エは格助詞「で」。

(2)可能の助動詞「られる」。アは受け身、ウは自発、エは尊敬。

2　漢字と言葉（312ページ）

問一　(1)誤…憶　正…億　(2)誤…非　正…否

問二　イ

問二　「立つ鳥跡を濁さず」は、立ち去る者は、跡が見苦しくないようきちんと始末しておかなければならないという意味。

問三　耳

問三　「耳を貸す」は、相手の話を聞くという意味。「馬耳東風」は、人の忠告などを気にとめず、聞き流すこと。「寝耳に水」は、不意の出来事や知らせに驚くこと。

問四　ウ

問四　アは、あちらこちらに忙しく駆け回ること。イは、絶え間なく進歩していくこと。ウは、一日が千年にも感じられるほど待ち遠しいこと。読みは「いちじつせんしゅう」。エは、これ以上ないというほど滅多にない機会のこと。

問五　ア

問五　アの「お（ご）～する」は、謙譲語。イの「お（ご）～になる」は尊敬語。ウは「お（ご）～なさる」という尊敬語のうち、「～なさる」だけを用いた表現。エは、尊敬の助動詞「れる」をつけた表現。

3　古典（313ページ）

問一　おそわれよ

問二　イ

問二　会話の冒頭に「父で候ひし義重法師がをしへ候ひしは～」とある。『　』部分が「教えた」内容で、「とこそをしへ候ひしか」と結んでいる。

問三　伐㆓孤竹㆒

問三　「孤竹を伐ち」という読み方になるようにする。後の二字を読んでから「伐」に返って読むため、一・二点を用いる。

問四　例雪で帰り道がわからない〈11字〉　例老馬は道を知っている〈10字〉

問四　漢文Bには、孤竹の国を伐ちに行った管仲ら一行が、行きは春だったが帰りは冬になったため道に迷ったことが書かれている。古文Aで、義重法師の「深山にまよひたらん時は、さきにおつたてゆけ。老馬に手綱をうちかけて、かならず道へいづるぞ」という教えに対し、源義経が「雪は野原をうづめども、老いたる馬ぞ道は知る」と賛同していることをふまえると、冬になり、雪で道がわからなくなってしまったが、そのような状況でも老馬は道を知っているからと、老馬の後についていったということがわかる。

4　説明的文章（314～316ページ）

問一　パンダは～いうこと

問二　例良くも悪くも人間が動物に対して勝手に抱くイメージ〈24字〉

問二　傍線部②の前に、パンダのイメージとして「良い意味での『偏見』」があることを挙げている。これは、前の段落の「天使のような動物」「遊んで過ごす生き物」などのイメージを指している。また、ヘビやハイエナは「汚らわしい、不気味だというイメージ」があるとしている。これらはいずれも、人間が動物に対して、本来の生態などとは関係なく勝手に抱いているイメージである。

問三　考える・言葉を使う・道具を扱う〈順不同〉

問四　イ

問五　エ

問五　「専売」は、ほかには売らせず、一手に販売すること。その人だけが得意とする技術・方法などを表す「専売特許」の略語でもある。ここでは人間だけができることという意味で、特定の身分や地位、資格の人がもつ権利という意味の「特権」と似た意味で使われている。

問六 例 ヒトとチンパンジーのＤＮＡは98％以上同じであるから。

問六 「われわれ」（ヒト）とチンパンジーが「まったく違う」とはいえない根拠を述べている部分を探すと、段落の冒頭の一文に「ヒトとチンパンジーのＤＮＡが98％以上同じであるということが示された」とある。

問七 例 世界の人口もエネルギー利用も、今ほど多くなかったから。

問七 直後の「しかし」以降で、今では「世界の人口は70億人を超え」ており、「エネルギー利用」が「天文学的数字」にまで増えていることを挙げている。このことから、「20世紀の前半」には、これらがそこまで多くなかったことが推測できる。

問八 A 正しく知る　B 人間中心

問八 A 筆者は、人間がほかの動物に対して偏見を持ち、自分たちが最もすぐれていると考えて勝手な行動をすることに危機感を抱いている。これを改めるために、最後から二つ目の段落に「動物を正しく知ることが、思い違いを是正することになる」と述べている。

B 人間のこうした考え方や態度について、第五段落で「人間が人間中心にものを考える」という言葉で表している。

5 文学的文章 （317〜319ページ）

問一 エ

問一 傍線部①の前で、雄太からの問いかけに対してホクは「関西弁」ではなく「早口」で語っている。その様子を見ていた長老から、「熱くなってる」と指摘され、「あれっと」我に返ったのである。「頭をかく」は、恥ずかしく思ったり照れたりしたときの仕草。つい熱弁してしまったことに気づいて照れているホクの様子を表している。

問二 A 納得　B 例 わからないことがすごいことだと言われて意外に思う〈24字〉

問二 A 山の保全作業をしているときに、自然はそのままにしておけばいいという意見を聞いてとまどっていた雄太は、「ケガ」をしている草原の「手当て」をしてやるんだという長老の話を聞いて、「長老さんの言葉がすとんと胸に落ちた」と感じている。この雄太の様子を「納得した顔」だとホクが表している。

B 「否定的に考えていた」とあることに着目する。傍線部②の直後で「わからないということは〜だめなんだ」とあるように、雄太は「わからない」ということを否定的に考えていた。そのため、「わからない」ことがわかっただけで「すごい」のだというホクの考えは意外なものであり、不思議な気持ちになっているのである。

問三 例 自然を守ることが正しいかどうかではなく、自然に対する自分の素直な気持ちにしたがって行動すればよいのだと気づき、気が楽になったから。〈65字〉

問三 自然を守ることが大切だという考えに対し、自然はそのままにしておけばいいという意見を聞いてとまどっていた雄太は、自然の手当てをしてやるという長老の言葉を聞いて一度は納得したものの、「まだ、よくわからない」とわだかまりを残していた。しかし、わからなくてもよいと認められ、今は自分が素直に感じたことを大切にすればよいのだと気づいたため、安心して寝入ることができたのである。

問四 イ

問四 長老は、異なる意見を聞いて揺れ動く雄太に寄り添い、自分たちがどのような思いで自然に向き合っているかをわかりやすく説明している。長老の言葉を聞いて、雄太は自分の気持ちを確かめることができている。

第3編 古典　第4編 読解

第１編 言葉のきまり　第２編 漢字と言葉

●写真提供
大矢十四彦
株式会社三省堂
国立国会図書館
相愛大学図書館
奈良県立万葉文化館

初版
第 1 刷　2002 年 4 月 1 日　発行
新指導要領準拠版
第 1 刷　2021 年 3 月 1 日　発行
第 2 刷　2022 年 2 月 1 日　発行
第 3 刷　2022 年 12月 1 日　発行
第 4 刷　2024 年 2 月 1 日　発行

●カバー・本文デザイン
アーク・ビジュアル・ワークス（落合あや子）

編　者　数研出版編集部
発行者　星野 泰也
編集協力　株式会社エイティエイト

ISBN978-4-410-15124-8

チャート式®シリーズ　中学国語　文法・漢字・古典・読解

発行所　数研出版株式会社
〒 101-0052　東京都千代田区神田小川町 2 丁目 3 番地 3
〔振替〕00140-4-118431
〒 604-0861　京都市中京区烏丸通竹屋町上る大倉町 205 番地
〔電話〕代表（075）231-0161
ホームページ　https://www.chart.co.jp
印刷　創栄図書印刷株式会社